MEDARDO MEJÍA

HISTORIA DE HONDURAS

TOMO I

ERANDIQUE
COLECCIÓN

HISTORIA DE HONDURAS TOMO I
MEDARDO MEÍA

©Colección ERANDIQUE
Supervisión Editorial: Óscar Flores López
Diseño de portada: Andrea Rodríguez-Lilyana Gálvez
Administración: Tesla Rodas y Jessica Cordero
Director Ejecutivo: José Azcona Bocock

Primera Edición
Tegucigalpa, Honduras—junio de 2024

ÍNDICE

DE COPÁN A LA INDEPENDENCIA

He aquí uno de los esfuerzos investigativos más grandes en la historia de la literatura hondureña. Medardo Mejía quiso escribir en varios libros, muchos de los sucesos que, por razones mezquinas y absurdas, otros no quisieron contar.

Lastimosamente, los seis tomos de la Historia de Honduras que Medardo Mejía redactó son poco conocidos y valorados.

Gracias a la generosidad de la señora Victoria Mejía, hija de don Medardo, esos seis tomos de Historia de Honduras volverán a ser publicados.

Esta es, sin duda, una hermosa oportunidad para que los hondureños descubran grandes hechos del pasado, lo que les permitirá interpretar muchas de los hechos que ocurrieron posteriormente... llegando hasta el día de hoy.

En su modestia, el maestro Mejía, refiriéndose a su propia obra, pidió a las "personas más entendidas en la materia a corregir todo lo que hay que corregir, ampliar lo que merece ser ampliado y eliminar todo lo superfluo".

Salvo la Historia de Honduras (12 tomos), publicada por Graficentro Editores en 1989, es decir, hace treinta y cinco años, no ha habido otro esfuerzo de esta envergadura por narrar la historia de nuestro país.

Por esa razón es que la publicación de los seis tomos de la Historia de Honduras que escribió Medardo Mejía es tan importante.

Nacido en Manto, Olancho, en 1907, fue, además de historiador, poeta, columnista, cuentista, dramaturgo, periodista, editorialista y patriota.

Los aportes que hizo a la literatura hondureña, al rescate de los hechos históricos y al fortalecimiento de la identidad nacional son invaluables.

Aunque Historia de Honduras es su obra magna, Los Diezmos de Olancho (su trilogía teatral para contar La Ahorcancina ordenada por el presidente José María Medina para detener la insurrección popular en varios pueblos olanchanos), su ensayo sobre el general José Trinidad Cabañas, la novela Comizahual y el estudio Froylán Turcios en los campos de la estética y del civismo, son clásicos literarios que deben ser material de estudio en escuelas, colegios y universidades.

Todo eso, sumado a la quijotesca labor de "resucitar" dos proyectos titánicos impulsados en 1922 y 1924 por Froylán Turcios (Revista Ariel y El Boletín de la Defensa Nacional), le valió el Premio Nacional de Literatura Ramón Rosa en 1971.

Sobre el Tomo I de Historia de Honduras, Medardo Mejía señalaba que: "Aquí termina esta parte de la Historia de Honduras, a la que hemos dado el nombre de REVOLUCIÓN".

"Esta parte se debe a que los historiadores la omiten o pasan como por sobre ascuas ante ella, y es conveniente decir que aquí, precisamente, está la clave para interpretar en su esencia a nuestra historia nacional", agregaba.

Copán, la llegada de los españoles a estas tierras, la conquista (que en tiempos actuales sería catalogada de genocidio), el saqueo, las hombres valientes que se opusieron a la barbarie, la época de la colonia y la lucha por la Independencia, aparecen en el primer tomo, contadas con un estilo sobrio y directo.

A partir de este momento comienza un viaje maravilloso por la historia de Honduras. El lector encontrará cosas agradables, otras tristes y desgarradoras; personajes de bien, otros de mal... Sentirá impotencia en algunos casos, orgullo en muchos otros.

Aquí está nuestra historia, nuestra bella historia. ¡Y vale la pena leerla!

ÓSCAR FLORES LÓPEZ
EDITOR COLECCIÓN ERANDIQUE

INTRODUCCIÓN

1.—El país.

Honduras limita al N. con el mar de las Antillas (650 km), al E. y SE. con Nicaragua, al S. con el Golfo de Fonseca (65 km) y El Salvador (341 km), y al O. con Guatemala. Posee las Islas de la Bahía, en el Atlántico, de las cuales las principales son Utila, Roatán y, Guanaja; las del Golfo de Fonseca: el Tigre, donde está situado el puerto de Amapala, Zacate Grande, Güegüensi y otras, y, además, en el Atlántico las Islas Santanilla y los islotes de la Costa de los Mosquitos.

La Cordillera centroamericana, que atraviesa el país de NO a SE proyecta varios ramales hacia el N. Divide orográficamente a Honduras en dos grandes regiones: la oriental y la occidental. La primera con las sierras de Comayagua, Esquías, Lepaterique, Sulaco (Pico de Pijol: 2021 m) y la de Mico Quemado o Nombre de Dios (Pico Bonito: 2450 m). En la frontera con Nicaragua la sierra de Dipilto y las estribaciones de las montañas de Colón. En la frontera con Guatemala están las sierras del Merendón, que se proyectan hacia el Golfo de Honduras con el nombre de Omoa (2500 m). Entre los ramales de la Cordillera se encuentran fértiles valles y sabanas.

Entre los ríos importantes de la vertiente del mar de las Antillas se cuentan: el Chamelecón, el Ulúa (257 km), el Aguán (193 km), el Sico (200 km), el Patuca (482 km) y el Wanks, Coco o Segovia (725km), y entre los del Pacífico están el Goascorán (129 km), el Choluteca (241 km) y el Nacaome (125km). Abundan los lagos y lagunas. Los principales son el Lago Yojoa o Taulabé (170 km2), La Laguna de Alvarado, la de Micos, la de Guaymoreto y la albufera de Caratasca.

2.—El nombre.

Desde antaño se viene diciendo que el nombre del país procede de una expresión de alivio de Cristóbal Colón al dejar atrás la borrasca de la costa de los caribes y doblar la tierra en línea recta con dirección sur. La expresión colombina fue: *GRACIAS A DIOS QUE HEMOS SALIDO DE ESAS HONDURAS.* Sin embargo, no hay documento en que conste que el Descubridor lanzó al viento tales palabras.

Personas que militan en las filas del fatalismo aseguran que las desgracias que se han cernido en este país en cerca de 500 años se deben al nombre que lleva, no sucediendo lo mismo si llevara otro de origen autóctono, maya o tolteca, de prosapia antiquísima, como Copania u Olancho, que ya existían antes de llegar los descubridores y conquistadores europeos al territorio.

El nombre de Honduras se usa oficialmente desde el siglo XVI, con preferencia a los de Guaymuras (por la laguna Guaymoreto), Hibueras (por unas calabazas que se dan en la costa atlántica) y Caxinas (por un árbol que produce unos frutos pequeños, de sabor dulce, que encontraron los españoles en la península de ese nombre al comenzar la costa de los caribes). Algunos literatos hondureños han querido que el país se llame Guaymuras, por ser el nombre que le dieron los nativos al Almirante de la Mar Océano.

Como en la actualidad es corriente que algunos países cambien sus viejas nominaciones, siempre que haya acontecimientos notables que ameriten los cambios (corrientemente se hace con aquellos que recuerdan el horror de la esclavitud), serán las generaciones futuras de este país las que tomen tan importante decisión.

3.—Los habitantes.

Viven en el país cerca de 3,000,000 de personas, de las cuales el 1% son de piel blanca, el 2% negra, el 6% india y el 91% mestizos.

La población urbana es del 26% y, desde luego, la rural es del 74%. A los aborígenes que ocupaban el territorio se sumaron los blancos a partir del descubrimiento y la conquista, y después los negros traídos de África con el incremento de la minería y la agricultura industrial.

El elevadísimo porcentaje de mestizos que haría suponer el olvido de las tradiciones y los ancestros indios, por el contrario, impulsa el nacionalismo que fermenta protesta constante y da fuerza a la lucha de liberación social y nacional.

4.—Historia de Honduras

Honduras es hoy, en el texto de su Constitución, a veces vigente, a veces en suspensión por los frecuentes golpes de Estado, una república libre, soberana, independiente, democrática y representativa, regida por tres poderes, legislativo, ejecutivo y judicial, que proceden del voto soberano, directo y secreto del pueblo.

En realidad, Honduras ha entrado en la penumbra del neo—colonialismo yanqui. Entro en ella al comenzar el siglo XX y se hizo más patente a partir de 1950, tiempo en que el concepto de independencia nacional cede ante el de interdependencia continental y los empréstitos avasallantes se cubren con el embozo de ayudas financieras. Así, la política de las neocolonias se proyecta en la metrópoli y mil aspectos hacen recordar los tiempos del imperio romano.

Honduras llegó a la vida independiente y republicana formando parte de las Provincias Unidas de Centro América el 15 de septiembre de 1821.

Durante la Colonia española integró la Capitanía General de Guatemala con sus hermanas Costa Rica, Nicaragua, El Salvador, Guatemala (donde estaba el gobierno central) y Chiapas (que poco después de la independencia se incorporó a la Federación Mexicana).

Honduras fue conquistada por expedicionarios españoles que llegaron de Santo Domingo, Cuba y México con dos objetivos: la adquisición de oro en abundancia y el descubrimiento del canal natural que unía a los dos mares y que según los geógrafos de la época se hallaba en este país. Posteriormente, bajo influencia de Cortés, sumaron la preocupación de encontrar el centro ceremonial de Huehuetlapallan o Copán, del que aseguraban los indios procedía su saber científico y religioso. En la empresa de la conquista, los españoles toparon con un héroe auténtico en Lempira.

Cristóbal Colón descubrió el país en agosto de 1502. Antes de pasar por el país el Gran Almirante, Honduras poblada de comunas indígenas de distintos grados culturales, se vio honrada con la urbe maya de mayor desarrollo económico y científico, donde se perfeccionaron los cálculos matemáticos y astronómicos, fue inventado el calendario del planeta Venus, el Tzolkin, y donde se estableció la era copánida, que arranca del año 353 antes de la era cristiana. Por hechos tan importantes, Copán es tan célebre como el antiguo Egipto, es comparada con Caldea que leía en el cielo el destino de los hombres y se le halla el misterio de la India fabulosa.

5.—División de la historia de Honduras

Tomando en cuenta los hechos enumerados, la historia de Honduras puede dividirse así:
I) Época de Copán y sucesores.
II) Época de la Colonia española.
III) Época de la República Federal.
IV) Época del Estado de Honduras.

I PARTE: ÉPOCA DE COPÁN Y SUS SUCESORES

I
Antigua Copán

1.—Palabras previas.

Copán es tan famosa que se le compara con Tebas, Menfis, Babilonia, Nínive, Ecbatana y Persépolis multitudinarias ciudades esclavistas antiguas del norte de África y del Asia Menor. Copán no rompió el cerco neolítico, pero en la actualidad se mantienen en pie muchos de sus cálculos astronómicos. Tampoco conoció la esclavitud como sistema que diera campo al ocio intelectual, pero contó con una escritura hierática que no ha sido leída por lo que se desconocen los secretos que contiene. Copán es la raíz cultural de Honduras, y lo irritante es que la mayoría de los hondureños lo ignoran.

2.—Primeras noticias.

Hernán Cortés fue el primer europeo que conoció la existencia de Copán por información que le dieron de ella en Tenochtitlán los magos (sacerdotes) del dios Mexic. Alzando los brazos en dirección de Honduras, le dijeron: "— De allá viene cuanto sabemos, nuestra sabiduría, de Copán, o País de Huey o Huehuetlapallan". (Esta palabra en nahua significa "viejo lugar donde nace la aurora"). Cortés transmitió la noticia al emperador Carlos V, y preparó viaje con el objeto de visitar y conquistar la ciudad maravillosa. No la halló, pero si encontró muchos sufrimientos y desgracias.

3.—Hallazgo de una ciudad muerta.

Pasados los años, el licenciado Diego García de Palacio, escribió una carta de fecha 8 de marzo de 1576 a Felipe II, rey de España, en la que le decía haber encontrado una ciudad muerta junto al pueblo de Copán en la que sobresalían unos soberbios edificios, de tantas edades que se había perdido la memoria y noticia de los que hicieron y fabricaron tan grandes antigüedades.

Cuando García de Palacio visitó la famosa urbe, tenía 700 años de haber muerto, y una guarnición permanente de toltecas guardaba sus despojos.

4.—El nombre.

En lengua maya el nombre de Copán quiere decir enroscado, enrollado. Las hormigas que viajan lo hacen en larga fila, unas en pos de otras, y al llegar al lugar de su gusto, se detienen y se enroscan. Lo mismo hace la serpiente que avanza con su movimiento característico en busca de un punto de reposo y al encontrarlo, se enrolla. Cosa igual hacían las tribus que viajaban, forman un largo camino humano, y al arribar a la tierra prometida, se enrollaban o enroscaban.

En el lugar que están las ruinas se enroscaron o enrollaron los mayas, quizás procedentes de Tikal, la urbe de mayor esplendor que había existido hasta entonces en el Mayab.

5.—Geografía maya.

En junio de 1975 se reunió en Tegucigalpa, Honduras, una mesa redonda de antropólogos e historiadores mexicanos, guatemaltecos, hondureños y de otros países de América y de Europa, con el objeto de fijar las fronteras culturales de Mesoamérica. Por Mesoamérica se entiende el territorio que se extiende desde el sur de los Estados Unidos hasta Centro América. Correspondió a Roberto Reyes Mazzoni, antropólogo hondureño, disertar sobre la frontera de Mesoamérica en Honduras hallando pruebas arqueológicas en todo el territorio hondureño.

Los mayas en su lento desarrollo milenario ocuparon las partes bajas del territorio de Tehuantepec, Yucatán, Guatemala y Honduras. Se movían de un lugar a otro cuando se agotaban las tierras agrícolas, siempre en las zonas planas extendidas como una mesa (Mayab).

6.—Historia maya.

Como todas las cosas tienen principio, los mayas tuvieron el suyo, que empezó alguna vez y siguió un desarrollo que fue su historia. Ese comienzo lo fijan hoy con aproximaciones los geólogos y antropólogos, y los propios mayas lo precisaron en años solares de 365 días en la Era de Tikal, cuya cifra está contenida en el Baktún 13.0.0.0.0.4 Ahau 8 Cumcú, o sea 5,500 años con 164 días. Sólo los sabios mayas sabían dónde había empezado la Era de Tikal, urbe inventora del calendario solar (Haab).

7.—El mayor esplendor.

Como las cosas humanas ascienden, la historia maya llegó a su mayor esplendor en Copán en el Baktún 7.0.0.0.0., día en que pasó la estrella Aldebarán por el cenit de la gran urbe, es decir a la altura de 2,800 años, cifra que revela otro origen ignorado. Pero lo que no se ignora es que la Era de Copán fue establecida por un congreso de astrólogos que se reunió en el año 353 antes de Cristo y que inventó el calendario de Venus, regente del destino del hombre (Tzol—kin).

8.—Nuestra Era copánida y la Era cristiana juntas.

Si la iniciación de la Era copánida fue marcada con el pase de la estrella. Aldebarán de la Constelación del Toro, 353 años antes de la Era cristiana, para precisar la Era copánida en cualquier tiempo, basta agregar aquel número al año que se desee y la suma dará el año maya. Por ejemplo, 1900 años del calendario gregoriano, más 353 dará 2.253, año maya. Sólo hay que recordar para evitar equivocaciones que los mayas contaban años cumplidos, mientras que los que siguen el calendario gregoriano cuentan años a cumplir.

Tenemos, pues, en Honduras la Era copánida.

9.—Organización.

Los mayas tenían una organización familiar dividida en grupos pequeños, medianos y grandes. Tales grupos respondían a la denominación clásica de gentes, fratrías y tribus, aunque llevaran otros nombres y tuvieran variaciones.

Los grupos gentilicios constituían los hogares familiares. Las fratrías se agrupaban en aldeas. Y las tribus se extendían en un territorio propio, y en la etapa urbana se enrollaban en torno de un centro económico, mágico (religioso) y administrativo.

En cierto momento, los mayas vieron aumentar tanto su población que crearon una federación de tribus.

10.—Preponderancia del matriarcado.

El matrimonio en la antigua Copán estaba a mucha distancia de la monogamia, aunque ya se manifestaban las preferencias recíprocas. El matrimonio se realizaba por grupos de primas y primos que procedían de dos hogares gentilicios distintos, en razón de estar prohibido el matrimonio entre miembros del mismo hogar gentilicio. Como mínimo, cada mujer estaba casada con cinco hombres y cada hombre tenía cinco mujeres.

Los hijos eran ciertos para la madre. No existía el concepto de padre. De ahí venía la preponderancia moral de la madre en la comunidad maya:

En pleno vigor del matriarcado eran desconocidos los celos, las riñas por un hombre o una mujer y el adulterio.

No está demás decir que el matriarcado palidece y muere cuando surge y se acrecienta la propiedad privada, momento en que aparece la esclavitud de la mujer.

11.—Trabajo.

El trabajo era obligatorio para todos y a nadie le estaba permitido no trabajar sin razón ni motivo justificado. Quedaban excluidos del trabajo obligatorio los niños, los ancianos, los enfermos y los lisiados.

Existía la división social del trabajo. La primera división señalaba a las mujeres el cultivo y recolección de frutos en la huerta y a los hombres la caza y la pesca. La segunda división destinaba a unos hombres a las labores agrícolas y a otros a los oficios urbanos, como construcción de casas comunales y templos. Y la tercera división del trabajo imponía a unos hombres el trabajo material y a otros el trabajo intelectual, como investigación científica, arte y servicio reverencial de los dioses. El parásito social era condenado a muerte.

12.—Producción.

Bajo el mandato de la costumbre, el trabajo colectivo, el trabajo de una vasta comunidad que operaba al mismo ritmo y con renovado esfuerzo, rendía resultados sorprendentes. Estaba en la sicología de los mayas trabajar lo más posible para hacerse gratos a los dioses. Así lo hacían en las labores del campo y en los oficios urbanos, y para cumplir este alto deber no requerían indicaciones de consejeros ni amenazas de capataces. Quienes ignoran o se niegan a comprender la planificación espontánea y el impulso acompasado del comunismo primitivo entre los mayas, se ven precisados a recurrir a la muletilla de una feroz esclavitud porque solo así sería posible levantar monumentos tan colosales y labrar estelas tan admirables. Con solo que penetraran un poco en eso que los mayas quizás llamaban en su animismo la palpitación del mundo; con solo que se situaran en la adoración de ellos hacia los astros; con solo que desentrañaran siquiera parte del amor que sentían los copánidas hacia sus semejantes, verían un mundo intelectual y moral distinto, tan hermoso y tan brillante como un sol. Pues con estas ejecutorias producían y satisfacían las necesidades de su numerosa colectividad.

13.—El maíz y otros granos y productos.

Está bien dicho que los mayas son "hombres de maíz" y también que los círculos concéntricos de su economía, administración, ciencia, arte, costumbres y creencias giran en torno de ese grano milagroso. Así como el arroz fue base de las culturas del Lejano Oriente y del Sudeste asiático, y el trigo lo fue de las culturas del Asia Menor y de Europa, de parecida manera el maíz fue base de las culturas de Mesoamérica, empezando por los mayas.

Compañeros en la agricultura del maíz fueron el frijol, el cacao, el algodón, el tabaco, numerosas frutas tropicales y plantas medicinales. Ya se sabe que las tortillas de maíz se acompañan del cajete de frijoles en la dieta del indio. Antes no le faltaba la bebida de cacao. Y después, tendido en su hamaca, se entregaba al placer de fumarse una pipada de tabaco. Habiendo prosperado admirablemente el arte del vestido, se imponía la necesidad de cultivar el algodón en forma masiva. El derroche del algodón se ve en los trajes de las pinturas, los relieves y las estelas.

Además de la carne que adquirían por medio de la caza y la pesca, los mayas tenían corrales para criar aves como el pavo doméstico y empalizadas para guardar animales indomesticables como los venados. Todos los hogares gentilicios tenían sus apiarios para proveerse de miel.

14.—Reparto

El reparto de lo producido era obligatoriamente igual para todos, Tenían preferencia los niños, los ancianos, los enfermos y los inválidos. Una porción de la cosecha se destinaba a los dioses, que aprovechaban los magos (sacerdotes) por ser incansables trabajadores intelectuales dedicados a la observación de los cielos, a las artes y a los ritos solares y planetarios.

Los mayas, llenos de soberanía, no aceptaban lo que consideraban debía dársele a otro u otros.

El robo era aborrecido y el ladrón era condenado a muerte.

II
Administración comunal

1.—Palabras necesarias.

La comunidad primitiva entre los mayas no toleró en ningún momento la más pequeña sombra de ese aparato de opresión, humillación, ultraje, guerra y muerte que se llama Estado. Copán, desde su fundación hasta su día final, disfrutó de la libertad que desconocieron las grandes ciudades de la época esclavista del Asia Menor, el Antiguo Egipto y las costas del Mediterráneo.

Primitiva como era la sociedad maya, conviene decirlo varias veces, desconocía las clases sociales que lidian constantemente las unas por oprimir y explotar a las otras, y éstas por sacudirse la explotación y la opresión de aquellas, hasta que al fin las primeras logran imponer el yugo de su poder a las segundas, y así aparece el Estado, aparato que inventan las clases dominantes para aplastar brutalmente a las clases dominadas.

Los mayas del siglo III antes de la era cristiana, completamente libres en Copán, tenían que esperar en generaciones sucesivas largos dieciocho siglos para conocer en carne propia el salvajismo de un Estado esclavista colonial.

2.—La democracia comunal.

Todos los componentes de la sociedad maya eran responsables de la administración social y por tanto todos ellos tenían facultades de elegir y de ser el ectos para administrar los bienes comunes, Existiendo aún la prepotencia del matriarcado, eran las madres, y en general las mujeres, las más celosas en el fiel cumplimiento de la democracia tribal. Mujeres y hombres, marchando en los cuadros de sus respectivas tribus, acudían en determinado día de los comienzos del año a la Plaza de los Comicios para elegir a los representantes administrativos. La votación era directa, verbal, pública y unánime en favor o en contra de los candidatos. Un pregón daba el nombre del candidato y los electores aplaudían cerradamente en caso afirmativo o guardaban silencio en caso opuesto. En este segundo momento, el pregón proponía nuevo candidato, y si era aplaudido se pasaba a la votación siguiente.

3.—Los administradores comunales.

Eran electos: 1°. El consejo de ancianos; 2°. los dos ejecutivos de la administración; 3°. los guardianes del culto solar. Duraban en sus funciones un año, y se les sustituía con nueva elección en caso de indignidad o de muerte.

El consejo de ancianos era un cuerpo integrado por mujeres y hombres mayores de sesenta años. Ese cuerpo deliberaba, acordaba y recomendaba lo más conveniente a los ejecutivos de la administración.

Los ejecutivos eran el halach uinic y el nacom. El primero dirigía en tiempos normales la producción, la cuidaba y la: repartía. El segundo asumía el mando en el caso de calamidades públicas como invasiones enemigas, terremotos, huracanes, inundaciones, sequías, plagas, hambres, pestes.

Los guardianes del culto solar eran los ahkines, magos o sacerdotes encargados de manejar los calendarios, de observar las "señales de los cielos" y de celebrar todas las fiestas astrales relacionadas con la agricultura y la salud de las tribus.

4.—Moral comunal.

Dicho está que los mayas vivían en una sociedad de propiedad social, en la que todos los bienes de producción eran de todos, excepto los bienes personales. En esa sociedad de propiedad social había una colectividad armónica dedicada al trabajo común para procurar el bienestar del conglomerado, que sólo conocía las divisiones sociales que imponía el trabajo mismo, a las que se les podía llamar especialidades. Repetimos que, para el mejor manejo de la sociedad planificada, un organismo constituido por todos en forma natural orientaba la producción y el consumo. Y toda la sociedad que había acumulado enseñanzas milenarias, se regía por la costumbre, madre de la equidad, y a su vez de la moral, fuente de normas que facultaban y prohibían.

La moral es el conocimiento del bien y el mal. El bien y el mal son reflejos de la sociedad en que se vive. El bien entre los mayas era el altruismo social, lo que beneficia a todos; y, el mal era el egoísmo, lo que favorece a uno solo con perjuicio de los demás.

5.—Costumbre comunal.

La costumbre era la ley, era el derecho. Las tribus cuidaban que se mantuviera invariable en el transcurso de los tiempos. En los hogares gentilicios los mayores la enseñaban a los jóvenes y los niños. Se le llevaba a la práctica en todas las actividades tribales. La costumbre hervía en el torrente sanguíneo de la sociedad comunal. Aquellos que se salían de la costumbre o atentaban contra ella, eran sancionados con severidad, muchas veces eran castigados con muerte.

Cuando por modificación del tiempo se hacía necesario revisar una costumbre, el consejo de ancianos convocaba a las tribus para un acto electoral que debía decidir si la costumbre en entredicho debía dejarse, reformarse o abolirse. Naturalmente, todo se resolvía mediante acuerdo mayoritario verbal. Las cosas humanas no eran dignas de la letra. Solo las cosas divinas merecían el honor de la escritura hierática.

III
Cultura copánida

1.—Algunas aclaraciones.

Ha existido una acalorada discusión en torno a la cultura maya que se desarrolló en Copán. Quiénes siguen a Lewis Morgan diciendo que los mayas no rompieron el cerco neolítico, pero que con todo el estadio medio de la barbarie es capaz de un hermoso florecimiento cultural como el que se vio en Copán. Quienes piensan con Gordon Childe, sostienen que la revolución urbana en

Copán ya presentaba los rasgos de una esclavitud anticipada, de donde salió su esplendor. Y quiénes introducen a la fuerza el modo de producción asiático de Carlos Marx, hablan de la existencia de una casta sacerdotal feroz o de un déspota que descargaba incesantes látigos en las espaldas de cien mil esclavos que convertían grandes montañas de piedra en bien labrados templos que glorificaban a los dioses. Finalmente están aquellos que razonan con Eric Thompson que conceden a los mayas una conciencia social altamente desarrollada, con un concepto del trabajo en el que priva el interés colectivo y una adoración tan vehemente hacia sus dioses que se entregaban a aquella labor constructora, investigadora o inventora, sin reparar en que fuera de noche y en que hubieran comido o estuvieran en ayunas. Así lograban la satisfacción de ver a leguas de distancia las cúpulas de sus templos y las agujas de sus pirámides.

La discusión en este punto no ha terminado.

2.—Cultura comunal.

Al cabo de varios milenios la cultura maya floreció en Copán. Tenía que ser así porque un desarrollo de tal magnitud no se improvisa ni surge de la noche a la mañana. A la altura del año 353 antes de la era cristiana, año de la invención del Tzolkín, todo estaba concluido y dispuesto para seguir en un avance triunfal. Era el momento estelar de Copán, que contaba con las siguientes bases:

a) una revolución agraria que fundió en uno solo el trabajo de varias tribus y aparecieron las grandes extensiones agrícolas con suficiencia para abastecer a la población copánida.

b) una revolución urbana que había dejado muy atrás todo cuanto significaba la vida de aldea y había construido una urbe famosa que superaba en mil cosas a las urbes edificadas en siglos anteriores.

c) una revolución cultural que impuso definitivamente el culto solar y del sistema planetario, y que además del rito correspondiente desarrolló el Cálculo matemático y la Astronomía, como lo demuestran los calendarios del Sol, de Venus y de la Luna,

3.—Colegio de magos (sacerdotes)

Los trabajadores intelectuales de Copán eran los magos. Ellos se encargaban de todas las actividades de la ciencia, el arte y el culto a los dioses. Por consiguiente, los magos eran muchos, formaban un cuerpo colegiado y llenaban de actividad la vida de la urbe.

Al diferenciar el mago con el sacerdote se dice que el mago pertenece a la época de la sociedad primitiva, mientras que el sacerdote aparece en la época de la sociedad esclavista; el. mago corresponde a las creencias politeístas, mientras que el sacerdote surge como el deísmo; los dioses del mago están dentro del mundo, el dios del sacerdote se enseñorea en la intangibilidad del ultramundo; el mago ordena a sus dioses que hagan lo que él desea, el sacerdote suplica al suyo que le ayude con su misericordia; el mago es voluntarioso porque se siente asistido de poderes ocultos, el sacerdote es humilde porque vive esperando la gracia de su señor Dios. En otras palabras, la magia en aquellos siglos era la conciencia de ser parte del Universo, de hallarse asistido de las mismas fuerzas universales, lo que era cierto, y de poder usarlas siempre que se supiera manejarlas lo que la religión era, y sigue siendo, la relación de la criatura, que está en este mundo, con su creador, que mora en el más allá.

Basta con esta explicación para saber que en Copán había magos, y que se equivocan aquellos que hablan de una casta sacerdotal copánida. Ahora bien, conviene aclarar que magia se llamó lo que al principio fue ciencia, por cuanto fueron los magos los primeros investigadores científicos. Con el tiempo se rompió el lazo que unía a la magia con la ciencia. Cuando esto sucedió la magia quedó en la sombra de los aquelarres, convertida en arte de brujería.

Para iniciarse en la magia en Copán el novicio se sometía a rigurosa disciplina por varios años en un centro de estudios que no tenía relación con el mundo exterior. Allí estudiaba, investigaba, trabajaba bajo la dirección de sabios maestros. En aquel centro que el común de las gentes ignoraba su situación, el novicio era estudiante de Mística, es decir estudiaba el misterio del mundo, de la vida y de la muerte, del espacio y el tiempo. Cuando terminaba sus estudios se le investía de mago y salía a la luz del día con su traje talar blanco, llevando las insignias de su especial saber.

4.—Ciencia copánida.

Los mayas de Copán eran panteístas rudimentarios, para ellos formaban un solo ser el universo y dios, de donde derivaban que en todo estaba la divinidad: en el cielo estrellado, en el abismo de abajo, en la tierra, en el fuego, en el agua, en el aire, en la mujer, en el hombre, en el niño, en el venado, en el pájaro, en cuanto puede abarcar la vista, oír el oído, olfatear el olfato y tocar la mano. Tenían una palabra que expresaba este concepto panteísta: Hunabku (hun, uno, ab, vida, todo vital: ku, dios): es decir, un solo universo vivo y divino.

Para los sabios copánidas la ciencia que estudiaba el ser universal (materia divina), ya está dicho, llevaba el nombre de magia. Hoy la ciencia que estudia el cosmos, el universo, el mundo, se llama cosmología, y la ciencia que separadamente estudia a dios, se denomina teología. Como la ciencia maya trabajaba con materiales divinos, ella misma era divina, y el lenguaje que usaba, también tenía fulgor divino. La palabra maya era animista. Por ejemplo, la palabra kak (fuego) da idea del elemento material que calienta, quema y alumbra, y a la vez trae a la mente la idea del fuego divino que le da vida al mundo eternamente.

Entendido esto, ya podemos pasar a otros temas.

5.—Escritura hierática.

La escritura de los mayas es ideográfica, en la cual los signos o caracteres no contienen un cuadro o dibujo de la idea, sino un símbolo de la misma. Los caracteres que se emplean en este sistema de escritura han perdido generalmente toda semejanza con las imágenes que representan.

También se dice que la escritura de los mayas es hierática o de jeroglíficos, palabra que viene del griego hieros, sagrado, y gluphein, grabar, con lo que se indica que solamente lo sagrado se graba, pudiendo ser leído lo escrito por especialistas sacerdotales, como en Egipto, o magos, como en Copán.

Dice Morley, a quien estamos siguiendo en este punto, que las inscripciones mayas (de las que se han interpretado algunas) contienen cronología, astronomía tal vez con más propiedad astrológica y cuestiones religiosas. No encierran la glorificación de una persona, ni su panegírico como las inscripciones de Asiria, Caldea y Egipto. No refiere historia de conquistas reales, ni registran los progresos de un imperio ni nada que propenda a la divinización de nadie. En verdad son tan completamente impersonales y sin asomos individualistas que es posible que jamás se haya grabado en ellas el jeroglífico del nombre de algún maya, hombre o mujer.

6.—Matemáticas sagradas.

¿Si las inscripciones mayas no tratan de asuntos tan comunes como las guerras, las conquistas, las obras públicas, la elección y la muerte de los gobernantes de qué tratan? ¿de qué se ocupan? ¿cuál es el objeto de su existencia?

Es Morley quien habla: Cien veces han repetido los investigadores especializados que el objeto de las inscripciones mayas se relaciona:

a) Con una aritmética que por primera vez en la historia de la especie humana, concebía un sistema de numeración basado en la posición de los valores, que implica la concepción y uso de la cantidad matemática cero, un portentoso adelanto del orden abstracto.

b) Con un sistema matemático vigesimal que, para escribir los números superiores al primer orden de unidades, o sean los números mayores de 19, se servían de una numeración de posiciones que les era propia. En nuestro sistema decimal las posiciones a la izquierda del punto decimal aumentan el valor de diez en diez de derecha a izquierda, como sigue: unidades, decenas, centenas, millares, etc. En el sistema maya de posiciones, los valores de éstas aumentan de veinte en veinte de abajo arriba, y usándolo estrictamente, como aseguran los matemáticos J. Rey Pastor y J. Babini, pero apartándose de él para computar el tiempo de la tercera posición, que es solo 18 en lugar de veinte veces la segunda.

c) Además de la obra maestra del cálculo matemático, los antiguos mayas parecen haber sido los primeros en cualquier parte del mundo que comprendieron la necesidad de tener una base fija o punto de partida, para computar su era cronológica. Aunque se desconoce la naturaleza del acontecimiento con que comenzaron su cronología, la era cronológica maya "4 ahau 8 comcú" es 3.433 años anterior a sus inscripciones contemporáneas más antiguas.

7.—Astronomía.

Eminentes autoridades en astronomía han declarado que los antiguos mayas poseían un conocimiento más exacto de esta ciencia que los egipcios anteriores al período tolomeico. Los mayas tenían un año civil fijo, de solo 365 días de duración, con qué medir un fenómeno astronómico, el tiempo que necesitaba la tierra para dar una revolución completa alrededor del sol, que, según la ciencia moderna, requiere 365.2422 días para efectuarse. Los antiguos sacerdotes mayas comprendieron perfectamente la discrepancia entre su año civil y el año trópico verdadero, y por medio de un procedimiento inventado por ellos, atendían el error acumulado en cualquier momento dado de su era cronológica. Por cierto —

expresa Morley sonriendo, se le ve la sonrisa— que la fórmula de corrección calendárica concebida por los antiguos sacerdotes astrónomos de Copán, en los tiempos remotos de los siglos VI o VII de la era cristiana, era ligeramente más exacta que nuestra propia corrección gregoriana del año bisiesto que se introdujo hasta cerca de mil años más tarde, en 1582, por el Papa Gregorio XIII, como lo demuestra el cuadro siguiente:

Duración del año según la astronomía moderna	365.2422 días
Duración de nuestro año juliano sin corregir	365.2500 días
Duración de nuestro año actual gregoriano, corregido	365.2425 días
Duración del año según la antigua astronomía maya	365.2420 días

La corrección gregoriana es 3/10.000 partes de un día demasiado larga, mientras que la antigua corrección maya era 2/10.000 partes de un día demasiado corta, pero más aproximada al cálculo moderno.

Los mayas también habían hecho notables adelantos en el cálculo de la duración de una lunación, o sea una revolución completa de la Luna alrededor de la Tierra, Morley es quien dice que las observaciones perfeccionadas de los astrónomos modernos hechas con instrumentos de precisión, este período se compone con rigurosa exactitud de 29.53059 días. ¿Cómo pudieron entonces los antiguos sacerdotes mayas, careciendo de fracciones en su aritmética (sic), medir una fracción tan compleja y refractaria como 53059/100.000 de un día? Morley supone que, por medio del tanteo práctico, de la misma manera que se ha logrado casi todo antes del aparecimiento de la ciencia.

Tenían predilección en sus estudios astronómicos por el planeta Venus, que giraba alrededor del sol en 260 días, de donde extraían un calendario mágico que les daba los horóscopos y les ayudaba en el arte de adivinar.

Como en su evolución varias veces milenaria habían pasado los mayas del totemismo al culto astral, su preocupación constante era la siembra, el cuido y la cosecha de los maizales, adornada con la adoración y veneración de los astros, día y noche.

8.—Copán, un observatorio astronómico.

Los mayas sabían que Luum —la Tierra— no era el centro del mundo, y sólo era la morada de los hombres de maíz por un tiempo. Pero ya empezaban a sospechar su esfericidad, su movimiento sobre sí misma y su vuelo en torno del sol, sospecha que les venía, no de viajes lejanos ni de otras observaciones, de sus maravillosos cálculos matemáticos.

También sabían los mayas que Ixchel, o como se le llamara en los días de Copán —la Luna — no era un planeta de la tribu del Sol, sino un satélite de la Tierra.

Sería interesante que los arqueólogos, con la idea que Copán fue un observatorio astronómico o, si se quiere una "urbe astral", fueran señalando los templos que pertenecieron a cada uno de los astros y planetas venerados, y a todos en resumen de cuentas.

Si la antigua Copán fue una urbe astral, allí deben existir, sin lugar a dudas, los templos de las deidades luminosas en el orden siguiente:

Sol	Ah Kinich, Kinich Ahau
Mercurio	Ah Kak, Kak Ek
Venus	Xur Ek,Zac Ek
Marte	Chac Ek
Júpiter	Ek Chuah, X'Yaax Ek
Saturno	Ah Puch, X'Ain Ek

También seguramente tienen templos las siguientes deidades:

Estrella Polar	Xaman Ek
Cruz del Sur	Zinan Ek
Pléyades	Tzab
Vía Láctea	Zacil Caan

Los magos de los templos eran observadores de los cielos. Constantemente se reunían para comunicarse sus observaciones.

Extraordinariamente se convocaban en congresos para proyectar sus calendarios y para hacer las correcciones calendáricas.

Un congreso especial de sabios reunido en el año 353 antes de la era cristiana inventó el famoso calendario de los horóscopos y las adivinaciones.

Finalmente, en Copán se observaba el funcionamiento de los tres calendarios llamados:

Haab	del Sol	365 días
Tzolkín	de Venus	260 días;
U	de la Luna	29 días

Tales eran las actividades intelectuales de la que aquí lleva el nombre de "urbe astral".

IV
Religión copánida

1.—Advertencia.

Religión es la relación espiritual del hombre con un ser supremo que se supone existe fuera del mundo físico, es decir en un mundo metafísico. Magia es la relación del hombre (prehistórico) con sus pretendidos dioses que habitan dentro del mundo físico. El ministro de la religión lleva el nombre de sacerdote. El ministro de la magia es el mago.

Los mayas, en la etapa de su evolución más avanzada en Copán, llegaron a la más alta cumbre de la abstracción en matemáticas. Pero no quisieron o no lograron concebir un ultramundo, residencia de un ser supremo. Por lo tanto, los mayas ignoraron lo que era una metafísica; en su haber doctrinario no contaron con una teología.

Dicho lo anterior se comprenderá que, al hablar de una religión maya en el titular de este capítulo, se ha buscado la comodidad mental de los lectores.

2.—El culto solar

Kinich Ahau, el Sol, reunía en sí el poder, la brillantez, la fecundidad masculina, la generosidad, la severidad y la implacabilidad que conviene a un dios. La hembra de este soberano llevaba el nombre de Luum, la Tierra, que una vez fecundada se volvía madre de todos los seres y las cosas.

Así el hombre maya era un ser cósmico: el Sol le daba la energía solar, el espíritu; la Tierra le daba el cuerpo y sus sensaciones, con sus placeres y deseos. Por lo tanto, no es extraño que tal hombre exigiera con imperio cuanto quería a los poderes creadores que le dieron la vida, así como el niño pide dulces y juguetes al padre y a la madre. De ahí la razón de ser de la magia y de su constante ejercicio en la antigua Copán.

3.—Fiestas solares.

Como en el Trópico sólo hay dos estaciones en el año, la del tiempo seco y la del lluvioso, las fiestas del culto solar eran también fiestas del culto agrario, en las cuales el Sol Kinich Ahau, se acompañaba de Mercurio, Ah Kak, dios del fuego, dios de las quemas, de Marte, Chac Ek, dios del agua, dios de las lluvias, y de Júpiter, X'Yaax Ek, dios de la agricultura, o sea el mismo Ixim, dios del maíz, para fecundar a Luum, la Tierra, diosa madre de todo lo que alimenta y nutre.

Las fiestas agrarias principales eran las que precedían a las siembras y las posteriores a las cosechas. Además, eran celebrados con entusiasmo comunal el Año Nuevo, los Hotunes (cada cinco años), los Lahuntunes (cada diez años), los Katunes (cada veinte años) y el Siglo de 52 años encarnado en la pompa total del Fuego Nuevo, Tumban Kak.

4.—Los magos de Kinich Ahau.

Los ahkines (magos, sacerdotes) del dios supremo eran los jefes, si cabe decirlo, de la jerarquía mágica o sacerdotal. Eran unos sabios en matemáticas, astronomía, y, además, como también se preocupaban de la salud y el bienestar del hombre, conocían más de lo que se supone, la psicología y la medicina. Así eran señores de los dos abismos conocidos: el cielo estrellado y la conciencia de los hombres.

Sería aventurado decir que los ahkines de Kinich Ahau tenían en sus manos el poder de la grandiosa Copán. Dígase solamente eran unos sabios eminentes en la espaciosa urbe, respetados y venerados por los demás ahkines de los dioses copánidas.

5.—Medicina maya.

Los sacerdotes de Copán sabían que, si la energía solar penetraba en el cuerpo de ellos, y luego se transformaba en espíritu, sin perder nada de su fuerza cósmica, con un buen adiestramiento y una firme voluntad de su parte, podían proyectar dicha energía solar, de segunda clase, en las personas enfermas en el alma y en el cuerpo por medio del hipnotismo y la sugestión y curarlas. Para las otras enfermedades recurrían a la rica flora tropical admirablemente conocida por ellos.

V
El arte maya.

La concepción comunal panteísta rudimentaria que alimentaba el trabajo intelectual y material de los mayas en la ciencia, en el rito solar, en todo, también daba razón y sentido al arte. Conviene mantener en la memoria esto para lograr una justa apreciación objetiva de las obras de arte copánidas que, retando el desgaste implacable de los milenios, han llegado a los días actuales para causar admiración colectiva. Conviene detallar.

1.—Arquitectura.

La Antigua Copán fue descubierta por Diego García de Palacio, quien dijo al Emperador Carlos V en una carta escrita en el siglo XVI:

"En el primer lugar de la Provincia de Honduras, que se llama Copán, están en ruinas y vestigios de gran poblazón y de soberbios edificios, tales, que parece que en ningún tiempo pudo haber en tan bárbaro ingenio como tienen los naturales de aquella Provincia, edificios de tanta arte y suntuosidad. Es ribera de un hermoso río y en unos campos bien situados, tierra de mediano temple, harta de fertilidad y de mucha caza y pesca.

"En las ruinas hay montes que parecen haber sido hechos a mano, y en ellos muchas cosas que notar. Antes de llegar a ellos, esta señal de paredes gruesas y una piedra grandísima en figura de águila, y hecho en su pecho un cuadro de una vara de largo y en él ciertas letras que no se sabe qué sea.

"Más adelante van ciertas ruinas y algunas piedras en ellas labradas con harto primor; y está una estatua grande, de más de cuatro varas de alto, labrada como un obispo de estilo pontifical, con su mitra bien labrada y anillos en las manos. Junto a ella está una plaza bien hecha, con sus gradas en forma que escriben del Coliseo labrada por cierto en partes de muy buena piedra y con harto primor. Están en ella seis estatuas grandísimas, las tres de hombres armados a lo mosaico, con ligagambas, y sembradas muchas labores por las armas; y las otras dos, de mujeres, con buen ropaje largo y tocaduras a lo romano; la otra es de obispo, que parece tener en las manos un bulto, como cofrecito; decían ser ídolos, porque delante de cada uno de ellos había una piedra grande, que tenía hecha una pileta con su sumidero, donde degollaban los sacrificados con sahumerios, y en medio de la plaza, había otra pila mayor, que parece de bautizar, donde asimismo debían de hacer en común sus sacrificios.

"Pasada esta plaza se sube por muchas gradas a un promontorio alto, que debía ser donde hacían sus mitores y ritos, parece fue hecho y labrado con mucha curiosidad, porque se hallan allí piedras muy bien labradas.

"Hay muchas cosas que demuestran haber habido allí gran poder y concurso de hombre y policía, y mediana arte en la obra de aquellas figuras y edificios".

Lo que dice García Palacio tiene importancia por haber sido el primero en llegar como comisionado a las ruinas de la Antigua Copán y escribir acerca de ellas a Carlos V. Por lo demás, es un informe mediocre que hace valoraciones de algo que ignoraba por completo el autor.

Sylvanus G. Morley llama a la Antigua Copán, "la Alejandría del mundo maya", y la describe así:

Copán era el centro científico del Viejo Imperio. Esta ciudad se compone de un grupo principal y unos dieciséis subgrupos exteriores dependientes de aquél, uno de los cuales se halla a once kilómetros de distancia del centro ceremonial. El grupo principal o Estructura Principal, como se le ha llamado, ocupa alrededor de treinta hectáreas, y se compone de la Acrópolis y cinco plazas anexas. La Acrópolis es un complemento arquitectónico de pirámides, terrazas y templos que, en virtud de constantes adiciones, llegó a formar una gran masa de mampostería que ocupa cerca de cinco hectáreas de terreno y mide 38 metros de alto en su punto más elevado. Entre otros edificios sostiene los tres templos más hermosos de la ciudad: el Templo 26, inaugurado en el año 756 al terminarse la Escalera Jeroglífica que presenta la inscripción más larga de la escritura jeroglífica maya, el Templo 11, erigido en memoria de un importante descubrimiento astronómico hecho en Copán en conexión con los eclipses, nada menos que la determinación de la duración exacta de los intervalos entre ellos, y el Templo 22, dedicado en 771 al planeta Venus.

En la Estructura Principal existen no menos de cinco patios o plazas: 1º., La Plaza Principal, que es un gran estadio de 75 metros cuadrados. Tres de sus lados están rodeados por filas de asientos de piedra; el cuarto está abierto, y ocupado solamente por una pirámide de sacrificios que ocupa el centro del mismo; en ella se encuentran nueve magníficos monolitos esculpidos y varios altares ricamente labrados; 2º., la Plaza del Medio; 3º., el Patio de la Escalera Jeroglífica, que tiene unos 95 metros de largo por 38 de ancho, y en uno de cuyos extremos, inmediatamente detrás de la Este M y su altar, se levanta la soberbia Escalera Jeroglífica, de 20 metros de ancho, compuesta de 62 escalones, cuyas caras están esculpidas con unos 1,500 a 2,000 jeroglíficos individuales, formando la inscripción más larga de todo el territorio maya. En medio de cada docena de escalones se encuentra una estatua antropomorfa, de tamaño heroico, magníficamente vestida. Esta escalera esculpida monumental, que conduce al Templo 26, es una de las construcciones más asombrosas de toda la región que ocuparon los mayas, y 4º. y 5º., las Plazas Oriental y Occidental de la propia Acrópolis, el nivel de cuyos pisos se encuentra a considerable altura sobre el nivel general del suelo. La primera tiene en su costado occidental la hermosa Escalera de Jaguares, en cuyos flancos se ven las figuras heroicas de jaguares rampantes, con cuerpos incrustados originalmente con discos de obsidiana negra brillante simulando la piel manchada del animal. La Plaza Oriental tiene la hermosa Plataforma de Revista, la Estela P, último monolito del período antiguo, y varios hermosos altares.

Uno de los rasgos arqueológicos más interesantes de Copán es el corte de la Acrópolis expuesto a la vista por el Río de Copán. En cierta época, después de haber sido abandonada la ciudad en el siglo IX, el río cambió de curso, y corriendo por la base de la Acrópolis cortó una gran parte, exponiendo a la vista una cara vertical de 35 metros de alto en el punto más elevado y de cerca de 300 metros de largo en la base, el corte arqueológico más grande del mundo, en el cual pueden distinguirse claramente los niveles de los pisos de una plaza más antigua y de desagües enterrados.

La Institución Carnegie de Washington ha estado haciendo excavaciones y reparaciones en Copán desde el año de 1935 en cooperación con el Gobierno de Honduras. Se cambió el curso del Río de Copán haciéndolo volver a su cauce primitivo, con lo cual la Acrópolis ya no está amenazada de destrucción; se ha reparado y erigido de nuevo más de una docena de monolitos caídos y rotos, mejorando notablemente la apariencia de este notable grupo de ruinas; se han excavado y reparado los Templos 11, 21a, 22,26 y el Juego de Pelota (Estructuras 9 y 10); y se han abierto varios túneles hacia el interior de la Acrópolis con el objeto de ver si contenía construcciones más antiguas que hubieran quedado enterradas.

Uno de los descubrimientos más notables de Copán fue el de dos pequeños fragmentos de oro, los pies de una figurilla hueca, encontrados en los cimientos de la Estela H, inaugurada en 782. Estas son las únicas piezas de oro, o de cualquier otro metal, que se han encontrado en una ciudad del Viejo Imperio.

En Copán la escultura llegó a un altísimo grado de perfección, superado únicamente por el arte de las tres grandes ciudades del Valle del Usumacinta: Palenque, Piedras Negras y Yaxchilán. Hay indicios, además, de que fue el centro de sabiduría más eminente del Viejo Imperio, especialmente en el campo de la astronomía. Las fórmulas de los astrónomos—sacerdotes, para la determinación de la duración del año solar y de los períodos de eclipses, fueron más exactas que las de cualquier ciudad del Viejo Imperio; en una palabra, Copán, por sus notables progresos en astronomía, merece llamarse la Alejandría del Nuevo Mundo. (La Civilización Maya, Sylvanus G. Morley, Págs. 357, 358, 359 y 360).

2.—Escultura.

Dice al respecto Eric Thompson:

En su escultura, más natural que la de otras ciudades mayas, Copán ocupa un primerísimo lugar. Las hermosas figuras del dios del maíz existentes en los museos Británico, Peabody y Copán, son merecedoras de un elevado sitio en la historia del arte mundial, y las encantadoras líneas de los gobernantes sacerdotes esculpidos en los escalones y altares poseen toda la calidad de un retrato. Existe una cierta vitalidad en el arte de Copán, que contrasta con las serenas posturas que pueden verse en las figuras de las ciudades del valle del Usumacinta, pero esa calidad no existe siempre, porque en la primera mitad del período clásico, la figura humana en Copán es tiesa y torpe. (Arqueología maya, J. Eric S. Thompson, página 221).

3.—Cerámica

También es del especialista Eric Thompson esta apreciación: Copán produjo también una cerámica finamente labrada, de color café achocolatado, la cual llevaron hasta Guatemala por el Oeste y a El Salvador por el Sur. Además de los personajes esculpidos con gran perfección, en esas vasijas, casi siempre altas y cilíndricas, se ven glifos que parecen tener un significado, de ahí que hayan sido copiados al azar de un artista a otros. Entre los mencionados glifos, hay algunos típicos, lo cual demuestra que debieron ser manufacturados en esa ciudad o dentro de su territorio. (Arqueología maya, J. Eric S. Thompson, págs. 221 y 222).

LOS TOLTECAS

I
Los toltecas

1.—Su origen.

Es cosa de averiguar de donde procedían los toltecas muy antes de la era cristiana. Los códices resultan insuficientes para precisar su peregrinación. Acaso revelan el viaje los hitos monumentales que se van descubriendo, desde los más toscos en el norte—oeste hasta los más artísticos en el sur—este.

Según la Tira de la Peregrinación, conservada en el Museo Nacional de México, ocho tribus componían la federación: Los huexotzincas (habitantes entre sauces); los chalcas (joyeros de esmeraldas); los xochimilcas (floricultores); los atlatecas (habitantes de la región de las aguas); los alcohuas (radicados en la costa); los tlahuicas (cazadores de arco y flecha); los tecpanecas (artífices de pedernal), y los matlazincas (hombres de la red).

En el trayecto, unas tribus se van quedando por desacuerdo con las otras y conviven con las tribus nativas, bien por alianza, bien por guerra y dominación. Son las que poblaron el centro de lo que hoy se llama territorio mexicano. El grueso de las tribus continúa el viaje, siempre de norte a sur y de mar Pacífico a mar Atlántico, como si tuvieran de objetivo Yucatán, para después derramarse en Centro América, en Honduras.

2.— ¿Cómo eran los toltecas?

Responde en nahua un códice del Museo Nacional de México, que traducido dice: "Los toltecas eran hombres grandes, de vestiduras blancas; vinieron por el poniente, guiados por siete nobles jefes guerreros; ellos trajeron de su tierra: algodón y otras semillas, preciosas esmeraldas, oro, plata; salieron de su mansión, Huehuetlapallan, el año 1 técpatl".

3.— ¿De dónde les vino el nombre de toltecas?

El lingüista mexicano Pedro Barra y Valenzuela, dice: "Fueron el adiestramiento, el dominio de los elementos materiales y el florecimiento de la escultura de los tecpanecas, nada más, razones que se han tenido, que se deben sostener, para designar con el nombre de toltecas (Toltecayotl, arte; toltecatl, artista) a esa familia distinguida, dedicada a dar cima a las concepciones cosmogónico—religiosas de la jerarquía directora, a erizar de glifos ornamentales y alegorías inteligibles las deidades evocadas en el cómputo del tiempo. En la erección de los monumentos destinados al culto religioso tomaban participación los congéneres afines, pero la habilidad del artífice tolteca, en forma exclusiva, aflora decididamente en el bello complejo de las obras escultóricas, tanto en los pétreos vasos de sacrificio como en los monolitos de orden cronográfico, o simplemente ornamental".

4.—Primero Teotihuacan; después Tullan.

En el transcurso de los siglos, el punto de partida de los toltecas seguramente fue el lugar costero de la Baja California. Bajo la dirección del gran jefe tribal Huemac llegaron al Anáhuac, donde levantaron los notables centros religiosos de Teotihuacan, en la fase inicial, y de Tullan, en la última. Este último centro, también llamado Tula, debe haber sido el principal, porque es el que se menciona con más frecuencia en los códices y las leyendas. Siempre existen en las narraciones el anhelo y el suspiro de "volver allá", de "viajar a Tula, donde está el ombligo de nuestros padres" (citas de las tradiciones del Popol Vuh).

5.—El santuario de Cholulán.

Eran felices los toltecas en el valle del Anáhuac. Dedicados a sus labores específicas no deseaban salir de allí por nada del mundo. Mas, en medio de aquel regocijo que nacía del grado de cultura que habían alcanzado, llovió sobre ellos una desgracia. Procedentes del norte bajaron a Tula los trashumantes y feroces cazadores chichimecas (chichime, perros; ca, catl, terminación de gentilicios; chichimecatl.P. Barra y Valenzuela), mote que les aplicaron los toltecas, porque además del arco y de la flecha, se acompañaban de canes salvajes, adiestrados para cazar animales y atacar personas. Y así nos hallamos entendidos que los chichimecas aumentaban su poder en la guerra valiéndose de coyotes o lobos americanos domesticados, que soltaban en jaurías cuando atacaban.

De Tula partieron los toltecas hacia el sur. Se detuvieron en un punto favorable a la producción agrícola y edificaron el famoso centro ritual de Cholulan, más conocido con el nombre de Cholula. Allí permanecieron largo tiempo, recuperando la felicidad perdida, cosechando el grano de sus campos y mejorando sus artes y oficios, cuando nuevamente fueron alcanzados por los chichimecas. Ante la presión de sus mortales enemigos, se vieron en el caso de abandonar Cholula y marchar a toda prisa hacia el oriente, hasta llegar al mar.

6.—Quetzacóatl.

En punto favorable se instalaron y procedieron a construir lo de rigor, el centro ceremonial, del que es grandioso monumento imperecedero la pirámide del Tajín, en Veracruz, con sus 365 nichos para adorar los dioses de los 365 días del año. No se sabe cuánto permanecieron en ese lugar los toltecas. Es tan obscura la relación de aquel doloroso éxodo, que sólo se sabe que allí empieza a sonar el nombre de Quetzalcóatl, personaje famoso del que dicen los códices: "Quetzalcóatl. . .extranjero. . .viaja. . . (dibujo en que aparecen el mar y una nave)... llegó aquí... (dibujo en que se ven el mar y la tierra)... habla con elocuencia.....". De Quetzalcóatl se dice, legendariamente, que era alto, hermoso, de cabellos y larga barba de oro y de ojos azules. Hablaba de un dios único, no gustaba de los sacrificios humanos sino de las ofrendas florales y frutales. Con ingeniosos procedimientos mejoró los cultivos y los oficios de los toltecas. Les enseñó nuevas artes, entre ellas las de los metales, y todo eso le dio prestigio que lo elevó a la categoría de jefe supremo de las tribus. Viendo que los toltecas no se hallaban seguros de nuevas acometidas de sus enemigos en Tajín, envió delegados a la federación maya de Yucatán, para pedirle asilo amistoso. Los mayas otorgaron el asilo solicitado, y así los toltecas se dirigieron a la península, donde fueron recibidos con júbilo y grandes fiestas,

7.—Una nueva raza.

Bajo la dirección de Quetzalcóatl, las federaciones maya y tolteca constituyeron la confederación maya—tolteca, que con el tiempo debía fundir las dos razas en un solo pueblo. El pacto de que se habla debe haberse realizado entre los siglos XI y XII. Fue tan eficaz en sus principios y en sus resultados, que los mayas se encantaron del genio de Quetzalcóatl, al punto de "mayisar" su nombre, J llamándole en adelante Kukulkán. Con el pacto que establecía la confederación maya—tolteca, los peregrinos de Tula se fueron desplazando de Yucatán hacia las regiones de Centro América y siempre combinándose con la raza de sus confederados.

8.—Quetzalcóatl, jefe de la confederación.

De Quetzalcóatl se agrega que llegó a ser jefe supremo de la confederación, acompañado de otro, según la regla tribal, posiblemente maya, innominado. Alcanzó la ancianidad entre las tribus. Fue amado, respetado, deificado. Un día, publicó su contrariedad porque los toltecas no habían atendido sus prohibiciones sobre los sacrificios humanos ni habían imitado a sus hermanos mayas que no los practicaban, Por ello, en solemne fiesta confederal, probablemente en el centro de Mayapan, lanzó la tremenda profecía que en futuros siglos, no lejanos, hombres rubios y blancos llegarían de extremo a extremo, abolirían las groseras costumbres tribales y sembrarían sus banderas en nombre de un nuevo jefe de pueblos (rey o emperador) y de un nuevo dios omnipotente, Dicha la tremenda profecía, Quetzalcóatl se despidió de las tribus confederadas, porque había llegado la hora de regresar a su país de origen.

9.—Enjuiciamiento crítico de Quetzalcóatl.

Ya es tiempo de interpretar la brillante presencia de Quetzalcóatl entre los toltecas y los mayas con enjuiciamientos críticos, en un afán de depurar nuestra prehistoria, haciéndolo en los términos siguientes:

a) De la leyenda surge la verdad que Quetzalcóatl existió en el límite de la declinación del matriarcado y el nacimiento del patriarcado. El personaje fue un tolteca inteligente que percibió el cambio interno que se operaba en las tribus de su raza y en las demás que se hallaban en parecido nivel social. También pudo ser un extranjero, que informado del interno conflicto social de las tribus, tomó la iniciativa patriarcal, y de allí se alzó su gran prestigio entre los toltecas que llegaron a considerarlo un ser extraordinario, venido de otra parte, de otro país, del mar o del cielo. Falta ahondar en el significado de la palabra extranjero en la lengua nahuatl.

b) Los patriarcas de ambos continentes se valieron en el ascenso de la institución patriarcal de las armas de la astucia y de la fuerza para imponerse en las tribus. En el empleo de la astucia acudieron a todos los sinónimos del vocablo; así fueron fecundos en artes, mañas,—sutilezas, cálculos, estratagemas, tácticas, malicias, artificios.

Quetzalcóatl, conductor patriarcal, fingióse un ser divino para llevar a buen término su empresa. Fue astuto, el tiempo le ayudó en el engaño.

c) En cuanto a la conquista que realizarían futuros extranjeros, también hay un sesenta por ciento de probabilidades que la dijera en presencia de la comunidad maya—tolteca en el santuario de Mayapan y un cuarenta por ciento en contra, que no es despreciable. Por ejemplo, Quetzalcóatl podía haber profetizado lo que no le resultaba difícil por su clara inteligencia y su vocación revolucionaria que, si los confederados no acataban sus mandamientos de amistad y de paz, en castigo caerían sobre ellos unos guerreros feroces con fines de avasallamiento, como en otro tiempo lo hicieron los chichimecas en el valle del Anáhuac y después en Cholula. Sucedió que la profecía fue adulterada con segunda intención a vista de los españoles, para decir que las tribus serían avasalladas a lo largo de Ixachilan (tierra firme muy larga, tierra continental), por haber olvidado los mandamientos de paz y amistad de Quetzalcóatl, y haber seguido una vida de odio, rencor, daño, muerte y guerra.

10.—La peregrinación.

Desde California, y quien sabe si no de más allá, hasta Centro América, la corriente tribal tolteca tuvo desprendimientos que fueron quedando a uno y otro lado de la ruta, conservándose independientes o mezclándose con las tribus. Pasó por los dominios de los mayas, seris, yaquis, tarahumaras y kicapoos; por las regiones de los otomíes, tepehuanes, tarascos, totonacas y huastecas, y por los países de los zapotecas, mixtecas, hueves y mijes, hasta llegar a fundirse con los mayas: La corriente migratoria se abría paso por la amistad y la guerra, y en el trayecto adoptaba nombres distintos, por ejemplo, el principal de toltecas, debido a su genio en las bellas artes; de nahoas, a causa de su lengua admirable que se difundía entre las tribus visitadas, y el de olmecas (olli, hule; mecas, montes: montes de hule)en razón de su procedencia última antes de llegar a Yucatán.

Varias adiciones trajeron los toltecas a la cultura maya, entre ellas las que siguen;

II
Adiciones toltecas

1.—El idioma.

El nahoa, náhuatl o mexicano que se propagó hasta casi borrar la lengua original de los mayas: Hubo un rebautizo de las cosas materiales y espirituales, sociales e individuales. Cambiaron el nombre de los cerros, de los valles, los ríos, las quebradas, los lagos, los animales de todo género y especie. La antigua ciudad sagrada perdió su nombre para llamarse Copantl (puente). Honduras quedó dividida en Mayatl (al occidente), Tagulcegalpatl (al centro), Tolologalpatl (al oriente) y Cholutecatl (al sur). Las tribus que se hallaban en la barbarie inferior aceptaron el dictado de la confederación maya—tolteca y la arrolladora influencia de la lengua nahoa.

2.—El arte.

Los toltecas agregaron su estilo al hermoso arte maya. En arquitectura recordaron sus grandes centros ceremoniales de Teotihuacan, Tullan y Cholulán; admiraron lo novedoso de Tikal, Copán y Nachán (Palenque) y combinaron los dos estilos en las urbes de Mayapán, Chichén Itzá y Uxmal, fuera de las combinaciones en otros poblados de segunda, tercera y cuarta clases sembrados en la vasta geografía de Mesoamérica. Están pendientes de descubrimientos numerosos santuarios en territorio hondureño. Uno de ellos es el de la Ciudad Blanca situado en una zona que ocupa territorios de los departamentos de Olancho, Colón y La Mosquitia. En escultura, pintura y dibujo jeroglífico, los toltecas son maestros. Pero en lo que sobresalen con su genio artístico es en la joyería a base de oro, plata, jade, perlas, esmeraldas y otras piedras preciosas, arte en el que compiten con los chibchas y los incas. Si de las artes rítmicas de los mayas no se pudo decir una palabra por carencia de información, de las correspondientes a los toltecas si es posible agregar algo. Sus conquistas en las artes rítmicas son excepcionales; desgraciadamente solo quedan restos, recuerdos, remedos grotescos. En cuanto a la literatura como poesía, narración y drama, el tema central es la peregrinación, rodeado de mitos y de fábulas.

3.—El Tonalamatl.

Es el nombre del calendario en lengua nahoa. Era más simple que el maya porque solo contaba con una rueda que giraba libremente, sin ofrecer equívocos en las cuentas del tiempo. En cambio, el calendario maya se componía de dos ruedas, la civil o solar (haab) y la religiosa o venusina (tzolkín). que giraba inversamente hasta encontrar las coincidencias matemáticas con el objeto de precisar las fiestas ceremoniales. Según se entiende, la simpleza del Tonalamatl consistía en que el tiempo lo consideraba divino en todas partes, y los días del extenso año, como en el monumento de Tajín con sus trescientos sesenta y cinco nichos, eran propicios a la adoración, por tanto, con su simpleza, estaba destinado a la agricultura y la religión; se regó por los territorios de la Peregrinación, y al imponerse el rito de los toltecas, también sucedió al viejo calendario maya.

4.—El maíz

Afirmaban los peregrinos toltecas que ellos habían descubierto el maíz y habían sido los primeros en cultivarlo. Su cosmogonía está llena de orígenes maiceros, Lo cierto es que trajeron nuevas variedades que se sumaron a las que ya tenían los mayas. También trajeron nuevos empleos culinarios que perfectamente conocen las cocineras indias y mestizas de hoy, como todos los combinados de carne (naca) con nixtamal molido o con maíz tostado y molido: nacatamal, nacarigüe, etc.

5.—Sacrificios humanos.

Los toltecas del norte quedaron con la costumbre de los sacrificios humanos dedicados a un dios sangriento, manera de arrasar en el fondo a las tribus enemigas. En Tenochtitlah los sacrificios humanos iban desde cinco hasta veinte mil vencidos. Aquellas matanzas, si eran religión, también eran política. Los toltecas del sur, bajo la influencia doctrinaria de Quetzalcóatl, poco a poco fueron abandonando los sacrificios humanos y sustituyéndolos por la adopción colectiva o individual, con el objeto de aumentar la población de las tribus y elevar la producción agrícola. En el sur, Quetzalcóatl señaló la ruta que llevaría a los comienzos de la esclavitud y la propiedad privada.

6.—Paso de la cultura neolítica a la cultura del bronce.

Los toltecas, en resumen, de cuentas, representaban un paso pre—histórico adelante de los mayas, al introducir en las artes y los oficios los metales preciosos y muy particularmente el cobre con algunas aleaciones que conducían a paso de vencedores a la conquista del bronce. Los mayas no pudieron romper el cerco neolítico.

Desde el remoto origen hasta el siglo IX de la era cristiana, siempre se les vio manejando instrumentos de piedra. En cambio, los toltecas en los siglos de su Peregrinación van enriqueciendo su experiencia, y en la medida que dejan la piedra labrada se acercan a los metales y en especial al cobre, antecedente indispensable del bronce. Si se quiere agregar un mérito más a Quetzalcóatl, dígase sin temor que él fue el que hizo que los toltecas rompieran el anillo neolítico y los lanzó a la conquista de los metales industriales.

III
La confederación maya—tolteca

1.—Aclaraciones oportunas

La confederación maya—tolteca es la única razón etnológica y social de la base poblacional de Centro América y por tanto de Honduras. Ella constituye la raíz y el tronco que forman ramas mayores y menores, hojas, flores y frutos sanguíneos unitarios. Y es ella la que constituye el subsuelo y el suelo raciales, objetivos e innegables en la prehistoria de este país y de sus hermanos. Repetimos para que no se olvide: la confederación maya—tolteca es todo; lo demás, es nada.

2.—El totum revolutum de los historiógrafos.

Lo demás se encuentra en ese totum revolutum de los historiógrafos oficiales que dividen a los mayas al hacerlos venir en grupos separados de lugares distintos, atomizándolos de tal manera que, por ejemplo, los mayas y los itzáes de Yucatán nada tienen de común con los quichés y cakchiqueles de Guatemala, y todos estos con los chortís, los hicaques y los payas de Honduras. Hablan de un Votán como conductor supremo de los mayas cuando llegaron a estas zonas, y de otra parte vemos que autoridades mayistas de primer orden (Morley, Thompson, Gallenkamp) manifiestan su sorpresa al advertir que en las inscripciones no existan nombres de personajes. Y cuando se refieren a los confederados de los mayas; los dividen en tres grandes grupos tribales invasores por distintos puntos y en diferentes épocas, y así mencionan separadamente a los toltecas, a los nahoas y a los olmecas, como que nada tuvieran que ver los unos con los otros, siendo como fueron, ya lo dijimos, fundados en autoridades, una sola corriente migratoria desprendida de Tula, que adoptó en el trayecto diferentes denominaciones.

3.—Todos eran unos mismos.

Teniendo presente la confederación maya—tolteca no se ofrece estorbo en la interpretación de los grupos tribales de Yucatán, Guatemala y Honduras, pues son la misma cosa, aunque con ligeras diferencias de tipo y lengua, pero en cuyas raíces siempre está el maya o el nahoa. Los agaltecas de Olancho y los cholutecas del Golfo, eran especialmente toltecas.

Los pipiles de El Salvador eran toltecas, con la circunstancia que resistían a la pronunciación de la partícula nahua "tl", por influencia traída del sector sur de México, y así decían Cuscatán y no Cuscatlán.

Los chorotegas y chontales de Nicaragua, Costa Rica y aún de Panamá también eran toltecas, y estaban sujetos a la poderosa confederación.

Para las personas que tienen abrumada la mente con las informaciones oficiales incoherentes, recargadas de prejuicios y malas intenciones, resulta difícil comprender la esencia y la forma de la sociedad prehistórica en la confederación maya—tolteca.

Había perfecta unidad en el todo confederal, complementada con una verdadera independencia de las partes. Los maya—toltecas fueron los primeros unionistas de Centro América, y vivieron en la unión comunal, respetando además las organizaciones de todas y cada una de las regiones centroamericanas. La razón poderosa para que así fuera se llama comunismo primitivo que supone una sociedad de bienes comunes y sin intereses encontrados. Por excepción, los conflictos de unas tribus con otras por bosques y ríos de caza y pesca, eran zanjados en acuerdos de paz, y las guerras de los quichés con los cakchiqueles que sucedieron en los primeros años del siglo XVI, acusan asomos de dominación, propiedad privada y esclavitud.

Naturalmente, existían más tribus que no eran maya—toltecas, pero que reconocían y acataban la supremacía de la confederación. Entre las tribus de origen distinto se hallaban las pobladoras de la costa atlántica, muy relacionadas con los caribes de las islas. También existían en las costas del Cabo Gracias a Dios los misqui, o misquitos, o mosquitos o moscos. Estas tribus costeras vivían de tubérculos cultivados en pequeñas huertas por las mujeres y de la caza y la pesca.

4.—El viaje de Topiltzin a Honduras.

Es frecuente oír que un personaje tolteca llamado Acxitl, o Nacxit, o Topiltzin, vino directamente de Mayapan a Honduras a fundar el reino de Payaki o Hueytlate. Es un relato que se basa en la leyenda que un día Quetzalcóatl se despidió de las tribus y, prometiendo volver, partió para Tlapallan, lugar de la aurora; suponiendo muchos que ese lugar es el sitio que ocupa la Antigua Copán, adonde vino a morir el gran jefe y taumaturgo. Efectivamente, ya lo hemos dicho, los sacerdotes de Mexic en Tenochitlán le hablaban a Cortés del País de Huey o de Huehuetlapallan, como le llamaban ellos a la Antigua Copán, de donde les había llegado la luz de la aurora, es decir la luz de la magia, de la sabiduría. Por consiguiente, el reino de Payaki o Hueytlato, es el mismo País de Huey o Huehuetlapallan de los sacerdotes del dios Mexic.

Una razón más para sentir por la Antigua Copán una mayor veneración.

Quetzacóatl, Acxitl,Nacxit, Topilzin y Kukulcán era el mismo gran jefe en los distintos idiomas de la confederación maya— tolteca.

5.—Comizahual.

A menudo se relata la leyenda de Comizahual, mujer maravillosa que enseñó a las tribus las artes y los oficios de la vida comunal. Queremos expresar que es un bello símbolo tolteca, y no una realidad humana que recuerda el tiempo varias veces milenario de la dominación del matriarcado a base de la huerta. La gratitud tenía que expresarse así porque la influencia matriarcal seguía viviendo, aun cuando ya empezaba a palidecer en el siglo XVI con los tímidos asomos de la propiedad privada.

Siempre se ha dicho que Comizahual significa "tigre que vuela". Eso no es cierto. En lengua nahua, tigre es Yolhcatl; volar es patlantimati.

En la misma lengua nahua, Comizahual es una palabra compuesta de tres, que observa la ley polisintética de las lenguas indígenas americanas, del siguiente modo: Co—coátl—serpiente, Vía Láctea, círculo divino; mi—mict—matar, morir, curar; zahual—enfermedad, peste.

Sin olvidar, además, que el náhuatl es lengua animista, entonces tenemos que Comizahual quiere decir: Serpiente sideral que da muerte o cura las enfermedades y las pestes.

Como en el símbolo se trata de una mujer civilizadora conviene darle al nombre noble sentido.

6.—Toncontín

Es el historiador guatemalteco don Antonio Batres Jáuregui el que habla en sus libros de la danza ritual "toncontín". Bajo golpes de tambor y sonidos de caracol de mar, los danzantes, separados en grupos de hombres y mujeres, recargados de adornos, entraban en líneas onduladas y salían de la escena para volver a entrar, hasta que al fin se confundían las dos líneas en una sola, en la que alternaban los hombres y las mujeres y se detenían formando un semicírculo. En esta posición se hallaban los danzantes cuando aparecía Ixchel (la Luna), diosa de la maternidad, daba vueltas circulares en uno y otro sentido y entonces los danzantes, demostrando júbilo, la acompañaban con golpes de pie y compases de mano.

El nombre de Toncontín ha quedado en un lugar posiblemente destinado a esta danza, cerca de Tegucigalpa, capital de Honduras, y está allí el aeropuerto internacional.

IV
Resumen de la sociedad primitiva maya—tolteca

Llegó la hora de proponer las conclusiones necesarias en el tema de la sociedad primitiva maya—tolteca, en la forma que sigue:

1.—La Era cuaternaria.

La Era cuaternaria contiene tres grandes épocas: la del postplioceno, que marca el paso de la Era terciaria a la cuaternaria; la del pleistoceno, y la del holoceno. Son grandes épocas que parecen interminables, pero precisa que sean así por las elaboraciones que hace en ellas la Naturaleza.

2.—El pleistoceno.

Los geólogos y antropólogos dividen al pleistoceno en tres edades:

a) Pleistoceno inferior. Duró 400.000 años. Fue la edad de los homínidos, o sea de los monos que están a punto de transformarse en hombres.

b) Pleistoceno medio. Duró 150.000 años. En él empezó el paleolítico inferior, y fue el hogar del hombre primitivo, en el estadio inferior del salvajismo. Apareció y tomó forma el lenguaje articulado.

e) Pleistoceno superior. Duró 40.000 años. Siguió el paleolítico medio, en que el hombre primitivo vive en el estadio medio del salvajismo. A esa edad pertenece la conquista del fuego, que le permite tomar alimentos cocidos y armarse de maza y lanza.

En el mismo paleolítico superior (12.000 años antes de la era cristiana), o sea en el estadio superior del salvajismo, el hombre primitivo fortalece su economia de recolección con el invento de un arma decisiva: el arco y la flecha.

3.—Los geólogos y antropólogos dividen la época del holoceno del siguiente modo:

a) El mesolítico. Duró 6.000 años. Fue un período de transición. Terminaron los grandes glaciares y aparecieron los climas propicios. El hombre primitivo pasó del salvajismo a la barbarie, es decir de la economía de recolección a la de producción con la agricultura y la domesticación de animales.

b) El neolítico. Duró 3,500 años (desde el 6.000 al 2.500años). Con la piedra pulida el hombre pasó del estadio superior del salvajismo al estadio inferior de la barbarie, realizando la llamada revolución neolítica con que inició la economía de producción, dedicándose a la cría de ganado y al pastoreo.

e) Edad de Bronce, Duró 1,000 años. El hombre buscó metales duros para sus instrumentos de trabajo, hallando primero el cobre; pero insatisfecho de la dureza de éste, buscó con qué mezclarlo, y encontró el estaño, que le dio el bronce. Así arribó el hombre al estadio medio de la barbarie para realizar la revolución urbana que impulsó las invenciones como la escritura, estimuló el comercio, impulso la agricultura y construyó las urbes o centros ceremoniales que con los siglos se transformarían en Ciudades—Estados.

d) Edad del Hierro. Descubierto 1.500 años de la era cristiana. El hombre llegó al estadio superior de la barbarie. Fue el momento de más alto esplendor de la sociedad prehistórica y al mismo tiempo de violenta descomposición de una sociedad igualitaria que se convierte en una sociedad dividida en clases, amos arriba y esclavos abajo. Proliferaron las Ciudades—Estados en el Lejano y el Cercano Oriente.

Ahora vamos a concretar este descarnado análisis en el capítulo que sigue.

V
América

1.—Advertencia.

Ixachilan (tierra firme muy grande), como le llamaban los toltecas al continente, sufrió todas las conmociones y revoluciones geológicas y biológicas del planeta. Pero no produjo el hombre, sino que lo recibió ya formado como inmigrante en la edad del pleistoceno superior en sus dos instancias, así:

2.—Hombres de maza y lanza.

Más o menos, hace 40,000 años, hombres del paleolítico medio (estadio: medio del salvajismo), procedentes de Asia por lo que se llama el estrecho de Bering, y procedentes de Oceanía montados en troncos de madera por las corrientes del Pacífico, llegaron a

América como adoradores del fuego y armados de maza y lanza para proporcionarse alimentos.

3.—Hombres de arco y flecha:

Y hace más o menos 12,000 años antes de la era cristiana, que hombres del paleolítico superior (estadio superior del salvajismo), procedentes de las citadas regiones del mundo, Asia y Oceanía, vinieron a América, siempre como adoradores del fuego, y armados de arco y flecha a satisfacer los mandatos de su economía de recolección.

4.—En esas marejadas...

Sin ninguna duda, en esas marejadas de inmigrantes vinieron los mayas y los toltecas. En las primeras los mayas que buscaron un rincón que los pusiera a salvo de los otros grupos inmigrantes, y al hallarlo, allí se quedaron y se desarrollaron. Y después los toltecas, que como se ve en la Tira de Peregrinación vinieron de muy lejos en muy remoto tiempo. Solo que estos en su viaje de norte a sur se instalaron en centros sucesivos, como Teotihuacán, Tulan, Cholulán, Mayapán, hitos que iban marcando su desarrollo social.

5.—Los inmigrantes se aclimatan en América.

Seguramente, a lo largo de los 6,000 años del mesolítico, los inmigrantes asiáticos y micronesios se aclimataron y se desarrollaron con su fisonomía y tipicidad americanas, y pasaron del salvajismo a la barbarie al cultivar plantas y domesticar los pocos animales de este continente.

Fue en el período mesolítico que los clanes asiáticos y micronesios descubrieron el maíz en distintas zonas de América.

6.—La revolución neolítica.

Posiblemente los nietos de los asiáticos y los micronesios en distintos lugares del continente hicieron la revolución neolítica, que tiene una duración de 3.500 años y desarrollaron la agricultura del maíz.

En el mundo maya sigue inmediatamente después la revolución urbana que se esmera en edificar admirables centros ceremoniales, como los de Tikal y Copán.

Por último, se realiza la revolución cultural que eleva a Copán a una altura no igualada en el continente en el mismo tiempo. Es la urbe por excelencia del rito solar y de la magia, que por igual pueden ser la astrología y la astronomía.

Pero la Antigua Copán que había llegado al estadio medio de la barbarie hasta agotarlo y reunir posibilidades de seguir al estadio siguiente, no pudo romper el cerco neolítico, y eso fue lo que ocasionó su muerte.

7.—La Edad del Bronce.

En torno al año 1,000, los toltecas, sucesores de los mayas en Centro América, si estaban a punto de romper el anillo neolítico y poco a poco iban pasando a la Edad de Bronce. Primero usaban los metales preciosos en una orfebrería lujosa. Y segundo, ya estaban en posesión del cobre y ensayaban las primeras aleaciones con el estaño. Desgraciadamente, no pasaron a más.

8.—El Haab.

Así se llama el calendario solar, inventado en Tikal, Para contar el tiempo estableció un punto de partida o era calendárica que seguramente se refiere a un acontecimiento importante del mesolítico, como el arribo del clan de los mayas al continente americano.

La marca es el Baktún 13 4 Ahau 8 Cumcú, o sea 5.200 años 164 días.

9.—El Tzolkín.

Tal es el nombre del calendario de Venus, inventado en Copán. Es un calendario sagrado de 260 días, cuya rueda dentada al girar en sentido contrario a la rueda dentada del sol, marca los días de las grandes fiestas astrales en Copán.

También marca la era del Baktún 7.0.0.0.0, o sea 2,800 años, que probablemente tome de punto de partida algún hecho memorable que cae dentro del gran período de la revolución neolítica.

10.—Final.

Creemos que hemos aclarado el tema hasta donde es posible.

II PARTE: LA COLONIA

I
Descubrimiento de América

1.—El mercantilismo, impulsor de los descubrimientos.
Del seno del sistema feudal en Europa había surgido la economía mercantil que manejada por los mercaderes dominaba la producción de los gremios artesanales al comprarles sus productos y a la vez monopolizaba las ferias, reuniones de vendedores y compradores en determinados lugares, una vez al año.

Para los hombres que manejaban el mercantilismo lo principal se hallaba en la economía del dinero, en el balance monetario favorable, que se lograba siguiendo al pie de la letra el principio de "vender más y comprar menos".

Con una concepción así queda claro que los mercantilistas buscaban la acumulación de metales preciosos, especialmente el amontonamiento de oro y plata, por ser estos metales los representantes innegables e insustituibles de la riqueza.

A la altura del siglo XV, la economía mercantil se había desarrollado enormemente en Europa, particularmente en el Mediterráneo, al grado de extender su comercio al Oriente, sobre todo a la India, rica en marfil, sedas, perlas, piedras preciosas, perfumes, especias y otros productos sumamente codiciados por los reyes y los nobles.

El comercio se ampliaba y se extendía entre ambos continentes, cuando los turcos procedentes del Asia Central se apoderaron de Constantinopla en 1453 y después de las costas del Asia Menor, imposibilitando por completo toda ulterior relación comercial de Europa y el Oriente, en especial la India, joya del mercantilismo en aquellos siglos.

Así las cosas, hubo necesidad de flanquear el Asia Menor ocupada por los turcos, buscando nuevos caminos terrestres y marítimos.

Algunos expedicionarios audaces intentaron abrir vías por tierra y mar en las regiones árticas, pero fracasaron.

2.—Expansión del mundo Geográfico.

José Cecilio del Valle en su estudio "Caracteres del siglo XV y apreciaciones sobre el descubrimiento y la conquista" hace la historia de la geografía para objetivar la expansión del mundo geográfico desde la antigüedad hasta la época de los grandes descubrimientos, diciendo:

"Los europeos ignoraron mucho tiempo la existencia de la América; y esa ignorancia fue feliz para sus indígenas. Pero llegó al fin el siglo XV, eterno en la historia de ambos mundos, y en el ocurrieron sucesos que tuvieron influencia activa en los descubrimientos del Nuevo, en la conquista de sus Estados y en el sistema de gobierno establecido en ellos.

La Geografía, creada por la necesidad de relaciones recíprocas en las primeras sociedades del hombre, y enriquecida sucesivamente en Egipto y Tracia por las colonias que de ambas naciones pasaron a Grecia: en Cartago, por los viajes que hicieron emprender los intereses del comercio: en la Grecia, por las colonias que se establecieron: en Sicilia, Italia y África, por las guerras que sostuvieron con los persas, por los viajes que hicieron sus filósofos, por las conquistas de Alejandro y los conocimientos de Eratóstenes, Hiparco, Posidonio y Estrabón, que se dedicaron al estudio de la Geografía: en Roma, por la multitud de conquistas que hizo en el período de los reyes: en el tiempo de la República y en la época de los Emperadores, por los viajes de sus oradores más célebres y los trabajos de sus geógrafos, Dionisio, Periegeto, Pomponio Mela y Ptolomeo: en los tiempos posteriores, por la invasión de los conquistadores a Oriente, que, trayendo conocimientos de aquellas regiones, los recibían de los que conquistaban, por la ilustración de los árabes que la difundieron en los Estados europeos, por el uso de la brújula que empezó a generalizarse en Italia, por la religión, que enviaba misioneros a predicar el evangelio en diferentes países, por las cruzadas que influyeron en la civilización y nuevo sistema de Europa, y por los estudios de los geógrafos y viajeros que cultivaron la ciencia con ardor, fue haciendo adelantamientos progresivos en los espacios corridos desde su creación. Lo que tiene poder más grande en los hombres: la religión, el gobierno y el comercio, tenían interés en sus progresos para propagar sus dogmas, la primera; hacer conquistas, el segundo; y abrir nuevos mercados, el tercero. En el siglo XV recibió impulsos que la hicieron avanzar más.

El Infante Don Enrique estableció en Portugal, el año de 1415, una Academia de Náutica: llamo y honró a los matemáticos y marinos de más crédito: estimuló al estudio de la Astronomía y Geografía: introdujo el uso del astrolabio, útil para observaciones astronómicas y determinar la latitud del mar: promovió viajes importantes y logró resultados felices. En 1440 se inventó la imprenta, y este interesante descubrimiento, cooperando a los progresos de todas las ciencias, influyó también en los de la Geografía. Posteriormente los turcos tomaron a Constantinopla en 1453 y destruyeron el Imperio de Oriente. Los hombres ilustrados no quisieron sufrir el yugo de una ignorancia despótica: emigraron a Italia: llevaron sus luces a Florencia, y de allí se fueron difundiendo a las demás naciones de Europa. Los italianos recorrieron el mar del Norte y levantaron cartas geográficas que indicaban las tierras de Groenlandia: los rusos extendieron sus conquistas hasta Finlandia: los portugueses descubrieron las islas de Madera, las del Cabo Verde, las Azores, las de Santo Tomás, el Senegal, el Congo, etc.: atravesaron la línea equinoccial en 1471; y Bartolomé Díaz descubrió, en 1486, el Cabo de Buena Esperanza".

El Sabio Valle pasa a estudiar los grandes descubrimientos geográficos del siglo XV; el de Vasco de Gama, que partiendo del Cabo de Buena Esperanza llega a Calicut en la India en 1489, y el de Cristóbal Colón, que tres años después avista tierras que considera de la India, ignorando hasta su muerte que había encontrado un continente nuevo.

Termina el estudio del siglo XV diciendo, que hubo diferencias entre los gobiernos español y portugués por las tierras descubiertas;

y el Pontífice de la religión de Jesucristo que dijo: Mi reino no es de este mundo, Alejandro VI, hijo de España, las terminó donando a los reyes españoles, en Bula memorable de 1493, todas las tierras y pueblos que hubiese al occidente de una línea tirada de uno a otro polo a 100 leguas de las Azores y el Cabo Verde. El Gobierno español envió conquistadores y misioneros; y desde aquella época, eterna en la historia, comenzó el período de la fuerza, de la sangre y del horror.

La política colonialista había empezado con la línea tirada por el Pontífice Alejandro VI. Para eso sirvió la expansión del mundo geográfico.

3.—El oro de América.

Volvemos a citar a José Cecilio del Valle en su estudio de la Minería, en el que dice:

"Hablar de metales es hablar de América. La riqueza prodigiosa de sus montañas ha enlazado o identificado las ideas más distintas: la fecundidad inagotable de sus minas ha hecho una sola voz de tres voces diversas. Oro, plata, América, son palabras que significan una misma cosa".

Después toma de la Memoria de la Academia de Ciencias de París, año 1752, para incluirlo en su estudio el "Estado de las cantidades de oro y plata extraídas de las minas de América desde 1492 hasta 1803".

Registradas:
De las colonias españolas   4.035.156.000 pesos
De las colonias portuguesas   684.544.000 pesos

No registradas:

De las colonias españolas   816.000.000 pesos
De las colonias portuguesas   171.000.000 pesos
Total: 5.706.700.000 pesos

Lamenta el Sabio Valle que esa riqueza de cinco mil setecientos seis millones setecientos mil pesos fuertes arrancan de las rocas con uñas y dientes por los indios esclavizados se fuera para ultramar, sin regresar los beneficios equivalentes.

Así tenía que ser. Esa riqueza fantástica desempeñaría un papel especial en Europa, que en economía política lleva el nombre de acumulación originaria del capital. Es decir, más de cinco mil millones de pesos fuertes, en metales preciosos, especialmente en oro, harían la base en que se asentaría y desarrollaría el capitalismo, alma y esplendor de la Edad Moderna.

II
Los Descubridores.

1.—Cristóbal Colón.

Quienes escribimos estas líneas poco entendidas en los sucesos del siglo XV y siguientes pero un tanto adivinatorios a falta de viejos infolios que den fe de los hechos de aquel tiempo, siempre hemos sostenido que Cristóbal Colón fue un personaje modelado por el Renacimiento, que inclinado a las aventuras del mar desde la adolescencia se había aprendido de memoria aquellos párrafos de los diálogos de Platón, de Timeo y de Critias, que hacen referencia de la Atlántida, continente hundido en el vasto Océano, y repetía con acento declamatorio aquella parte del Coro de la tragedia Medea, de Séneca:

…venient annis
secula seris, quibus Oceanus
vincula rerum laxet, et ingens
pateat tellus, Tiphysque novos
detegat orbes, nec sit terris
ultima Thule.

O sea:

"En los últimos años vendrán siglos en que el Océano aflojará los vínculos de las cosas y se descubrirá una gran tierra; y otro como Tifis descubrirá nuevos mundos, y no será Tulé la última de las tierras".

El joven Colón tuvo de maestro en Pavía a Paolo dal Pozzo Toscanelli, médico, matemático, astrónomo y cosmógrafo florentino, quien basado en Marco Polo acercaba el Extremo Oriente a España, y Colón recibía sus cartas en Lisboa, Portugal, en una de las cuales le decía:

"A Cristóbal Colombo, Paulo, físico, salud. Recibí tus cartas con las cosas que me enviaste, y con ellas recibí gran merced. Veo tu deseo magnífico y grande de navegar en las partes de Levante por las de Poniente, como por la carta que te envío se muestra, la cual se verá mejor en forma de esfera. Pláceme mucho sea bien entendida; y que es el dicho viaje, no solamente posible sino verdadero y cierto y de honra y ganancias inestimables, y de grandísima fama entre todos los cristianos. Mas vos no lo podréis bien conocer, salvo con la experiencia o con la práctica, como yo la he tenido copiosísima,y buena y verdadera información de hombres magníficos y de gran saber que son venidos de las dichas partidas aquí en esta corte de Roma; y de otros mercaderes que han tratado mucho tiempo en aquellas partes, hombres de mucha autoridad. Así que cuando se haga el dicho viaje, será a reinos poderosos y ciudades y provincias nobilísimas, riquísimas en cosas a nosotros muy necesarias, así como de todas maneras de especiería en gran suma y de joyas en grandísima abundancia. También' se irá a los dichos reyes y príncipes, que están muy ganosos de hacer trato y lengua con los cristianos de nuestras partes, porque grande parte de ellos son cristianos y también por haber lengua y trato con los hombres sabios de acá, así en la religión como en todas las otras ciencias, por la gran fama de los imperios y regimientos que tienen de estas partes. Por las cuales cosas y otras muchas, no me maravillo que tú que eres de grande corazón, y toda la nación de portugueses que han sido siempre hombres señalados en todas las grandes empresas, estéis con el corazón encendido y gran deseo de poner en obra el dicho viaje".

Años después hacía Colón referencia de su vida:

"De muy pequeña edad entré en la mar, navegando, y lo he continuado hasta hoy. La misma arte inclina, a quien la prosigue, a desear saber los secretos de este mundo. Ya pasan de cuarenta años que soy en este uso. Todo lo que hasta hoy se navega he andado. Yo navegué el año de 1477, en el mes de febrero, ultra Thule, cien leguas, cuya parte austral dista de la equinoccial setenta y tres grados, y no sesenta y tres, como algunos dicen; y no está dentro de la línea que incluye el Occidente, como dice Ptolomeo, sino mucho más occidental. Y a esta isla (se refiere a Islandia) que es tan grande como Inglaterra, van los ingleses con mercaderías, especialmente los de Bristol. Y al tiempo que fui a ella, no estaba congelado el mar, aunque había grandísimas mareas". "Yo estuve en el castillo de San Jorge de la Mina, del rey de Portugal, que está debajo de la equinoccial; y soy buen testigo de que no es inhabitable, como quieren algunos". "He visto algunas" sirenas en la costa de Manegueta, aunque no eran tan semejantes a las mujeres como las pintan (seguramente lo que vio fueron focas)". "Veintitrés años he andado en el mar sin salir de él por el tiempo que deba descontarse; vi todo el levante y todo el Poniente".

Colón escogió Portugal para emprender su expedición que lo llevara a la India por el Poniente, porque este país se hallaba al borde del Océano, libre de piratas del Turco que podían echar a perder la empresa, y porque allí las exploraciones marítimas estaban adelante que en cualquier otro reino por iniciativa de los propios monarcas. Juan II tomó en serio a Colón, pero aprovechándose de sus revelaciones, mandó en secreto una expedición, que regresó al poco tiempo, asegurando ser mentira lo que afirmaba el genovés.

Colón se ofendió justamente con la deslealtad del rey; mandó su hermano Bartolomé a tratar la empresa con Enrique VII, monarca de Inglaterra, y él salió de incógnito de Lisboa para dirigirse a Córdoba, donde estaban los monarcas españoles, atendiendo la guerra con los moros de Granada. Solicitó audiencia real, se le concedió y fue escuchando con cortesía, pero con muy poca atención. Para deshacerse del navegante los reyes recomendaron a Fray Fernando de Talavera, confesor de la reina, que reuniera una comisión de estudio que trataría el caso, y la cual, tras repetidas sesiones halló imposible el viaje por Occidente a la India, fundada en las Sagradas Escrituras y en los Padres de la Iglesia, por ejemplo San Agustín, que en la Ciudad de Dios no admitía la redondez de la Tierra, porque cómo era posible que los antípodas de los europeos estuvieran cabeza abajo. Tan admirable resolución de los versados "cosmógrafos" españoles fue comunicada a los reyes, quienes le dieron la negativa a Colón. Y a las razones científicas señaladas se agregaron otras más poderosas como la de no haber dinero para habilitar la atrevida expedición.

Había, sin embargo, en la Corte un judío so capa, consejero de la reina Isabel, Luis Santángel, Caballero de Aragón, quien le dijo a la alta dama con la cortesanía y la grandilocuencia de aquel tiempo: "Alteza, pensad bien en lo que estáis despreciando. Me parece que despreciáis el poder y la gloria de los reinos que el marino genovés os ofrece. No viene al caso empeñar vuestras joyas, como tantas veces lo habéis hecho para satisfacer urgencias. Yo daré a préstamos el dinero con qué habilitar la expedición que debe salir sin demora". Santángel era corresponsal de la banca florentina, que en mucho ayudaba a los reyes y a otros grandes de España en sus necesidades.

En el Archivo de Simancas están los documentos. Aparecen algunas cuentas originales de Luis Santángel y Francisco Pinelo: "A Colón en 5 de mayo de 1487, 3.000 maravedís, (por estar) aquí haciendo algunas cosas cumplideras al servicio de sus Altezas. En 16 de junio, 27 de agosto, 15 de septiembre, respectivamente, 3.000; 4.000, y 4.000 mrs". "En 5 de mayo de 1492, Alonso de las Cabezas a Luis Santángel, Escribano de Ración del Rey nuestro Señor, un ciento cuarenta mil maravedís, para pagar a dicho

Escribano de Ración otro tanto que prestó para la paga de las carabelas que sus Altezas mandaron ir de Armada a las Indias o para pagar a Cristóbal Colón que va en dicha armada". Con lo dicho queda claro que, sin Santángel, judío español, banquero de la raza hebrea, ligado a los negocios bancarios de Florencia y de Europa, quien apreció mercantilmente la importancia de la empresa de ir a la India navegando por Occidente, Colón se habría visto impulsado a solicitar el favor del rey de Francia o trasladarse a Inglaterra, donde Enrique VII, sí sabía la importancia que tenía la empresa y esperaba a Colón con desasosiego.

Las condiciones que puso Colón fueron aceptadas por. los Reyes Católicos: "Almirantazgo y Virreinato perpetuo y hereditario de las desconocidas tierras; la décima parte de todos los beneficios, perlas, alhajas, minerales y cuanto se encontrase o comprase allí, y además, la octava de participación en todo el tráfico de los buques que allí arribasen".

Colón, renacentista, sabía contratar ventajosamente con monarcas.

Además, como iba para la India, los Reyes Católicos le extendieron esta credencial: "Nos, Fernando e Isabel, al Rey (cual fuere). Enterados de que él y sus súbditos desean mucho tener noticias de España, envían por ello a su Almirante Cristóbal Colón, quién les informará de que están en perfecta salud y completa prosperidad.

Granada, 30 de abril de 1492".

Fray Bartolomé de Las Casas en su "Historia de las Indias", describe a Cristóbal Colón así: "El Almirante fue alto de cuerpo, más que mediano; de color blanco que tiraba a rojo encendido; la barba y cabellos cuando era mozo, rubios, puesto que muy pronto con los trabajos se tornaron canos; era gracioso y alegre, bien hablado...era grave en moderación, con los extraños afables, con los de su casa suave y placentero, con moderada gravedad y discreta conversación; y así podía provocar que lo viesen con amor...".

2.—Los Pinzón y los marineros.

La expedición constaba de tres barcos: la Santa María, mandada por el propio Colón; la Pinta, por Martín Alonso Pinzón, y la Niña, por Vicente Yañez Pinsón. También conviene mencionar a la masa y sin los cuales nada se habría realizado, En los relatos que describen empresas de paz, es corriente omitir a los trabajadores que abren canales, levantan muros, rompen montañas; y en las crónicas de guerra, nunca se habla de los soldados que ofrecen su vida en la obtención de una victoria. También al referir el descubrimiento de América, nadie ha movido los labios con una expresión amable para esos 90 marineros heroicos, que expusieron sus vidas en la inmensidad de un Océano desconocido y fiados solamente en el conocimiento y la pericia del genio que los guiaba. Quiere decir, pues, que, desde el Almirante hasta el último grumete, fueron noventa y tres audaces que se lanzaron a las fauces abiertas del Mar Tenebroso, en aventura descubridora, empujados por el inevitable y fuerte viento del mercantilismo.

A todos, no sólo a Colón, hay que ofrecer laureles.

III
Los grandes viajes

1.—Primer viaje.

El 3 de agosto de 1492, una muchedumbre heterogénea, compuesta de mercaderes, nobles, artesanos, jornaleros, miembros de la Santa Hermandad, clérigos, letrados, chulos, toreros, alcahuetes, prostitutas, mendigos y las barriadas en harapos y mal olientes del puerto de Palos, se agolpaba en los muelles para ver partir la expedición marítima que pretendía demostrar por el absurdo, contra la Biblia, la Patrística, la lógica y el buen juicio que navegando en sentido contrario, por el Poniente, se llegaba a la India, que todos sabían estaba en el Naciente. Las bromas, los sarcasmos, los gritos, atronaban y ensordecían en los muelles. Entre tanto, los noventa y tres hombres de la Santa María, la Pinta y la Niña, se movían vertiginosos y accionaban, pero no se oían sus voces, pareciendo que fueran actores de una película muda. Por fin los marineros izaron las velas y recogieron las anclas para iniciar la partida hacia lo desconocido, a perecer en los bocazas de los dragones del Mar Tenebroso, a ser arrastrados sin salvación y arrojados en los abismos hirvientes de las Columnas de Hércules.

Un grito colectivo, sordo y cavernoso, como de bestia herida, se alzó de los pulmones de la muchedumbre orilla del mar en el momento que las tres carabelas se alejaban. Hubo sarcasmos renovados y no faltaron lágrimas. Las madres, las mujeres, las amantes, los hijos, las hijas de los marineros lloraban a gritos o en silencio porque ya los daban por muertos. Por fin, se perdieron las tres naves en el horizonte oceánico. Todos comentaban a su modo aquel viaje sin vuelta. Un clérigo letrado decía en su monólogo: "Está loco...pobre loco...se fue acompañado de otros locos... se los tragará el Océano. . . el mismo que se tragó la Atlántida..."

La atrevida expedición se detuvo en las islas Canarias para reparar la Pinta; pero el 6 de septiembre abandonó Gomera, y después de tres días, una brisa favorable empujó las naves al través del Atlántico. El nauta soñador había empezado a "abrir las puertas del Océano".

En el transcurso de la extraordinaria empresa, después de los reyes, a quien escribía frecuentemente el Almirante —como se le llamaba ya— era al judío Luis Santángel, Caballero de Aragón, alma de la expedición mercantil —que no era otra cosa—, en una de cuyas cartas le copiaba, en tercera persona, el diario de la travesía atlántica:

"El 6 de septiembre se hicieron a la vela en Gomera, una de las islas Canarias; el 14 los marineros de la Niña ven dos pájaros tropicales; el 15 ven todos caer del firmamento un meteoro que les impresionó tristemente; el 16 llegaron a la inmensa extensión de algas conocida por el nombre de Mar de Sargazo; el 17 la aguja declina un cuarto al Oeste, y los marineros comienzan a murmurar; el 18 ven muchos pájaros y una nube lejana; el 19 ven un pelícano por la mañana y otro por la tarde, y hay llovizna sin viento, señal tenida por cierta de la proximidad de la tierra; más los días, pasan, y la tierra no aparece; con ello los hombres desesperan y en su ceñudo gesto conoce el Almirante su mortal peligro; el 11 de octubre encuentran en su ruta una tabla y un palo grabado; en el mismo día ven flotando sobre las aguas una rama de árbol con fruto, y en la noche Colón percibe una vaga claridad que denuncia tierra; el viernes 12 la Pinta descubre tierra. Colón desembarca vistiendo el uniforme de Almirante, y alzando el pendón de Castilla, se postra de hinojos, dando gracias a Dios, besa la tierra, que riega con lágrimas de emocionante alegría, y toma posesión de aquella, con el nombre de isla de San Salvador (una de las Bahamas, hoy Watling), que los nativos llaman Guanahaní".

En la misma carta para Santángel menciona las otras islas que descubrió entonces, y admira con frases entusiasmadas el panorama tropical, repitiendo a cada momento "¡es una maravilla!". Los primeros indígenas que vio Colón al tocar tierra en aquellas apartadas regiones, eran gentes dulces, apacibles, que recibieron a los expedicionarios exclamando: "¡Venid! ¡Venid a ver los hombres que llegan del cielo!".

El Almirante continuó su exploración el 24 de octubre, m ansioso que nunca de penetrar el gran misterio del Océano. Lleno de las enseñanzas de su oráculo Marco Polo, su afán era llegar a aquellas aromáticas y esplendidas ciudades de Cipango, constante objeto de sus doradas fantasías. A poco dio con una isla que llamó Santa María de la Concepción, y luego con las que denominó Fernandina, Isabel y Juana. La hermosa tierra de Cuba le pareció el Paraíso que buscaba, y por algún tiempo creyó, en verdad, que era el anhelado Cipango.

Siempre obsesionado con las enseñanzas de Marco Polo, creyó estar nombró la Española, la tomó por el antiguo Ofir, que dio todas las riquezas al rey Salomón. Dice de Haití en sus informes: "es mayor que España entera desde Cataluña a la costa de Fuenterrabía", Y añade: "la Española es el lugar más conveniente, por sus minas de oro, para el comercio con el continente, lo mismo de este lado que del otro, aquel del gran Khan, con quien podría establecerse más grande y provechoso tráfico; he tomado posesión de una gran población, que he denominado Navidad; la he fortificado con armas (arcabuces), artillería y provisiones para más de un año". Por el error de Colón de creerse en la India, empezó la costumbre de llamar indios a los nativos de los archipiélagos encontrados. Y secundariamente, los españoles empezaron a oír de labios de las naturales referencias espantosas de los caribes, caníbales que poblaban las islas Borinquén, después llamada Puerto Rico, los cuales armaban expediciones en grandes canoas para cazar indígenas en las otras islas, que luego devoraban asados. De allí nació el nombre de Mar Caribe con que se conoce a esa célebre zona, salpicada de islas mayores y menores.

Después de muchos trabajos y aventuras, Colón regresó al Puerto de Palos el viernes 15 de marzo de 1493. Fue recibido con el mayor entusiasmo por el pueblo, y los soberanos le prepararon solemne recepción en Barcelona, en abril del mismo año. Fue recibido a las puertas de la ciudad por magnates y grandes, y en el acompañamiento de Colón se admiraban los indígenas del Nuevo Mundo con sus abigarrados trajes nativos, aves con sus ricos plumajes y cuadrúpedos desconocidos hasta entonces. Fernando e Isabel, acompañados del príncipe de Asturias, le aguardaban en el trono, y se levantaron al llegar el Almirante, le dieron a besar sus manos y le hicieron sentar a su presencia. Comenzó la narración de su viaje y aventuras, y al terminar, las reales personas y todos los presentes, de rodillas, dieron gracias a Dios, mientras el coro entonaba el "Te Deum Laudamus" en acción de gracias por la victoria alcanzada sobre lo desconocido.

2.—Segundo viaje.

El 29 de mayo de 1493, la reina Isabel dio las siguientes órdenes a Colón:

"Procure y haga el Almirante que todos los que van y fueren de aquí en adelante, traten muy bien y amorosamente a los indios, sin que les hagan enojo alguno, procurando que tengan los unos con los otros mucha conversación y familiaridad, haciéndose las mejores obras que se pueda, y asimismo, dicho Almirante les dé algunas dádivas graciosamente de las mercaderías de sus Altezas que lleva para rescate, y los honre mucho; y en caso que alguna persona o personas trataren mal a los indios en cualquier manera que sea, el Almirante como Virrey y Gobernador de sus Altezas los castigue mucho".

El 25 de septiembre de 1493, Colón partió de Cádiz con una segunda expedición, llevando 17 barcos y 1.500 hombres. Fue un viaje tan extraordinariamente próspero, que el domingo 3 de noviembre arribó a la isla que llamó la Dominica. Navegando hacia el Norte llegó a otra isla pequeña que denominó María Galante, nombre del buque enseña, y otra que le puso Guadalupe, poblada de caníbales.

Después de encontrar a Borinquén, última isla del archipiélago mayor, a la que llamó Puerto Rico, famosa por ser el asiento principal de los indios caribes, el Almirante se llenó de contrariedades al llegar a la pequeña colonia, Navidad, que había fundado en la Española, había sido completamente destruida por disensiones de los españoles y de éstos con los nativos, al punto que se puede asegurar que allí empezó la turbulencia histórica del Mar Caribe, que se sumaba a las constantes trombas y huracanes de la región.

Fueron muchas las actividades de Colón en su segundo viaje. Navegaba al Norte, al Sur, volvía, deseoso de saber sobre todo, si Cuba era una isla, península o parte del continente asiático. Y mientras andaba en estas preocupaciones, fundaba villas, como Isabela construía fuertes, como el de Santo Tomás, y conquistaba a los nativos mediante alianzas con algunos caciques y presiones sobre otros. En realidad, hacía uso de sus cargos de Almirante, Virrey y Gobernador.

Decimos que Colón siempre andaba de prisa en esta expedición, porque había recibido orden secreta de los reyes que se apresurara en los descubrimientos, para evitar la anticipación de los portugueses que ya concebían planes de condominio en las tierras encontradas. Finalmente descubrió Jamaica y un grupo de pequeñas islas que llamó el Jardín de la Reina, donde la navegación se le hizo sumamente difícil, por lo intrincada; a causa de ello no durmió treinta y dos noches, enfermó por el exceso de fatiga, le sobrevinieron nuevos trabajos, y temeroso de perder la vida sin haber llegado a su objetivo principal, regresó a Cádiz el 11 de junio de 1496, con los barcos cargados de esclavos y prisioneros de guerra.

3.—Tercer viaje.

El 30 de mayo de 1498, el Almirante se hizo a la vela en el puerto de Sanlúcar de Barrameda, con seis navíos cargadas de vituallas y de otras cosas necesarias para la previsión y socorro de la población de la Española, más 200 hombres. La importancia d tercer viaje consiste en que Colón tocó el continente asiático como era su creencia, la verdadera india de las especias y las piedras preciosas.

Al salir de España, el Almirante tuvo a bien desviarse de su ruta; se fue por las islas de Cabo Verde para eludir el encuentro de una escuadra francesa que cruzaba aquellos mares, pues de paso es conveniente recordar que España, juguete de las ambiciones maquiavélicas de Fernando de Aragón, se hallaba en guerra con Francia, también víctima del ambicioso Carlos VIII, por los reinos de Italia, con viento favorable pudo el almirante tomar de nuevo su ruta al Occidente, y el 31 de julio percibió tres elevados picos de una isla que llamo Trinidad, y buscando puerto para desembarcar, al día siguiente dio con las tierras bajas del Orinoco, primero en que vio el continente que buscaba.

El Almirante comparaba los fértiles y floridas tierras de la Trinidad con los campos de Valencia en el mes de mayo, y señalaba las costas de la Tierra Firme como muy ricas y populosas, y de las cuales tomó posesión en nombre de los reyes españoles, levantando una cruz en señal de posesión, como signo sagrado de la fe cristiana.

Fueron halladas muchas perlas de precio en aquellos mares, mas Colón, quebrantado de salud, abandonó las costas continentales para dirigirse a la Española en busca de reposo, desde donde envió a la Metrópoli un cierto número de indios como esclavos. Esto lo niega Hernando Colón hijo del Almirante, en su bien escrita obra que narra la vida de su padre y los hechos indianos. Pero lo cierto es que, al tener noticias del cargamento llegado a España, la reina Isabel, presa de la mayor indignación, promulgó un edicto en Sevilla, Granada y otros lugares, para que cuantos se hallaran en posesión de indios enviados por el Almirante, los devolvieran a la Española, bajo pena de vida.

Cierto o no que Colón mandara barcos cargados de esclavos a España, y los que por mandato de la reina fueron devueltos a sus islas, la Española se hallaba en plena guerra civil de unos españoles contra otros, y las noticias que llegaban a la Metrópoli eran de tal magnitud, que los monarcas tuvieron a bien mandar a Fray Francisco Bobadilla, con un pliego para el Almirante que decía:

"Don Cristóbal Colón, nuestro Almirante del Mar Océano, nos hemos mandado al Comendador Francisco de Bobadilla, portador de ésta, que os hable de nuestra parte algunas cosas que él dirá. Os rogamos que le deis fe y creencia y aquello pongáis en obra, De Madrid, a 26 de mayo del año de 1499. Yo el Rey. Yo la Reina. Y por su mandato, Miguel Pérez de Almazán".

Bobadilla llegó a Santo Domingo, en la Española, a aumentar el desorden, al ser sensible de las intrigas de los rebeldes que acusaban de despotismo al Adelantado Bartolomé Colón, hermano del Almirante, quien en realidad se oponía al recargo de tributos con que gravaban a los numerosos caciques de la isla. En cuanto llegó el Descubridor quiso armonizar a los disidentes, con la autoridad de que estaba investido. Pero Bobadilla, comisionado de los reyes, habló engañosamente con el Almirante, y en vez de actuar de acuerdo con él en la pacificación, lo que hizo fue apresarlo, cargarlo de cadenas, embarcarlo en el navío de Andrés Martín y mandarlo a España. Así la ilustre víctima llegó encadenada a Cádiz el 20 de noviembre de 1500.

Puesto en libertad, Colón fue recibido por los reyes, quienes le presentaron disculpas, destituyeron a Bobadilla y mandaron en su lugar a Nicolás Obando, quien tenía fama de buen juicio, aunque al llegar a Santo Domingo restituyó el orden a su modo; trató con rigor a los disidentes españoles; se inventó en su despacho una conjuración de los indios haitianos, y mandó ejecutar con crueldad y ánimo vengativo a los ochenta caciques de Xaraguá.

4.—Cuarto y último viaje.

Fue hasta en su postrero viaje que el Almirante Colón navegó por la costa de Honduras, según lo hace saber Hernando Colón, hijo del descubridor, en su bien escrita y prestigiada obra titulada Vida del Almirante Don Cristóbal Colón. El relato es el siguiente:

".... Luego navegando hacia tierra firme por la ruta del Mediodía, llegamos a ciertas islas, aunque no tomamos tierras, sino en la mayor, que se llama Guanaja, de cuyo nombre tomaron después los que hacen las cartas de navegar el de todas las islas Guanajas, que están a doce leguas de tierra firme, cerca de la provincia que ahora se llama Cabo de Honduras, aunque 'entonces el Almirante la llamó punta de Caxinas. Pero como éstos hacen las cartas sin andar por el mundo, incurren en esto en grandísimo error, el cual, puesto que ahora se me ocurre hablar de ello, quiero referir, aunque rompa el hilo de mi historia, y es así:

"Estas mismas islas y la tierra firme las ponen dos veces en sus cartas de marear, como si en efecto fuesen tierras distintas, y siendo el Cabo de Gracias a Dios el mismo que llaman Cabo de Honduras, hacen dos. Y la razón de este error fue que, después que el Almirante hubo descubierto esas regiones, un cierto Juan de Solís, de cuyo nombre el Río de La Plata se llama el Río de Solís, por haberle matado allí los indios, y Vicente Yañes, que fue capitán de un navío en el primer viaje del Almirante, cuando descubrió las Indias, fueron juntos a descubrir el año de 1508, con intención de seguir la tierra que había descubierto el Almirante en el viaje de Veragua hasta Occidente. Siguiendo éstos casi el mismo camino, llegaron a la costa de Caria y, y pasaron cerca del Cabo de Gracias a Dios hasta la punta de Caxinas, que ellos llamaron de Honduras; y a dichas islas llamaron las Guanajas, dando, como hemos dicho, el nombre de la principal a todas. De aquí pasaron más adelante, y no quisieron confesar que el Almirante hubiese estado en ninguna de dichas partes, para atribuirse ellos aquel descubrimiento y mostrar que habían encontrado un gran país. A pesar de que un piloto suyo, llamado Pedro de Ledezma, que había ido antes con el Almirante, en el viaje de Veragua, les dijese que él conocía aquellas regiones, y que eran de las que había ayudado a descubrir con el Almirante; y por él lo tuve yo más tarde. La razón y el diseño de las cartas demuestran esto claramente, porque se pone dos veces una misma cosa y la isla de una misma forma y en una misma distancia por haber, cuando ellos volvieron, llevado aquel país dibujado como es verdaderamente; pero decían que estaba más allá de lo que el Almirante había descubierto. De modo que una misma tierra está puesta dos veces en la carta; lo cual, placiendo a Dios, mostrará al tiempo ser así, navegue más aquella costa, porque no encontrarán país de aquella forma más de una sola vez, tal como se ha dicho".

Después de esta digresión en que se ve que Honduras siempre ha sido objeto de disputa desde su nacimiento, la primera fue a causa de unas cartas geográficas, Hernando Colón reanuda su relato:

"Volviendo a nuestro descubrimiento, digo que, habiendo llegado a las islas de Guanaja, mandó el Almirante al Adelantado Don Bartolomé Colón su hermano, que fuese a tierra con dos bateles. Allí encontraron gente parecida a la de las otras islas, aunque no con la frente tan ancha. Vieron también muchos pinos y pedazos de tierra llamada cálcide, con la cual se funde el cobre, la cual algunos marineros, pensando que fuese oro, llevaron mucho tiempo escondidas. Estando el adelantado en aquella isla, con deseo de saber sus secretos, quiso su buena suerte que llegara una canoa tan larga como una galera, de ocho pies de anchura, toda de un solo tronco, y de la misma hechura que las demás, la cual venía cargada de mercancías de Las partes occidentales, hacia la Nueva España. Tenía en el medio un toldo hecho de hojas de palma, no distinto del que llevan en Venecia las góndolas, el cual defendía lo que estaba debajo de tal modo que ni la lluvia ni el oleaje podían mojar nada de lo que iba dentro. Bajo aquel toldo estaban los niños, las mujeres, y todos los bagajes y las mercancías. Los hombres que llevaban la canoa, aunque eran veinticinco, no tuvieron ánimo para defenderse contra los bateles que les persiguieron. Tomada, pues la canoa por los nuestros sin lucha, fue llevada a los navíos, donde el Almirante dio gracias a Dios, viendo que, en un momento, sin peligro ni fatiga de los suyos, era servido darle muestra de todas las cosas de aquella tierra. Luego mandó que se sacase de la canoa lo que le pareció ser de mayor vista y precio como algunas mantas y camisas de algodón sin magas, labradas y pintadas con diferentes colores y labores; y algunos pañetes con que cubren sus vergüenzas, de la misma labor y paño con que se cubrían las indias de la canoa, como suelen cubrirse las moras de Granada; y espadas de madera largas, con un canal al lado de los filos, a los que estaban sujetas con hilos y pez navajas de pedernal, que entre gentes desnudas cortan como si fuesen de acero; y hachuelas para cortar leñas, semejantes a las de piedra que usan los demás indios, salvo que eran de buen cobre; y también de aquel metal llevaban cascabeles y crisoles para fundirlo; y por vituallas llevaban raíces y granos, que comen los de la Española, y cierto vino hecho de maíz semejante a la cerveza de Inglaterra, y muchas de aquellas almendras que tiene por moneda los de la Nueva España, las que parecía que tuviesen en gran estima, pues cuando fueron puestos en la nave con sus cosas noté que al caer alguna de aquellas almendras, todos se agachaban enseguida a cogerla, como si se les hubiese caído un ojo. Al mismo tiempo parecía que, aunque no volvieron de su estupor, viéndose sacar presos de su canoa a la nave entre tanta gente extraña y feroz como somos nosotros respecto de ellos, como la avaricia de los hombres es tanta, no debemos maravillarnos de que aquellos indios la antepusieran al temor y al peligro en que se veían".

"Asimismo digo que debemos estimar mucho su honestidad y vergüenza, porque si al entrar en la nave ocurría que les quitasen algunos de los paños con que cubrían sus vergüenzas, en seguida el indio, para cubrirlas, ponía delante las manos y no las levantaba nunca; y las mujeres se tapaban la cara y el cuerpo, como hemos dicho que hacen las moras de Granada. Esto movió al Almirante a tratarlos bien, a restituirles la canoa, y darle algunas cosas a cambio de aquellas que los nuestros les habían tomado para muestra. Y no retuvo de ellos consigo sino a un viejo, llamado Yumbé, el cual parecía de mayor autoridad y prudencia, para informarse de las cosas de la tierra, y para que animase a los otros a platicar con los cristianos; lo que hizo pronta y fielmente todo el tiempo que anduvimos por donde se entendía su lengua. Por lo que, en premio y recompensa de esto, cuando llegamos adonde no podía ser en entendido, el Almirante le dio algunas cosas y le envió a su tierra muy contento. Esto sucedió antes de llegar al Cabo Gracias a Dios, cerca de la costa de la Oreja".

"Aunque el Almirante, por aquella canoa, se diese cuenta de las grandes riquezas, policía e industria que había en los pueblos occidentales de la Nueva España; no obstante, pareciéndole que, por estar aquellos países a sotavento, podría navegar a ellos desde Cuba cuando le fuese conveniente, no quiso ir a ellos; y siguió su intento de descubrir el estrecho de Tierra Firme, para abrir la navegación del Sur, de lo que tenía necesidad para descubrir la tierra de la Especiería. Y así a tientas decidió seguir la vía de Oriente hacia Veragua y el Nombre de Dios, donde se imaginaba y creía que estuviese el estrecho referido, como en efecto estaba.

Pero se engañó en su idea, porque él no pensaba que fuese estrecho de tierra, como otros, sino de mar, que pasase como un canal de un mar a otro. De cuyo error podía ser causa la equivocación del nombre, porque al decir que en Veragua y Nombre de Dios está el estrecho de esta Tierra Firme, podía entenderse de agua o de tierra; y él tomaba ésto por lo más común y por lo que más deseaba. Aunque si bien, es aquel estrecho de tierra, ha sido no menos, y es, la puerta por donde se dominan tantos mares, y por donde se han llevado y descubierto tantas riquezas; porque no quiso Dios que una cosa tan grande y de tanta importancia se consiguiese de otro modo, pues por aquella canoa no se tuvo conocimiento de la Nueva España".

"Para buscar aquel estrecho, no habiendo en aquellas islas de las Guanajas cosa de valor, sin otra demora navegó hacia Tierra Firme, a una punta que llamó Caxinas, porque había en ella muchos árboles que producen unas manzanillas algo arrugadas, y tienen el hueso esponjoso, y son buenas para comer, especialmente cocidas; a las cuales llaman caxinas los indios de la Española. Como no se veía en toda aquella tierra cosa digna de mención el Almirante no quiso perder tiempo en entrar en un gran golfo que allí se forma, sino seguir su camino hacia el Este, a lo largo de aquella costa que corre al mismo rumbo en el Cabo de Gracias a Dios. La cual es toda muy baja y de playa muy limpia. Los indios más cercanos a Caxinas llevaban las dichas camisetas pintadas y pañetes sobre sus vergüenzas; y hacen petos de algodón colchados, que bastan para defensa de sus azagayas y aun para resistir algunos golpes de nuestras armas".

"La gente que está más arriba, hacia el Oriente, hasta el Cabo de Gracias a Dios, es casi negra, y de feo aspecto, y no lleva cosa alguna cubierta, y en todo es muy selvática. Según decía el indio que fue preso, comen carne humana, y peces crudos tal como los matan; y traen las orejas horadadas con agujeros tan anchos que cómodamente podría entrar en ellos un huevo de gallina. Por lo que el Almirante llamó aquellas tierras Costa de Oreja".

"En aquella costa salió a tierra el Adelantado, la mañana del domingo 14 de agosto del año de 1502, con las banderas y los capitanes y con muchos de la armada para oír misa. El miércoles siguiente, yendo las barcas a tierra para tomar posesión de aquel país en nombre de los Reyes Católicos nuestros señores, acudieron a la playa más de cien indios, cargados de vituallas, esperando a los nuestros, ofreciendo sus presentes al Adelantado tan pronto como llegaron; y luego se apartaron sin decir palabra. El Adelantado mandó entonces que les diesen cascabeles, cuentas y otras cosillas; y les preguntó por las cosas de la región, por señas y por el intérprete referido. Aunque éste, por hacer poco tiempo que estaba con nosotros, no entendía a los cristianos, por la distancia, aunque pequeña, que hay de su tierra a la isla Española, donde muchos de los navíos habían aprendido la lengua de los indios; y tampoco entendía a los mismos indios. Pero quedando éstos satisfechos de lo que se les había dado, volvieron al día siguiente al mismo lugar más de otros doscientos, cargados también de vituallas de varias: clases, a saber, gallinas de la tierra que son mejores que las nuestras, ocas, pescado asado, habas coloradas y blancas semejantes a frijoles, y otras cosas nada diferentes de las que hay en la Española. La tierra era verde y hermosa, aunque baja. Había en ella muchos pinos y encinas, palmas de siete clases, miro bananos de los que llaman bobos en la Española. Y casi todas las otras frutas y vituallas que en la Española se encuentran. Asimismo había muchos leopardos, ciervos y corzos; y hay muchos de aquellos peces de la Española que no se conocen en Castilla".

"La gente de este país es casi de igual disposición que en las otras islas, pero no tienen las frentes anchas como aquellos, ni muestran tener religión alguna. Hay entre ellos lenguas diferentes, y generalmente van desnudos, aunque traen cubiertas sus partes vergonzosas. Algunos usan ciertas camisetas como las nuestras, largas hasta el ombligo, y sin mangas. Traen labrados los brazos y el cuerpo con labores moriscas, hechas con fuego, que les dan un aspecto extraño. Algunos llevan pintados leones, otros ciervos, y otros castillos torreados, y otras figuras diversas. Los más nobles llevan en vez de bonetes ciertos pañetes de algodón blandos y rojos; otros llevan colgando sobre la frente algunos mechones de pelo. Se adornan para alguna fiesta, unos se tiñen la cara de negro y otros de colorado; otros se hacen rayas de varios colores en la cara, y otros tienen un para parecer hermosos, cuando en realidad parecen diablos".

"El Almirante navegó por la mencionada Costa de Oreja hacia Oriente, hasta el Cabo de Gracias a Dios, que fue llamado así porque, no habiendo desde la punta Caxinas hasta él más de sesenta leguas, se padeció mucho por la contrariedad de los vientos y de las corrientes en sesenta días de navegar de bolina[1] para caminarlas, saliendo de una bordada hacia el mar y volviendo de otra hacia tierra, ganando muchas veces con el viento y perdiendo otras muchas, según que era fresco o escaso en las bordadas que se hacían. Es cierto que si no hubiera sido la costa de tan buenos surgideros como era, hubiéramos tardado mucho más en pasarla; pero como era limpia y hasta media legua de tierra había dos brazas de fondo, y entrando en el mar, por cada legua, crecía el agua otras dos brazas, teníamos gran comodidad para fondear de noche, o cuando era muy poco el viento; de modo que, aunque con dificultad, a causa del buen fondo, fue navegable aquel camino".

"Después, cuando el 14 de septiembre llegamos a dicho cabo, viendo que la tierra daba vuelta hacia el Mediodía, y que con los vientos levantes que allí reinaban y que nos habían sido tan contrarios, podíamos continuar cómodamente nuestro viaje, todos en general dimos gracias a Dios".

---

[1] Dando bordadas, buscando el menor ángulo posible con la dirección del viento.
Nota: Hemos tomado de nuestra "Historia de Honduras", Tomo II, Talleres de Litoarte, S. dé S. L. C. del F.F. de Cuernavaca 683 México 17, D.F., la parte que corresponde al Descubrimiento y se Adapta al nuevo espíritu de esta "Breve Historia de Honduras, C.A." que hoy redactamos.

Para esta historia, aquí termina Colón como descubridor y mundializador del Nuevo Mundo. No le seguiremos en su acción postrera porque ya nada tiene que ver con Honduras. Empero, tal vez lo citemos después con motivo del juicio que se le siguió, por haber sido el primer cimentador de la sociedad esclavista en las Antillas, y de la cual tomaron ejemplo los demás descubridores y conquistadores.

Cristóbal Colón, genio descubridor, marino sin par, forjado en la fragua del Renacimiento, tenía el dualismo de los hombres de aquella época. Sabio como lo probaron sus hallazgos, tenía el alma del mercader genovés. Si pensaba en los reinos fascinantes de Marco Polo, en el fondo andaba en negocios mercantiles en estos rincones del planeta con la más clara noción de lo que es el lucro.

El Descubridor presenta una conciencia mística en sus constantes invocaciones al Altísimo y en sus oraciones. Eso es cierto. Pero como anda en la negación del milenario de la Edad Media, el Dios de Colón no es el Dios de los Padres de la Iglesia, es el Dios de los pensadores del Renacimiento. Sencillamente, en esto debemos estar muy claros. Ahora, que la observación pudiera carecer de importancia, es otra cosa.

Afirma Hernando Colón que cuando su padre visitó las costas de Honduras, andaba buscando un canal de agua que comunicara el mar del Norte con los mares del Sur o un estrecho que los acercara, porque ya tenía presentimiento que las islas de la Especiar la quedaban al otro lado del continente, en los mares que le seguían. Tal vez sea cierto.

Y llegó el instante de despedir a Cristóbal Colón con los versos de la poetisa Josefa Carrasco, de la ciudad de Santa Bárbara, con motivo de haber sido celebrado el Cuarto Centenario del Descubrimiento, y que dicen en su parte más significativa:

"Y halló la tierra... Era un Edén fragante...
Gloria a Colón, al genio, al italiano
que temerario dominó el Atlante

que escondía el Paraíso americano.
Hijos del Nuevo Mundo, descubríos
para hacer un saludo reverente
al sabio singular que, hincado en tierra,
agradece a los cielos el haberle
unido el sueño con la verdad del hecho
que a España agranda y magnifica al orbe!"

IV
Descubridores reales

1.—Un Ministerio de Colonias.
La fiebre descubridora fue la expresión más alta del siglo del Renacimiento (segunda mitad del siglo XV, primera mitad del siglo XVI). A impulsos del comercio y bajo los estímulos de la política, el mundo terrestre se iba dilatando. Reyes, príncipes, banqueros, armadores de barcos, hombres de negocios, eclesiásticos, el Papa, marineros, jornaleros, visionarios, poetas, aventureros, todos, se interesaban a una por pasar del tradicional y estrecho horizonte europeo al dilatado y riquísimo horizonte mundial.

Para pasar de aquella celda conventual de la Edad Media al campo libre de la Edad Moderna precisaba, entrar en completa posesión de la Tierra. Por eso mismo los Reyes Católicos nombraron a Don Juan Rodríguez de Fonseca, Obispo de Burgos, director de las empresas descubridoras que se habilitasen en lo sucesivo. Y el reverendo ni corto ni perezoso, fundó inmediatamente la Casa de Contratación de Sevilla en enero de 1503, que estaba formada por tres oficiales ejecutivos: un tesorero, un contador y un factor. Otros oficiales que llevaban los mismos títulos se nombraban para las administraciones de los nuevos territorios como subordinados de aquellos. En realidad, la Casa de Contratación era un Ministerio de asuntos coloniales, sus oficiales iban siendo investidos de enorme poder y responsabilidad. Al poco tiempo la Casa de Contratación abarcaba todas las fases del desarrollo económico, ultramarino y su autoridad se extendía también a un buen número de aspectos políticos. Era un banco de compensación para los bienes y tesoros, tanto públicos como privados, Cobraba las rentas procedentes de las colonias y administraba las propiedades de la Corona en las Indias. Controlaba la navegación transoceánica en todos sus aspectos: cartas de patente y contratos, inspección, registro, pólizas de seguro, emigración, etc. Era simultáneamente una aduana, un archivo y una oficina hidrográfica. Proporcionaba armas víveres y barcos para el servicio del gobierno. Realizaba funciones de Tribunal de Cuentas. Servía de custodio y ejecutor de bienes sucesorios y recibía en sus almacenes cuantas mercancías, se confiscaban o embargaban. Sostenía una escuela de navegación, trazaba y confrontaba mapas y expedía títulos de pilotos para las Indias. Sus poderes judiciales eran asimismo muy amplios.

2.—Bases de la política colonial.

Respecto a las bases de la política colonial, Isabel y Fernando desplegaron buen sentido. Las Indias de la Mar Océano podían ser extrañas y salvajes, pero en todas partes es posible la existencia de una comunidad sana y solvente si se fundamenta en unos habitantes laboriosos y una productiva agricultura. Desde luego, el oro y la plata eran altamente deseables, pero en aquel momento inicial solamente significaban lo que la pimienta en un guiso. A los emigrantes convenientes para las Indias (excluidos los judíos, los moros y los extranjeros) se les ofrecían alicientes para que se asentaran de manera definitiva, sobre todo si llevaban a su familia. Cada barco que zarpaba para las Indias llevaba semillas, plantas, herramienta y toda clase de animales domésticos. A los labradores, obreros, artesanos de todos los oficios se les enviaba especialmente como colonos privilegiados y con sueldos si era menester. Ningún establecimiento importante carecía de sus médicos y boticarios, sus sacerdotes y sus frailes misioneros, y no digamos de su plaga de picapleitos.

3.—Los Descubridores reales.

Arrepentido los reyes españoles de las viejas concesiones otorgadas a Cristóbal Colón que significaban un monopolio descubridor y conquistadores para éste, consideraron conveniente velar por su propia causa expansiva, con base en la Casa de Contratación de Sevilla.

Con algunos nombres de los que fueron descubridores reales, será suficiente para entender la nueva política expansiva:

Vicente Yañez Pinzón, hermano de Martín Alonso Pinzón. Acompañó a Colón en su primer viaje a las indias. Descubrió más tarde el cabo de San Agustín y las bocas del Amazonas.

Juan Díaz de Solís, navegante español del siglo XVI, Descubrió Yucatán y el rio de las Amazonas. Visitó las costas del Brasil hasta el Río de la Plata, donde murió a manos de los indios en 1516.

Américo Vespucio, navegante florentino que visitó varias veces el Nuevo Mundo descubierto por Colón. Este hombre descubrió que el continente encontrado en 1492 era independiente y distinto del continente asiático. Sus relaciones con geógrafos y cosmógrafos de entonces, hizo que éstos dieran al Nuevo Mundo el nombre de AMERICA, Nació en 1451. Murió en 1519.

Martín Fernández de Enciso, ayudó a Colonizar el Darién y fundó la ciudad de Santa María la Antigua. Escribió una Suma de Geografía. Murió en 1519.

Vasco Núñez de Balboa, viajero y conquistador español, nacido en Jerez de los Caballeros (Badajoz) en 1475. En 1513 atravesó el istmo de Panamá y descubrió el Mar de Sur, que posteriormente Fernando Magallanes llamó Océano Pacífico. Nombrado en 1515Adelantado del Mar del Sur, iba a emprender un viaje de exploración al Perú, cuando fue detenido por orden de su suegro Pedrarias Dávila y decapitado en 1517.

Pedro Arias de Ávila, más conocido con el nombre de Pedrarias Dávila, Gobernador de Panamá y luego de Nicaragua, suegro de Vasco Núñez de Balboa, a quien hizo decapitar en 1519. Dejó fama de rapaz y duro. Murió en 1531.

Rodrigo de Bastidas, colono de la Española, que fue Gobernador de Nueva Granada, descubrió el río Magdalena y fundó a Santa Marta. Posteriormente, su hijo Rodrigo de Bastidas, fue Obispo de Coro.

Alonso de Hojeda, había sido paje y escudero de Don Luis de la Cerda, Duque de Medinaceli, grande de España, uno de los más ricos y más poderosos. Se distinguió por su prestancia en los descubrimientos y conquistas. Fue hombre de confianza del Obispo de Burgos, y por consiguiente de la Casa de Contratación de Sevilla.

Juan de la Cosa, geógrafo y navegante español. Acompañó a Colón y trazó algunos mapas de las regiones descubiertas. Su mapa de 1500 (en el Museo Naval de Madrid) fue el primero en que figura el Nuevo Continente descubierto por Colón. Murió en Tabasco en 1510, en un encuentro con los nativos.

Diego de Nicuesa, había sido trinchante del tío del Rey, oficio de alguna importancia social. Fue hombre de confianza de Juan Rodríguez de Fonseca y acompañó a Obando. en su viaje a la Española en 1502.

Gil González Dávila, hombre de confianza del Ministerio de Colonias. Cuando Núñez de Balboa descubrió la Mar del Sur, se puso de acuerdo con el piloto Andrés Niño para hacer una expedición hacia el norte, uno por tierra y otro por mar. González Dávila se dirigió a Nicaragua, descubrió la Mar Dulce o sea el Gran Lago nicaragüense y subió hasta la península de Yucatán. En el fondo, este hombre buscaba en Centro América un canal natural que comunicara el Océano del Norte con el Mar del Sur. Al no hallar lo que deseaba volvió a Panamá, y de allí fue a la Española, pero siempre con el deseo de regresar a Honduras, lo que hizo en 1524.

En su regreso, cuando se aproximaba a la costa fue abatido por una tempestad que le obligó a arrojar los caballos que traía en las naves al mar, hecho que hizo surgir el nombre de Puerto Caballos. Al continuar la navegación, en el cabo de Manavique, fundó la

VILLA DE SAN GIL DE BUENAVISTA. ¡Dice al respecto el historiador hondureño Rómulo Durón "He aquí la primera fundación que se hace en Honduras!".

Gil González Dávila en este viaje penetró al interior del país, y en Toreba, al oriente de Olancho, batió a Hernando de Soto que había penetrado por Nicaragua. González Dávila hacía esta expedición a Honduras con personal autorización del Rey, quien le demarcó su Gobernación de la siguiente manera:

"Desde el Golfo de la Osa en la Mar del Sur hasta las tierras llamadas con su nombre en 17 grados y medio de latitud; de aquí hasta la Mar del Norte sin tocar las vertientes en donde se hallaba Hernán Cortés; de aquí al Oriente hasta el Río de San Pablo, próximo al Golfo de las Higueras y desde este río por la costa del Mar del Norte hasta el Golfo de la Osa".

Prácticamente, Gil González Dávila había recibido una Gobernación que comprendía los territorios actuales de Chiapas, Soconusco, Yucatán, Guatemala, El Salvador, Honduras, Nicaragua y Costa Rica.

Andrés Niño, navegante español, otro hombre de confianza del Obispo de Burgos y del Ministerio de Colonias, que, concertado con Gil González Dávila, viajó desde Panamá por la costa del Mar del Sur en dirección norte, descubriendo un golfo que en honor de su amigo y protector Juan Rodríguez de Fonseca, jefe de la Casa de Contratación de Sevilla, bautizó con el nombre de Golfo de Fonseca en 1522.

Así quedaron descubiertas ambas costas de Honduras: la de la Mar del Norte por Cristóbal Colón en 1502, y la de la Mar del Sur por Andrés Niño en 1522.

Los monarcas españoles estimaron que el esfuerzo inicial de los descubrimientos y las colonizaciones en las Indias había despertado la codicia de las demás naciones europeas. Por eso convenía intensificar la acción y extender los dominios españoles en Occidente sobre bases seguras.

Portugal había objetado la Bula del Papa Alejandro VI y exigió un nuevo reparto del mundo descubierto, el que fue concedido en el tratado de Tordesillas firmado en 1494 que trazó la línea de demarcación de España y Portugal y así pudo, años más tarde, adueñarse del Brasil por medio de los descubrimientos del navegante portugués Pedro Álvarez del Cabral.

Y en la parte Norte del Hemisferio, Inglaterra habilitaba expediciones del veneciano Juan Caboto para que tomara posesión de Terranova y de las demás tierras nórdicas en nombre de la Gran Bretaña.

Era evidente la fiebre de descubrimientos y conquistas. Y todo porque urgía la acumulación originaria del capital y al mismo tiempo la fundamentación del mercado mundial.

V
La Conquista

1.—Concepto del Renacimiento sobre la conquista.

José Cecilio del Valle en su estudio "Caracteres del siglo XV y apreciaciones sobre el descubrimiento y la conquista", da esta luz:

Maquiavelo, nacido a mediados del siglo XV y muerto a principios del siglo XVI, dio lecciones a los tiranos. Él fue quien dijo a los conquistadores:

"Para conservar los Estados que habéis adquirido, elegid uno de tres medios: el de destruirlos, el de fijar en ellos vuestra residencia o el de dejarles sus leyes, exigirles un tributo y constituir un Gobierno compuesto de personas de vuestra confianza. Pero en todos casos, extinguid la dinastía de los Príncipes que los gobernaban antes: no alteréis los usos y costumbres de los indígenas: enviad colonias que solo sean gravosas a los naturales que os inspiren recelos o que tratéis de castigar, despojándoles de sus haciendas y dándolas a los colonos: empobreced a los sospechosos y dispersadlos para que no puedan en lo sucesivo causar daño alguno, o considerad que si se ofende a un hombre podrá vengarse; pero arruinándolos, aniquilándolos, quedan imposibilitados de tomar venganza: constituíos defensores y jefes de los Príncipes vecinos más débiles y procurar debilitar al vecino más poderoso: no permitáis que en el Estado conquistado ponga los pies ningún extranjero que tenga tanto poder como el vuestro: tened presente que no debe hacerse caso de la nota de crueldad cuando se trata de contener al pueblo dentro de los límites de su deber: que un Príncipe nuevo pocas veces se salva de la nota de cruel, porque está llena de peligros toda dominación nueva; y así Dido se disculpaba de la serenidad que usaba por el apuro a que la había reducido el interés de sostenerse en un trono que no había heredado de sus abuelos: no olvidéis que el Príncipe prudente que no quiere perderse no debe estar al cumplimiento de sus promesas sino mientras no le pasa perjuicio y en tanto que subsistan las circunstancias que existían cuando se comprometió: que de las propiedades de los animales debe tomar el Príncipe las que distinguen al león y a la zorra, y valerse de ambas: que el arte consiste en representar el papel en propiedad y en saber disimular y fingir que un Príncipe no puede practicar indistintamente todas las virtudes, porque muchas veces le obliga el interés de su conservación a violar las leyes de la humanidad: caridad y religión; y le es tan útil perseverar en el bien cuando no hay inconveniente, como saber desviarse de él cuando el interés lo exige.

2.—La conquista debía acompañarse de la tiranía.

Sigue citando Valle:

Desarmad a los nuevos vasallos si tratáis de agregar un Estado nuevo a otro antiguo o hereditario. No permitáis armas sino a aquellos que antes de la conquista se hubiesen declarado en vuestro favor. Pero aún a éstos procurad siempre irlos debilitando, para que en el Estado antiguo se concentre toda la fuerza militar. Dad al pueblo fiestas y espectáculos. Variad el plan según los tiempos y circunstancias y sabed que vale más ser atrevidos que demasiado circunspectos, porque la fortuna es de un sexo que solo a la violencia cede, repele siempre a los cobardes, y si suele declararse por los jóvenes, es porque son ellos más emprendedores y atrevidos. Conservad en toda su pureza la religión y las ceremonias. Todas las religiones tienen un punto principal que sirve de base a su sistema, y los principios deben mantener sobre esa base la religión que se profesa, y proteger todo lo que tiende a favorecerla, aun cuando se reconozca su falsedad. Los romanos se servían de la religión para establecer, llevar a cabo sus empresas y calmar las sediciones. Los generales de Roma sabían emplear la religión para predisponer sus soldados a la ejecución de sus empresas: fingían milagros, suponían relaciones de los dioses, se servían de pronósticos para llegar a su fin. Si queréis apoderaros de una ciudad o Estado, estableced nuevo gobierno, nuevos hombres, nueva autoridad: fabricad nuevas ciudades y destruid las antiguas: no dejéis cosa alguna en su antiguo estado: que no haya grados, honores ni riquezas que no se reciban de vuestras manos. Pero observad que jamás se ha elevado un hombre empleando solamente la fuerza: y que son diversos los que han subido a las alturas del poder por el resorte único de la astucia. Jenofonte demuestra en la vida de Cyro, la necesidad de engañar para triunfar. Tened presente que un Príncipe no puede vivir seguro en un Estado, mientras vivan aquellos a quienes ha despojado de él. El asesinato de Tarquino el Antiguo, por los hijos de Anco: el de Servio Tulio por Tarquino el Soberbio, manifiestan los peligros que hay en despojar a alguno de su corona y conservarle al mismo tiempo la vida, aun procurando ganarle por beneficios".

3.—La divulgación de El Príncipe en las Cortes europeas.

Después de transcribir unos párrafos de la obra genial de Maquiavelo, el Sabio Valle comenta:

Tales son los consejos que el publicista de Florencia dio a los príncipes de Europa. Circularon desgraciadamente en los gabinetes, y no fueron en ellos vistos con el horror que debían inspirar. España, dividida anteriormente en pequeños reinos, empezó a ser una monarquía grande por la incorporación de Nápoles en 1504. A fines del siglo XV, Fernando V, rey de Aragón, por su nacimiento, lo fue de Castilla por su matrimonio con Isabel; de Granada y Navarra por sus armas. Carlos V dio en 1519 mayor extensión a la monarquía. Era rey de España, emperador de Alemania y de los Países Bajos; y esta unión de Estados tan poderosos hizo que su monarca fuese de los más respetables de Europa. Se pusieron entonces los cimientos del poder absoluto.

4.—El maquiavelismo en Colón, Cortés, Alvarado y Olid.

El Sabio Valle recuerda la lección maquiavélica, aprendida por descubridores y conquistadores españoles, porque a su tiempo la sufrieron en carne propia los indios antillanos, mexicanos y centroamericanos a manos de Colón —quien lo creyera, un esclavista sin conciencia—, de Hernán Cortés —un letrado de Salamanca, conquistador de la gran urbe de Tenochitlán—, de Pedro de Alvarado, un carnicero feroz, y de Cristóbal de Olid, quien sabiendo que andaba de conquista en Honduras, olvidó las reglas del maquiavelismo al capturar a Francisco de Las Casas, delegado de Cortés para deponerlo, y a Gil González Dávila, gobernador de Honduras con títulos del rey de España, y dejarlos en relativa libertad para que conspiraran contra él y más tarde lo asesinaran.

Refiriéndose el Sabio Valle al fin que tuvo Alvarado en Jalisco, dice: "Alvarado, decidido siempre contra la causa justa de los indios, quiso auxiliar (a Cristóbal de Oñate) y recibió el premio que merecían tantas injusticias cometidas en tan pequeño número de años. Una piedra lanzada por los indígenas desde las alturas donde se habían situado, lo hirió gravemente: se hizo conducir entonces a Guadalajara, en donde murió el 5 de julio de 1541, y al cabo de años se trasladaron sus cenizas a la catedral de Guatemala, donde sólo debían de reposar las del hombre justo que respeta los derechos del hombre y los fueros y libertades de los pueblos". Buen decir.

VI
La esclavitud

1.—La Universidad de Bolonia y el tratado de "La Política" de Aristóteles.

Los catedráticos de la Universidad de Bolonia estando al servicio del humanismo del Renacimiento, se empeñaron en dejar tal cual era el gran filósofo griego Aristóteles, liberándolo de las interpretaciones teológicas que le habían dado los doctores de la Iglesia, siendo el principal Santo Tomás de Aquino. De esa manera quedó en su prístina significación el sistema aristotélico, y por consiguiente el significado exacto contenido en el tratado de "La Política", en aquel capítulo VIII, del libro I, en que dice que "los bárbaros están destinados por la naturaleza a ser esclavos de los griegos, pudiendo emplearse con derecho todos los medios para reducirlos a ese estado".

2.—Lo que dijo siglos después Federico Engels en el "Anti—Düring".

Como el tema de la esclavitud es tan controvertido, condenándolo unos y aprobándolo otros según sus intereses, parece que el publicista que ha abordado con más objetividad la esclavitud, situándola en su verdadero lugar, histórico, es Federico Engels, justificando así las afirmaciones políticas de Aristóteles.

Dice el autor del "Anti—Düring":

La esclavitud había sido descubierta. Pronto se convirtió en la forma dominante de producción en todos los pueblos que se desarrollaban superando la vieja comunidad, pero, en definitiva, se convirtió también en una de las causas principales de su decadencia. Sólo la esclavitud hizo posible que la división del trabajo entre agricultura e industria alcanzase un nivel considerable y, de esta forma, hizo posible la flor del mundo antiguo: la civilización helénica. Sin la esclavitud, no habría existido ni el Estado, ni el arte ni la ciencia de Grecia; sin la esclavitud, no habría habido imperio romano. Pero sin las bases de la civilización griega y el imperio romano, no habría existido la Europa moderna. No deberemos olvidar jamás que todo nuestro desarrollo económico, político e intelectual tiene como presupuesto propio un estado de cosas en el que la esclavitud era tan necesaria como generalmente reconocida. En este sentido, tenemos derecho a decir que sin la esclavitud antigua no existiría el socialismo moderno.

Es muy fácil clamar con frases genéricas contra la esclavitud y fenómenos similares, y desahogarse de un elevado desdén moral contra semejante infamia. Desgraciadamente, de este modo no se dice más de lo que todos sabemos, es decir, que estas instituciones ·antiguas no son ya adecuadas para las actuales condiciones de las cosas ni para nuestros sentimientos, determinados por esas condiciones. Pero, así, no logramos saber verdaderamente nada respecto al origen de estas instituciones, las razones por las que subsistieron y la función que tuvieron en la historia, Y, si nos adentramos en este tema, debemos decir, por mucho que pueda sonar a contradictorio y herético, que la introducción de la esclavitud en las circunstancias de entonces fue un gran progreso. Es ya un hecho que la humanidad tuvo comienzo en los animales y que, por ello mismo, ha necesitado medios bárbaros y casi bestiales para salir de la barbarie. Las comunidades antiguas, en los lugares donde han seguido existiendo, desde la India hasta Rusia, constituyen desde milenios la base de la forma más tosca del Estado, el despotismo oriental. Sólo donde se han disuelto, los pueblos se han hecho dueños de sí mismos y su posterior progreso ha consistido en el incremento y el progreso de la producción por medio del trabajo de los esclavos. Está claro: mientras el trabajo humano fue tan poco productivo que no proporcionaba sino un pequeño excedente, aparte de los medios necesarios para la existencia, el incremento de las fuerzas productivas la extensión del tráfico, el desarrollo de Estado y derecho, la creación del arte y de la ciencia eran posibles sólo por medio de una acrecida división del trabajo, que debía tener como base propia a la gran división del trabajo entre las masas ocupadas en el simple trabajo manual y los asuntos del Estado y, más tarde, la profesión del arte y de la ciencia. La forma más sencilla, más natural de esta división del trabajo fue precisamente la esclavitud. Dados los presupuestos históricos del mundo antiguo, y especialmente del mundo helénico, él se pudo realizar sólo bajo la forma de la esclavitud. Y esto fue un progreso también para los esclavos; desde entonces, los prisioneros de guerra, entre los que se reclutaba la masa de esclavos, conservaron al menos la vida, mientras que antes los mataban, y antes aún, eran incluso quemados.

Añadamos a este punto que todos los antagonismos históricos que han existido hasta ahora entre clases explotadores y clases explotadas, clases dominantes y clases oprimidas, encuentran su explicación en la misma productividad, relativamente poco o nada desarrollada, del trabajo humano. Mientras la población efectivamente trabajadora ha estado tan empeñada en su trabajo necesario, que carecía de tiempo para ocuparse. de los asuntos comunes de la sociedad, de la dirección del trabajo, de los asuntos del Estado, las cuestiones jurídicas, el arte, la ciencia, etc., ha tenido que existir siempre una clase particular que, libre del trabajo efectivo, se ocupase de estos asuntos; pero, al hacer esto, en efecto, esta clase no ha dejado de echar nunca sobre los hombros de las masas trabajadoras un fardo de trabajo siempre creciente para su propio provecho. Sólo el enorme incremento de las fuerzas productivas, alcanzado mediante la gran industria, permite distribuir el trabajo entre los miembros de la sociedad sin excepciones, y, de este nodo, limitar el tiempo de trabajo de cada uno en medida tal que a todos quede tiempo libre suficiente para participar, bien teóricamente, bien prácticamente, en los asuntos generales de la sociedad. Por consiguiente, sólo hoy se ha hecho superflua toda clase dominante y explotadora, más aún, dicha clase se ha convertido en un obstáculo para el desarrollo de la sociedad, y sólo ahora será también inexorablemente eliminada, por mucho que pueda estar en posesión de la "fuerza inmediata".

3.—En la ilustre Bolonia también era estudiado el Derecho Romano.

Los profesores de la Universidad de Bolonia habían sumado a las ciencias humanistas del Renacimiento el estudio del Derecho Romano para conocer a fondo la organización del Estado más poderoso de la edad antigua, las leyes que había establecido el pueblo romano, la justicia que dimanaba de dichas leyes humanas y, sobre todo, el libre juego de las clases sociales que le daban vida al poder inmenso de Roma, fijando la atención en la presencia de una clase dominante compuesta por amos esclavistas agrupados en una minoría y una clase oprimida formada por centenares de miles y aún millones de esclavos que significaban una mayoría decisiva. Sobre todo los estudiantes debían saber con el ejemplo de Roma que para mantener en equilibrio aquella balanza de pesos desiguales, debían colocarse en el platillo de los amos esclavistas la feroz policía romana y aun las legiones de Sila, Craso, Pompeyo y Julio César para lograr el nivel deseado y evitar una pavorosa subversión de los oprimidos de consecuencias insospechadas. Con claridad se advierte que se estudiaba el Derecho Romano para poner en evidencia que era la sociedad romana la generadora del Estado y del Derecho, lo cual podía suceder perfectamente en la sociedad del Renacimiento, tan fuerte como aquella, o quizá más, con el aliento del comercio y las relaciones mercantiles y orientada a edificar una sociedad de nuevo tipo, que sería la sociedad capitalista y burguesa.

Como a la Universidad de Bolonia llegaban estudiantes de toda Europa, estos permanecían allí el tiempo que duraban los cursos y después regresaban a sus lugares a divulgar los conocimientos adquiridos. Así se propagaron las ideas originales del sistema filosófico de Aristóteles, en cuenta su tratado de "La Política" y las concepciones del Derecho público y privado de Roma. En un momento en que existía la posibilidad de construir una sociedad mundial, el ejemplo romano debía tenerse a la vista, sobre todo en lo que se refería a la riqueza de las riquezas: la esclavitud.

4.—Opinión de E. Shteerman y B. Sharevskaia sobre la esclavitud del siglo XV y siguientes.

En su tratado conjunto los publicistas soviéticos escriben:

"Tras la caída del imperio romano, el régimen esclavista ingresó definitivamente en el pasado. Su baluarte, la ciudad de Roma, capital de la esclavitud de los latifundios, había sido sepultada, y el imperio destruido por los "bárbaros". Pero quienes asestaron al caduco régimen los golpes más demoledores fueron los esclavos y colonos que, con las armas en la mano, se lanzaron a una lucha a muerte contra sus explotadores.

Sin embargo, la esclavitud no desapareció totalmente. En las entrañas de la nueva sociedad feudal se conservaron los restos de la antigua sociedad' esclavista a lo largo de muchos siglos. Y mil años después de la caída de Roma, en otra situación histórica y en otras regiones, en las tierras entonces descubiertas del Nuevo Mundo, surgió de nuevo la esclavitud, la forma más bárbara y humillante de explotación del hombre por el hombre.

¿A qué se debió el resurgimiento de la forma esclavista de explotación y la oprobiosa reaparición de los mercaderes de esclavos?

5.—Causas del resurgimiento de la esclavitud.

Shteerman y Sharevskaia expresan:

"En el siglo XV Europa sufrió cambios sustanciales. Por entonces, se conocían nuevos instrumentos de trabajo, obra de desconocidos y hábiles labradores y artesanos. El alto horno sustituyó a la fragua primitiva; se había inventado el telar mecánico; las ruedas ponían en movimiento innumerables muelas de molinos hidráulicos; aparecieron ingeniosos mecanismos; las galerías y ramificaciones de las minas de cobre, hierro, plata y plomo penetraban más profundamente en la tierra; los maestros de Florencia, Sevilla, Brujas y Ausburgo, producían más cantidad de paño, tejidos de lana y lino, terciopelo y seda; las vías comerciales de Europa se hicieron más amplias, y los navegantes, con embarcaciones más veloces, salieron a los espacios atlánticos en busca de rutas y tierras nuevas.

Cada descubrimiento de territorios desconocidos presuponía un enorme botín, cada nueva expedición de los navegantes portugueses o españoles culminaba con la obtención de fabulosas ganancias. Llegaba la aurora de la época de la producción capitalista. Fue una aurora sangrienta. Para el desarrollo de la industria, la construcción de nuevas fábricas, las minas y demás trabajos, hacían falta grandes recursos que los capitalistas obtenían en la propia Europa explotando a los obreros asalariados, hasta poco antes labradores expulsados de sus tierras.

En cambio, allende los mares, en el Nuevo Mundo, en Asia, en África, se apropiaban de la mejor parte de esos recursos los descubridores europeos en guerras coloniales y de conquista y en expediciones aniquiladoras. Además, en esas tierras el capitalismo conquistó una nueva y colosal fuente de riquezas: los esclavos, con cuyo trabajo se extraían el oro y la plata y se elaboraban el azúcar y el algodón en innumerables plantaciones.

¿Cómo transcurrió ese proceso de descubrimiento y "asimilación" de las nuevas tierras por los colonizadores europeos, el sometimiento y esclavización de los habitantes de los países recién descubiertos, y la explotación del trabajo de esclavos?

Los iniciadores del saqueo colonial fueron los portugueses, que ya a finales del siglo XV habían llegado a la India, después de navegar a lo largo de las costas de África en el transcurso de seis decenios, y que transformaron las tierras africanas del Senegal y Guinea en una especie de coto de caza de esclavos negros. La primera partida fue llevada por los portugueses a Lisboa en 1442.

6.—La esclavitud en América.

En 1493 llegaron a Europa las noticias de los descubrimientos en el Nuevo Mundo. El 14 de octubre de 1492, dos días después de haber descubierto la primera tierra americana, Cristóbal Colón escribió que podía enviar a España a todos los habitantes indígenas o "dejarlos en esta isla como prisioneros". Y cuando regresó de su primer viaje prometió a los reyes católicos, Isabel y Fernando, todos los esclavos que quisieran. Los primeros objetivos del plan español de "asimilación" del Nuevo Mundo eran las lejanas islas Antillas, que debían convertirse en colonias españolas, y sus naturales, los indios, extraer el oro de las minas y labrar las fértiles tierras para los colonos españoles.

Cuando Colón regresó a España, los rumores acerca del descubrimiento de las fabulosamente ricas islas de ultramar se extendieron inmediatamente por todo el país, excitando comentarios y juicios que impresionaban profundamente a los buscadores de riquezas, que se veían ya a sí mismos dueños de un paraíso en tierras lejanas, donde vivían indios obedientes como corderos, que no conocían el hierro, la pólvora ni el dinero.

Multitud de colonizadores se lanzaron a cruzar el mar. Llegaron ansiosos de riquezas y en las tierras vírgenes se desató una orgía de robo y de pillaje.

Islas como La Española (hoy Haití y República Dominicana), Cuba, Puerto Rico y Jamaica, fueron totalmente saqueadas. En cuarenta años los españoles aniquilaron a casi toda la población nativa de esas islas. Mataban a los indígenas en las guerras de conquista y en las expediciones de castigo; otros morían por hambre y por las enfermedades transmitidas por los conquistadores. En general, perecían rápidamente a causa del trabajo forzado en minas y plantaciones. Los "civilizadores" españoles "asimilaban" las riquezas de las tierras recién descubiertas a un ritmo tan impetuoso que ya en 1502, diez años después del primer viaje de Colón, todos los recursos locales de mano de obra estaban agotados. Entre tanto, las tierras de ultramar ofrecían a los colonizadores inmensas posibilidades.

La caña de azúcar crecía maravillosamente en las Antillas. Para transformar la Española o Cuba, en islas productoras de azúcar, es decir, cultivar la caña y elaborarla, en vasta escala, los colonizadores europeos necesitaban mano de obra. Y como las

Antillas, convertidas en enormes cementerios de indios, ya no podían ofrecer más fuerza de trabajo gratuita, dirigieron la mirada al Continente Negro.

7.—En 1502 empezó el comercio negrero.

"En 1502 llegó a la Española la primera partida de negros y, en los años siguientes, desde el África a las costas americanas afluían los veleros cargados de esclavos. "Un negro —escribió el rey Fernando—es más útil que cuatro indios". Además, eran baratos; los portugueses tenían cuantos hicieran falta. Por lo menos al principio, los negros no ofrecían peligro, puesto que, por ser de diferentes tribus, con diferentes idiomas y encontrarse en tierras muy lejanas a las suyas de Guinea y el Senegal, no podían organizar una seria resistencia contra sus amos blancos.

Hacia mediados del siglo XVI, una sangrienta época de conquista sacudió todo el continente americano. Los conquistadores españoles se apoderaron de México, Guatemala, Honduras, Darién (Panamá), irrumpieron en Perú y Chile, penetraron en el valle del Amazonas, se asentaron en las costas venezolanas y construyeron fortalezas en los elevados picos colombianos. Los portugueses se establecieron en las costas brasileñas.

Millones de indios fueron prácticamente esclavizados por los extranjeros. La plata de México y Perú se volcó sobre Europa. En las minas a cielo abierto de Potosí, en las de Zacatecas, trabajaban decenas de miles de indios; oficialmente no los consideraban esclavos, pero el trabajo forzoso que cumplían estos "vasallos libres" de la corona española era tan duro como el de los esclavos negros.

En Perú, Chile, México y otras colonias españolas del continente americano, los indios esclavizados no eran pocos. Todos los prisioneros apresados en las expediciones de castigo contra las tribus rebeldes eran convertidos en esclavos, llamaban rebeldes a las tribus que, en todas las regiones del Nuevo Mundo, llevaban a cabo una lucha de liberación contra los españoles. Pero tampoco los indios pacíficos estaban libres del yugo de los colonizadores españoles. Las formas de dependencia eran muy diversas, pero en ningún caso variaba su fundamento: los indios tenían que trabajar hasta la extenuación en beneficio de los colonizadores.

Pronto los esclavos negros llegaron a otros lugares. En las costas del Atlántico y del Pacífico, así como en el interior del Continente, en las regiones montañosas y costeras de Centro—América y del Brasil, y en las laderas de los Andes, se conquistaban de año en año nuevas tierras. En 1570 había ya no menos de cien mil negros esclavos en América del Sur y Central.

VII
Conquistadores

1.—Una opinión nueva sobre el tema.

En concepto de los historiadores hondureños recientes —con títulos profesionales de Argentina, Brasil, México, Estados Unidos, España y otros países— lo principal es explicar el fenómeno de la Conquista de acuerdo con las leyes sociales, económicas y políticas de los siglos XV y XVII, de donde se extrae una lección clara y saludable que hace ver el motivo que trajo a aquellos aventureros a América y porqué se movieron de un confín a otro del continente, en vez de narrar en detalle sus carreras de hormigas locas y sus pleitos por el botín que arrebatan a los indígenas y otras pequeñas cosas, que en resumen de cuentas no tenían más valor que aquellas que empujaron al crimen a los condenados a galeras, liberados por Don Quijote para que le pagaran el servicio con palos y pedradas.

2.—Tiempo que duró la conquista.

Es común aceptar como principio establecido que el período del descubrimiento y la conquista de Honduras se halla entre el año de 1502, cuando Cristóbal Colón visita la parte oriental del país y 1544, cuando Alonso de Maldonado establece definitivamente la

Audiencia de los Confines en la ciudad de Gracias, al establecerse tan importante tribunal, luego de haberse dictado las leyes que protegían a los indios, las que se debían en mucho a Fray Bartolomé de las Casas, puede afirmarse que la obra de conquista estaba terminada. Ahora empezaban las labores de colonización. A la voluntad arbitraria de los conquistadores, sucedía la autoridad de las leyes que aplicaría aquel alto tribunal.

Gil González Dávila, en 1522. A pesar de los títulos reales que ostentaba en que aparecía como gobernador de un territorio enorme que iba desde el istmo de Tehuantepec hasta el istmo de Panamá, no pasó de ser un simple explorador interesado en encontrar el canal de agua que uniera a los dos océanos.

Cristóbal de Olid, 1524. Enviado por Hernán Cortés a dominar el territorio a beneficio de Nueva España (México) para acabar de una vez con las pretensiones jurisdiccionales de la Española (Santo Domingo) y el Darién (Panamá). Muerto por González Dávila y Francisco de las Casas.

Hernán Cortés, 1525. Gran conquistador de México. Vino a darle importancia a la conquista de Honduras por creer que aquí se hallaba la unión de los dos océanos además de ser el lugar más rico en oro y plata entre los dos istmos. El pretexto que tuvo Cortés para venir a Honduras fue la traición de Cristóbal de Olid, quien se había puesto de acuerdo con el gobernador de Cuba para emprender por cuenta de ambos la conquista del país. Cortés regresó a México con la noticia de una rebelión de sus lugartenientes que amenazaba con despojarlo del poder.

Hernando de Saavedra, 1526, Teniente de Hernán Cortés. Al quedar a cargo del gobierno de Honduras, fue de Trujillo a Olancho, fundando en Escamilpa la Villa de la Frontera de Cáceres, que más tarde la destruyó Pedrarias Dávila, gobernador de Castilla del Oro, quien pretendía extender su jurisdicción a Honduras.

Diego López de Salcedo, 1526. Nombrado por la Audiencia de Santo Domingo para que hiciera salir de Honduras a Hernán Cortés, Pedro de los Ríos, Francisco Fernández de Córdoba y cualesquiera otros capitanes. Al llegar a Trujillo y tomar posesión de su cargo el 26 de octubre, mandó preso a Hernando. de Saavedra para Santo Domingo. Las pretensiones de Pedrarias sobre Honduras despertaron las de Salcedo sobre Nicaragua. Arrestó a los emisarios de Pedrarias que venían a exigirle la sumisión de la Provincia, y declaró que la de Nicaragua caía en su jurisdicción, por lo que marchó a tomar posesión de ella, dejando a Francisco de Cisneros encargado del gobierno. Pedrarias redujo a prisión a Salcedo y firmó con él un convenio de límites, que no había de obtener aprobación real, y lo dejó volver a Trujillo, donde encontró la Real Cédula de 2 de octubre de 1528 que incorporaba el archipiélago de las Guanajas a la provincia de Honduras.

Andrés de Cereceda, 1530. Gobernó con Vasco de Herrera, y Diego Méndez le disputó el mando. Méndez se levantó y Herrera fue asesinado. Cereceda venció a Méndez y lo hizo ejecutar juntamente con los asesinos de Herrera.

Diego de Albitez, 1532. Muerto al llegar. Traía autorización del rey de fijar de manera concluyente los límites de su Provincia para evitar futuras invasiones arbitrarias. Por la muerte de Albitez ocupó el cargo de gobernador Andrés de Cereceda. Nombrado Fray Alonso de Guzmán para suceder en la gobernación a Albitez no aceptó.

Lic. Alonso Maldonado, 1536. Nombrado por el virrey de México para que viniera a residenciar a Pedro de Alvarado, gobernador de la provincia de Guatemala, quien había cometido desobediencias reales y debía ser castigado incluso con la horca. Alvarado, huyendo, llegó a Naco, donde recibió de Andrés de Cereceda, otro: sujeto fuera de la ley, la gobernación de Honduras. Por esa razón, los actos oficiales de Alvarado en Honduras son nulos y de ningún valor. En ese tiempo, fundó San Pedro Sula. Mandó a Juan de Chávez a fundar la villa de Gracias a Dios en el Sur. Hizo repartimiento de indios y de tierras. Dejó de gobernador a Alonso Ortíz, y en una carabela que hizo venir de Trujillo, partió de Puerto Caballos a Cuba, y de allí a España, a lavarse las manos en el Ministerio de Colonias. Maldonado no siguió hasta Honduras al reo Alvarado.

Francisco Montejo, 1536. Oficialmente, el sucesor de Diego de Albitez, muerto a los cinco días de haber llegado a Trujillo, fue Francisco Montejo. Cereceda no ostentaba títulos para ejercer el cargo de gobernador y menos para entregarle la gobernación a Alvarado, perseguido de la justicia virreinal. Montejo fue nombrado gobernador de Honduras e Igueras. Como estaba tan lleno de asuntos en la gobernación de Yucatán, mandó a Alonso de Cáceres a tomar en su nombre posesión de su cargo, hecho que tuvo lugar en Gracias. No tardó en llegar el gobernador Montejo a la provincia. En San Pedro Sula anuló el repartimiento de indios que hizo Alvarado. Nombró a Alonso de Cáceres pacificador del país. Este capitán fundó en diciembre de 1537 la villa de Santa María de Comayagua. Tocó a Montejo enfrentar y aplastar la insurrección más grande del país, que estuvo a punto de acabar con los conquistadores y colonizadores españoles. El jefe supremo de la insurrección general fue Lempira, indio maya—tolteca, de cuya importancia rindió informe el Gobernador Montejo al emperador Carlos V.

Alonso de Cáceres, 1539. Ocupó la gobernación de la provincia de Honduras en lugar de Francisco Montejo, quien pasó con el mismo cargo a Chiapas. El nuevo gobernador hizo un viaje al oriente del país, donde la tranquilidad de las tribus dejaba mucho que desear. En ese recorrido fundó San Jorge de Olancho, en el valle más rico en oro que había en toda la provincia y en los demás territorios del circuito Nicaragua, Guatemala y Yucatán. Cabe aquí agregar que Alonso de Cáceres había quedado con la gobernación de Honduras por designación que hizo en su persona, Pedro Alvarado que había vuelto de España con más arrogancia porque con adulaciones y dinero había dormido a los dignatarios del Ministerio de Colonias, y le habían dado más poderes, con la obligación de armar una expedición que debía aventurarse en el Pacífico en busca de las islas de la Especiaría. Ya no tenía disculpas que los empujaban a lo ignoto, porque Fernando Magallanes y Sebastián Elcano le habían dado vuelta a la Tierra. Como al regresar de España, traía Alvarado acuerdos de Gobernador de Honduras y Guatemala, al partir a buscar el Jardín de las Especias, dejó con sus cargos a su cuñado Francisco de la Cueva, hermano de Beatriz, esposa de Alvarado.

Licenciado Francisco de la Cueva. 1540, Simplemente atendió las funciones ordinarias del burócrata que desempeña un cargo interinamente.

Diego García de Célis, 1541. Como desde el ángulo de la riqueza minera, Honduras tenía más importancia que Guatemala, la unión forzada de los dos países que se había realizado en beneficio de Pedro Alvarado, quedó disuelta, viniendo a ocupar la gobernación de Honduras, García Célis, quien sería jefe del gobierno civil y Juan López de Gamboa, del gobierno militar.

Juan Pérez de Cabrera, 1543. La situación se estaba agitando por parte de los ambiciosos conquistadores, al grado que la Audiencia de Santo Domingo nombró gobernador a Juan Pérez de Cabrera, pero sólo de la Costa Norte. Para hacer este nombramiento, la Audiencia se basó en la real cédula de 1534.

Francisco Montejo, 1544. García Célis cesó en sus funciones por haber vuelto a la gobernación de Honduras Francisco Montejo el 9 de abril de 1543. Al sólo volver éste, el Licenciado Alonso Maldonado envió un Teniente suyo a hacerse cargo de la gobernación de Honduras. Montejo y el Cabildo de Gracias no quisieron recibirlo.

Licenciado Alonso Maldonado, 1543—1548. Toma posesión de la gobernación de Honduras por nombramiento de la Audiencia de México. De San Miguel, en donde se hallaba, vino a Gracias, siendo recibido por el cabildo como gobernador, pero no por Montejo, quien se remitió a la decisión real. Maldonado envió sus Tenientes a las villas y fueron recibidos en Comayagua, San Jorge de Olancho y Minas de Guayape, y no en San Pedro porque aquí habían recibido a Juan Pérez de Cabrera, nombrado gobernador por la Audiencia de Santo Domingo. Maldonado pasó por esto a Puerto y requirió a Pérez de Cabrera para que lo reconociese. Cabrera se negó al principio, porque su provisión sólo era para el caso que no hubiera otro gobernador provisto.

El licenciado Alonso Maldonado pone fin a la época de los conquistadores y a la vez inicia la época de las leyes como Presidente de la Audiencia de los Confines.

VIII
Conquista religiosa

1.—Consideraciones previas.

En forma generalizada cuando se habla de la cristianización de los aborígenes hondureños se ha dado en llamarla conquista pacifica, que tiene tan diversos aspectos como jefes o capitanes. También se ha dicho que "a la sombra del árbol secular de la Iglesia" se amparó nuestra nación y recibió el bautismo cristiano con el ser. El catolicismo fue la primera creencia religiosa europea que llegó a Honduras, Trajo a esta tierra el Evangelio que dígase lo que se dijere, es el mensaje de fraternidad humana más positivo con la norma de "amaos los unos a los otros" que ha resonado en el reino de los bárbaros y en el imperio de los déspotas. En principio, los misioneros, reforzados por las ideas religiosas del Renacimiento que trataban de sacar el cristianismo de la rigidez pedestre de la Edad Media, evangelizaban al aborigen para hacerlo libre y no esclavo, pero en los campos y las serranías de América pesaba más la espada que la cruz. Hubo un momento en que algunos religiosos siguieron con la enseña de la libertad en alto, con el manual de Jesucristo como si fuera un arma invencible; pero otros religiosos, menos valientes, doblaron la cabeza y cerraron los ojos ante las brutalidades de los conquistadores de la espada.

2.—Los primeros obispos de Honduras.

Fray Alonso de Guzmán, 1532. El 18 de agosto lo nombró el Rey Obispo de la Diócesis de Honduras y Gobernador de la Provincia. No aceptó ninguno de los dos nombramientos.

Fray Juan de Talavera, 1534. Por no haber aceptado Fray Alonso de Guzmán el nombramiento de Obispo de Honduras, se nombró en su lugar a Fran Juan de Talavera. Tampoco aceptó el nombramiento; pero se interesó en que los frailes jerónimos trajesen religiosos de su orden a América.

Licenciado Cristóbal de Pedraza, 1537. Nombrado Obispo de la Provincia y Protector de los indios, llegó a Puerto Caballos el 13 de septiembre de 1538. El primer Obispo de Honduras, realmente fue el licenciado Cristóbal de Pedraza. Se le conoció como intrigante de alto coturno en la Corte de España. Más, aquí nos referimos al sacerdote. Pedraza, sevillano de origen, vino a América a organizar la administración de la Iglesia en Honduras. No neguemos que fue adicto a los repartimientos y encomiendas, como consta en las crónicas del siglo XVI. Pero nadie le quita que fundó los primeros colegios de internado en la ciudad de Gracias y en el puerto de Trujillo, que eran como granjas escuelas, en torno a 1540. Más político que hombre de Iglesia, dejó una larga correspondencia con tal sabor que debe haber sido del agrado del Consejo de Indias y del Emperador.

3.—Órdenes religiosas que vinieron a Honduras.

Constantemente llegaban grupos de religiosos de las ordenes de los mercedarios, dominicos y franciscanos a tierras de conquista de América. A esos religiosos se debió la conversión de los nativos, la fundación de conventos, construcción de escuelas de artes y oficios y otros cambios de las poblaciones indígenas por la vía pacífica.

4.—Bartolomé de Las Casas.

Nació en Sevilla en 1474. Misionero de la orden de los dominicos. Alentado por los descubrimientos, vino a Cuba como cualquier aventurero a amontonar riquezas con las encomiendas, lo que hizo al principio. Pero arrepentido al ver el tratamiento bestial que los conquistadores daban a los indios, entró en la orden de los dominicos para predicar el Evangelio a los nativos y para denunciar la conducta brutal de los conquistadores con los hijos del Nuevo Mundo. El Padre Las Casas luchó en dos frentes: en América, con los feroces encomenderos que habían sometido a la más negra esclavitud a sus indios encomendados, y en España, con los teóricos de la conquista y la esclavitud al estilo romano. Con su obra brevísima relación de la destrucción de las Indias produjo tal escándalo en la Metrópoli, que los soberanos se vieron precisados a reunir juntas de teólogos y juristas para que examinaran la validez o invalidez de la conquista de los "reinos" de las Indias y la licitud o ilicitud de someter a los indios a servidumbre.

Aquella discusión llevó el nombre de "polémica las casiana" en la región de Bolonia, donde Juan Ginés de Sepúlveda sostuvo sin ambages el derecho de conquista y el de esclavitud que les asistía a los españoles en Indias. El soberano mandó silenciar a Sepúlveda porque su tesis era muy descarnada y brutal. Pero es indudable que ella influyó grandemente en los que deseaban un imperio colonial y alentó también a los encomenderos americanos.

Así, Fray Bartolomé de Las Casas, humanista cristiano, en el terreno, dio lugar a que el emperador Carlos V dictara las llamadas Nuevas Leyes, en Barcelona en 1540, que habían de surtir sus efectos en América, y también sugirió a notabilidades como Francisco de Vitoria y después a Francisco Suárez las primeras ideas del Derecho Internacional moderno.

5.—El Concilio Tridentino.

El Concilio de Trento (1545—1563), convocado por Paulo III en 1537, primeramente en Mantua y después en Vicenza, pudo finalmente ser inaugurado ocho años después en Trento. Interrumpido y reanudado dos veces a causa de las circunstancias políticas, duró 18años, bajo los Papas Paulo III, Julio III y Pío IV. Su objeto fue quitarse los andrajos medievales que vestía y ponerse un ropaje más a tono con los tiempos modernos, para contrarrestar la crítica luterana que ardía en Alemania y se propagaba a otros países.

No diremos que la "polémica las casiana" traspasó el recinto en que se realizaban las deliberaciones del Concilio de Trento. Pero como allí se trataba de modernizar la Iglesia, es claro que de manera indirecta se tomaron en consideración las inspiradas ideas de los renacentistas españoles que pedían en sus tratados la práctica cristiana del "amaos los unos a los otros" no sólo entre los pueblos civilizados sino entre los pueblos civilizados y los bárbaros.

A partir del siglo XVI la influencia educativa y cultural del Concilio de Trento en América con sus Colegios Tridentinos y sus Universidades Pontificias fue efectiva.

IX
Procedencia de los conquistadores

1.—Lo que dice al respecto el historiador José María Ots.

La empresa del descubrimiento y colonización de las Indias Occidentales fue una obra de carácter eminentemente popular.

Los sectores aristocráticos de condición social y económica más elevada, adoptaron frente al hecho desconcertante de los descubrimientos colombinos y de los de sus inmediatos continuadores, una actitud de reserva y de inhibición. No participaron en las expediciones descubridoras ni como caudillos ni como empresarios. Dificultaron, además, el enrolamiento de los agricultores cultivadores de sus tierras, ante el temor de que éstas quedasen despobladas.

Fueron los segundones fijosdalgos, los que en gran parte nutrieron las expediciones de descubrimiento nuevo y población que partieron para las Indias.

Como consecuencia de la implantación de la institución vincular de los mayorazgos en la Castilla de la baja Edad Media, los hijos no primogénitos de las familias nobiliarias, singularmente de las pertenecientes a la pequeña nobleza, habían quedado en una situación de evidente desequilibrio entre su posición social y su posición económica. El hecho de que el grueso del patrimonio familiar, hubiera de pasar forzosamente por vía hereditaria al mayor de los hermanos varones, colocó a los que no gozaban de esta condición en el trance difícil y apremiante de tener que labrarse su propia vida en el orden económico. Dados los prejuicios de la época, sólo el cultivo de las letras—bien ingresando en la carrera eclesiástica, bien cursando estudios que le permitieran escalar puestos más o menos elevados en la Administración— o el manejo de las armas, eran las únicas actividades que podían cuadrar a su condición social. Por eso los descubrimientos del primer Almirante de las Indias abrieron horizontes amplios a su ambición de labrarse una fortuna propia que les permitiera salir rápidamente, aun a costa de los mayores sacrificios, del estado de inferioridad económica en que vivían y ellos les impulsó a enrolarse en las huestes de la conquista, más como soldados o capitanes que con ánimo de futuros colonizadores.

No creemos que sobre el particular puedan formularse todavía conclusiones históricas sólidamente documentadas. En vigor, el volumen de las distintas corrientes sociales que nutrieron las expediciones descubridoras no ha sido suficientemente investigado. Pero pueden aceptarse —provisionalmente— como buenas las anteriores observaciones que descansan en deducciones no exentas de lógica y robustecidas en parte por las noticias de algunos cronistas de la conquista tenidos por veraces.

El hecho de que por Reales Cédulas de 1492 y 1497 se autorizase la recluta de delincuentes para formar parte de los expedicionarios a las Indias, no es probable que tuviera consecuencias de gran alcance social ya que, por otra Real Cédula de 11 de abril de 1505, quedaron derogadas las de 1492 y 1497. Sin embargo, en la Recopilación de 1680 (L. 6 t. 3 lib, 4), todavía se autorizaba el enrolamiento de personas que hubieran delinquido si no había parte privada acusatoria.

Motivos religiosos —mantenimiento en las Indias de la pureza de la fe católica—, y razones de orden público, llevaron a los legisladores españoles a dictar algunas medidas restrictivas prohibiendo la entrada a las Indias, a los que fueran de linaje de moro o de judío, a los reconciliados o castigados por la Inquisición, a los negros ladinos, a los esclavos casados que no llevaran consigo a su mujer o hijos, a las mujeres solteras sin licencia y a las casadas que no fueran acompañadas —de sus maridos. Sobre esta cuestión de la capacidad de la mujer para pasar a las Indias había que llenar otros requisitos.

Por parte del Estado español, no faltaron los intentos para conseguir que se sumaran a las corrientes colonizadoras gentes conocedoras de oficios útiles: menestrales o artesanos y labradores. El rey recomienda a Pedrarias Dávila que lleve a su gobernación de Indias gentes entendidas en cultivar la tierra y toda clase de plantas y granos de sembrar, debiendo premiar a los que se distinguieran en los cultivos de trigo, cebada y otros con algo de los repartimientos para halagarlos y para que los demás colonos que no fueran adictos a la agricultura, tomaran ejemplo.

El cronista Antonio de Herrera refiere que el rey Fernando el Católico mandó que dejaran pasar cuantos labradores quisieran, para lo cual se publicase la riqueza de minas que se descubrían para que la gente se animase, y siempre se tuviesen en la Casa de Contratación de Sevilla tres mil ducados de reserva para proveer lo necesario en las Indias.

Cuando los padres jerónimos gobernaban en la Española escribieron al rey con la súplica de que mandara labradores de Castilla para las granjerías y negros esclavos para cultivar y poblar, lo que redundaría en acrecentamiento de las rentas reales, en beneficio de los castellanos y en alivio de los indios. Es decir, ante la necesidad general de brazos, los jerónimos pensaron en la gente blanca y en la negra para ayudar a los indios "que iban desapareciendo hasta casi extinguirse en la isla Española".

En 1523 Carlos V ordenaba a los oficiales de la Casa de Contratación de Sevilla que mandasen a Nueva España gente de trabajo y enviasen a Hernán Cortés plantas, árboles y semillas que pudiera sembrar en el nuevo reino. Y poco a poco se fue imponiendo la conveniencia de embarcar para las Indias toda clase de animales domésticos, principalmente cuando llegó la época de fundar nuevas poblaciones que debían estar abastecidas de todo, como en España.

Finaliza el autor citado diciendo: Pero todos los intentos que se hicieron para mandar colonos españoles a las Indias, especialmente labradores y artesanos, dieron escasos resultados. El solo incentivo del cultivo de la tierra o del ejercicio de un oficio en condiciones más o menos ventajosas no podía ser causa bastante para decidir a las gentes en una empresa donde los riesgos eran tan grandes, los beneficios tan inciertos y las penalidades tan seguras. Ni siquiera el entusiasmo contagioso de hombre como el Padre de Las Casas pudo triunfar en un ambiente tan contrario; sus dos intentos conocidos de organizar expediciones de labradores, constituyeron un fracaso rotundo y doloroso.

El señor Ots no da la razón para que sucedieran esas cosas. En realidad los señores feudales de la Península propietarios de los siervos de la gleba que cultivaban sus latifundios, no iban a permitir que sus extensiones territoriales quedaran vacías de labradores. Después los siervos de la gleba embrutecidos por la explotación despiadada, eran incapaces de concebir una vida mejor aunque tuvieran noticias del Nuevo Mundo. Podían enrolarse en las expediciones los labradores libres, que los había en España. Por eso llegaron tan pocos agricultores a estas tierras.

2.—Jerarquías sociales en las Indias.

Seguimos citando al historiador José María Ots en el punto que se refiere a los españoles peninsulares, los criollos y los mestizos en las Indias. Dice al respecto:

Al calor de los grandes privilegios señoriales concedidos a los caudillos o empresarios de las expediciones descubridoras, pronto surgió en los territorios de las Indias una nueva aristocracia colonial integrada por los descendientes de los primeros descubridores, que llegó a superar, en ocasiones, tanto en poderío como en riquezas, a la vieja nobleza de la Península. Los repartimientos de indios y las encomiendas fueron la base principal del sostén económico de estas nuevas familias aristocráticas.

Dice el autor citado que la colonización española en América que se inicia con un carácter insular, adquirió pronto un carácter continental. En los distintos territorios, de una extensión enorme, sometidos al dominio de España, se acusan las características geográficas, climatológicas, demográficas, sociales y políticas más diversas. Esta diversidad de circunstancias hubo de condicionar, al menos en parte, la política de los colonizadores: así, mientras en determinadas comarcas hubo que adoptar frente al indio una actitud de guerra sostenida —por ejemplo, con respecto a los de las islas del mar Caribe y con los araucanos en Chile— en otras fue fácil la convivencia; al paso que en las regiones más civilizadas —el Perú—pudieron ser respetados en buena parte núcleos de población ya existentes, en otras hubo que procurar con energía vencer una tendencia arraigada al aislamiento, reduciéndoles y haciéndoles vivir en población e imponiéndoles hábitos de trabajo persistentemente rechazados; si en determinadas provincias pudieron los españoles colonizar y fundar poblaciones en lugares de costa, en las más de ellas estos núcleos de población hubieron de establecerse tierra adentro, buscando lugares más altos de temperaturas templadas y huyendo de zonas bajas, tórridas e insalubres (como ocurrió, por ejemplo, en Nueva España, Nueva Granada y Quito).

Esta diversidad geográfica fue causa, por otra parte, de que, en unas regiones de la América española, las más, imperase un tipo de colonia de explotación, al paso que, en otras, las menos, dominaba el tipo de colonia agrícola. Las características de uno y otro tipo de colonia son perfectamente conocidas. En las primeras, establecidas en comarcas tropicales de gran fertilidad, capaces de producir en gran escala frutos muy codiciados, o por lo menos escasos, en Europa, o ricas en yacimientos mineros, predomina el colonizador que despliega la máxima energía para conseguir pronto grandes cantidades de riqueza, sin detenerse ante los medios necesarios para lograrlo. En las segundas, que arraigan en lugares muy ricos, predomina en cambio el tipo de agricultor, pequeño propietario, que cultiva en sus tierras productos menos codiciados sin la aspiración de un rápido enriquecimiento. Nace pronto en los primeros una pujante aristocracia a un régimen muy riguroso de trabajo forzoso, cosa que, en definitiva, no fue difícil de conseguir a los colonizadores españoles de estas comarcas más ricas — México, Perú— puesto que ya en la época precolombina imperaba en ellas un régimen de carácter señorial con absoluto sometimiento de los indígenas plebeyos a sus señores o caciques. En las segundas, por el contrario, —regiones del Río de la Plata y Venezuela— impera un tipo de sociedad democrática, integrada principalmente por núcleos de población europea, pues los indios de estas regiones viven siempre rebeldes y apartados y antes se dejan exterminar que someterse.

Con el transcurso del tiempo, esta alta aristocracia colonial, entroncó con la vieja nobleza de la Metrópoli. Por otra parte, al acusarse la presencia del Estado español en las Indias con la creación de los primeros virreinatos y antes de las audiencias, muchos españoles peninsulares pensaron en las grandes ventajas que podrían obtenerse sirviendo al Estado en los nuevos territorios coloniales, desempeñando destinos burocráticos altamente productivos y sin los riegos y las penalidades de los descubridores y colonizadores. La nobleza peninsular estimó como un honor muy señalado y lucrativo desempeñar en las Indias los altos puestos de la Administración del Estado —Virreinatos, Presidencia de las Audiencias, Capitanías Generales, Gobiernos de las ciudades, Corregimiento de Indios, etc.—ya su lado, y en buena parte a su sombra y amparo, se desplazaron también a los distintos territorios coloniales juristas y hombres de pluma, que encontraron en la generosidad del Tesoro público y en la impunidad que en buena parte garantizaba la distancia para posibles y provechosos abusos en sus funciones administrativas, un eficaz medio de satisfacer personales ambiciones de poder y de riqueza.

No es que pueda decirse que toda esta compleja burocracia peninsular trasplantada a las Indias, con jerarquías tan variadas dentro de sus cuadros administrativos y procedente de medios sociales tan diversos, constituyera en sentido estricto una clase social. Pero importa dejar acusada su presencia y actuación en aquellos territorios, para completar la visión de conjunto que deseamos poner en claro lo más posible.

Pero no todos los españoles peninsulares que pasaron a las Indias lograron éxitos destacados en las expediciones colonizadoras que fueron seguidos de recompensas y mercedes bastantes para situar a sus poseedores y a sus descendientes en grados elevados de las jerarquías sociales. Por debajo de las aristocracias integradas por los descendientes de los grandes conquistadores y aun de los simples encomenderos —poseedores de encomiendas de indios más o menos productivas—, quedó una masa de pequeños propietarios libres establecidos en pueblos y aldeas, dedicados al cultivo de la tierra o a la explotación de la ganadería, y junto a —ellos, núcleos de artesanos radicados en las ciudades principales y dedicados al ejercicio de sus oficios dentro de sus respectivas corporaciones profesionales. En esta masa de pequeños colonizadores, libres, pero extraños a los círculos privilegiados de la sociedad, alcanzó en los primeros tiempos un volumen mayor o menor, según que se tratase de comarcas donde por razones económicas y geográficas imperase el tipo de colonia agrícola o el de la colonia de explotación, cuyas características principales son claras para todos. El municipio fue el órgano político a través del cual lograron en los primeros tiempos estas clases democráticas contener los intentos de abuso de las aristocracias coloniales proyectados al amparo de los privilegios concedidos a los descendientes de los grandes conquistadores. Cuando se fue intensificando el proceso de la colonización, aumentó la densidad de población en los territorios hispanoamericanos, y con ella la importancia numérica de estos sectores sociales que se desenvolvieron siempre en las Indias sin ningún estatuto jurídico especial, definidor de sus derechos y obligaciones con un criterio de diferenciación.

Pronto, además al sucederse en las Indias las distintas generaciones de españoles que arraigaron en aquellos territorios, contrayendo matrimonio con mujeres españolas también o con mujeres indias, ya que estas uniones mixtas entre individuos de razas diferentes, estuvieron consentidas desde los primeros tiempos, hubo de plantearse en las nuevas colonias el problema político y social que implicaba el fijar la condición jurídica de criollos y mestizos.

La cuestión, en la esfera estrictamente legal, fue resuelta desde el primer momento en un sentido ampliamente favorable para mestizos y criollos. La capacidad jurídica de unos y otros se declaró ser exactamente la misma que la de los españoles peninsulares. Sólo a los mestizos que no fueron nacidos de matrimonio legítimo se les puso algunas tachas para desempeñar determinados cargos públicos, eclesiásticos o seculares, más por su condición de ilegítimos que por razón de su mestizaje. Los demás mestizos nacidos de legítimo matrimonio y todavía de un modo más rotundo, si cabe, los criollos, gozaban de plena capacidad.

Eclesiásticos o seculares, más por su condición de ilegítimos que por razón de su mestizaje. Los demás mestizos nacidos de legítimo matrimonio y todavía de un modo más rotundo, si cabe, los criollos, gozaban de plena capacidad.

Pero a pesar de esta doctrina legal, tan equitativa y niveladora, la realidad de la vida social fue muy otra. Mestizos y criollos vivieron

siempre en situación de inferioridad y fueron constantemente postergados en la provisión de los cargos públicos.

No faltaron voces autorizadas que protestaron contra este estado de hecho, tan injusto y, en definitiva, tan dañoso para la política colonial de España en América. El nombre de Solórzano (Juan de Solórzano Pereyra, 1575—1655) debe ser situado a este respecto en un primer plano de todo relieve. Su defensa apasionada y elocuente de los criollos ha motivado por parte de un ilustre historiador argentino de nuestros días, el profesor Levene (Ricardo Levene, 1885—1959), el siguiente comentario: "La obra de Solórzano debe inspirar efusiva estimación en los americanos".

"Figura entre los pocos escritores que defendieron con amor a los criollos, exaltaron sus virtudes y capacidad y proclamaron la necesidad de reconocerlos iguales en derecho que a los españoles".

"Casi todo el capítulo XXX del libro II, de la Política Indiana, es un alegato en defensa de quienes Solórzano afirmaba que "no se puede dudar que sean verdaderos espanoles", aduciendo abundantes razones "para convencer la ignorancia o mala intención de los que no quieren que los criollos participen del derecho y estimación de españoles, tomando por achaque, que degeneran tanto con el cielo y temperamento de aquellas provincias, que pierden cuanto bueno les pudo influir sangre de España y apenas los quieren juzgar dignos del nombre de racionales, como lo solían hacer los judíos de Jerusalén y Palestina, teniendo y menospreciando por bárbaros a los que nacían o habitaban entre gentiles..."

"Tal actitud de Solórzano, no es solamente simpática al corazón de los americanos; se impuso también a su inteligencia y reflexión, porque descubre en el sabio jurista un espíritu de vidente penetración, en el porvenir entonces lejano, que plantearía con el tiempo la lucha entre la minoría gobernante y la inmensa masa social de los "nacidos en la tierra".

"Después de testimoniar la existencia de muchos criollos" que han salido insignes en armas y letras y lo que más importa en lo sólido de virtudes heroicas, ejemplares y prudenciales, de que me fuera fácil hacer un copioso catálogo, termina protestando de la mala opinión difundida contra ellos y de la injusticia y agravio que se les infería desconociéndoles el ejercicio de iguales derechos que a los españoles".

"Consecuente con tal principio, proclama la conveniencia de que, para proveer los cargos, se prefiera en igualdad de méritos los que hubiesen nacido en las Indias. Refiriéndose especialmente a los de la Iglesia y Beneficios, lamentábase en nombre de los criollos y fundado en diversas autoridades "que por muchos méritos que tuviesen no les tocaba un hueso roído". En seguida enumera las razones que le asisten en favor de la prelación de los naturales, aludiendo "al mayor amor que tendrán a la tierra y patria donde nacieron" — y el hecho de que "los criollos pocas veces consiguen en España premio por sus estudios, méritos y servicios, y si también se sintiesen privados de los que pueden esperar en sus tierras, y que se los ocupan los que van de otras, podrían venir a caer en tal género de desesperación que aborreciesen la virtud y los estudios".

"Hombre de estudios y estadista de vastas miras, Solórzano llegó a afirmar que algunos de los cargos del Supremo Consejo de Indias, debían proveerse con "naturales de ellas" o por lo menos con personas que hubiesen servido muchos años en sus Audiencias".

"La avanzada orientación ideológica de Solórzano —concluye Levene—, explica la profunda influencia que ejerció en el espíritu de la generación revolucionaria de América de fines del Siglo XVIII".

X
La propiedad privada

1.—Cristóbal Colón instituye la esclavitud en el Nuevo Mundo.

Ya hicimos el necesario elogio del Almirante Cristóbal Colón, y ya dimos a conocer las fuerzas económicas y las ideas científicas y políticas que lo impulsaron a buscar los legendarios reinos de Marco Polo por la ruta occidental del Océano Atlántico; ahora vamos a referirnos a su otra misión, la de instituir con sus títulos de Virrey y Gobernador de las Indias Occidentales el sistema esclavista en las islas y tierra firme del nuevo continente. Fue Colón quien instituyó y legalizó los repartimientos, las encomiendas y las mitas, autorizando de esa manera, abiertamente, el más descarado comercio de indios, considerados como simple materia prima, al igual que cualquiera otra que aprovecha la industria.

Al establecer Colón lo que él llamó los repartimientos y crear los encomenderos en las Indias, no hizo sino establecer, en la práctica, el sistema de esclavitud de los indios. Por esto se sabe que no sólo se repartían tierras sino también nativos entre aquellos españoles que eran designados encomenderos, pues cada uno de estos recibía junto con las tierras adjudicadas hasta cien indios que, si en la letra se decía que, por ocho meses, en la práctica era por toda la vida, convirtiéndose así en esclavos del amo español. Resulta además que Colón en este sentido extremó su comportamiento con los indios, como lo confirman documentos fehacientes, al remitirlos como mercancía en las naves que regresaban a España, para que allá fueran vendidos por intermedio de agentes nombrados al efecto. Sobre tan funesta explotación la historia ofrece plena probanza.

Luis Alberto Sánchez en su "Historia General de América", aludiendo a la esclavitud de los indios y a la feroz persecución de los mismos, dice: "Por lo demás, la esclavitud de los indios la había iniciado el propio Colón. Según refiere Saco en su "Historia de los indios en el Nuevo Mundo", (tomo I, pág. 100 y siguientes) como tales llevó varios ejemplares a España, y los Reyes Católicos expidieron una Real Cédula, el 12 de abril de 1495, en la que textualmente dicen: "Parecenos que se podrían vender (los esclavos indios) allá mejor que en esa Andalucía que en otra parte, debéis los facer vender como mejor os pareciere".

Reforzando las afirmaciones que anteceden, German Arciniegas en su libro "Américo y el Nuevo Mundo", Cap. XII, páginas 174 y 175, escribe: "El gobierno de los Colonos en las Antillas es uno de los capítulos más decisivos en la historia de las dificultades para gobernar hombres, En cuanto a los indios, Colón veía las cosas con toda sencillez: decían ser esclavos. Allí estaba el oro de América. ¿Quién no tenía en Italia y en España esclavos? ¿Quiénes podían hacerlo no compraban preciosas esclavas blancas? ¿No estaba él conquistando a la manera romana?

"Todo se embrolló. Se convirtió el océano en una carretera por donde iban y venían los chismes, denuncias que deterioraban el nombre de Colón en España, quejas que hacían precario y difícil su gobierno. Fallaron las cuentas sobre la esclavitud de los indios. Colón los iba enviando como mercancía para que se los acreditara en sus cuentas Gianetto Berardi. La idea era irlos depositando en manos del Obispo Fonseca para que los vendiese. En un principio no hubo dificultad. Los reyes de lo único que se preocupaban eran de que a esa mercancía se le sacara el mayor provecho. Eran los indios riqueza exótica: no se les conocían las mañas: parecían dóciles, y era de suponer que tendrían buen precio. Ni a Colón, ni a Fernando, ni a Isabel, ni a Berardi, ni a Fonseca, les había pasado por la imaginación el que no existiese derecho a disponer de sus salvajes.

"Él creía que hacer esclavos era cosa de prestigio para los reyes. Se apoyaba en una verdad en la historia universal: "Se ganaría —razonaba don Cristóbal— gran crédito para nosotros, viendo que los prendemos y cautivamos". Y hablando cómo podría sacarse

119

dinero para abastecer de ganados la colonia presentaba con toda diafanidad las bases de un negocio que, en el fondo, consistía en cambiar hombres por bestias: "Se podría pagar en esclavos de estos caníbales, gente tan fiera y dispuesta, y bien proporcionada y de buen entendimiento, los cuales, quitados de aquella inhumanidad, creemos que serían mejores que otros ningunos esclavos".

2.—Un repartimiento que hace Pedro de Alvarado en Honduras.

Jamás acabaremos de agradecer al doctor Antonio R. Vallejo, hondureño de la Reforma que pusiera su gran talento al servicio de la investigación histórica. Gracias a él conocemos hoy el proceder de los conquistadores españoles en el exterminio de las comunas indígenas por medio de los repartimientos, seguidos de otras medidas que autorizaba el rey desde la lejana España.

Vamos a referirnos al "Repartimiento de la Villa de San Pedro de Puerto Caballos (hoy San Pedro Sula) y su fundación por Pedro de Alvarado en 1536". El acta la levantó el Notario Jerónimo de San Martín, y omitiendo las invocaciones, preámbulos y agua bendita de aquel tiempo, que hacen largo el documento, vamos al grano:

"Al Adelantado Pedro de Alvarado (que venía de Guatemala huyéndole al Licenciado Alonso Maldonado, justicia del Virrey de México, acusado de mala conducta y desobediencia, y en estas condiciones recibió la gobernación de Honduras de manos de Andrés de Cereceda, otro delincuente real: nota nuestra) se le adjudican los pueblos de Quitola, Quitamay, Toloa, Yux, Estupilpepeltomatepeque, Naconel, Ilamatepet y Agalteca, con todos los señores y principales de dichos pueblos e indios.

"A Andrés de Cereceda Quimistem, Tapalampa, Tecapa y Chapanapa con todos sus señores e indios.

"A Alonso Ortíz, los pueblos de Chetegua, Chupenma, Acapa, Miámbar, San Gil de Buena Vista y la mitad del pueblo de Ayaxal, con todos sus señoríos e indios.

"A Alfaro Sandoval, los pueblos de Tibombo, Manianí, Patula, la mitad del pueblo de Ayaxal y la mitad del pueblo de San Gil con todos sus señores e indios.

"A Jerónimo San Martín, los pueblos de Leomoa, Tepoltepet, Chilapa, Cecacloce, Comayagua (cercano a Manianí y el camino de Guatemala, más el pueblo de Peuta, que es hacia el Valle de Yoro, con todos sus señores e indios.

"A Antonio Talavera, el pueblo de Teuma, cerca de Olúa; el pueblo de Catoguana y el pueblo de Axuragapa, con todos sus señores e indios

"A Hernando de Saavedra, los pueblos de Lequele y Tichel, cerca del Olúa, y el de Aramaní, hacia Manianí, con todos sus señores e indios.

"A Nicolás de Yrazaga, los pueblos de Mpalalia, cerca de Olúa; el de Culaco, hacia el Manianí; el de Teconalestagua, hacia Ilamatepet, y la mitad de la isla de Utila con todos sus señores e indios.

"A Alonso Cepero, los pueblos de Choloma y Teocunitad, cerca pueblo de Guatepegua, en el Valle de Yoro, con todos sus señoríos e indios.

"A Andrés Lobón, los pueblos de Despolonal, Mecuxa y Achieta, en las márgenes del Olúa, y el pueblo de Achieta en el río de la Ula, con todos sus señores e indios.

"A Carlos Genovés, los pueblos de Yama, Xacala, Maxcaba y Quelepa, en las cordilleras del mar, y el pueblo de Atauchia, en la otra parte del río Olúa, con todos sus señores e indios.

"A Juan de Rivera, los pueblos de Chagua, Procuma y Chuyoa, con todos sus señores e indios.

"A Diego Hernando, los pueblos de Lama y Milón, Chitagualapa y Mapagua en el Valle de Yoro, con todos sus caseríos, señores e indios.

"A Juan del Valle, los pueblos de Chapoapa y Motochiapa en el Valle de Naco; Tehuacán y Tecucaste en la costa del mar, y

Guateacay y Cuena—aguapelo en las sierras de Caguatemagaz con todos sus señores e indios.

"A Luis de Puerto, los pueblos de Comoa y Chichiagua, en la costa de la mar; Gualala, Conta y Chulula con todos sus señores e indios.

"A Cristóbal Gallego, los pueblos de Chapoapa, en la sierra al otro lado del Olúa; Yamal, hacia Caguatexmagar y la mitad de Petoayacachianyt

"A Juan de Oviedo, el pueblo de Oloma, en la sierra de aquel lado del Olúa con todos sus señores e indios.

"A Maestre Antonio, Istabaca, Tulapa y Maula, en la sierra, con todos sus señores e indios."

"A Francisco Méndez, Chuambaguapalapa y Maciguata, en las sierras del Valle de Naco, y el pueblo de Laque, en el camino de la provincia de Guatemala con todos sus señores e indios.

"A Rodrigo Paz, el pueblo de Tranan, de que es señor Ciguatamagar, con todos sus señores e indios."

"A Bernardo de Cabranes, los pueblos de Penlope, Cicapez, Xalmatepet y Chapalia de la sierra, y los pueblos de Chapoli, camino de Guatemala, y Macolay hacia Maniani, con todos sus señores e indios."

"A Rodrígo Gómez Romero, el pueblo de Xaay y la mitad de los pueblos de Petoayacachiayut, cerca de Naco con todos sus señores e indios."

"A Juan de Lobera, los pueblos de Maliaoa, Culuacán y Lalaco, en la sierra hacia el río Laula con todos sus señores e indios."

"A Francisco Vaquero, los pueblos de Chinamin y Noanpocheta, camino de Guatemala, aguas vertientes del río de Laula, con todos sus señores e indios."

"A Juan Gil, los pueblos de Tarate y Toninlo, con todos sus señores e indios."

"A Baltasar Rodríguez, portugés, los pueblos de Chabana, Chelían y Petagua en las sierras cercanas al mar; Comila, en las sierras hacia Chintagualapa, y Guaymacán, con todos sus señores e indios."

"A Diego Latorre, los pueblos de Pocoy, Contela, Yoro y Chondaguz con todos sus señores e indios."

"A Francisco Martín, los pueblos de Conalagua, Acapustepeque, Chongola y Abalpotón con todos sus señores e indios."

"Al padre Luis Díaz, cura de esta Villa, los pueblos de Timchol, Suchistabaca, Tisuchecho y Timol con todos sus señores e indios."

"Al padre Juan Havela, los pueblos de Chumbazina, Chiquilar, Tascoaba y Aplaca con todos sus señores e indios."

"A Estevanía Hernández, vecina de esta Villa, el pueblo de Toamatepet con todos sus señores e indios."

"A Bartolomé Moreno, el pueblo de Tosacale con todos sus señores e indios."

"A Hernando de San Martín, los pueblos de Oricapala y Tepetuagua con todos sus señores e indios."

"A Francisco Tarifeño, los pueblos de Touqueba y Yintiquilagua."

"A Juan de Pedrón, el pueblo de Oquilpilo con todos sus señores e indios."

"A Francisco Martín, los pueblos de Temterique, Contra y Chulula con todos sus señores e indios".

Han visto los lectores el texto de la escritura del "Repartimiento de la Villa de San Pedro de Puerto Caballos (San Pedro Sula hoy) "redactada por el escribano Jerónimo de San Martín, y cuya escritura adolecía de vicios, pues Pedro Alvarado no era en propiedad Gobernador. de Honduras, faltándole por tanto facultades para hacer repartimientos, hechos que determinó que cuando Francisco Montejo vino por segunda vez a Honduras a hacerse cargo de la Gobernación, uno de sus primeros mandatos fue declarar sin ningún valor el acta notarial levantada por el escribano Jerónimo de San Martín que contenía el Repartimiento de la Villa de San Pedro de Puerto Caballos (hoy San Pedro Sula) y su fundación por el adelantado Pedro de Alvarado".

No hay necesidad de entrar en explicaciones excesivas, cuando con el ejemplo del "Repartimiento de San Pedro de Puerto Caballos", está dicho todo. Pero si hay que explicar, aunque sea brevemente, que con los repartimientos las comunas indígenas, con gente, tierras y aguas, pasaban a la categoría de propiedad privada, es decir dejaban de ser comunidades libres sujetas a su propio señorío.

3.—Las encomiendas derivadas del Repartimiento de San Pedro Sula.

Como estamos viendo, si el acta del Repartimiento de San Pedro de Puerto de Caballos favoreció a treinta y nueve caballeros (por andar a caballo) y peones (por marchar a pie) al mismo tiempo, el hecho indica que en aquel acto fueron instituidas treinta y nueve encomiendas, a cargo de treinta y nueve propietarios encomenderos, que las manejarían con la diligencia y el rigor indispensable para hacerse ricos de un día para otro. Porque los encomenderos necesitaban vivir bien con el tributo que les pagaran sus trabajadores indios y tener complacido al rey con el tributo que le pagaría puntualmente, sacado del cuero de los mismos indios.

Las obligaciones de los encomenderos con los indios que se le dieran en encomienda, serían: 1) Enseñarles el idioma castellano, el que aprenderían a palos con las exigencias del trabajo diario; 2) Enseñarles la doctrina cristiana, lo que haría el cura en la iglesia con la constancia que imponía la conveniencia de que los indios abandonaran sus creencias y costumbres y abrazaran plenamente la religión de Cristo, siempre buscando imprimir en el alma de los nativos las virtudes de la sumisión, la humildad y la obediencia, y 3) Lograr con el aumento de la civilización de los indios un mayor rendimiento en los trabajos del campo y los oficios.

4.—Las mitas.

Mita es el repartimiento que se hace por sorteo en los pueblos de indios para sacar el número correspondiente de vecinos (indígenas, se entiende) que deben emplearse en los trabajos públicos. El indio a quien le toca la suerte se llama mitayo.

Así es que los mitayos abrían los caminos, levantaban las iglesias, entre ellas las grandes catedrales, construían los cabildos, empedraban las calles, hacían cuantas obras necesitaban los españoles para su comodidad y deleite.

Mitayos fueron los que levantaron la catedral de Comayagua. Mitayos, los que edificaron el fuerte de Gracias. Mitayos, los que elevaron los muros del Castillo de Omoa, Mitayos, los que construyeron los palacios de los gobernadores, las casas señoriales de los capitanes generales.

Millones y millones de mitayos murieron en el afán sin esperanza de construir para otros. Millones y millones en el entonces llamado Reino de Goathemala que comprendía a los cinco países centroamericanos. Millones y millones en la extensión infinita, alta y llana, del Nuevo Mundo.

¡Los mitayos! ¡Los esclavos!

5.—Nacen las clases sociales y con ellas la lucha de clases en América.

La sociedad primitiva en el Nuevo Mundo se hallaba en pleno vigor. Se hallaba en el estadio medio de la barbarie. O de otro modo, estaba entrando en la Edad de Bronce. De modo que hacía que pasaran varios siglos alcanzaría la Edad del Hierro. Y a partir de ese momento histórico, empezaría a descomponerse la sociedad primitiva y a ofrecer las clases primarias de la esclavitud, o sea la clase de los amos esclavistas y la clase de los esclavos.

Un ejemplo: si los aztecas hubieran estado socialmente más avanzados de lo que estaban cuando llegó Hernán Cortés a Tenochitlám en 1519, no habrían ofrecido el horrible espectáculo de los sacrificios humanos por millares al dios Huitzilopostli. Esos vencidos en la guerra en vez de sacrificarlos estúpidamente, los habrían esclavizado para ponerlos a trabajar y obtener con su trabajo un excedente económico que podrían aplicar en algún adelanto social.

Es verdad que al lado de los sacrificios humanos empezaba a aparecer una forma parecida con la esclavitud doméstica, y que los toltecas, mineros natos, ya empleaban un incipiente trabajo esclavo en el espinazo de la Cordillera para extraer metales y purificarlos. En la provincia de Honduras con motivo de ese tipo de esclavitud la minería tolteca estaba muy avanzada y lo mismo la orfebrería. Pero estos hechos iniciales no facultaban para afirmar sentenciosamente que ya existía la esclavitud, como regla, en esta zona del Nuevo Mundo.

Los españoles son los fundadores de la esclavitud con los repartimientos las encomiendas y las mitas. Destruyen la familia gentilicia e imponen a la fuerza la familia monogámica. Destruyen la propiedad social y establecen la propiedad privada esclavista. Y es claro, que aunque en España tengan una monarquía absoluta en la que se equilibran el feudalismo de la Edad Media con el capitalismo mercantil que anticipa los primeros albores de la Edad Moderna, en las colonias de América van a cimentar, sobre las realidades sociales expuestas, un Estado colonial y esclavista, con un Derecho colonial y esclavista, con una Cultura colonial y esclavista.

En resumen, con los repartimientos empezaron las clases sociales, y en el momento de establecerlos, en ese mismo momento empezó la lucha de clases que no había de cesar nunca jamás. Nosotros, situados a la distancia de quinientos años, somos testigos oculares de esa lucha.

XI
Fundación de poblaciones

1.—Las primeras fundaciones.
Los conquistadores españoles una vez conquistado un reino, como decían ellos, en realidad una tribu con su territorio, organizada a la manera del comunismo primitivo, procedían a cumplir las ordenanzas reales que tendían a establecer el régimen colonial. El cumplimiento de las ordenanzas empezaba con los repartimientos de indios y tierras entre los conquistadores, caballeros y peones, o sea capitanes y soldados. Luego fundaban villas y ciudades y organizaban los municipios, con dos Alcades ordinarios, cuatro Regidores, un Procurador y un Escribano del Consejo, destinados a juzgar causas civiles y criminales.

Es generalmente conocida la lista de fundaciones de villas y ciudades en la época de la conquista, siendo la siguiente:

San Gil de Buenavista, fundada por Gil González Dávila en abril de 1524. Es posible que hubiera repartimiento y organización municipal.

Triunfo de la Cruz:
Fundada por Cristóbal de Olid el 3 de mayo de 1524. Es natural que hubiera repartimiento y organización municipal. Hoy se conoce con el nombre de Tela.

Trujillo:
Fundada por Francisco de las Casas, originario de Trujillo, por cuya razón este puerto lleva el indicado nombre. Más de 100 caballeros se quedaron poblando este territorio, bajo las órdenes de Juan López de Aguirre, y de una municipalidad cuyo Alcalde fue Juan de Medina en 1524.

Natividad de Nuestra Señora:
Fundada por el gran conquistador Hernán Cortés en 1525.

Villa de la Frontera de Cáceres:
Fundada por Bartolomé de Celada el 12 de mayo de 1526, en el lugar llamado Escamilpa, cerca de Catacamas, en la región de Huylancho (Olancho).

Villa de San Jorge de Olanchito:
Fundada por Diego de Alvarado en 1530. Diego era hermano de Pedro de Alvarado, quien lo mandó a tierras distantes de su jurisdicción. El dato lo sirve el historiador Domingo Juarros.

Villa de Santa María de La Esperanza:
Fundada por Andrés de Cereceda en 1533.

Villa de Jerez de la Frontera:
Fundada por orden de Jorge de Alvarado en 1533.

Villa de San Pedro Sula:
Fundada por Pedro de Alvarado en 1536.

Villa de Gracias a Dios:
Fundada por Juan de Chávez en 1536 y en cuya fundación estaba muy interesado el emperador Carlos V, pues según él debía haber una población a medio camino de los dos mares. Pedro de Alvarado había recibido la orden de fundar esta población. Y como era un gran farsante, la fundó sin moverse de San Pedro Sula, ante los oficios del escribano Jerónimo San Martín, quien además hizo el repartimiento y señaló la municipalidad en el papel llevándose una copia para exhibirla en España.

Villa de Santa María de Comayagua:

Fundada por Alonso de Cáceres en 1537, de orden de don Francisco de Montejo.

Villa de San Miguel de Tegucigalpa:

Dice el doctor Antonio R. Vallejo que no le fue posible hallar el acta de fundación de esta Villa. No la halló porque la aldea de indios Tisingal, dedicada a extraer oro y plata, simplemente fue transformada en población de mineros castellanos.

Otras muchas poblaciones no fueron fundadas porque ya existían como aldeas, pueblos y villas de indios. Sólo fueron transformadas, y, para ejemplo, podemos citar algunas.

Yoro, aparece como pueblo de indios en el Repartimiento de San Pedro de Puerto Caballos.

Tencoa, solamente le cambiaron el nombre indio por el de Santa Bárbara.

Nacaome fue transformada

Yuscarán, lo mismo.

A lo largo de la Colonia y en medio de la fiebre de la minería fueron apareciendo más poblaciones, al grado de haber, más o menos, treinta centros importantes.

2.—La familia española en Indias.

En forma general puede afirmarse que los mismos preceptos que en España regularon la celebración canónica del matrimonio fueron puestos en vigor en los territorios conquistados por los españoles. Los puntos sobresalientes sobre los asuntos matrimoniales pueden reunirse en dos:

1.— Variedad de formas y solemnidades imperantes en la metrópoli al momento de descubrirse los nuevos territorios del continente americano.

2.— Rigidez doctrinal prescrita en el Concilio de Trento, al ordenar a los arzobispos y demás prelados de Indias que predicasen los cánones del mencionado Concilio, "cuyos acuerdos son ley de reinos", y por lo tanto no debían ser alterados.

Los virreyes y gobernadores debían abstenerse de tratar casamientos de sus deudos y criados con mujeres que hubieran sucedido en encomiendas, de su parte, dichas mujeres debían casarse en la más completa libertad con el hombre de su clase que escogieran.

Los matrimonios entre españoles y mujeres indias sojuzgadas fueron reconocidos por la ley desde los primeros años de la conquista. Al efecto, se multiplicaron los concubinatos que con el tiempo se volvieron verdaderos matrimonios.

Como en la metrópoli la ley estaba llena de requisitos por razón del rango, social y el interés económico, al ser otras las condiciones en las Indias, tales requisitos fueron desapareciendo y solo quedaron los muy indispensables.

Las afinidades electivas—diría Goethe—se impusieron sobre los impedimentos creados por el artificio social.

Después de muchas reflexiones y negativas, la Casa de Contratación de Sevilla permitió mediante autorización real el libre paso de la mujer de España a las Indias al igual que los hombres con el único requisito de probar su limpieza de sangre. Esta libertad de tránsito de la mujer permitió el fortalecimiento de la familia hispanoamericana y el gradual aumento de la población, con detrimento de la metrópoli.

De otra parte, la mujer india que al principio se le obligaba a los trabajos más penosos, muchas veces a trabajar en las minas, poco a poco fue pasando a una condición más humana, como si se buscara con ello ponerla en condiciones de emparejar con el hombre blanco.

3.—La esclavitud en Honduras.

A la altura de 1544, la provincia de Honduras era un país de encomenderos y de encomiendas de tres clases:

1.— Mineras, en los macizos de la Cordillera central, principalmente en la zona del Real de Minas de Tegucigalpa y Heredia que prácticamente ocupaba la mayor parte de los departamentos actuales de Tegucigalpa, Choluteca y El Paraíso.

2.— Agrícolas, en los valles interiores donde se sembraban todas plantas y granos que exigía la economía doméstica de las encomiendas. Era indispensable cultivar el algodón para tejer la manta que cubría el cuerpo de los esclavos. Asimismo, se cultivaba la caña de azúcar con que funcionaban los abundantes trapiches que producían el dulce de rapadura y el azúcar de pilón.

3.— Ganaderas, principalmente en los grandes valles de la región oriental del país. Las encomiendas ganaderas atendidas con esclavos dieron origen a las haciendas feudales de los siglos posteriores.

Los metales preciosos iban para afuera en chorro incesante. Pero en el país había intercambio de productos agrícolas y pecuarios en un comercio ascensivo que fortalecía cada vez más el mercado interno. En tal sentido, Centro América formaba una unidad.

Todo se lograba con el trabajo esclavo de los indios. Era un trabajo destructor de los instrumentos humanos. Los españoles peninsulares cuidaban sus perros, sus caballos, sus asnos, sus mulas, sus cerdos, sus cabros, sus gallinas, su ganado vacuno, cuidaban todo y eran minuciosos y diligentes, menos sus esclavos indios, a quienes odiaban o despreciaban.

No les daban alimentación apropiada para que recuperaran las fuerzas que gastaban en el trabajo brutal. No les daban vestidos apropiados para defenderlos del rigor del tiempo. No les daban casa apropiada para que descansaran siquiera una parte de la noche. Los esclavos que huían y eran recuperados, sufrían muerte horrorosa en presencia de los demás indios para que tomaran ejemplo. Los esclavos mutilados en el trabajo, no se les rehabilitaba, simplemente se les dejaba morir, quitándoles la alimentación. Los esclavos que llegaban a una edad de no poder seguir trabajando más, se les mataba. Y lo mismo hacían con los enfermos incurables. Esto era lo cotidiano.

En las minas, los frecuentes derrumbes exterminaban a centenares y millares de esclavos indios en los subterráneos. Cuando decimos esto, piénsese en la vasta extensión territorial y social de las Indias occidentales.

Al estar a punto de terminar el material humano, natural de América, la alarma cundió entre los españoles. Gentes acostumbradas a vivir sentadas haciendo nada, conversando sobre tonterías, consideraron que se les acercaba la hora de trabajar personalmente, y entonces pensaron en la conveniencia de aceptar la tesis del Padre Las Casas, de darles la libertad a los indios, aunque fuera relativa, pero como eran indispensables los esclavos en los trabajos más rudos y destructores, trajeron a la mente la imagen de los negros de África. En las Indias había un enorme mercado abierto para los esclavos, y así empezó el comercio negrero.

4.—Sublevaciones indígenas contra el comercio esclavista.

En 1526 los españoles de Nicaragua atacaron a los españoles de Honduras. Dirán las mentes superficiales, de seguro fue por fronteras. Pues no; lo que peleaban entonces aquellas aves de rapiña eran las zonas más pobladas de indios, en las que se abastecían de esclavos que vendían a compradores procedentes de La Española y de Cuba, donde habían acabado con los naturales.

El comercio empezó en Puerto Caballos a. donde llegaban las naves insulares, Entonces atacaron el lugar y acabaron con todos los españoles, caballos y perros adiestrados. Esta acción fue imitada en el resto del país.

En Olancho se pusieron de acuerdo 150 caciques y atacaron a Benito Hurtado, matando 15 españoles y 20 caballos. En esa acción pereció Juan de Grijalba. En el combate estaban cuando llegó Diego

López de Salcedo, reforzó a sus compatriotas, fueron vencidos los caciques de la resistencia, y así empezó el comercio de esclavos de Trujillo a La Española.

Dice un cronista que López de Salcedo "venía comprometido con muchas deudas esperando hacer un pingüe negocio en la gobernación de Honduras; tomó por remedio para pagar sus deudas el destruir totalmente la tierra sacando a la fuerza a los indios de sus pueblos y mandándolos a vender como esclavos en navíos para con el producto pagar a sus acreedores."

"Fue tal el sacamano —sigue diciendo el cronista— que la tierra quedó totalmente destruida hasta hoy porque no tan solamente con los indios que sacaba se acabó sino que los pocos que quedaban al ver llevar a sus padres, maridos, hermanos y parientes atados con cordeles y cadenas, meterlos en navíos y venderlos a los que venían a comprarlos, desocuparon los pueblos y como no tenían mantenimiento alguno pues no sembraban y andaban fuera de sus propios lugares, se morían de hambre, de modo que pueblos de mil a dos mil casa desaparecieron y no quedó indio ni india grande ni chico".

5.—Leyes discriminatorias en favor de los indios y en contra de los negros

El comercio negrero que empezó con cierta timidez en los años del descubrimiento, se fue intensificando con el establecimiento de compañías entregadas a la importación en grande, con autorización de los monarcas europeos, muchos de los cuales eran socios de ellas, recibiendo cuantiosos dividendos.

Ya en el siglo XVII los esclavos negros se contaban por centenares de miles, y luego con la procreación, por millones en América. La cuarta parte de África había sido trasladada al Nuevo Mundo.

Y como se corría el riesgo que los negros con el tiempo llegaran a absorber a los indios, o a sustituirlos como en las Antillas, entonces apareció la ley real del 23 de septiembre de 1580 que prohibía que los negros convivieran con los indios aduciendo las siguientes razones:

a) La convivencia causa inconveniente a los indios.

b) Los negros les quitan sus pertenencias a los indios: mujeres y tierras...

c)Los negros son corruptores de las costumbres y del Evangelio y apostatan a los indios.

Si las leyes canónicas autorizaban la unión de los blancos y las indias, el genio de la especie abrazó a las indias con los negros.

XII
El Estado Español

1.—Reyes españoles.

Después de Isabel de Castilla, la Católica, muerta en 1504 y de Fernando de Aragón, el Católico, fallecido en 1516, hubo transitoriedades reales antes y después de este último de Felipe de Austria, el Hermoso, y de Juana de Castilla, la Loca.

Siguieron en el trono español y en el mundo colonial de América los siguientes monarcas:

Carlos I de España y V de Alemania. Subió al trono en 1516 y gobernó hasta 1556.

Felipe II de España. El rey y emperador Carlos V, en 1556, abdicó el trono en favor de su hijo Felipe II, quien reinó hasta 1598. Felipe III, ocupó el trono en 1598 y reinó hasta 1621.

Felipe IV, sucedió al anterior en 1621 y falleció en 1665.

Carlos II, el Hechizado, empezó a gobernar en 1665 y falleció en 1700.

Extinguida la casa de Austria en España, empezó a gobernar la casa Borbón.

Felipe V reinó desde 1724, tiempo en que renunció en favor de su hijo Luis I. Habiendo fallecido éste el mismo año, volvió el trono a Felipe V, quién estuvo en él hasta 1746.

Fernando VI permaneció en el trono desde 1748 hasta 1759.

Carlos III sucedió en el trono a su hermano Fernando VI desde 1759 hasta 1788, es decir un año antes de la Revolución Francesa.

Sin embargo, Carlos III presenció tres grandes acontecimientos: 1) El "despotismo ilustrado" de los monarcas europeos, al que perteneció; 2) la independencia de los Estados Unidos en 1776, a la que ayudó con la idea de debilitar a Inglaterra; y 3) la insurrección peruana con proyección a todas las Indias de Gabriel Tupac Amaru en 1780, que lo hizo pensar, bajo el consejo del Conde de Aranda, en darles la libertad a las colonias españolas de América.

Carlos IV en 1788, y estuvo en él hasta que lo destronó Napoleón I en 1808.

José Bonaparte, monarca constitucional, puesto por su hermano el emperador Napoleón, gobernó desde 1808, de acuerdo con la Constitución de Bayona, hasta 1812.

Fernando VII, por último, hijo de Carlos IV, reinó desde 1812, acatando la Constitución de Cádiz, restableciendo el absolutismo en 1814, pero la revolución liberal de 1820 lo hizo volver a la monarquía constitucional. Una vez vigente por segunda vez la Constitución de Cádiz, se fortaleció el movimiento de liberación en la América española. Centro América logró su independencia el 15 de septiembre de 1821.

Los Habsburgo fueron absolutistas en su manera de gobernar en ambos continentes. A ellos correspondió el período de la acumulación originaria del capital.

Los Borbón fueron más flexibles hasta donde pudo ser posible en unas condiciones que empezaban a ser revolucionarias.

2.—El Real y Supremo Consejo de Indias.

Fue establecido en 1511. Recibió su definitiva reglamentación en 1524. Felipe II le dio organización definitiva con la Real Ordenanza de 24 de septiembre de 1571, en la que mandó formar la Recopilación de Indias, a la que debían someterse todos los derechos del Nuevo Mundo.

El Real y Supremo Consejo de Indias era una delegación de la autoridad real. Representaba al monarca en la totalidad de sus privilegios. Tenía, si cabe decirlo, órganos legislativos, ejecutivo y judicial. A él daban cuenta de sus labores los funcionarios de América. Autorizaba nombramientos; promulgaba leyes; resolvía en última instancia los litigios entre las Audiencias y la Casa de Contratación o entre Audiencias entre sí; intervenía en la designación de Obispos y Arzobispos, ejerciendo el derecho de Patronato de que disfrutaba el monarca; veía los juicios de residencia contra los Virreyes; ejercía vigilancia sobre los americanos que vivían en España, y era un cuerpo consultivo al que pertenecían grandes expertos en cuestiones de Indias. Disponía para sus labores de un personal numeroso en que se incluía: presidente, oidores, asesores, cronistas, cosmógrafos, etc.

Cuando recibía denuncias de irregularidades en las colonias, enviaba Visitadores con plenos poderes y eran recibidos con espanto en América.

El Real y Supremo Consejo de Indias fue transformado en Ministerio de Indias con menos prerrogativas en el transcurso del siglo XVIII. Este Ministerio integraba el Consejo del Rey. Las Cortes de Cádiz lo suprimieron en 1812. Lo restableció Fernando VII al instaurar nuevamente. la monarquía absoluta. Pero quedó definitivamente derogado al desaparecer el coloniaje de América, de un modo general en 1834.

XII
Gobierno colonial

1.—Preámbulo.

España ensayó en América varios tipos de gobierno, según las circunstancias de lugar y tiempo.

Al principio el rey delegó su poder en los Adelantados y Gobernadores, fiscalizados por Visitadores o Jueces Pesquisidores, como en el caso de Cristóbal Colón con Nicolás Obando; o, al revés, envió Gobernadores, en calidad de Pesquisidores para sujetar a algunos conquistadores que se salían de sus casillas. Tales fueron los casos de Pedrarias Dávila con Vasco Núñez de Balboa en Panamá, de Diego López de Salcedo con Hernán Cortés en Honduras, y de otros por el estilo.

Posteriormente, el régimen fue mixto. Al par que los virreyes, en algunas secciones ejercían el mando Reales Audiencias con poderes casi independientes. De ahí nació que las Audiencias fueran de diverso tipo: virreinales, pretoriales y subordinadas. En este orden pueden citarse las de México y Lima, las de Nueva Granada y Buenos Aires, que más tarde fueron virreinales, Panamá y otras; las de Quito y Charcas fueron subordinadas. La Audiencia de los Confines fue pretorial. Instalada en la ciudad de Gracias, Provincia de Honduras, el 16 de mayo de 1544, pasó a la ciudad de Guatemala el 1º. de julio de 1550, después fue trasladada a Panamá en 1565, regresando últimamente a la ciudad de Guatemala en 1570.

2.—Los Adelantados.

Fueron las primeras autoridades que constituyeron los reyes en América. El Adelantado tuvo su origen en la Guerra de Reconquista, cuando los españoles y los moros contendieron a lo largo de ochocientos años en la Península. Los nobles españoles que tomaban por su cuenta el empeño de expulsar a los moros y extender con su esfuerzo y peculio las tierras de la cristiandad y del rey, recibían el gobierno de éstas con el título de Adelantados.

Al presentarse la conquista de América, la Monarquía consideró la empresa como esfuerzos personales de los conquistadores en provecho del Rey. Bartolomé Colón fue el primer Adelantado que hubo en el Nuevo Mundo. Después, siguieron otros, entre los cuales se hallaron Francisco Montejo en Honduras y Pedro Alvarado en Guatemala, para no ir más allá de Centro América.

El Adelantado fue reemplazado por el Gobernador, con la diferencia que mientras el Adelantado era un capitán libre que ganaba tierras con su espada y las regía por su ley, el Gobernador fue un funcionario dependiente de los Virreyes. El Adelantado ganaba un botín en la guerra, mientras que el Gobernador percibía su sueldo de la Real Hacienda.

3.—Los Gobernadores de la Conquista.

Antes de 1700, todo mando español, estuvo en América a cargo de los Adelantados, como queda dicho, A los Gobernadores se les confiaba poder, pero no representación del monarca. Hablando sin preámbulos todos los conquistadores como Cristóbal Colón, Diego Velásquez, Hernán Cortés, Gil González Dávila, Pedrarias Dávila, etc., fueron gobernadores. Y hasta que se retiraron, murieron o exterminaron éstos, la Corona estuvo en capacidad de darle una nueva organización política y jurídica a la Colonia americana, en los comienzos del siglo XVIII.

4.—Nueva organización política del imperio colonial español.

Según el historiador mexicano Luis Chávez Orozco, el Nuevo Mundo fue organizado en la siguiente forma:

a) El Virreinato de Nueva España;
b) El Virreinato del Perú;

c) Cuatro Capitanías Generales para el gobierno de:
   1) Las Antillas:
   2) Guatemala;
   3) Venezuela;
   4) Chile.

Como resultó imposible un buen gobierno en zona tan grande, el Virreinato del Perú fue subdividido en las siguientes partes:

a) Virreinato del Perú;
b) Virreinato de Nueva Granada;
c) Virreinato del Río de la Plata.
En total, cuatro Virreinatos y cuatro Capitanías Generales.

5.—Los jefes del gobierno colonial.

Los Virreyes y los Capitanes Generales eran los representantes del Rey de España en América. Hacían cumplir las leyes y ejecutaban las órdenes de la Metrópoli en la Colonia.

6.—Los Virreyes.
Conviene aclarar que antes de la organización de 1700, que coincide con la terminación de los Habsburgo y el comienzo de los Borbón en el trono de España, Carlos V ya había establecido los Virreinatos del Perú y Nueva España. Hallándose en Barcelona, acordó el 20 de noviembre de 1542, lo siguiente:
"Establecemos y mandamos que los reinos del Perú y Nueva España sean regidos y gobernados por virreyes que representen nuestra real persona, y tengan el gobierno superior, hagan y administren justicia igualmente a todos nuestros súbditos y vasallos, y entiéndanse en todo lo que conviene al sosiego, quietud y ennoblecimiento y pacificación de aquellas provincias, como por las leyes de este título y Recopilación se dispone y ordena".

Los virreyes de los comienzos fueron corrientemente grandes de España, Posteriormente, con alternativas, los hubo con calidades de personajes y de pillos. Además de estar sujetos a la autoridad del monarca, debían observar un código moral, que los pillos vulneraban con ingeniosa maña.

Cuando terminaba su gobierno, sujeto en duración a la voluntad del rey, quedaban sujetos al Juicio de Residencia, y permanecían en el lugar en que habían gobernado hasta que el Real y Supremo Consejo de Indias dictaba sentencia.

7.—Los Capitanes Generales.

A partir de la nueva organización política, fueron designados a los lugares de América donde había guerra, bien contra los piratas y corsarios (como en las Antillas, Guatemala y Venezuela), bien contra los indios irreductibles (como en Chile). Pero fundamentalmente se les destinaba a combatir oficialmente las escuadras inglesa, francesa, holandesa y las incursiones de los portugueses.

Desde luego, los virreyes eran los capitanes generales de sus respectivos virreinatos. Pero se daba este nombre específico a los jefes militares en las zonas de mayor peligro para la bienandanza de la Colonia española.

Servían de contrapeso al poder militar de los capitanes generales, la Audiencia, el Cabildo, el Tribunal del Consulado y otros cuerpos civiles y eclesiásticos de nombramiento real. No obstante, lo apuntado, frecuentemente estallaban conflictos entre los representantes del Rey en América.

8.—Los Gobernadores de la nueva Organización.

Dentro de esas vastísimas circunscripciones territoriales que integraban un Virreinato o una Capitanía General, figuraban otras demarcaciones políticas de área menor, al frente de las cuales se hallaban los Gobernadores. Las Gobernaciones venían de la Conquista, las desempeñaban conquistadores. Pero con el tiempo estaban a cargo de personas de otras esferas, que a juicio del Consejo de Indias tenían capacidades para tales cargos. Lógicamente, dependían de la autoridad de los Virreyes y de los Capitanes generales. Recuérdese que con un Capitán General y varios Gobernadores de Provincias se administraba el llamado Reino de Guatemala.

9.—Las Audiencias.

Aparecieron antes de la nueva organización de 1700. La primera fue la Audiencia de Santo Domingo, fundada en 1511. Le siguieron la de México, posiblemente fundada antes de 1542; la de Lima, establecida en 1542; la de Panamá, en 1538. la Audiencia de los Confines, en Gracias, Honduras, en 1542 y la Audiencia de Santa Fe, en 1549.

Estaba organizada con un presidente y varios oidores. Era organismo judicial y administrativo. También era cuerpo consultivo y de fiscalización.

Les estaba prohibido a sus miembros adquirir propiedades en jurisdicción, celebrar contratos, concurrir a matrimonios, bautizos y sepelios. Además de las leyes, debían observar, como se ve, un código moral de mucho rigor.

10.—Los Corregidores.

Fueron funcionarios establecidos para impedir las exacciones de los encomenderos, en fiel cumplimiento de las Nuevas Leyes de Carlos V, dadas en Barcelona en 1542. Además los Corregidores tenían la misión de prevenir las sublevaciones a causa de la propiedad de la tierra por parte de los españoles, como sucedió con Gonzalo Pizarro en el Perú.

En "Noticias Secretas de América" del señor Ulloa y Juan y en "Nueva Crónica y Buen Gobierno" de Poma de Ayala, se pone al desnudo el papel inmoral y cínico de los Corregidores. En vez de aliviar la condición de los indios, fueron una carga más de los mismos, a veces con mayor brutalidad que la de los propios encomenderos.

Los obligaban a comprar objetos inútiles, como espejos o peines, a precios varias veces más altos que el debido, y como los indios, por lo común, carecían de dinero suficiente, los condenaban a pagar con su trabajo, extendiendo así la mita a períodos que abarcaban toda su existencia. Muertos los padres, seguían pagando los hijos, y muertos éstos, pasaba el pago de las deudas a los nietos, y en esa forma era la de nunca acabar.

11.—Los Alcaldes Mayores.

Vista la iniquidad de los Corregidores, empezaron a sucederles los Alcaldes Mayores, que se propagaron por la América colonial, y fueron al principio benévolos con los indios. Pero pasados los años, cayeron en la negra conducta de los Corregidores.

12.—Las Intendencias.

Fue un cargo creado por los Borbones en Francia en el siglo XVII, y que trasladó Carlos III a la América Colonial, con el objeto de poner fin a los Corregidores, cuya fama funesta se había propagado por toda Europa. Ciertamente, los Corregidores en vez de mantener el orden, habían provocado el desorden de extremo a extremo del Nuevo Mundo español. Con sus explotaciones y opresiones habían provocado los alzamientos de los indios, de los mestizos y aun de los españoles criollos. Los grandes movimientos insurreccionales de Tupac Amaru en 1780, de los Comuneros del Socorro, en Nueva Granada, de los Comuneros de Corrientes, en el Río de la Plata, y de los otros movimientos parecidos en el resto de América, justamente en la década que se produjo la Revolución Francesa, nacieron sobre todo de la bestial conducta observada por los Corregidores con los americanos.

Las Intendencias estaban regidas por los Intendentes. A su vez se subdividían en circunscripciones más pequeñas, bajo el nombre de Partidos, y gobernadas por Sub-delegados. Los Intendentes estaban investidos de facultades políticas, administrativas, judiciales, financieras y militares, a tal extremo que hasta lo relacionado con la alimentación y provisión de las tropas caís en su dominio.

13.—La Real Hacienda.

La Corona tenía sus delegados en todo cuanto se relacionaba con las finanzas. Se llamaban Oficiales Reales, y eran tesoreros, factores, vendedores, con intervención de las Audiencias, que disponían de rango superior. La Real Hacienda, establecida en los virreinatos y capitanías generales, cobraba y fiscalizaba. Por tanto, su tren burocrático era enorme.

Posteriormente, en obsequio al perfeccionamiento del sistema fiscal y para curar los desórdenes administrativos, el rey creó al principio tres Tribunales de Cuentas en México, Lima y Santa Fe de Bogotá. Después fueron establecidos otros.

Una Junta Superior de Hacienda, con participación de los virreyes y de las Audiencias, centralizaban las cuentas.

14.—Los Cabildos.

Las ciudades, villas y pueblos de la América colonial estaban regidos por un cuerpo denominado Ayuntamiento, compuesto por regidores. El cargo de regidor, al principio, se obtenía por voto de los vecinos, pero muy pronto se convirtió en un empleo que daba el Rey por nombramiento y se hizo, además, de carácter hereditario.

15.—El Juicio de Residencia.

Todos los funcionarios de América, y principalmente los más importantes, al abandonar el puesto, eran sometidos a un juicio llamado Juicio de Residencia, para ver si habían cumplido con su deber.

XIV
El Derecho Colonial

1.—El régimen jurídico de la Colonia.

Fundado un Estado colonial por medio de la fuerza de las armas, privadas y públicas, que así sucedió en América, llega después el Derecho para completarlo.

Importa decir aquí, sin muchos preámbulos, con perdón de los señores juristas que se extienden demasiado para diluir la esencia del derecho indiano, como le llaman ellos, en un mar de palabras, tal vez con la mira de que no se descubran los verdaderos móviles de aquella legislación, que desde el siglo XVI hasta el primer cuarto del siglo XIX hubo dos clases radicalmente distintas en América, en la forma que sigue:

La primera legislación correspondió al ya citado período de la acumulación originaria del capital. Tiene en mira la substitución de la sociedad comunal libre de América por la sociedad esclavista colonial, con toda la brutalidad del caso, aunque con hipocresías y vergüenzas que se echan de ver en las Reales Cédulas y Ordenes de los monarcas españoles. Además, la legislación se divide en una para los españoles vencedores y privilegiados y otra para los americanos vencidos y esclavizados. Tal legislación pues no' es igual ni es generalmente obligatoria. Los fueros de los estamentos españoles se trasladan a América, donde la situación es peor, desde luego que existe una sociedad esclavista y colonial.

La segunda legislación correspondió al período de la concurrencia del capital, cuando las fuerzas económicas, la industria y el comercio se han desarrollado en tal forma en Europa, que los países más avanzados (los citamos en orden histórico) Holanda, Inglaterra y Francia, tratan de romper el monopolio español en América, y empiezan a conseguirlo desde el triunfo nacional de la burguesía holandesa sobre los españoles aferrados al feudalismo hasta la derrota naval de la Armada Invencible española ocasionada por la flota inglesa en el Estrecho de la Mancha.

Con lo último se abre una nueva época. De 1588 en adelante, toma fuerza la piratería inglesa, la artimaña comercial, el contrabando, los paseos de las flotas enemigas por las costas americanas y las ocupaciones militares, determinan un nuevo trato colonial en América, y los españoles peninsulares buscan otros resortes jurídicos. En resumen, de cuentas, la estructura económica mundial comienza a crear otra jurisprudencia colonial en el Nuevo Mundo. Con todo, no hay aflojamiento jurídico sino condicionado a las nuevas situaciones, pero con mucha resistencia y mucho conservatismo.

También no se deben despreciar los cambios resultantes de desarrollo histórico en el suelo americano. La presencia de las clases sociales americanas, del vasto mestizaje y de los españoles criollos con cuantiosos bienes de producción, presionaban, de abajo arriba, la superestructura jurídica, y los funcionarios coloniales daban cuenta de estas presiones a la Metrópoli para que dé allá mandaran prontos y acertados remedios.

2.—El Derecho de conquista.

Desde 1492 hasta 1512, hubo Reales Ordenes que miraban al respeto y consideración de los americanos. Teóricamente existía el deseo de una conquista moderada en sus procedimientos. Pero la distancia inmensa determinada por el océano entre España y América, burlaba la buena voluntad del Gobierno español hacia los indios. Privaba el derecho de conquista con su correspondiente brutalidad incalificable. A este punto nos hemos referido con bastante amplitud en páginas anteriores.

3.—El Evangelio.

A pregunta hecha sobre si los indios tenían alma o no, para tratarlos como gente o como animales, el Papa Alejandro VI contestó con estas palabras:

"Tales gentes creen en un Dios Creador en los cielos, y parecen suficientemente dispuestas a abrazar la fe católica y aprender las buenas costumbres. En semejantes condiciones, es de esperar que, si se les instruye, el nombre del Salvador, Nuestro Señor Jesucristo, será fácilmente acatado en dichos países e islas".

Paulo III exigió que los indios fueran cristianizados con el bautismo y condenó con energía la esclavitud de los aborígenes.

El Padre Las Casas no pensó en la conquista, que hace la espada, sino en la conversión de los indios al cristianismo, predicándoles el Evangelio, y denunció a los conquistadores ante los reyes españoles, y la guerra de conquista ante el mundo. El Padre Las Casas era un predicador del Evangelio con el estilo del Renacimiento.

Numerosos juristas y teólogos de España, doctrinados en el humanismo, se inclinaron a la evangelización y se pronunciaron contra la conquista de la espada.

Misioneros de varias órdenes religiosas estuvieron de acuerdo con el Padre Las Casas en la evangelización de los indios. Los americanos debían incorporarse a España por los medios de la razón y de la fe.

Pero también existían religiosos que participaban en los repartimientos y se hacían encomenderos. Y este hecho frustraba la posibilidad de la penetración pacífica y la evangelización de las masas americanas.

4.—Las Leyes de Burgos (1512).

Por fin, el 27 de diciembre de 1512, los Reyes dictaron en Burgos un cuerpo de leyes en favor de los indios. Dichas leyes dan por sentado que los conquistadores españoles son seres humanos capaces de comprensión y fraternidad para convivir con los americanos en una sociedad igual. No dieron ningún resultado. Entre los españoles que venían a América una cosa era el Derecho y otra cosa era el hecho, y el hecho era la brutalidad misma.

5.—Las Leyes de Barcelona (1542).

Allí se dieron las llamadas Nuevas. Leyes, firmadas y rubricadas por el emperador Carlos V. Ya sabemos que se inspiraban en la humanidad. El Padre Las Casas influido tanto en ellas con sus informes sobre el trato animal que daban los españoles a los indios, que los encomenderos tenían que renunciar a la opresión y explotación con que habían deshonrado la Colonia. Pero las Nuevas Leyes produjeron una embozada o franca rebelión en los enc omenderos, estallando motines en varios puntos del Continente, y con el tiempo cayeron en el incumplimiento y en la derogación mediante leyes posteriores. El interés por la esclavitud pesaba más que el acatamiento a los piadosos monarcas lejanos.

6.—Recopilación de Leyes de las Indias (1680).

Por orden real fueron recopiladas las Leyes dadas a las Indias, trabajaron en este empeño Juan de Obando, Presidente del Real y Supremo Consejo de Indias, Diego de Encinas, modesto funcionario de América, Diego de Zorrillas, otro funcionario humilde del Nuevo Mundo, Rodrigo de Aguilar y Acuña, por mandato del Consejo de Indias y, por último, Antonio de León Pinelo.

La Recopilación de leyes de los Reinos de las Indias promulgada en 1680 consta de 9 libros divididos en 218 títulos y contiene 6.377 Leyes. Al frente de cada Ley se indican las fuentes de su procedencia; los textos de las distintas Leyes tratan de reunir las diversas disposiciones reales que se consideran vigentes sobre las respectivas materias.

La primera edición de la Recopilación es de 1681. Nuevas ediciones sin variantes se hicieron en 1756, 1774 y 1791.

Dice Ots y Capdequí que "la Recopilación de 1680 puede afirmarse que nació vieja. El Derecho que en ella se recoge procede, fundamentalmente, de monarcas anteriores a Carlos II (el Hechizado). Esto, unido al hecho bien conocido que fue precisamente a lo largo del siglo XVIII, cuando pasó el trono de

España a los reyes de la Casa de Borbón, que se produjeron las grandes reformas en el gobierno y la administración en los territorios de las Indias, haciendo que pronto se sintiera la necesidad de una nueva Recopilación del Derecho Indiano".

7.—Hechos reales determinan el cambio de las Leyes.

¿Qué había debajo del cambio legislativo? El cambio estructural desde el período de la acumulación primitiva del capitalismo hasta el nuevo período en que empezaba el dominio del capital de concurrencia. Por eso había nacido vieja la Recopilación (de 1680), y los reyes Borbones, más diestros en el conocimiento de los movimientos económicos, políticos y jurídicos, procedieron a grandes reformas en el gobierno y la administración en los territorios de las Indias. Pero estas reformas no podían llegar a extremos radicales, por lo mismo que los Borbones cedían a las circunstancias y no patrocinaban una revolución social.

8.—Dos legislaciones de Derecho Público y Derecho privado.

Brevemente debemos decir que fue dictada una legislación de derecho público para los españoles en su doble condición de gobernantes y gobernados y otra para los indios americanos y para las razas que se les fueron agregando en su calidad de esclavos.

De la misma manera fue dictada una legislación de derecho privado para los españoles y sus descendientes y otra para los hombres y mujeres de América, y más tarde de África, que cayeron en la esclavitud.

Habría sido una misma legislación de derecho público y de derecho privado en el caso que existiera una perfecta igualdad entre España y América; es decir, que ni siquiera se hablara de una Metrópoli y una Colonia, y que también existiera una perfecta igualdad entre los españoles y los americanos, descartándose por ese hecho la realidad de hombres libres y hombres esclavizados.

Teóricamente, eso fue posible muy después, en el siglo XIX, cuando se introdujo la Constitución de Bayona de 1808 y más tarde de la Constitución de Cádiz de 1812, pero para nada provechoso porque el proceso revolucionario de América había aniquilado la consistencia de la vasta comunidad hispana.

9.—Incumplimiento de las Leyes.

A la frecuente desobediencia de la ley, en forma de rebeldía de hecho, hubo otra, se puede llamar de derecho, que retrata el régimen colonial.

El uso había consagrado el hábito que cuando una disposición legislativa se consideraba inaplicable o contraproducente, los magistrados obligados a aplicarla la acataban, en vista de que no podían rebelarse contra ella; pero en vista, a su vez, de no convenir ponerla en marcha, no la cumplían.

La fórmula consagrada era la siguiente:

Llegada la Real Cédula tenida por inconveniente, el Virrey o Capitán General o Presidente de la Audiencia la leía con solemnidad, y luego, colocándola sobre su cabeza, en señal de sometimiento y humillación, decía en voz alta; "Se acata, pero no se cumple", con lo que se satisfacía el principio de hinojamiento de la voluntad funcionaria ante el rey, y el de contemplación de la realidad. ¿Cuál realidad...? Aquella que les convenía a los altos funcionarios coloniales en consonancia con los amplios y poderosos intereses privados. A las reales cédulas incumplidas les llamaban en tono malicioso hostias sin consagrar.

Abierto semejante portillo a la tolerancia, pronto se valió de él la inescrupulosidad; y el abuso pudo filtrarse a través de lo que no debía ser sino una válvula de escape.

Esta ficción legal tuvo muchas repercusiones, y fue la vía por la que se anularon las leyes protectoras de los indios y las dictadas contra abusos de encomenderos y corregidores.

10.—Funcionarios y procedimientos judiciales.

Al comienzo la justicia se ejerció por mano propia. En las villas y ciudades recién fundadas, los crímenes y afrentas se castigaban en una especie de Ley del Talión: ojo por ojo y diente por diente. Más tarde, los Alcaldes Ordinarios, es decir, los Cabildos, por delegación del vecindario, asumieron la tarea judicial, con exclusión absoluta de los gobernadores, corregidores y Alcaldes Mayores, de acuerdo con la Recopilación de Indias. Inclusive si el Alcalde cometía delito, sólo podía ser juzgado por otro Alcalde, y los miembros de la Audiencia, en lo civil, debían recurrir a la autoridad de aquellos.

Contra la sentencia del Alcalde ordinario había derecho de apelar ante el Ayuntamiento, según la cuantía de la demanda. Si se trataba de cuantía mayor, la apelación se dirigía a la Audiencia.

El Alcalde no era, con todo, un especializado en Derecho; bastaba que supiese leer y escribir.

A partir del siglo XVIII, en que se acentuaron las diferencias de los españoles peninsulares y los criollos, fue obligatorio designar un alcalde español y otro nacido de América.

En las partes donde existía la autoridad suprema de un corregidor, y también en los corregimientos sin cabildo, se designaba un Justicia Mayor a fin de administrar justicia. Este funcionario existía en todos los asientos mineros de importancia.

Los Cabildos tenían, además un Procurador General, encargado de los litigios en que era parte el Municipio; y Asesores letrados de Justicia, que aconsejaban técnicamente a los alcaldes ordinarios y un Escribano Mayor del Cabildo (o Notario) que daba fe y conservaba los documentos de aquel Cuerpo.

También la Audiencia solía nombrar un Defensor de indios, que siempre debía ser un togado y el que debía ser "persona de mucha cristiandad, hombre de negocios y hábil en la lengua de los indios, para entenderlos, saber volver por ellos y pedir lo que conviniese". El honorario de tales defensores era, naturalmente, pagado por los indios.

XV
El Municipio colonial

1.—Aclaraciones.

Conviene ver el trasplante del Municipio de España a América en dos momentos distintos para adquirir una clara noción del mismo. La importación del Municipio en el período de la acumulación primitiva del capital, y, luego, su papel histórico en el período de la concurrencia del capitalismo.

En el primer período se le trajo al Nuevo Mundo para que atendiera a dos cosas: 1) Para que diera organización a los españoles que juntamente con sus familias llegaban a colonizar, y 2) para que con sus modalidades peninsulares destruyera las agrupaciones sociales de los americanos, como las "gens" y las tribus.

El Municipio que funcionaba en las nuevas ciudades, villas y lugares era, en substancia, un Municipio de la clase de los encomenderos y sus funcionarios, que procuraba la armonía y el orden entre éstos y a la vez garantizaba la propiedad privada de las encomiendas con sus indios, minas, tierras, pastos, bosques y aguas. Su objeto máximo era la conservación de la esclavitud. Y en este sentido tenía que ser brutal en relación con los nativos. Debía despojarlos de su libertad personal y arrebatarles sus bienes.

En el período dela concurrencia del capital, una vez establecida la sociedad clasista de América (encomenderos y esclavos), el Municipio empieza a pasar a manos de los españoles nacidos en América (criollos) que desarmonizan y pugnan por mil motivos con los españoles peninsulares y que fraternizan en cierta medida, no en todas, con las nuevas generaciones americanas (mestizos) que a raíz del colapso de la minería, que determina también la crisis de la esclavitud, empiezan a presentar matices de colonos romanos en el agro y hasta aparecen como campesinos libres.

En ese tiempo, el Municipio ya no es instrumento de los españoles peninsulares en contra de los nativos americanos sino arma de los criollos y los mestizos en contra de las autoridades coloniales y aun de las altas autoridades de España.

No importa que nos adelantemos en el tiempo para poner un ejemplo de lo que aquí se dice. Aquí en Tegucigalpa se supo que ciertos empleados del Municipio estaban implicados en el robo de unas reses en Guaimaca. Como los artesanos eran los leídos y los agitadores de los barrios de la Villa, reunieron a los vecinos en la Plaza Mayor para que pidieran a gritos la renuncia de los regidores. Y los vecinos cantaron esta canción a coro desgarrado:

> Si quieren que no haya guerra
> y todo sea alegría
> renuncie Salavarría
> con su compañero Serra.

Y agregaban, según el historiador Salvador Turcios, poseedor de un documento de aquel tiempo, contra el odiado José Iribarren, Escribano del Municipio:

> Si no quieren ver lo peor
> cuando los rondeños barren,
> renuncie José Iribarren
> como escribano mayor.

Este ejemplo, de los menos significativos, fue común a lo largo de la América india. A fin de cuentas, el órgano de lucha en favor de la independencia estuvo en los Ayuntamientos. Y el glorioso estallido de los comuneros de Castilla, que defendían sus fueros de los ataques absolutistas de Carlos V, en el siglo XVI, se repitieron en la rebelión de los comuneros del Socorro, en Nueva Granada, y de Corrientes, en el Río de la Plata, contra las autoridades peninsulares en el siglo XVIII.

2.—El Municipio en la fundación de ciudades castellanas.

En los primeros tiempos la fundación de una ciudad corría a cargo de la persona que figuraba al frente de un grupo de descubridores y de las autoridades a quienes de una manera expresa se les confiaba esta importante misión. En las respectivas capitulaciones se puntualizaban los requisitos con que unos y otros habían de proceder a la fundación de nuevas ciudades, la organización que para ellas debía establecer y los derechos que sobre las mismas les concedía la Corona.

En la Recopilación de leyes de Indias de 1680 se preceptúa: "Que los Adelantados, Alcaldes Mayores y Corregidores capitulan la fundación de ciudades. Entre los demás capítulos que se ajustaren con el Adelantado ha de ser uno dentro de cierto tiempo, tendrá erigidas, fundadas, edificadas y pobladas por lo menos tres ciudades y una Provincia de pueblos sufraganeos; y con el Alcalde Mayor por lo menos tres ciudades, la una diocesana, y las dos sufragáneas; y si fuere Corregidor, una ciudad sufragánea y los lugares con jurisdicción que bastaren para labranza y crianza de los términos de la ciudad".

A veces estas facultades se depositaban en los vecinos, según la Recopilación. "Que, no habiendo poblador particular, sino vecinos casados, se les conceda poblar, como no sean menos de diez".

3.—Tipos de ciudades.

Dice la citada Recopilación: "Que habiendo elegido sitio, el Gobernador declare si ha de ser ciudad, villa o lugar y así forme la República, de modo que si ha de ser ciudad metropolitana, tenga un juez con título de Adelantado, o Alcalde Mayor, o Corregidor, o Alcalde ordinario que ejerza la jurisdicción in solidum, y juntamente con el Regimiento tenga la administración de la República; dos o tres oficiales de la Hacienda Real; doce regidores; dos fieles ejecutores; dos jurados de cada Parroquia; un procurador general; un mayordomo; un escribano de consejo; dos escribanos públicos, uno de minas y registros; un pregonero mayor; un corredor de lonja; dos porteros; y si diocesana o sufragánea, ocho regidores y los demás oficiales perpetuos; para villas y lugares, Alcaldes ordinarios, cuatro regidores; un alguacil; un escribano de consejo y un mayordomo".

Después se dijo con más precisión: "Que en las ciudades principales haya doce regidores, y en las demás villas y pueblos seis, y no más".

4.—Los oficios concejiles.

El nombramiento de los oficiales del Consejo en las ciudades de nueva fundación, corría a cargo de las personas a quienes se había confiado la erección de la nueva ciudad. Si la erección procedía de los vecinos, éstos tenían facultades para elegir los Alcalde ordinarios y oficiales del Concejo anuales.

5.—Venta de los oficios concejiles.

Está contemplado el caso en la propia Recopilación de 1680, y se realizaba en pública subasta, atendiendo más a la capacidad de la persona que al precio. Esto se dice en la ley, pero tal como andaban las cosas en aquellos tiempos otros debían ser los resultados. No dice nada bueno la compra de un empleo.

6.—Los Alcalde ordinarios.

Correspondía a los Alcaldes ordinarios el ejercicio en primera instancia de la jurisdicción ordinaria, tanto en el orden civil como en el orden criminal. Funciones de Alcalde ordinario se le dieron por primera vez a Cristóbal Colón en las instrucciones de mayo de 1499.También eran responsables de la política de abastos en aquellos tiempos, delicada por cuanto debía vigilar muy atentamente el nivel aceptable de los precios para evitar las disensiones, que por esta causa eran frecuentes entonces, Sólo hay que ponerse a pensar en la fácil adquisición monetaria y en la difícil obtención de mercancías y productos sujetos en gran parte al monopolio de España.

7.—Los Regidores.

Las atribuciones más importantes de los Regidores eran las referentes a la policía de abastos de la ciudad. Por tanto, debían vigilar la alhóndiga y otros lugares de compra y venta de productos, multando y encarcelando a los transgresores de las ordenanzas.

8.—Alférez Reales.

Tenía voz y voto en el Cabildo y era preferido jerárquicamente a todos los Regidores dentro y fuera del Ayuntamiento, gozando de un sueldo duplicado al de aquellos. En caso de ausencia o muerte de los Alcaldes ordinarios les sustituía interinamente el Alférez Real.

9.—Procuradores.

Se lee en la Recopilación que "las ciudades, villas y poblaciones de Indias pueden nombrar Procuradores que asistan a sus negocios y los defiendan en nuestro Consejo, Audiencia y Tribunales para conseguir su derecho y justicia y las demás pretensiones que a bien tuvieren".

Los regidores elegían al Procurador en sesión privada por medio de votación.

Sólo con permiso del virrey (o del capitán general) podían viajar los Procuradores a la Corte de España cuando el negocio, de la clase que fuere, lo demandaba.

El Procurador tenía que ver con "la venta, composición y repartimiento de tierras, solares y aguas". Y debía estar presente cuando por derecho real se mandaba repartir vecindades, caballerías y peonías de tierras a los vecinos de ciudades o villas".

10.—Fieles ejecutores.

Su función específica consistía en intervenir en todo lo referente a la policía de abastos de la ciudad. Acompañado de un regidor fijaba el precio de los productos. Les estaba prohibido negociar de su cuenta.

11.—Escribanos y Depositarios.

Los escribanos de Cabildo debían llevar con toda fidelidad el llamado Libro de Acuerdos. Estaban obligados a guardar el secreto de lo que se tratase en los Cabildos. Y existía una disposición por la cual las Audiencias debían eximirse de forzar a los escribanos para que hicieren revelaciones de su oficio.

El Cabildo nombraba al Depositario general, previa fianza. Cada año debía renovarse la fianza, si se apreciaba disminución en ella. En este caso se le suspendía el cargo para darlo a otro.

12.—Alguaciles Mayores.

Sólo existían en las ciudades. Los elegían los gobernadores, los corregidores y los alcaldes mayores. Habían de prender a quien se les mandare y habían de cumplir la ejecución de autos y mandamientos del gobernador, corregidor o alcalde mayor. Perseguían los juegos prohibidos, y no debían tomar el dinero de los jugadores, ni percibir dádivas ni "soltar sin mandamiento".

13.—Corredores de Lonja y Alcaldes de la Mesta.

Existían en los Ayuntamientos de las Indias el oficio de Corredores de Lonja, pero no era obligatorio para las partes el que los contratos se hicieran con su intervención.

Los Alcaldes de la Mesta (junta de ganaderos) eran elegidos por el Cabildo de la ciudad y prestaban juramento de conducirse bien en sus oficios.

14.—Reunión de los Cabildos municipales.

Debían reunirse en las Casas Capitulares. En un principio los Cabidos integrados por todos sus miembros debían estar presididos por el Gobernador de la Provincia, por un lugarteniente o por la persona que éste nombrase. Así lo dispuso Hernán Cortés en sus ordenanzas para Hernando de Saavedra en Honduras, referentes a los Cabildos de Trujillo y de la Natividad de Nuestra Señora: "Item: os juntareis con los Alcaldes y Regidores y juntos en vuestro Cabildo, señalareis un día en cada semana o dos si os pareciere que conviene, en los cuales os juntareis siempre en las casas del Cabildo de la dicha villa o en vuestra posada, en tanto que se hacen para entender en las cosas del buen regimiento de las dichas villas. Y no consentiréis que los dichos Alcaldes o Regidores hagan ningún cabildo ni junta, sin vos, y en vuestra ausencia, sin vuestro lugarteniente. . ."

La Recopilación reglamenta las entradas y las salidas del Cabildo en sesiones y las personas que además de los Alcaldes y Regidores podían tomar asiento en las juntas y participar en las deliberaciones y votaciones.

15.—Atribuciones de los Cabildos.

Además de conducir el gobierno municipal, tenían capacidad para dictar sus propias ordenanzas, siempre sujetas a superior aprobación. Con esto se diferencian los Cabildos de la Edad Media en España y los coloniales en América. Aquellos eran libres, éstos simplemente autónomos, por cuanto estaban sujetos al rey por medio de sus delegados.

16.—Elección de los funcionarios concejiles.

En una Real Provisión de noviembre de 1528 se mandaba que "para que la elección de los Alcaldes ordinarios, se nombren cinco personas, designadas dos de ellas por el Cabildo, una por el Gobernador o su lugarteniente y las otras dos por los Regidores, y se pongan sus nombres en un cántaro y los dos primeros que salieren lo sean". Esto llevaba el nombre de insaculación.

Posteriores reglamentaciones minuciosas proveyeron otros aspectos electorales de los propios Alcaldes ordinarios y de los demás miembros del cuerpo municipal, más los Procuradores, fieles ejecutores y Depositarios.

17.—Los Cabildos como Tribunales de Apelación.

La facultad jurisdiccional de los cabildos municipales para conocer en grado de apelación de ciertas causas falladas por las justicias ordinarias en primera instancia quedó reconocida desde los primeros tiempos. Los Cabildos conocían en apelación de las causas de una cuantía de diez mil maravedís. Después se establecieron cuantías distintas para numerosas causas apelables ante el Ayuntamiento.

18.—Apertura y registro de las Cédulas Reales.

Era potestad exclusiva del Cabildo reunido abrir las Cédulas Reales que le fueran dirigidas. Se conservaban en los Archivos municipales. También se conservaba allí las copias de la correspondencia del Cabildo dirigida a los Virreyes, Capitanes generales y otras autoridades superiores.

Existía una reglamentación minuciosa sobre los Archivos municipales. Sólo los Jueces Visitadores tenían derecho a tomar en sus manos los originales. A los demás se les extendían copias. Había tres llaves de los Archivos municipales: una la tenía un Alcalde ordinario, otra un Regidor y la última un Escribano.

19.—Los libros de Acuerdos de los Cabildos.

Tenían obligación los Cabildos de llevar un libro en el cual se anotaban todos los acuerdos que fuesen adoptados. De estos acuerdos se expedía copias siempre que fueran solicitadas conforme al derecho colonial.

20.—Los Bienes municipales.

Desde los primeros tiempos se ve que las ciudades de Indias poseen bienes propios en mayor o menor cuantía. Si hay ciudades pobres, se les concede como propios determinado número de indios, cuyos servicios deben ser empleados en la construcción de obras públicas municipales. Más tarde hubo reglamentos amplios que señalaban los bienes municipales y la manera de administrarlos y acrecentarlos.

21.—Cabildos abiertos.

Son pocas las leyes en hacer referencia a ellos. Nada más registran que en los lugares de nueva fundación, cuando los

Adelantados no hayan instituido regidores, los elija el pueblo. Pero es indudable que a medida que fueron tomando fuerza los municipios en virtud de las nuevas generaciones americanas, los cabildos abiertos funcionaron para muchas actividades.

22.—Final.

Con la ayuda del historiador jurídico Ots Capdequí hemos detallado el Municipio colonial, primero, porque fue el instrumento que sirvió a los españoles para destruir las organizaciones gentilicias de los indios, y al cabo de los siglos fue el órgano de que se valieron las masas populares compuestas de criollos, mestizos, indios y negros para luchar en favor de la libertad social y de la independencia nacional.

XVI
Régimen Fiscal colonial

1.—Primeras medidas.

Instituido el Estado colonial en la forma expuesta, lógicamente tenía que buscarse el medio de darle vida, para lo cual fue establecido el régimen fiscal de que se habla a grandes rasgos en este capítulo. El Estado colonial tenía sus propias necesidades y convenía satisfacerlas. Debía recaudarse dinero para pagar la burocracia civil, los servicios de policía y justicia, el ejército y también, a los representantes de la Iglesia que participaban en la llamada evangelización de los nativos.

Los impuestos los pagaban directa e indirectamente los indios, que llevaban la peor parte en la tributación, los encomenderos y los demás elementos ligados a la propiedad privada esclavista, ya de un modo, ya de otro. Si los reyes llegaban hasta el hurto con el eufemismo de embargo, concediendo una parte ficticia de la renta real a los embargados por vía de amortización, imagínense ahora los atracos descarados que podía haber en América en las propiedades indias en primer lugar y en las propiedades de los españoles mal queridos o mal recomendados después, perpetrados por los funcionarios coloniales.

Además, debe estimarse que el Estado colonial, parásito de las indiadas y de la población peninsular que se fue arraigando en América, a su vez tenía que alimentar a otro parásito, el Estado metropolitano español. Por allí considérese la brutalidad con que se ejercía el régimen fiscal de la Colonia. A ello se debió que la colonia fuera una rebelión permanente de la población india, criolla y aun española contra el Estado colonial, parte desdichada del Estado metropolitano.

2.—Las Regalías.

La primera fuente de ingresos del Tesoro español en las Indias vino de los rendimientos producidos por las regalías.

Como regalías deben considerarse: Las minas; el oro que se encontrase en los ríos o en las vertientes; la explotación de las salinas, el cultivo del Brasil y otras rentas estancadas; las perlas; esmeraldas y otras piedras preciosas; los tesoros hallados en los enterramientos y viejos templos de los indios; los llamados bienes mostrencos, los vacantes y los procedentes de naufragios; las tierras, aguas, montes y pastos; los oficios públicos.

Desde el punto de vista general, es necesario diferenciar históricamente la naturaleza y el volumen de los ingresos procedentes de cada una de estas regalías. No fue siempre la misma la cuantía de esta contribución ni en todas las épocas ni en todos los territorios de los distintos virreinatos (y capitanías generales).

3.—El Quinto.

El pago del quinto fue lo más generalizado y lo que al cabo hubo de prevalecer. Los monopolios y rentas estancadas, cambiaron, también según las circunstancias. Así la explotación de las salinas que se estancó en tiempo de Felipe II, "hallándose después de poco provecho y de mucho daño, se dejaron libres, como lo están". Fueron también objeto de monopolio la explotación de las especies, el papel sellado, la fabricación de naipes, etc. En general puede decirse que estos monopolios produjeron más irritación a los particulares que beneficios a la Corona.

En tiempos de Felipe II se implantó en las Indias la costumbre de enajenar a los particulares la propiedad de algunos oficios públicos cuyo desempeño proporcionaba a los adquirentes beneficios considerables.

Los beneficios obtenidos por el Tesoro con la enajenación de estos oficios, variaron mucho según las circunstancias. Así por ejemplo, durante el siglo XVII se pagaron por el alguacilazgo mayor de la Audiencia de Nueva España cantidades que oscilaron entre los treinta mil y los ciento veinte mil pesos.

4.—Los impuestos.

Desde los primeros tiempos pagaron los españoles el impuesto llamado almojarifazgo (palabra árabe que significa derecho de puerto, que se pagaba por ciertas mercancías que salían del reino y entraban a él), y cuyo porcentaje aumentaba o disminuía según las condiciones de la Real Hacienda.

Otro impuesto fue el de la sisa para casos especiales y muy particularmente en tiempos de guerra y por causa de otras necesidades urgentes.

El tributo, de carácter personal, pesaba sobre los indios de los distintos territorios.

Hasta en los finales del siglo XVI se introdujo la alcabala en América, cuya cuantía se fue duplicando según las necesidades del reino.

También estaba la bula de la Santa Cruzada, cuyo producto se destinaba a la evangelización de los indios, según se decía, y los diezmos para sostener la Iglesia.

Los funcionarios civiles y eclesiásticos pagaron los impuestos especiales de la mesada (pagado mensualmente) y la media annata (impuesto especial sobre grandezas y títulos).

5.—Los robos con máscara legal de Carlos V.

También existían en favor del Tesoro por donativos o servicios exigidos a los particulares, los empréstitos más o menos voluntarios y mediante el embargo con promesa (generalmente incumplida) de restitución, del oro y plata de particulares y de los caudales de bienes de difuntos.

A este respecto dice el profesor Haring: "La monarquía española adquirió el hábito, iniciado por Carlos V, de embargar el oro y la plata que llegaba a España de mercaderes, pasajeros y particulares de Indias, dando en cambio juros (pensión concedida sobre las rentas públicas) del tres al seis por ciento sobre una de las fuentes de la Real Hacienda. Esta práctica alcanzó proporciones gigantescas. Ya en 1529 se habían secuestrado 300.000ducados, es decir todo el oro y la plata que llegó de las Indias en cinco bajeles; y en 1535 había ocurrido lo mismo con 800.000 ducados que en gran parte iban consignados para particulares procedentes del Perú. En 1553, la suma embargada fue de 600.000 ducados, y en 1557, al comenzar el reinado de Felipe II, llegó a embargarse la enorme suma de 1,600,000 ducados, cosa que acarreó el desastre de las casas mercantiles interesadas en el comercio de América". El profesor Haring hace otras citas de embargos (o atracos) por millones de ducados. Para apreciar el valor de un ducado en aquellos tiempos hay dos equivalencias: primera, como unidad de peso en Alemania, un ducado equivalía a 3,459 gramos de oro, o sea (precio del oro en 1950) 4.32 dólares; y segunda, un ducado de oro equivalía en España a 1.458 maravedís, que representan 1.093 pesetas.

6.—La organización fiscal.

No fue muy complicado el cuadro de la burocracia fiscal de la Colonia. En los primeros tiempos, los llamados Oficiales Reales de cada ciudad importante, fueron un tesorero, un contador, un factor y un veedor. Más tarde desapareció el cargo de veedor y en algunos lugares también el de factor, es decir el comprador y vendedor de productos fiscales.

Para ciertos impuestos fiscales, como el de la alcabala, hubo un recaudador particular en cada distrito.

En tiempos de Felipe II se confirió a los oficiales reales la jurisdicción especial para conocer en primera instancia de todos los pleitos en que se ventilasen intereses que afectaran a la Hacienda Pública.

La política financiera de cada lugar era regulada por la junta superior de la real hacienda integrada por el virrey o gobernador, los oficiales reales, el juez decano y el fiscal de la Audiencia.

Las cuentas que periódicamente debían rendirse se remitían a la Casa de Contratación de Sevilla y al Supremo Consejo de las Indias. Hubo grandes reformas en la Administración pública cuando se introdujeron las Intendencias.

7.—El oro de las Indias y la economía de la Metrópoli.

Se pregunta el profesor Haring: "¿Fueron las riquezas de las minas de América una desgracia para la nación castellana? ¿Es verdad que los tesoros llevados de América motivaron un aumento de dinero y una subida de los precios en un país no industrial y que estos tesoros sirvieron solamente? para satisfacer vanidades sociales y para hacer a la nación más incapaz para el desarrollo de una vida industrial y mercantil?".

Ots Capdequí comenta: "Cualquiera que sea la respuesta documentada que algún día pueda darse a estas preguntas, recojamos por el momento los datos estadísticos que el propio profesor Haring suministra en punto a la cuantía de los caudales de las Indias que ingresaron en las arcas del tesoro durante los siglos XVI (reinado de los Habsburgo) y XVIII (reinado de los Borbón).

8.—Los siglos XVI y XVII de la Casa de Habsburgo.

En el siglo XVI, el tesoro que vino de las indias —informa el profesor Haring— para la Real Hacienda, parecía ser la esperanza y seguramente la salvación de la Casa de Austria (Habsburgo). Es verdad que bajo Carlos V el dinero que vino para el rey de las colonias de Ultramar lo fue en cantidad pequeña y aumentó lentamente. En 1516, el año en que el Emperador subió al trono, importó este tesoro real la suma de 35,000 ducados; y si bien es cierto que en 1518 se habia elevado esta cifra hasta los 122,000 ducados, no lo es menos que en 1521, cuando Carlos V inició sus guerras interminables con Francia hubo un descenso importante hasta llegar a los 6,000ducados. En 1538, año excepcional debido a la primera gran flota, los cargos de la Casa de Contratación acusan un ingreso de 930,000ducados, pero en los diez años siguientes, la suma anual ingresada de América llegó solamente a ser de unos 165.000 ducados.

Sólo en los años que siguieron a 1550, cuando la carrera—del emperador empezaba ya su melancólico atardecer, subió la renta anual de las Indias a la alta cifra de 1,000,000 de ducados, es decir, una cantidad igual a la que producían sus reinos de Flandes.

Durante los 50 años siguientes, los tesoros de las Indias aumentaron gradualmente hasta llegar a los dos o tres millones de ducados anuales.

En el siglo XVII la cantidad recibida en Sevilla tuvo alzas y bajas, sin ir más allá de los tres millones y sin caer debajo del millón.

9.—El siglo XVIII de la Casa de los Borbón.

Ya lo dijimos, muerto Carlos II (el Hechizado) en 1700, pasó a reinar en España un nieto de Luis XIV de Francia con el nombre de Felipe V. Actuando en la época del capital de libre concurrencia, los monarcas franceses con otro espíritu, introdujeron reformas en América que fueron en favor de la Real Hacienda. A lo largo del siglo XVIII la—contribución de América subió a unos seis o siete millones de pesos fuertes al año. Una cantidad fantástica en aquel tiempo.

XVII
Comercio colonial

1.—El monopolio comercial español en América

El tantas veces citado profesor Haring hace ver que el comercio de España con las Indias tenía carácter privado, era personal y no estaba sujeto a ningún sistema. Los reyes, como comerciantes, tenían el monopolio de los vinos, las ropas, los adornos y todas las mercancías suntuarias, De una parte, los colonizadores solo podían importar artículos alimenticios, ganados y cuanto estuviera fuera del grande y diversificado monopolio real.

Fue prohibido la plantación y laboreo de materias primas que compitiesen con las de España. En 1503 se prohibió cultivar vides en América. Se suspendió la prohibición en 1519. Pero nuevas medidas hicieron imposible este cultivo.

Procedente de las Canarias, la caña de azúcar tuvo incremento en las Antillas, México, la Capitanía General de Guatemala (por consiguiente en Honduras donde fue ampliamente cultivada para obtener el dulce de panela y el azúcar de pilón) y se incrementó la caña de azúcar en otros lugares de la América del Sur.

Amparado al principio el muy americano cultivo del tabaco, fue prohibido en 1607 para dar a los holandeses que lo compraban en grandes cantidades en Venezuela. Los españoles dejaron de sembrarlo por obediencia al mandato de la Metrópoli, Pero de nada sirvió la medida porque los indios siguieron cultivándolo para venderlo subrepticiamente a los holandeses.

Prohibióse la importación de armas de fuego y en ciertas circunstancias —sin que se haya encontrado la explicación— también prohibióse la importación de burros y caballos.

Fue tolerado como un principio de comercio interamericano, que Puerto Rico pudiera comerciar con Santo Domingo, y este país con el Darién. A la vez se construían barcos en Cuba para mantener relaciones comerciales con las demás islas caribeñas.

Sólo los españoles de nacimiento o por naturalización podían dedicarse al comercio de las Indias hacia Europa y viceversa. Más tarde, el emperador Carlos V habilitó a sus súbditos alemanes para que se instalaran en Venezuela y pudieran ejercer el comercio desde allí con Alemania, pero pasando por la Casa de Contratación de Sevilla.

Los banqueros de la casa Fugger y de la Casa Welser, eternos acreedores del emperador, gozaban de privilegios muy especiales. Tales casas eran las más aprovechadas con la producción de oro y plata de América.

Según Haring, bajo la iniciativa de los banqueros alemanes se fueron fundando compañías que se dedicaban al negocio negrero de África a América. Allá a principios del siglo XVI, la casa Welser había puesto una base negrera en Santo Domingo, con autorización de Carlos V. De allí se despachaban los cargamentos de ébano al continente, en especial a Venezuela. Pero cuando se vio que aumentaba la demanda de esclavos negros por la rápida extinción de los indios, en orden sucesivo fueron apareciendo las compañías negreras siguientes:

1) La Compañía de Guinea,1640;

2) La South Sea Company;

3) La COMPAÑIA DE HONDURAS,1714; y,
4) La Compañía Guipuzcoana,1728.

Esas compañías se dedicaban, además del comercio negrero, a renglones, previamente autorizadas.

Los puertos de España eran Sevilla y Cádiz. Los de América. Veracruz, Panamá, Cartagena y Portobelo. Los lugares de la costa del Pacífico se abastecían por medio de Panamá, donde había un enorme movimiento transportador de costa a costa, por medio de indios, negros, mulas y carretas tiradas por bueyes.

Los puertos de Honduras, con carácter de menores, por medio de la navegación costera despachaban los productos del país y recibían las mercaderías peninsulares a través del puerto de Veracruz. Y es indudable que el puerto de Omoa, de fundación colonial, estuvo relacionado con la Compañía de Honduras y, por lo tanto, con el comercio negrero y la exportación del oro y la plata del Real de Minas de San Miguel de Tegucigalpa y Heredia.

2.—Ruptura del monopolio comercial.
Consideramos que el comienzo de la declinación del gran imperio español, "en cuyos dominios no se ponía e sol", según la soberbia frase de Carlos V, empezó con la derrota de la Armada Invencible en 1588. Aquella flota gigantesca de 127 navíos enviada por Felipe II contra Isabel I de Inglaterra, con el objeto de aniquilar el acelerado desarrollo comercial y marítimo inglés, aunque el pretexto fuera la decapitación de la muy católica María Estuardo, reina de Escocia, fue destruida en su mayor parte por una tempestad en el canal de la Mancha, pereciendo por causa de ella 13,000 hombres. Desde entonces Inglaterra ya pudo llamarse condueña de los mares, al lado de España y Portugal.

Otro fracaso espectacular del sombrío Felipe II, dueño por herencia que le dejara Carlos V de los Países Bajos, a los que tiranizó ferozmente para impedir su desarrollo económico, aunque el pretexto fuera religioso por haber abrazado el protestantismo, consistió en la sublevación victoriosa de éstos, que luego se constituyeron en república, bajo la dirección del estatuder Guillermo de Orange y alcanzaron el reconocimiento de su independencia por las potencias de Europa en el Congreso de Westfalia, en 1648, Holanda, con este motivo, alcanzó la libertad comercial y marítima hacia donde se dirigía, y también participó en el condominio de los mares, al lado de Inglaterra, España y Portugal.

Así los acontecimientos, Portugal que había estado unido a España desde 1581, recuperó su independencia en 1640, siendo legalizada por Carlos II en 1668, y quien (ya dijimos) dejó el trono español a un nieto del rey de Francia Luis XIV. El duque de Anjou, con el nombre de Felipe V rey de España, tuvo que sufrir las imposiciones de Inglaterra, Francia y Holanda en el tratado de Utrech, de 1713. De esa manera, Felipe V marca la desintegración comercial española en las Indias.

3.—Consecuencias de la ruptura del monopolio comercial español.

En lo sucesivo, Francia e Inglaterra se dedicaron a negociar con esclavos negros en las colonias españolas.

Fue casi un símbolo el registro en Cádiz de los navíos que viajaban por el Cabo de Hornos a las costas americanas del pacífico, por real orden de 1735.

Posteriormente fue suprimido el sistema de galeones y flota por el Cabo de Hornos y quedó anulada de hecho la feria de Portobelo.

La Compañía Guipuzcoana acabó de romper el monopolio de Cádiz y de Sevilla y dañó con la competencia a otras empresas catalanas y vizcaínas.

Hubo correo mensual de España con América desde 1774.

Desde 1775, quedó abierto el comercio de Cuba, Santo Domingo, Trinidad y Puerto Rico, y a la vez de Alicante, Málaga, Cartagena, Santander, Barcelona, La Coruña y Gijón. Desde luego, entraban en este comercio Cádiz y Sevilla, pero ya bajo otros signos.

En 1774, fue permitido el comercio marítimo entre México, Nueva Granada, Guatemala y Perú,

En 1776, se extendió la licencia a Buenos Aires, Chile y Misiones.

En 1778, quedaron establecidos los aranceles reales de libre comercio entre España y las Indias. Nuevos puertos de la Península y de las colonias fueron habilitados para el comercio.

Debe anotarse que cuando España estaba en guerra con alguna potencia europea, en principal Inglaterra, se establecía el sistema de flotas, y al firmarse la paz se le invalidaba. Pero por causas estimadas por la Corona se le mantuvo en cuanto a México.

Las rutas marítimas tradicionales eran la del Mar Caribe y la de Cabo de Hornos para visitar hasta el puerto de Acapulco. En lo sucesivo los "navíos de aviso" podían visitar los nuevos puertos establecidos en ambos océanos, y la Licencia se extendió a las "naves de registro", investigadas por las autoridades españolas en Cádiz y Sevilla para que pudieran viajar a América.

4.—El contrabando en la etapa de la desintegración.

En el aflojamiento del monopolio comercial de España en las Indias, los reyes de la casa de Borbón obedecían a dos causas: una, la comprensión liberal de los monarcas sobre que ya operaba la ley del capitalismo de concurrencia, razón por la cual debían poner en práctica una política comercial más abierta, y otra, la presión cada vez mayor de las naciones europeas más avanzadas desde el punto de vista económico, digamos Inglaterra, Francia y Holanda. La una y la otra causas exigían la abolición del monopolio español en las Indias en obsequio al comercio libre.

Y el objetivo se alcanzaba por las buenas y por las malas, por el acatamiento de la ley y por la violación de ella. En este último aspecto hacía su diligencia el contrabando. Luis Alberto Sánchez, en su "Historia General de América", se basa en el viejo libro de

Ulloa y Juan, "Noticias Secretas de América", para decir que los comerciantes, amparados por los corregidores, ganaban a expensas del contrabando el 100, el 200 y hasta el 300 por ciento en sus ventas a los criollos y a los indígenas. Y agrega que el Ministro Campomanes afirmaba que por 2,000 toneladas de comercio lícito que iba al Perú, entraban 13.000 toneladas de contrabando.

Los datos que ofrece Sánchez podemos generalizarlos a las demás regiones coloniales de América, y considerar la situación en este aspecto de la Capitanía General de Guatemala, entendiendo así, por ejemplo, la de Honduras, que contaban con los mejores puertos en el Mar Caribe.

Hace notar Sánchez que a mediados del siglo XVIII todo se regía por el contrabando: mercancías e ideas. Los mismos funcionarios caían en él, como algo natural. Un fraile de apellido Cisneros, que había sido confesor de la Reina María Luisa, trajo entre sus libros un contrabando de obras prohibidas para venderlas a buen precio, sin importarle que fueran un corrosivo contra el Estado colonial.

En Guatemala, Fray José de Liendo y Goicochea fue a España por conocer la Metrópoli, y de regreso trajo de contrabando las ideas cartesianas que prendieron en los cerebros adormilados de la Universidad de San Carlos de Borromeo, donde era profesor de filosofía.

Aquel monopolio comercial español se fue rompiendo de cien maneras, mientras las fuerzas económicas de América se desarrollan peligrosamente, a pesar de los impedimentos monárquicos, hechos valer por el Estado colonial.

Por lo visto, los monopolios comerciales de todos los tiempos corren igual suerte.

XVIII
Importación y exportación del comercio colonial

1.—Cálculos aproximados.

Los encargados de llevar las estadísticas que apuntan las exportaciones de metales preciosos de las Indias a España, no están de acuerdo. Unos ponen más cantidad, otros menos. Y así andan en un vaivén que en medio de todo da idea del saqueo americano.

Las sumas que América envió al tesoro de Madrid en diferentes épocas—declara Salas y Quiroga— son las siguientes:

En tiempo de Felipe II   8,600.000 de reales
En tiempo de Felipe III   22,000.000 de reales
En tiempo de Felipe IV   38.500,000 de reales

El conde de Gausa afirmó que de la Nueva España se habían recibido en tiempos de Carlos III, 30,000,000 de reales.

El notable Campomanes calculaba los rendimientos anuales de América en 60.000.000 de reales.

La suma media aritmética en el reinado de Carlos IV, ascendió aproximadamente a 145,000.000 de reales.

Francisco de La iglesia anotó los ingresos de la Casa de Contratación de Sevilla, en oro, plata y piedras preciosas de la manera siguiente:

Años de:1509   a   1514   135.445.820 maravedís
Años de:1516   a   1523   86.252.975 maravedís
Años de: 1525   288,518,350 maravedís
Años de:1526   a   1529   128,268,604 maravedís
Años de:1530   a   1540   423.081,709 maravedís
Años de:1541   a   1546   329.098,096 maravedís
Años de:1547   a   1550   165.642,712 maravedís

La exportación de oro y plata de las Indias a España, desde 1503 hasta 1560—según E. Hamilton— fue de 117.386.086 de pesos destinados a la Corona; y, en el mismo período, de 330.434.845 para particulares. Ahora bien, para tener una visión moderna de las cantidades anotadas, Samuel Eliot Morison, en su obra el Almirante de la Mar Océano, partiendo de la legislación monetaria de 1497 presenta las equivalencias en dólares antes de 1934, así:

En maravedís	Valor en dólares
Un maravedí (cobre)	$ 0.007
Un Real (plata): 30 maravedís	$0.135
Un ducado (oro): 375 maravedís	$2.32
Un castellano (oro): 435 maravedís	$3.025

Armando Álvarez Pedroso, discute la unidad monetaria corriente en España, en la época de Colón, y consigna que el maravedí con el equivalente de $ 0.007, moneda norteamericana anterior a la devaluación de 1934, no significa nada, pues es imposible comparar el valor que tenía la moneda en aquella época y el que representa en nuestros días.

Agrega que para formarnos una idea estimativa de la misma, debemos señalar el valor de adquisición que proporcionaba hace cuatro siglos y medio: la capacidad económica que brindaba en aquel momento. A este fin presenta algunos ejemplos del precio de las cosas en moneda de la época para que se forme el lector un juicio aproximado del valor representativo del maravedí en vida de Colón.

Cita Garcilaso de la Vega al respecto, lo que sigue: en la ciudad de Córdoba un hombre notable que falleció en ella, pocos años antes que se descubrieran las Indias, mandó en su testamento que se hiciera cierta fiesta a nuestra Señora; que la misa que se le diese fuese cantada y que predicara en ella un religioso de la orden del Divino San Francisco y que se les diera limosna para que comieran aquel día los del Convento, treinta maravedís. De suerte que, con

30 maravedís —conjetura Álvarez Pedroso— se podía alimentar, todo un día a los frailes del convento, que por poco que fueran, sumarían cinco o seis.

Añade el mismo Garcilaso: "Los Reyes Católicos, don Fernando y doña Isabel, tenían tasado el gasto de su mesa y plato en doce mil ducados al año. Por consiguiente, cuatro millones quinientos mil maravedís al año costaban a los Reyes el gasto de Palacio, incluyendo el considerable número de personas agregadas al séquito real, como caballeros, continos, escuderos, pajes, soldados, criados, sirvientes, etc.

Pero se salió de aquella penuria monetaria con el descubrimiento de América, de la mayor pobreza se pasó a la mayor abundancia, y con ello a un alza desmedida de los precios como es de suponerse, y paró toda aquella riqueza metálica en lo que dijeron varios autores españoles de aquellos tiempos.

Baltasar Gracián dijo que todas las ciudades de España estarían enladrilladas de oro y muradas de plata sin las sanguijuelas de Génova, sin los sumideros de Francia, sin las sangrías de Italia y sin los desaguaderos de Flandes...

Francisco Quevedo y Villegas, con airado continente dirigió a los franceses estas palabras: Ahora veo que los franceses sois los piojos que comen a España por todas partes, y que venís a ella en figura de boca abiertas, con dientes de peines y muelas de aguzar.

Baltasar de Alamos y Barrientos dijo en voz alta: Porque dígame cualquiera más cursado en estas materias: si Inglaterra no roba, ¿qué ha de hacer, en qué se ha de ocupar, y de qué ha de vivir..?

En fin, es del notable Jean Cassou la idea de que sin aquella pululación de Sevilla, más de pícaros que de trabajadores en el embarque y desembarque de las Indias, no habrían aparecido las Novelas Ejemplares de Cervantes, donde hay como un ansia inconfesada de transformar aquellas continuas barras de oro y plata que llegaban en productos mercantiles, pero en la propia geografía de España, para volverlos a los lugares de donde procedían las barras, en obsequio al progreso de la Península y al mayor auge del comercio mundial.

Francisco de La iglesia, ya citado, traduce en números el movimiento de barcos de España y sus colonias, así:

AÑOS	Barcos que salieron	Barcos que regresaron
1504 a 1511	162	101
1512 a 1519	334	258
1520 a 1529	495	289
1530 a 1539	659	402
1540 a 1549	783	616
Totales	**2.433**	**1.666**

La estadística comprende apenas una parte del reinado de Carlos V. El curioso historiador no quiso citar el movimiento posterior o no pudo. Pero es fácil comprender que lo que iba de América era chorro de riqueza, ganancias, beneficios, y lo que venía de España era limitado abastecimiento de la Colonia, a cambio de muy poco. Por ejemplo, la producción platífera de Potosí en el Perú, año con año, era de 300.000 kilogramos (10.000.000 onzas troy), destinados al rey y a los particulares.

Preguntamos: ¿qué podría regresar de España a cambio de tan colosal producción? Mercurio, algunos instrumentos para continuar el laboreo, telas, algunas cosillas más, y en definitiva, ¡NADA!

Ah, pero el amor del rey Felipe para el Real de Minas de San Miguel de Tegucigalpa y Heredia, era inagotable. Casi era un amor de madre. Yo, San Miguel de Tegucigalpa. —debe haberle dicho en sus momentos de efusión— no soy tu padre; has salido de mis entrañas maternales... Y tenía razón Porque es verdad que el Real de Minas no producía como México o el Perú, no hay que darle vuelo a la fantasía, pero era un manantial inagotable. Y en las cuentas de oro y plata que hacen los especialistas, iba mezclado el chorro de estos manantiales

2.—La fama del río Guayape.

Cuando los conquistadores y colonizadores españoles llegaron a la provincia de Honduras, la región de Olancho gozaba de renombre más que por sus feroces indios albatuines por el río Guayape que mezclaba oro con sus arenas y lo amontonaba en las orillas y las ensenadas. Al llegar la edad de los metales antes del Descubrimiento, los nativos inventaron el procedimiento de lavar oro, extrayendo pepitas —tal era y es el nombre—de diferentes tamaños. Los españoles esclavizadores vieron el procedimiento y lo hicieron suyo desde el siglo XVI, Charles Dorat — un viajero francés que gozaba de permiso real— pudo contar en las márgenes del Guayape 16,000 batehuelas de lavar oro. Es de advertir que este oficio era propio de mujeres, y es lógico que si en el siglo XVI lo hacían mujeres indias, en los siglos siguientes lo desempeñaron esclavas negras.

Los quintos del oro lavado en el río Guayape le llegaban muy bien a su majestad el rey Felipe.

<h2 style="text-align:center">XIX
Comercio negrero</h2>

1.—Oro y plata contra africanos.

Inglaterra, con permiso de transportar negros de África a las Indias, desembarcó en Portobelo 144,000 africanos. De cada esclavo vendido el rey de España recibía treinta pesos y medio. "En cuanto al capital invertido en tan piadosa empresa un cuarto era del mismo soberano español, otro del monarca inglés y dos cuartos de la compañía de mercaderes británicos que se organizaba exprofeso".

Los cargamentos de ébano procedían de todas las regiones africanas y aun de Madagascar. Los ingleses hicieron de Sierra Leona su centro principal de aprovisionamiento, aun cuando también adquirían negros en todos los puntos del Alto Niger, en

Sahara, en Senegal, en el lago de Chad, en el sudoeste africano, en el delta de Sambeze y en la costa del sudeste de África.

El tráfico español se concentra en Angola y en su puerto de Loanda. Unos cuantos jesuitas se encargaban de instruir a los negros en los misterios de la religión cristiana unos pocos días antes de ser embarcados al Nuevo Mundo. Enrique de Gandía refiere que un solo hombre de la milicia de Ignacio de Loyola bautizaba hasta cuatrocientos cafres todos juntos. Los ponía en fila en la playa y a cada uno le iba diciendo: tú te llamas Pedro; tú, Juan; tú, Francisco, etc. Y para que no olvidasen sus nombres se les daba escritos en un papel. En seguida les echaba un poco de sal en la boca a cada negro o negra. En la nueva vuelta les rociaba agua con un hisopo para ganar tiempo. Un intérprete se encargaba de aconsejarles lo siguiente: "Oye, ya vosotros sois hijos de Dios, vais a tierra de los españoles, donde aprenderéis las cosas de la fe; no os acordéis más de vuestras tierras ni comais perros, ratones ni caballos; id de buena gana". Por su parte, los negros pensaban que trataban de hechizarlos para que los pudiesen comer los españoles, y los más creían que los preparaban para convertirlos en pólvora.

Por desgracia —dice nuestro compatriota Conrado Bonilla, cuyas son estas notas— los documentos sobre la esclavitud no permiten a los estudiosos determinar con precisión los lugares de origen de los negros importados a las Indias occidentales, porque habiendo sido capturados en tantos focos para ser embarcados en puertos de las costas de África, donde se reunían esclavos de diversas tribus, el nombre o marca de fábrica que traían al Nuevo Mundo eran casi siempre el de tales puntos de embarque. A esta confusión hay que añadir el interés de los negreros en ofrecer su mercancía como artículo de primera calidad, y siendo que los negreros se distinguieron desde un principio los unos de los otros por su mayor o menor capacidad para el trabajo se tendría buen cuidado de ocultar los lugares de procedencia menos favorecidos en tal sentido. Arturo Ramos apunta que respecto a sus caracteres antropológicos físicos, ya podría el más lince de los compradores ponerse a distinguir entonces, entre los negros de las llamadas naciones yolefes, fulas, mandingas, lucumis, dahomeyanos, congos, o mozambiques. Y puestos en las Indias y transformados en cosa, los negros al ser preguntados sobre su sitio de origen, contestaban invariablemente: somos de don Alonso o de don Francisco, etc.

Acerca del conglomerado africano de Haití, dícese que aquellos esclavos fueron traídos como de treintiocho grupos de África. Don Fernando Ortíz, tan solo para Cuba (y esto comprende en parte a Centro América), ha podido establecer más de ochenta procedencias con nombres tan rumberos como abalo, abaya, acoqué, bambarará, bombó, bosongo, cabenda, cambaca, dahomé, elugo, embuyla, escola, orumbo, popó, etc.

Esos y otros negros, entre otras novedades africanas, trajeron la rumba y la lengua del tambor, este último utilizado para la transmisión de mensajes a distancia. "Al cabo de algunos años la conversión de los negros era tan completa que, por ejemplo, el día de Reyes, después de pasear un boa artificial por las calles de la Habana, se detenían ante el palacio del gobernador y empezaban a danzar y a cantar:

"La culebra se murió...

Sángala mulequé".

Según el Padre Juan Bautista Labat, uno de los grandes aptos para la esclavitud: los criminales sentenciados a muerte por destierro perpetuo, vendiéndolos con tal fin a los mercaderes de tribus africanas, que no tenían más propósito que tales robos y raptos abierta; los negros que eran vendidos a los blancos, y, por último, las reyezuelos, o por ciertos ladrones llamados mercaderes que eran todas partes, sobre todo de noche, para dar con alguna presa; si atándole las manos a la espalda, y le ponían una mordaza en la boca, si era hombre o mujer, para que no gritara; a los niños, los metían en un saco; y al caer la noche, se llevaban a los unos y a los otros a las factorías de los europeos, que al instante los marcaban a fuego y los trasladaban a sus navíos".

2.—Transporte y venta de negros.

Los desdichados —continúa Labat, citado por Bonilla en "Piraterías de Honduras"— arrancados así violentamente de su tierra natal, tenían que pasar por la tortura de una travesía de aguas tórridas, de la costa de África a las Antillas, que duraba de seis a diez semanas, aherrojados dos a dos por los tobillos, sufriendo hambre y sed en las calas obscuras y pestilentes de sus cárceles flotantes, viendo de cuando en cuando ya un niño, ya una mujer, ya hasta un hombre sucumbir en tan atroz martirio. Se calcula que cada año se exportaban de África por lo menos unos diez mil esclavos; centenares de ellos al enfermar cerca de la costa africana, los echaban vivos al mar para evitarse el seguro marítimo. Por venir almacenados en tan poco espacio muchos de ellos morían en la travesía, y en el llamado período de aclimatación la cifra de mortalidad resultaba pavorosa.

J.B. Moreton hace una tétrica descripción de la llegada de un barco negrero a una de las islas antillanas en posesión de los ingleses.

"Hasta el día de la venta, tienen que quedarse a bordo; durante ese tiempo, el patrón, el sobrecargo y el médico, ponen el juego de todas las artes que pueden para presentar a los esclavos bajo el aspecto más atrayente: se corta y afeita el pelo gris de barbas y cabellos de viejos y viejas, y se les frota la piel, y la de todo el cargamento humano con aceite de palma y otros, de modo que los compradores poco entendidos se llevan a algún esclavo viejo tomándolo por joven, a algún adolescente enfermo creyéndolo sano y fuerte.

A eso de las ocho o nueve de la mañana se convoca a todos durante lo menos media hora, obedeciendo a los marinos, que castigan a palos a los perezosos. Todos los días mueren algunas de estas pobres gentes, desesperadas ante el destino; y para evitar que circule la noticia, en perjuicio de la venta por dar al cargamento reputación de mala calidad, se ocultan los muertos en la bodega hasta la noche, y en la oscuridad se arrojan a los tiburones, que se los tragan de un bocado; cuando hay muchos barcos negreros en el puerto, los tiburones comen bien...".

3.—Noticias de la América Central.

En América Central todo parece confirmar que el Adelantado y más tarde Gobernador Pedro de Alvarado se hizo acompañar de algunos negros a la conquista de Guatemala y, posteriormente, en sus correrías por Honduras. Consumado el sojuzgamiento de los indígenas no tardaría en llevar más esclavos negros a Guatemala. El número de los que se sabe ingresaron en los primeros tiempos no fue muy elevado y una parte se quedó en el actual departamento de Izabal, y la otra fue absorbida en los valles de San Jerónimo y Salamá del departamento de Baja Verapaz.

Francisco de Paula García Peláez consigna los siguientes datos. El 12 de marzo de 1568, el Ayuntamiento de Santiago de los Caballeros escribía carta en la que solicitaba que el rey de España hiciera merced que se mandasen mil negros que, de cierto, ofrecía pagar ciento veinte ducados .por cada pieza. Esta petición, no fue atendida quizá por haberse pensado en Madrid que los conquistadores de Guatemala no estaban en capacidad de pagar tanto dinero.

La demanda de africanos había de continuar cada día con mayor urgencia. En Cabildo de 27 de noviembre de 1587 se resuelve que todo lo que rentare el Golfo Dulce en cuatro años consecutivos se destine a la compra de negros para que arreglasen los caminos. Poco después el Cabildo envía un memorial a la Audiencia pidiendo quinientos negros para las labores del añil, comprometiéndose a pagarlos dentro de cuatro años plazo. La Audiencia manda esta súplica en traslado al rey, no ya por quinientos, sino por un navío cargado de madera humana. El procurador responde el 13 de junio de 1594, que "pretender que el rey envíe a su costa algún negro a esta u otra provincia es tiempo perdido; que hacía dos años y medio que los portugueses ponían diligencias en favor de un "asiento", obligándose a traerlos a su costa a las partes que el rey ordenara y no lo habían conseguido".

En acuerdo de Justicia de 3 de mayo de 1613, se consigna el que se oponía el Oidor Solís, dando por razón la muchedumbre de africanos que había en estas provincias, y el riesgo de que al aumentar su número se sublevasen "como lo habían pretendido hacer en México".

Agrega García Peláez, que, no se halla en el resto del mismo siglo más acuerdo de Justicia en materia de arribo de barcos con negros, de forma que para obtenerlos en el transcurso de este tiempo se esfuerza la solicitud por dos mil de ellos en Cabildo de 6 de octubre de 1665, y hasta el 3 de julio de 1708, es cuando se ve acuerdo sobre la llegada con negros de don Oliverio Cubillas.

Sabemos que a medida que se aumentaba el número de negros en todas las comarcas del Nuevo Mundo también se multiplicaba el de los fugitivos, que dispersos en los montes, y sacudiendo el yugo de sus amos, se unían para hacer resistencia a la justicia, y en ocasiones para volverse poderosos auxiliares de los piratas. Contra los negros alzados o cimarrones se dictaron órdenes reales para su captura y escarmiento, mandándose en ellas levantar fuerza armada, proceder en la sedición contra los cabecillas sin forma de juicio, y disipadas las partidas, restituir los esclavos a sus dueños, y aplicar a la hacienda real los mostrencos.

Así, en Cabildo de 29 de abril de 1617 se manda dar aviso al Presidente de la Audiencia de muchos negros que han huido, y se van poblando en el camino del Golfo Dulce y otras partes. En otro de agosto de 1627 aparece el gasto de 4.030 tostones hecho en una entrada contra los cimarrones del camino del Golfo Dulce.

Lo que más recelo suele causar en el tránsito de estas montañas —escribe por 1638, Tomas Gage— es la presencia de dos o trescientos negros cimarrones, que se han escapado de Guatemala y otros lugares por los malos tratamientos que recibían... donde viven con sus mujeres e—hijos y aumentan todos los días, de suerte que todo el poder de Guatemala no es capaz de sujetarlos.

4.—Compraventa de negros.

Como toda otra mercancía el precio de los negros no fue siempre el mismo en las provincias de la Capitanía General de Guatemala. El inventario de Alonso Morcillo —citado por Peláez—practicado en la villa de San Miguel, a 3 de enero de 1539, se halla por tercera partida un esclavo indígena en 25 pesos de oro, al paso que por auto acordado en Justicia de 17 de abril de 1589, se da sentencia en una partición de bienes en que salen dos esclavos negros en 232 pesos cada uno. En reparos de cuentas de alcabalas de los años 1606, 1609 y 1610 se menciona la venta de 35 esclavos en esta forma: Negros: uno en 300 tostones, otro en 350, cuatro en 400, uno en 479, otro 625, otro 650, otro en 700, dos en 800, uno en 830, dos en 900, uno en 950, cuatro en 1000. Negras: una en 800, otra en 900, otra en 950, cuatro en 1000 y una en 1002. Hubo igual precio en los siglos XVI y XVIII, y fue mayor en el siglo XVII. En este siglo valían más los negros que los mulatos, y aún más las hembras que los varones.

En la ciudad de Valladolid, llamada por los indios Comayagua, en 24 de agosto de 1677 — citado por el historiador Eduardo Martínez López — don Alonso Grajeda de Galdo, ponía un aviso que decía:

"VENDO UNA ESCLAVA"

"Hesta mi esclava se bende en el precio tan vajo de doscientos y cincuenta pesos de ocho reales, de edad como de veinte años la que es libre de ypoteca y de vicios y defectos; y de vicios y defectos; y enfermedades públicas y secretas sin asegurarla de ninguna, save coser planchar y cosinar i no hay quien la compre prevengo desde ahora queda libre después de mis días, y el que tenga interés se veráconmigo" **(Se respeta la ortografía).**

En la villa del Real de Minas de San Miguel de Tegucigalpa, el 6 de diciembre de 1749, el bachiller don Isidro Artiga, clérigo presbítero, Domiciliario de este Obispado, vende a don Agustín Jiménez, como apoderado de don Silvestre de Villa Alta y Guzmán, regidor y vecino de la villa de Nicaragua, una mulata esclava, llamada Sebastiana Artica por precio de doscientos y cincuenta pesos de ocho reales.

5.—Los negros en Honduras.

En lo que atañe al ingreso de negros en Honduras, el dato más antiguo disponible hasta el momento se halla en la solicitud hecha por los vecinos, Justicia, Regimiento y Capitanes de la villa de Trujillo, en 1526, pidiendo al rey de España, entre otras mercedes, licencia para "pasar quientos negros sin pagar derechos algunos a esta villa...".

Bernal Díaz del Castillo, cuenta como yendo él con otros castellanos en compañía de Francisco Marmolejo, en 1526, desde Naco a Trujillo, a saber si Cortés era embarcado de regreso para la Nueva España, en tierras de Olancho se toparon con dos españoles y un negro, pertenecientes a las gentes del gobernador de Panamá, Pedrarias Dávila.

1539 a la gobernación de Honduras de un negro llamado Marquillo, y en carta que luego le dirige al rey le pide negros para abrir los caminos.

El licenciado don Alonso Maldonado desde Puerto Caballos (hoy Puerto Cortés), a 15 de enero de 1545 también escribe indicando que conviene que "Su Majestad mande abrir los caminos de Gracias a Dios a este Puerto Caballos y de Comayagua al puerto, y de las minas de Olancho al puerto, y esto no se puede hacer con indios porque hay pocos. Hay necesidad que S.M. haga merced a esta gobernación para este efecto, de cuarenta negros que podrán abrir los caminos; y los oficiales de V. M. tendrán cuidado de estos negros, como cosa de V.M., y los venderán cuando se acaben los caminos que se harán en poco tiempo..."

El licenciado Alonso López de Cerrato, defensor decidido de los indios, escribe al rey desde la ciudad de Gracias a Dios, en 1548, como Presidente de la Audiencia de los Confines, que los funcionarios anteriores de ese tribunal no habían cumplido con su deber y que tenía informe que "de esta costa del Sur, se han llevado al Perú más de seis mil indios libres, vendidos por esclavos; por manera que han despoblado esta costa... y si el Presidente y Oidores han estado aquí, es porque el Presidente se servía de cuatro pueblos de indios y los Oidores ahorraban su salario, y desde aquí proveían sus minas y negros..."

En acuerdo de Justicia de 6 de agosto de 1618, se menciona el arribo de una embarcación de negros llegada de Trujillo, que fue admitida a petición de los mineros de Tegucigalpa, Arribando después dos naves cargadas de negros al propio puerto. El Ayuntamiento de Guatemala, en 4 de septiembre de 1620, resuelve oponerse a su admisión por ser más de los que se necesitaban. En acuerdo de 22 de octubre de 1622, se declaran perdidos y se mandan amonedar los del navío Domingo Simón. En otro acuerdo de 23 de diciembre de 1624, se habla del arribo de un navío con negros esclavos, en que los visitados fueron 182, y fuera de visita resultaron otros 212, que se mandaron embargar contra la protesta del Oidor Solís, por estar dice, "la tierra llena de negros".

Además, entre 1641 a 1652, la provincia de Honduras había de recibir un contingente numeroso de negros que llegaron a la costa después de haber dado muerte al capitán y a los tripulantes del negrero que eran conducidos para ser vendidos en los establecimientos de Tierra Firme.

6.—Suposiciones sobre los grupos africanos de la Costa Norte.

Algunos autores dicen que esos negros procedían de las costas de Guinea y eran llevados al Brasil por el capitán portugués Lorenzo Gonzáles o Goncalles. En alta mar se sublevaron y se hicieron dueños de la nave después de haber dado muerte a los blancos; más, ignorantes del arte de la navegación el barco fue fácilmente arrojado por las corrientes marinas y el viento frente al Cabo de Gracias a Dios, y. allí naufragó. Los negros que lograron llegar a tierra fueron apresados por los indios y hechos sus esclavos. Más tarde, les permitieron mezclarse con las mujeres de la comarca y sus hijos quedaron libres.

El año de este naufragio y la procedencia del barco han dado tela para una serie de opiniones encontradas entre los primeros cronistas que han tratado el asunto. Jorge Henderson, dice, que los negros venían de Somba, frente a la desembocadura del rio Cassiri, en Senegambio. Santaella Melgarejo, en su informe de 3 de abril de 1715, expone que el navío era inglés y que se hundió en 1652 frente a Cajones o Cayos Tiburones, al este del Cabo Gracias a Dios. Los negros al principio se instalaron en una región del sur de dichos cayos (probablemente en Cayos Mosquitos), por temor de los indios y al hacer amistad con ellos se trasladaron a vivir a Cabo Gracias a Dios.

El caballero Ravenau de Lussan, en sus "Memorias del Viaje al Mar del Sur, con los filibusteros de América", refiere que el Cabo Gracias a Dios estaba habitado (1685 a 1686) desde hacía muchos años por negros y mulatos, tanto hombres como mujeres, los cuales se habían aumentado considerablemente desde que un navío español procedente de Guinea con sus antecesores a bordo, se perdió allí al haberse acercado mucho a la costa por ser peligrosa esa zona. Los negros que se salvaron del naufragio fueron humanamente acogidos por los indios "moustique", que vivían en la comarca, los cuales se alegraron mucho de ver la pérdida de la nave y de los españoles sus enemigos. Los indios luego concedieron a los negros que construyesen chozas en una preciosa sabana que se dilata a cinco o seis leguas de la desembocadura del río; les dieron maíz, bananas y cazabe, y les enseñaron a preparar una bebida muy nutritiva llamada hoon, "hecha de una fruta que crece en la copa de una especie de palmera silvestre".

Acerca de este asunto fray Benito Garret y Alové, dice que uno de aquellos negros, ya muy viejo, llamado Juan Ramón, vecino de la ciudad de Granada, en Nicaragua, le contaba que solamente como una tercera parte de sus compañeros había sido capturada por los indios y reducida a esclavitud; el resto se acogió a los montes cercanos donde libraron guerra contra los indios obligándolos a huir hacia el interior del país.

En 1776 los ingleses hacen el traslado de la isla de San Vicente a Roatán de dos a cinco mil caribes negros y a instancias del gobernador de Comayagua se establecen en Trujillo y en otros puntos de la provincia. En el correr del tiempo sus descendientes se han desparramado por toda la Costa Norte desde Stann Creek, en Belice, hasta Río Tinto o Negro y hoy se les conoce con las denominaciones de garif o caribes.

7.—Informes sobre los Caribes

Casi todos los etnólogos están de acuerdo en cuanto al origen sudamericano de tal gente y, según tradiciones suyas arribaron a algunas de las islas del grupo de las Pequeñas Antillas como un siglo antes del descubrimiento del Nuevo Mundo. Por su parte, Cristóbal Colón se ocuparía de divulgar que los caribes eran grandes y terribles piratas. Y, quizá por aquello del oficio, los caribes negros nunca se llevarían amigablemente ni con los ingleses, ni con los franceses ni con los holandeses que, desde 1625, comienzan a ocupar las islas de San Cristóbal, Nevis, Santa Lucía, Barbados, Monserrat, Antigua, Guadalupe, Martinica, Marigalante, Dominicana, Granada y San Vicente; sin embargo, estaban divididos a la llegada de los europeos en dos grupos llamados caribes negros y caribes amarillos, que vivían en constantes guerras. Los primeros eran, según algunos historiadores, descendientes de unos cuantos negros africanos conducidos en un barco que había naufragado en 1675 frente a las costas de aquella isla y que luego se mezclaron con las indias caribes. Como medida de salvarse de su odio fuerte y hostilidad los ingleses primeramente los deportaron a la isla de Balliceaux, frente de San Vicente, y un año más tarde a Roatán.

Comenta García Peláez, que, entre los indígenas emigrados de la tierra adentro, que mediado el siglo XVI entraron a habitar la región de Tologalpa y Taguzgalpa, desiertas entonces con el saltamiento que hacían los españoles de sus antiguos moradores, se hallan los habitadores de la costa que tomaron a fines del siglo XVII el nombre de zambos mosquitos. "Mosquitos, así llamados, acaso por los arrecifes próximos al Cabo de Gracias a Dios, pues el nombre primitivo de su país, visitado por Colón, es Cariay. Zambos sin duda, porque comerciando Jamaica con negros, y abundando en la islasu tráfico, fugitivos de ella, y refugiados en esta costa, se mesclaron con gentes naturales de la tierra, y. su descendencia tomó este distintivo, específicamente suyo. Los negros de que proceden eran provocados a la fuga con la libertad que hallaban en sus dilatados bosques, declarada asimismo para los prófugos de dominios ingleses y holandeses en Cédula de primero de julio de 1704, que les aprovechó poco, no siendo acatado el nombre español en el distrito".

8.—El gran objetivo del comercio negrero

En conclusión, el comercio europeo—americano de los siglos coloniales se realizaba a través de negros cazados en África contra oro y plata extraídos de las minas de América. Es la particularidad esencial de aquel comercio, con el único objeto de fortalecer las fuerzas productivas de la minería.

XX
Los Consulados y su jurisdicción mercantil.

1.—Origen de los Consulados.

Desde los últimos tiempos de la Edad Media y primeros de la Edad Moderna afirma Ots Capdequí—, venían funcionando en España las corporaciones de mercaderes designados con el nombre de Consulados, con características más o menos análogas que tanta importancia tuvieron en algunas ciudades del Mediterráneo con Valencia y Barcelona.

Al frente de cada Consulado había un Prior y varios Cónsules elegidos por los comerciantes de la ciudad. En el cuadro burocrático de estas corporaciones figuraron consiliarios, secretarios, escribanos, porteros, etc. Los Consulados tuvieron para dictar ordenanzas regulando su propia organización, así como los negocios comerciales. Fueron famosas las Ordenanzas dictadas por el Consulado de Burgos en 1538, por el de Sevilla en 1556 y por el de Bilbao en 1737,estas últimas — muy saturadas de espíritu francés, influyeron en las de muchas ciudades españolas y de las Indias Occidentales.

2.—Jurisdicción en primera Instancia.

Los priores y los Cónsules tuvieron jurisdicción para conocer en primera instancia de todos los asuntos de carácter mercantil. Fallaban con arreglo a sus propias Ordenanzas y de sus fallos se podía apelar al Corregidor que actuaba en tales casos con el asesoramiento de dos mercaderes del Consulado; en el siglo XVIII el Corregidor fue sustituido por el Intendente. Si la sentencia dictada en apelación confirmaba la pronunciada en primera instancia, el fallo quedaba firme; en caso contrario podía interponerse recurso de suplicación ante el propio Corregidor o Intendente para que asesorado esta vez por dos mercaderes distintos conociese del asunto en revisión. La nueva sentencia dictada en virtud de esta suplicación era firme pero su ejecución quedaba a cargo de las autoridades ordinarias por mandato del prior y de los cónsules.

De las sentencias ejecutoriadas por el Consulado de Sevilla podía recurrirse ante el Consejo de Castilla o del Consejo de las Indias según la naturaleza del asunto. Las Audiencias no tenían en estos casos ninguna intervención.

El procedimiento seguido en estos pleitos de carácter mercantil era breve y sumario, sin forma de juicio y sin la lenta tramitación del procedimiento ordinario.

3.—Los Consulados en las Indias.

En las Indias, los dos primeros Consulados fueron los de las ciudades de México y de Lima en 1593 y 1594. Las Ordenanzas del de México se aprobaron en 1603 y 1604. Las del Consulado de Lima, en cuya redacción intervino Solórzano, se aprobaron en 1627.

El Consulado de Guatemala fue creado por Real Cédula del 11 de diciembre de 1743. Lo formaban un prior, dos cónsules, nueve consiliarios, un síndico con sus respectivos tenientes, un secretario, un contador y un tesorero. Para mayor facilidad en los asuntos mercantiles, había en la Capitanía General de Guatemala, Jueces diputados en Ciudad Real, Quezaltenando, San Salvador, San Miguel, Sonsonate, San Vicente, Santa Ana, Granada, León, Segovia, Comayagua, Gracias, Trujillo y Tegucigalpa,

Este consulado se componía además de un Tribunal encargado de los asuntos comerciales y de una Junta en pleno con todos los funcionarios del propio Consulado, con misión judicial y además de carácter administrativo y político. Conocía de los pleitos de los comerciantes al tenor de las Ordenanzas de Bilbao, de la Recopilación de 1680 y en último caso de las Leyes de Castilla. La Junta se encargaba de fomentar la agricultura, mejorar los cultivos, beneficiar los frutos, introducir herramientas y maquinarias, facilitar la circulación interior en todo el territorio, construir caminos, incrementar la navegación y establecer rancherías en los despoblados para facilitar y proporcionar ayuda a los transportes.

4.—Lo que revela el Consulado de Guatemala.

El Consulado de Guatemala revela el espíritu capitalista que suficiente para que se dictara la Real Cédula de San Lorenzo— lugar donde fue expedida— en el mes y año citados. De otro modo no se explicaría que después de los Consulados de México y de Lima, seguidamente fueran establecidos el de Guatemala y el de Buenos Aires, creado este último por Real Cédula de 30 de enero de 1794.

XXI
Economía colonial
a) Minería

1.—Introducción.

Antes de 1544, los descubridores y conquistadores españoles andaban a las carreras en estas tierras, buscando el canal de agua que unía a los dos océanos; arrebatándoles el oro y la plata que guardaban para sí los indios; guerreando los unos con los otros por mayor territorio que saquear, o degollándose y apuñalándose como sucedió en Naco y en Trujillo, y, a las últimas, tratando de encontrar la ciudad fantástica del Dorado, en la que todo era oro, plata y piedras preciosas, como suponían que le habían dicho los sacerdotes del dios Mexic en Tenochitlán a Hernán Cortés. Los descubridores y conquistadores eran gentes desesperadas por hacerse de fortunas fabulosas del modo más fácil. Tiempos aquellos de novelas de caballería, casi todos ellos se consideraban caballeros andantes capaces de enfrentar contiendas inverosímiles por conquistas el corazón de su sin igual señora la riqueza. *Después del año citado, con el establecimiento de la Audiencia de los Confines empezó la organización colonial y con ella la creación de las bases de la economía. Dada esta explicación empezamos con las minas.

2.—Informe dado a la Metrópoli.

En 1572, se hicieron importantes descubrimientos de minas de plata en la provincia de Honduras y en la jurisdicción de Tegucigalpa. Los dueños de estas minas recurrieron a la autoridad superior de Guatemala para expresarle la necesidad que tenía de brazos y azogues con qué emprender las explotaciones mineras. En su caso, la Audiencia elevó un informe al rey en que decía "que las minas de Guascorán y las de los cerros de San Marcos, Agalteca, Tegucigalpa y Apazapo, daban generalmente a razón de seis a diez y más onzas por quintal, y que dejaban de trabajarse por falta de operarios y de azogues; por lo cual pidió que del Perú se trajeran cada año trescientos quintales que serían muy bien pagados en este país".

En 1578, se descubrieron en Tegucigalpa grandes minas de plata, además de las encontradas, lo que hace el aumento de la población compuesta de propietarios, trabajadores y comerciantes.

En 1579, la Audiencia de Guatemala toma en cuenta la riqueza minera de Tegucigalpa, y el Presidente Valverde crea la Alcaldía Mayor nombrando para tal empleo al señor Juan de la Cueva.

Los minerales se beneficiaron en el propio país, primero con azogue procedente de Almadén, más tarde con el peruano de Huancavelica. Se cotizaba a 60 pesos el quintal y el rey ordenó en 1594 construir un almacén en Tegucigalpa para depósito de este elemento.

La participación real en el producto de las minas era, como en los demás dominios españoles, el quinto; sin embargo, en la época de Felipe V, en uno de los períodos de depresión económica, fue rebajado al décimo y así se mantuvo hasta la Independencia.

Suplieron las minas de Honduras cerca de la mitad del presupuesto centroamericano durante el siglo XVIII.

Diego de Zúñiga, vecino y minero del Real de Minas de Tegucigalpa registró en 1684, una mina en la veta del Nombre de Jesús en el cerró de Suyapa, a la que llamó nuestra Señora del Buen Suceso.

Hay en la Alcaldía Mayor —dice un informe de aquel tiempo— cuatro ingenios para moler los metales, y enfrente del de Santa Lucía de descubrió otro riquísimo cerro que le pusieron por nombre San Juan, el cual está lleno de minerales y vetas de toda ley, desde dos onzas hasta seis por quintal, de beneficio muy dócil y fácil de labrar y sacar. De la Villa de Tegucigalpa dista ocho leguas el asiento de minas de Guasucarán, donde también hay ricas minas y vetas de plata; hay en ellas tres ingenios para moler los metales".

En los siglos de plena explotación colonial fue creada la Capitanía General de Guatemala, con varias provincias que hoy son mexicanas, más las cinco de Centro América, siendo la más notable por su producción minera entre todas ellas la de Honduras.

Corrió a cargo de Honduras la gran producción de oro y plata. Las demás provincias daban cuotas complementarias. Y en la Corte de España se hablaba con orgullo del Real de Minas de San Miguel de Tegucigalpa, a la par de los minerales — dice el comentarista de aquel tiempo— de Taxco, en México, y de Potosí, en el Perú.

A principios del siglo XVII, en la zona montañosa de Occidente de Honduras se descubrieron nuevas vetas y se fundó en el valle de Sensenti otra Alcaldía Mayor, cuyo titular lo designaba el Presidente de la Audiencia, con cabeza en el pueblo de San Andrés de Nueva Zaragoza, que durante un siglo fue floreciente villa por el oro y la plata en que era rica. Esta Alcaldía Mayor fue suprimida en 1703 al cerrar las explotaciones, y hoy no quedan ni vestigios de aquella villa.

El 17 de enero de 1731 se creó una Ceca en Guatemala que empleaba el metal producido en Honduras. (Real Orden de Felipe V).

En 1741 se construyó la Casa Real de Comayagua, que fue la más importante construcción civil de la época colonial, con sus grandes pilas para el azogue y sus piezas para ensayar y quintar las platas.

En 1744 fueron denunciados grandes minerales de oro en Yuscarán y al mismo tiempo de plata de Potrerillos.

En ese mismo año se asignaron a los minerales de Santa Lucía, Goascorán, Cedros y Yuscarán los indios de Curarén, Reitoca, Alubarén, Ojojona y Texíguat; como éstos fueron insuficientes se amplió la asignación con los indios de Somoto y Totogalpa (en territorio de Nicaragua), pero no fue posible traerlos por impedirlo las leyes de Indias.

El 17 de julio de 1768, Tegucigalpa fue elevada a la categoría de Villa, con jurisdicción en los minerales de Potrerillos, San Antonio, Yuscarán, Langue, Santa Lucía, Goascorán, Lepaterique, Ojojona y Choluteca.

En el año de 1770, fue creado un depósito de metales en Tegucigalpa, el que en 1780 se convirtió en Caja de Rescates, cuya entrada, en los 40 años que transcurrieron hasta la independencia, fluctuó entre 2.356.754 pesos y 5.666.223 pesos.

3.—Importancia de los placeres del río Guayape y de otros ríos de Olancho.

Olancho fue centro de convergencia de los conquistadores de espada como de los misioneros de la cruz. Gil González Dávila, Hernán Cortés, Pedrarias Dávila, Francisco Hernández de Córdoba y otros por si y por medio de lugartenientes hicieron constantes recorridos por esa importante zona del país con fines de dominación colonizadora. Con tal motivo, hubo en Olancho guerra feroz entre los conquistadores y las tribus, con apreciables pérdidas en vidas humanas para los primeros, y guerra civil entre los propios conquistadores que procedían de Santo Domingo, México y el Darién, por adueñarse del extenso y rico territorio.

La conquista de Olancho es un capítulo especial en el conjunto de la conquista de Honduras. En cuanto a las misiones religiosas, varios fueron los grupos de sacerdotes exterminados por los nativos, y fue hasta muy avanzado el tiempo que los misioneros pudieron entrar en relaciones amistosas con las tribus, muchas de las cuales se hallaban en el estadio medio de la barbarie y tenían el gran antecedente de la cultura maya—tolteca con notables centros urbanos que están a punto de ser descubiertos en la parte norte de la región.

Desde el principio se dieron cuenta los conquistadores de la riqueza aurífera de Olancho y de la facilidad con que podía obtenerse el oro por medio del lavado en los manantiales, quebradas y ríos, procedimiento que usaban los indios con gran provecho. Resultaba más fácil lavar oro en las márgenes fluviales de Olancho que taladrar minas en los cerros de Tegucigalpa con instrumentos rudimentarios. La facilidad de adquirir el metal precioso en playas y barrancos inagotables se supo inmediatamente en los principales centros coloniales, y así, desde el principio, quedó establecida la fama de la región de Olancho, que no tardó en ser conocida en Europa y envidiada por las naciones colonialistas. Desde entonces se hicieron frecuentes las visitas, con permiso de los reyes, de viajeros holandeses, ingleses y franceses.

En cuanto pudieron los ingleses, se instalaron en Belice, las Islas de la Bahía y la Mosquitia, con miras a apoderarse de la región de Olancho. Pusieron en práctica un procedimiento que han pasado por alto los historiadores nacionales y el cual consistía en acoger y dar protección a los indios esclavizados en el resto del país y a los grupos rebeldes que vivían bajo amenaza eterna de las cacerías españolas cuando se agotaban los trabajadores esclavos en los centros mineros. En este sentido, Olancho servía de reserva para tomar esclavos que se destinaban a las minas de la provincia y para venderlos en aquellos mercados donde se habían agotado los indios, como en las Antillas y en particular en Santo Domingo.

Agréguese que los ingleses bajo cálculo, daban asilo a los nativos, y más tarde los adiestraron en el manejo de las armas de fuego, los armaron y los lanzaron sobre las poblaciones españolas de Olancho y del centro del país, amenazando muchas veces a Comayagua ya Tegucigalpa.

El francés Charles Dorat consignó en sus notas de viaje que había encontrado sólo en las orillas del Guayape 16.000 batehuelas que habían servido para lavar oro y que fueron abandonadas cuando se hizo patente la dispersión colonial. Corrían los años de la tremenda baja de los metales preciosos en los mercados europeos por el extraordinario aumento de la producción mundial. Esto sucedió a mediados del siglo XVIII, en torno a los años del rey Carlos III.

Vylancho, Huilancho, como aparece en las cartas y capítulos de los cronistas españoles ofrecía sus placeres inagotables a los conquistadores y colonizadores, y allí debían instalarse a su entero gusto, sin vigilancia ni control de los delegados del Rey que se quedaban en la Nueva Valladolid. (Comayagua) y en el Real de

Minas de San Miguel de Tegucigalpa. A las primeras fundaciones, Villa de La Frontera de Cáceres (1525), arrasada por los nativos, y San Jorge de Olancho (1540) destruida por un desbordamiento de agua desde la cumbre del cerro del Boquerón, siguieron Silca, Manto, Jano, Guata, Yocón y otras poblaciones antiguas que servían de asiento a los españoles dedicados a lavar oro con indios de los lugares y negros importados por el puerto de Trujillo.

4.—Importancia metalífera de Villa de Jerez de la Frontera de Choluteca.

Cristóbal de la Cueva, delegado de Jorge Alvarado, fundó la Villa de Choluteca en 1535. El fundador había nacido en Jerez de la Frontera de España y a eso obedeció el largo nombre con que fue bautizada la fundación. También es cierto que por Choluteca se entendía todo el territorio sur de la provincia de Honduras, hasta las márgenes del Lempa. Asimismo, pertenecía a Choluteca todo el Golfo de Chorotega que fue detallado en el informe "Razón y parecer" de don Francisco de Valverde, que se halla en la Real Academia de la Historia de Madrid, y que fue redactado con el objeto de informar a su Majestad que "la vaya" de Fonseca era el lugar marítimo indicado para establecer el puerto natural que comunicara a las Indias con el Asia, y especialmente con las Filipinas (colonia española) y con China (con la que España cultivaba las mejores relaciones).

Choluteca fue el tercer centro minero de la provincia de Honduras, siendo tanta su riqueza metalífera que de allí viene la expresión de "mis reales tamarindos", atribuida a uno de los reyes hispanos cuando recibía los quintos de la citada región.

5.—Ascenso y descenso de la minería colonial de Honduras.

Hasta 1544 fue tomado el oro y la plata con violencia que retenían en su poder los indios. En ese año se establece la Audiencia de los Confines en Gracias y empieza la búsqueda de minas para explotarlas. A finales del siglo XVI ya existen los centros florecientes de: 1) San Miguel de Tegucigalpa y Heredia; 2) Olancho; 3) Jerez de la Frontera de Choluteca; y 4) San Andrés de Nueva Zaragoza en el valle de Sensenti. Todo el siglo XVII es de máxima explotación minera y de grandes exportaciones a España. Pero en el siglo XVIII, la producción mundial de oro y plata llega a tanto, que el mercado europeo carece de capacidad para absorberla, hecho que produce la famosa "revolución de los precios" en la que los metales de compra andan por los suelos y las mercancías vuelan por las nubes.

En ese tiempo, de un modo general, la producción minera empieza a restringirse en el mundo productor; se restringe en la América española, y por tanto se restringe en Honduras. A la vez empieza el languidecimiento del comercio de negros africanos, y en el mercado local se venden y se compran por debajo de la mitad del precio anterior, y en algunos lugares ya empieza la liberación de los esclavos.

En cambio, las mercancías que vienen de la Metrópoli traen precios inalcanzables, hecho que contribuye a romper el monopolio comercial español. Al lado del comercio hispano prohibitivo está el contrabando inglés que se propone el desplazamiento de España en sus propias colonias.

b) Agricultura

Las comunidades indígenas fueron destruidas con los repartimientos y las encomiendas de los españoles, procedimientos que fueron legalizados posteriormente con las confirmaciones y las mercedes del rey. Las encomiendas tenían fines religiosos, tributarios y de aprovechamiento del trabajo del indio. Así los encomenderos no tenían más que catequizar a sus indios para recibir a cambio tributos indígenas, trabajo en sus tierras de cultivo y prestación de servicios en su casa.

En 1629 la encomienda se otorgaba en beneficio de cinco generaciones, con lo que el encomendero podía dejar en herencia a sus sucesores a los propios indios encomendados. Los herederos tenían a su vez el mismo derecho, hasta completar cinco transmisiones hereditarias.

Bajo el reinado de Felipe V (de Borbón) terminó la institución de la encomienda.

A la hora de los repartimientos en los días de la conquista, los caballeros recibieron encomiendas mayores que los peones (soldados). Esto dio origen a la existencia de grandes propiedades junto a las pequeñas fincas de los peones.

Con el triunfo de los españoles y como consecuencia de las corrientes migratorias que traían a cientos de personas al Nuevo

Mundo, surgió la necesidad de dar tierras agrícolas a los colonos y misioneros que venían de España.

A medida que el reparto se fue haciendo más intenso las tierras pertenecientes a las poblaciones establecidas se redujeron en extensión. La consecuencia inmediata fue que los indígenas que habían quedado libres no tenían tierras en que cultivar. Así fueron obligados a trabajar en las propiedades de los españoles, que gracias a esta clase de trabajo forzado se sumaron a la esclavitud de sus congéneres.

La riqueza no se encontraba en la gran cantidad de hectáreas poseídas por los agricultores españoles, sino en el trabajo que los indios sudaban en dichas fincas.

Además de lo anterior, apareció el misionero español; las primeras misiones solo traían como riqueza su fe religiosa y unos vestidos empolvados y pobres. Pidieron tierras para construir sus conventos y les fueron regaladas; muy pronto creció su poder económico; las tierras cercanas a sus edificios pasaron a poder de ellas; los indios con el engaño de ser catequizados, pagaron tributos y fueron obligados a trabajos forzados.

2.—Régimen de trabajo.

El indígena constituía el elemento productor de la hacienda. A imposición cultural española se agregó el sojuzgamiento físico del indígena. Las haciendas crecieron tanto en bienes como en número de trabajadores. El mayor asentamiento de la época se encontraba en la zona que hoy comprende el departamento de Comayagua. La rudeza con que fueron tratados los indígenas determinó su fuga hacia las montañas convirtiéndose en nómadas.

En el sector de Santa Bárbara hasta Cortés, donde se cultivaba cacao y se explotaba la ganadería el requerimiento de mano de obra era menor. Ocotepeque, Intibucá, Lempira y Copán dedicados a la explotación del tabaco, se mantuvo el sojuzgamiento de los indios por medio de la hacienda. En Yoro y Colón, dedicados a la ganadería, era menos el rigor esclavista.

Es de hacer notar que en la hacienda el patrón mantenía un régimen paternalista, a tal grado que el indígena dependía del patrón desde su dieta alimenticia hasta su participación en los actos religiosos.

Era el patrón quien decidía el tipo de cultivo a realizar, la extensión a cultivar, la forma de comercializarlo, etc., y el indio sólo tenía su trabajo.

Ocasionalmente y cuando la mano de obra escaseó, debido sobre todo a la deserción indígena, el hacendado se vio a recurrir a los mulatos, criollos o indígenas libres a quienes pagaba jornales que en la mayoría de los casos no era pagado en moneda sino con artículos que el mismo hacendado había adquirido a precios bajos, y en otras ocasiones les daba parcelas de tierra para que las cultivaran exigiéndoles a cambio las dos terceras partes de la producción; cuando por circunstancias especiales los cultivos sufrían daños (por falta o exceso de lluvias, plagas, etc), las deudas eran transferidas a la próxima cosecha.

Los conquistadores y colonizadores dieron su aportación económica introduciendo nuevos cultivos y crianza de animales domésticos desconocidos en América. Esto determinó un nuevo orden social.

El aspecto topográfico de Honduras era ideal para todos los cultivos y toda crianza de ganados. En las altas montañas se daban perfectamente los frutos de "castilla"; en los valles calientes como el de Comayagua, Choluteca, el de Sula se desarrollaban con abundancia los cítricos, como las naranjas, la lima, el limón, y eran numerosos los plantillos de caña de azúcar. En las montañas como las de Gracias, la Esperanza, se daban las manzanas, la pera, el membrillo, duraznos, ciruelas, y en casi todas las tierras se daban la uva, la manzana, las aceitunas, cultivos estos que pronto fueron abolidos por una real orden. En Comayagua y Trujillo —según informes— la abundancia de la uva fue muy notoria, daba dos cosechas al año, pues si las vides se cortaban en agosto, en octubre volvían a tener uvas maduras. No obstante, la uva se siguió cultivando en forma doméstica en los patios de las casonas de los grandes propietarios. Por todo el país se daban los mangos, los granados, en conjunción de los frutos de la tierra, como las— anonas, nísperos, el zapotillo, el tamarindo, la paterna, aguacate, nance, jocote, guanábana, zuncuya, papaya, uva silvestre, etc. No en vano a mediados del siglo XVIII se consideraba la provincia de Honduras como la que producía las mejores frutas de la América española (Historia de la Nueva España de Palacios)".

3.—Cultivo de la Grana.

Con el decaimiento de la producción del añil fue intensificado el cultivo de la grana. En el sector de Gracias y en el Valle de Comayagua hubo grandes haciendas de cochinilla. A partir de 1818empezó en Comayagua la siembra de Nopales, la crianza y cultivo de la cochinilla. El tiempo más apropiado para sembrar nopales es el de octubre y noviembre. Se sembraba en surcos. rectos y paralelos, de dos varas de latitud de una a otra hoja y media vara de ancho, resultando que en una manzana se sembraba un promedio de 7.500plantas. Hay diversas pruebas de que en la época colonial se deseó incrementar la recolección de grana en el reino de Guatemala.

4.—Caña de azúcar.

Cuando los españoles llegaron a Honduras se encontraron con la novedad que aquí crecía libremente la caña de miel, distinta a la importada de la India. Esta caña era más pequeña y delgada; pero bien elaborada daba rapadura y azúcar de buena calidad; así pues, desde principios del siglo XVII ya contaron los hondureños con pequeños ingenios que servían para abastecer el consumo nacional. Por falta de brazos estos primeros ingenios no prosperaron mucho, pero al incrementarse la mano de obra esclava tomaron alguna importancia.

En 1752 existía el gran ingenio de Nuestra Señora de la Peregrina en Opoteca, cuyo propietario, don Antonio del Corral, hizo pingües ganancias (A 3.12 exp. 1872. Leg, 186, Arch. de Guatemala). Como a fines del siglo XVIII los cosecheros de caña se vieron gravados con nuevos impuestos, estos principiaron a protestar ante las autoridades para que les rebajaran a cuatro reales, por lo menos, la carga de dulce de panela.

Los subsidios obligados para sostener la guerra contra Napoleón empobrecieron a algunos de estos cosecheros. En el documento (A III Exp. 675, Leg. 57) del Archivo de Guatemala se ratifica el impuesto que deben pagar los cosecheros de caña de azúcar a partir de 1807. Como desde fines del siglo XVIII existía un montepío para ayudar a los cosecheros, se han encontrado documentos como el relacionado con el caso de Don Domingo Vásquez de Tegucigalpa que pide ayuda de dinero para el sostenimiento de su siembra de caña en el año de 1791.

Para el control de la producción de azúcar y de panela existía un libro de asiento de alcabalas donde se ha podido encontrar algunos datos con respecto a la producción de azúcar y de panela en la provincia de Honduras. A partir de 1809 se dan ordenanzas en la provincia de Honduras para fomentar la agricultura, y en 1814 se dio una ley para perseguir a los vagos en los ingenios azucareros. (A. L.225 Exp.2417 Legajo 203).

5.—Tabaco.

El tabaco crecía silvestre en Honduras y empezó a tomar importancia a mediados del siglo XVIII, principalmente en el partido de Gracias, Comayagua, Olancho y Yoro. Los llanos de Copán pasan a tener una importancia excepcional en el último cuarto del siglo XVIII, tiempo en que fue fundada Santa Rosa, cabecera del departamento de Copán, que en 1795 ya contaba con una factoría real.

El tabaco de Honduras no era comercial, por ser patrimonio del Gobierno español que lo explotó por muchísimos años. La factoría real de Santa Rosa de Copán era únicamente para el control de la producción de esa área. La producción era tan grande que exigía la creación de otras factorías que controlasen lo producido en las demás zonas del país.

A principios del siglo XIX ya Comayagua contaba con su propia factoría. En 1809, esta factoría contaba con 10 latas de polvo habanero y 30,136 libras de tabaco en rama. En 1810 entraron a la factoría 122,080 libras de tabaco en rama y existían 80 libras de polvo habanero.

Por los puertos de El Salvador (Acajutla y La Unión) se exportaban de 8 a 10.000 quintales de tabaco para la América del Sur. Entre 1799 y 1803 las rentas de tabaco produjeron 949.757pesos. En los primeros años de la independencia la producción de tabaco ascendía a un promedio de 189.951 pesos. Las primeras discordias de los Estados de Guatemala y Honduras fueron por los llanos de Copán y su producción tabaquera.

c) Ganadería

1. —Advertencia.

La producción ganadera colonial corrió de cuenta de propietarios laicos y eclesiásticos. Por eso, de acuerdo con los informes de que disponemos, iremos citando a unos y a otros indistintamente. Esta parte pondrá en claro si la Iglesia fue pobre en Honduras, como aseguran algunos historiadores del país, o, si por el contrario, fue rica, como sostienen otros.

Debemos agregar que, en nuestro concepto, la propiedad ganadera juega un importante papel económico, social y político en Honduras, por cuanto al volverse un problema sin solución la crisis de la minería que desemboca en el desastre, los mismos propietarios mineros se transformaron en agricultores y en ganaderos o en las dos cosas; y de este modo fortalecieron el frente indiano nacional y continental que poco a poco se desplazaba del sistema esclavista al sistema feudal y que llevaba implícita la exigencia de que el poder político de las gobernaciones provinciales, las capitanías generales y los virreinatos pasara a manos de los criollos americanos, lo que significaba independencia de España.

No se debe olvidar este papel histórico de la ganadería en el Nuevo Mundo, en los siglo XVII y XIX.

2.—La ganadería hondureña.

En 1566, Lope de Cáceres, vecino de la ciudad de Nueva Valladolid del valle de Comayagua, solicitó al señor Hernando Bermejo, Gobernador y Visitador de las provincias de Higueras y Honduras, que le permitiera poner una estancia de yeguas en Zacualpa Vieja del pueblo de Tapale. El señor Bermejo a nombre de S.M. hizo merced de las tierras a Lope de Cáceres en 15 de abril de 1567.

En aquellos años abundaron las solicitudes de los vecinos de varias poblaciones del país en el sentido que se les hicieran mercedes de sitios enteros para dedicarlos a la crianza de ganado vacuno y caballar. Sobre las solicitudes recaían resoluciones favorables.

En 1580, el Gobernador de la provincia rindió un informe al rey en que le habla del auge que ha tenido la ganadería en los últimos tiempos. Por este informe se advierte que algunos indios podían dedicarse a la crianza de ganado, como se ven en el caso del cacique don Diego de Fúnez, de Comayagua que poseía 1.150 vacas,400 becerros, 200 cerdos, 80 potros y 30 yeguas, o en el caso del indio Diego de Tatumbla que era dueño de 10 mulas y 100 vacas.

En 1590, Carlos Ferrufino, vecino de Tegucigalpa, "se presentó ante don Francisco Romero, Lugarteniente del Gobernador de la Provincia de Honduras, don Rodrigo Ponce de León pidiendo que se le hiciese merced de un sitio de estancia de ganado menor, cabras y ovejas, situado sobre la quebrada que llamaban Supelecapa y en las faldas de un cerro llamado Coyapa (Suyapa); dicha petición fue atendida por don Francisco Romero, quien concedió la merced solicitada al señor Ferrufino.

El terreno concedido al citado solicitante formaba parte de la propiedad nombrada Hato de Enmedio, contiguo a las tierras de la Finca el Trapiche, en donde se encuentra la aldea de Suyapa desde su establecimiento.

En 1602, (recuérdese que Jorge de Alvarado había hecho el nuevo trazo de la ciudad de Comayagua que había sido destruida por los indios en la década treinta de la gran insurrección de las tribus de la provincia, cuando Francisco de Montejo andaba en Olancho, aplastando a los indomables albatuines), la nueva ciudad debía ajustarse a la ordenanza provisional que Hernán Cortés había dejado en Trujillo: una plaza, un cabildo, una catedral, una cárcel, etc. Contaba el valle de Comayagua con regulares hatos que luego se transformaron en haciendas. Había, además, fincas de caña y trapiches para elaborar dulce de panela y azúcar de pilón.

Cuando la ganadería de la provincia estaba suficientemente desarrollada, ya en el siglo XVII, las haciendas de Honduras exportaban para Cuba y España un promedio de 20.000 cueros curtidos. Las naos de Nuestra Señora de los Reyes y Nuestra Señora de los Ángeles, al mando de Gaspar Alonso Montejo y Cristóbal García Rivera entraron a Sevilla el 30 de noviembre de 1625transportando un millón doscientos cuarenta reales de grana y cueros curtidos. Fijarse bien que no solo es oro y plata lo que va a la Metrópoli, sino también productos agrícolas y ganaderos.

Las exportaciones de ganado se hacían a las provincias del reino, del continente, a Cuba y a España. Es decir, iba ganado en pie a San Miguel (El Salvador), a Guatemala, en barcazas a Guayaquil y Baracoa (Cuba), y en cueros curtidos a la Metrópoli.

En 1629, don Antonio Vásquez de Espinoza dice en un informe: "Comayagua: por este valle corre un rio en cuyas márgenes hay fundadas muchas estancias de ganado mayor y menor, crías de caballos y mulas. Al norte de Comayagua está la ciudad de San Pedro. La ciudad de San Jorge de Olancho está al noreste. Labrase en esta ciudad y en los pueblos de este distrito cantidad de pita muy fina y toda la comarca es riquísima en oro, que todos los ríos lo llevan, aunque no se saca por falta de gente. La ciudad y puerto de Trujillo dista de San Jorge de Olancho 24 leguas; el puerto de Trujillo tiene muchas estancias llenas de innumerables cabezas de ganado mayor y menor, del que todos los años se hace mucha corambe y se envía a España. La villa de Tegucigalpa tiene en el distrito muchas estancias y crías de ganado mayor, menor y de cerda, de mulas y caballos. Esta tierra de Tegucigalpa es riquísima de minerales y vetas de plata.

En el año de 1637, la Iglesia de San Miguel de Tegucigalpa tenía las siguientes haciendas: hacienda de Río Hondo, de Río Abajo, de Suyapa, de Támara y de Sabanagrande. En tierra labrada tenía 14 caballerías españolas.

Ganado vacuno, de un año	768 cabezas
Ganado vacuno, mayor de dos años	674 "
Bestias caballares mansas	56 "
Bestias mulares mansas	34 "
Total	1.532 cabezas de Ganado

El Libro de la Archicofradía del Rosario de la Iglesia de la Merced de Tegucigalpa aparece un terreno de siete caballerías donde pastaban 1.155 cabezas de ganado de propiedad de la Virgen del Rosario.

En 1660, el resto de las tierras colindantes con la hacienda Palmerola, que eran extensiones enormes, fueron agregadas a las tierras inmensas que poseía el Convento de la Merced de Comayagua.

En 1667, le fueron otorgadas al mismo Convento de La Merced de Comayagua las tierras labradas en las haciendas de Santa Cruz, Rancho Chico, San Pedro Pascual, Rancho Grande, Concepción de Jucuara, así como las tierras de Juan de Izaguirre que estaban situadas en Aguanqueterique.

El 3 de octubre del mismo año también le fueron incorporadas las haciendas de San Pedro Mártir, Palo Blanco y El Bejucal.

En 1720, el Maestre de Campo don José Díaz del Valle, Alférez Mayor y Regidor Perpetuo por S.M. del Cabildo de la Villa de Jerez de la Frontera de Choluteca, llegó a ser dueño de un gran caudal, principalmente en bienes de campo. Era dueño entre otras de las haciendas de Pavana, Ola, Santa Bárbara, El Coyolar y Tapatoca, en las que tenía más de 16,000 cabezas de ganado mayor.

La Gaceta de Guatemala registra que en 1730 fueron vendidas en la ciudad 14,000 cabezas de ganado, procedentes de las Haciendas de Honduras al precio de 27 reales cada una.

En el año de 1749, Baltasar Ortíz de Letona en su relación geográfica de la Alcaldía Mayor de Tegucigalpa da una visión del panorama ganadero de Honduras: "Son ganados mayores de toda calidad; en la jurisdicción hay 40.000 cabezas de ganado que producen 5,000 novillos, que se venden en Guatemala".

En el Acta de la Visita Canónica y Jurídica al curato del Real de Minas de Tegucigalpa realizada el 20 de mayo de 1756, siendo Párroco don José Simón de Zelaya, por el Obispo de Comayagua Doctor Diego Rodríguez de Rivas y Velasco, se lee lo siguiente:

"La Hermandad de Concepción y Soledad fundada en la Iglesia del pueblo de Comayagüela, tiene 415 reses de año arriba, 66 terneros, 20 yeguas, 6 caballos, 4 potros, y un macho.

La Cofradía de Concepción de Indias fundada en la Iglesia del pueblo de Tegucigalpa, tiene de principal: 200 reses, 25 terneros, 4 yeguas y un caballo.

La Cofradía de Jesús fundada en la Iglesia del pueblo de Támara, tiene de principal: 563 reses y 91 terneros.

La Cofradía de Candelaria fundada en la Hermita de Río Hondo, tiene de principal: 29 reses.

La Cofradía de la Iglesia del Convento de San Francisco de este Real, tiene de principal: 145 reses y el importe de 31 novillos que los mayordomos vendieron en Guatemala al precio de 28 reales por cabeza.

La Cofradía de San Nicolás fundada en la Iglesia de dicho Convento, tiene de principal: un censo de 300 pesos.

La Cofradía de San Benito fundada en la Iglesia y Convento de Mercedes de este Real, tiene de principal: 20 reses.

La Cofradía del Rosario fundada en la Iglesia de dicho Convento, tiene de principal 647 reses, 10 yeguas, 5 caballos y 52novillos que vendieron en Guatemala los mayordomos en 1745.

La Cofradía de Jesús de Nazareno fundada en la Iglesia de dicho Convento, tiene de principal: un Censo de 700 pesos, que recoge a usura popular don Diego Ramírez de este Real".

En 1777, Fray Fernando Espino, residente en el Convento franciscano de Guatemala, se trasladó a Honduras a solicitud de don Bartolomé Escoto, hidalgo de Olancho, que lo protegió y ayudó en su labor civilizadora de los payas; en el desempeño de sus funciones tuvo muchos contratiempos; entre ellos el conflicto del Padre Espino con los ganaderos hispano—hondureños de los valles de Olancho, legando a ser en una ocasión expulsado por dichos propietarios.

En el año de 1796, se practicó un inventario en la Iglesia de Támara, perteneciente a la Iglesia de los Dolores de Tegucigalpa, y puede verse que la Cofradía de los Dolores disponía de:

Cabezas de año arriba	54
Vacas paridas	10
	64 cabezas

La Cofradía de las Animas Benditas perteneciente a la Iglesia de los Dolores contaba con:

Vacas paridas	10
Cabezas de ganado vacuno	99
	109 cabezas

El Señor Crucificado de Támara, tenía ese año:

Vacas paridas	8
Novillos	18
Yeguas de año arriba	65
Caballos	28
Mulas	32
Burro obrero	1
Burros	2
Yuntas de bueyes	6
Cabezas de ganado de un año arriba	495
Total:	655 cabezas

Entre las haciendas que pertenecían al Convento de San Antonio de Padua, hoy Convento de San Francisco, están las siguientes:

Hacienda de San Isidro de Licanos;

hacienda de San Juan de Miraflores, que se encontraba inmediata a los poblados de Cane y Yarumela;

hacienda de Santa Lucía de Tambla y hacienda de San Antonio de Tupumcuara, en Lejamaní;

hacienda de Jucuara, hacienda de San Isidro de Olancho y Valle de Chinguangara.

Todas estas haciendas mantenían en sus estancias un promedio de 100 cabezas de ganado cada una.

Las mayores haciendas de ganado pertenecientes a la Iglesia se encontraban en el partido de Olancho. Solo que resultaba muy difícil obtener documentos en que consten las estadísticas ganaderas que se necesitan para hacer una buena apreciación.

En 1787 los criollos dominaban la administración pública y eran propietarios de las haciendas ganaderas y de las vetas mineras, como el Padre Francisco Antonio Márquez, dueño nada menos, que de las minas de hierro de Agalteca, cuyas grandes reservas desconocía.

En la región ganadera, las milicias de Yoro y Olanchito compuestas de 400 y de 300 hombres, respectivamente, cuidaban las haciendas de los cuatreros que eran castigados con la muerte.

Rafael Heliodoro Valle relata en sus crónicas de la ciudad de Yoro como en 1808 el Subdelegado Francisco Gómez ajustició por descuartizamiento en Yoro al cuatrero Andrés Rivera, alias "Salinero".

En el censo levantado en el año de 1801 y enviado al Rey en 1804, el Gobernador Intendente y Comandante General Don Ramón Anguiano, se describía lo concerniente a la producción ganadera y minera en Honduras, en los siguientes términos.

"Tiene esta Provincia algo más de: 500.000 cabezas de ganado vacuno y como 50.000 de caballar y mular, con que se abastecen estos naturales y forman la parte principal de su comercio con la capital del reino, dando las mulas y novillos sobrantes en cambio de ropas.

El ganado de cerda no es abundantísimo por falta de maíz, pues ya se ha dicho, en algunos partidos se padecen hambres muy continuas porque no llueve a tiempo y se pierden las cosechas, particularmente en esta capital.

El ganado lanar tiene en estos valles los más apropiados pastos naturales para su cría y sustento; pero siendo los vecinos poco afectos a tales carnes, raro es el hacendado que tiene de 300 a 400 cabezas. Lo mismo sucede con el ganado cabrío.

Asimismo, hay un solo hacendado que tiene 5,000 burras de cuya abundante casta está surtida esta provincia y otras más.

Debía haber, sin embargo, doble número de ganado del antedicho, en todas las especies, no sucediendo así a causa de la mucha mortandad de animales de diez años a esta parte. El motivo de esta ruina que también comprende a las aves se debe a la falta de agua, y por consiguiente de pastos por ser un clima de tal naturaleza que, si no llueve, a menudo con solo cuatro horas de sol quedan secas hasta las raíces de las plantas".

Le sigue diciendo el Gobernador Anguiano al Rey:

"En cuanto al reino mineral, incluye esta Provincia más preciosidades que las otras según el crecido número de minerales, que por todas partes se descubren en estos montes de oro, plata, cobre plomo, estaño y hierro, a más del oro en polvo que se recoge en sus cañadas, como consta en los informes dados por mis antecesores y de los que yo he dirigido por la vía reservada con fecha 25 de marzo y 25 de mayo de 1799, donde expuse el número de minerales del día, y la necesidad de traer a este Reino 1.000 negros para estos trabajos".

Pero es aún más importante la advertencia que Anguiano le hace al Rey, del siguiente modo:

"Y como la decadencia presente es tan grande que ya está concluido este único patrimonio real que tiene V.M. en este Reino, di cuenta en 25 de febrero de 1800 con el Proyecto Número 2 para levantarle en todos los ramos, estableciendo en él (reino) el Banco Nacional de San Carlos, con cuyo pensamiento lograrían habilitación todos los mineros y cosecheros; vendrían compañías de Méjico con sujetos interesados a instruidos para el acierto y el adelanto, y entrarían en la Real Hacienda sumas inmensas, al paso que el Banco resarciría sus préstamos con ventajas. Para que no faltase alguno de los metales perfectos se halló ahora en 6 años el azogue en abundancia en Cucuyagua, Partido de Gracias a Dios".

La expresión del Comandante Anguiano debe haber sonado como un puñetazo en el corazón del Rey:

"LA DECADENCIA PRESENTE ES TAN GRANDE, QUE YA CONCLUYO EL UNICO PATRIMONIO REAL QUE TIENE VUESTRA MAJESTAD EN ESTE REINO".

El patrimonio ganadero era de los criollos, que años más tarde tomarían el poder político.

CULTURA COLONIAL

Es indispensable que en este estudio mencionemos la cultura colonial utilizando los materiales de que disponemos, de difícil adquisición, pues no ha habido marcado interés de parte de los especialistas en recogerlos abundantes. Nos referimos al caso concreto de Honduras.

A todo esto, ¿qué es cultura? Existen numerosas opiniones sobre ella. Pero es preciso salir con una definición que sea lo más acertada posible en el presente caso histórico. Cultura es el conjunto de los valores materiales y espirituales creados por la humanidad en el curso de su historia. La cultura es un fenómeno social que representa el nivel alcanzando por la sociedad en determinada etapa histórica: progreso, técnica, experiencia de producción y de trabajo, instrucción, educación, ciencia, literatura, artes e instituciones que les corresponden. En un sentido más restringido, se comprende bajo el término de cultura el conjunto de formas de la vida espiritual de la sociedad que nacen y se desarrollan sobre la base del modo de producción de los bienes materiales históricamente determinado. Así, se entiende por cultura el nivel de desarrollo alcanzado por la sociedad en la instrucción, la ciencia, la literatura, el arte, la filosofía, la moral, etc., y las instituciones correspondientes. Entre los índices más importantes el nivel cultural en determinada etapa histórica, hay que hacer notar el grado de utilización de los perfeccionamientos técnicos y de los descubrimientos científicos en la producción social, el nivel cultural y técnico de los productores de los bienes materiales, así como el grado de difusión de la instrucción, de la literatura y de las artes entre la comunidad.

Al tratar de la cultura colonial nosotros lo hacemos en sentido restringido, queremos decir, que consideramos la cultura como un reflejo espiritual del estado colonial establecido por España en América y, desde luego, en Honduras.

Hay algo que no nos cansaremos de repetir, y es que Honduras era una Provincia de la Capitanía General de Guatemala, de tal manera que resulta inevitable la interrelación de la Provincia con la Capitanía General, porque en lo que se llamaba la Capital de Reino entonces o sea la ciudad de Guatemala, existían las más evidentes expresiones culturales y de aquella cabecera del Reino se esparcían de diverso modo a las demás provincias y por lo tanto, a la Provincia hondureña.

Nos vemos obligados a seguir los claros juicios del historiador Luis Alberto Sánchez sobre la vida cultural de la Colonia de América Española por parecernos entre tanta bibliografía, el más concreto, En esta materia seguiremos sus instrucciones, haciendo los agregados respectivos que omite él sobre la Capitanía General de Guatemala y la Provincia de Honduras, hasta donde esto nos sea posible.

LA INSTRUCCIÓN. A España se le enrostra no haber comunicado a América la plenitud de su cultura, no haber fundado tantas escuelas como conventos. El hecho es exacto, pero la acusación no tanto. España disponía para su consumo, en su propio territorio, de las escuelas que los americanos hubiesen querido para sí, El analfabetismo español, pese a grandes genios literarios y científicos, ha sido y es tan considerable como el de muchos países americanos de nuestros días. Nada tiene de extraño, pues, que, conciliando las dos afirmaciones antagónicas, digamos aquí que España nos dio toda la cultura que tenía, pero que nos dio muy poca porque, en su mismo suelo, era excesivamente parca en la tarea de irradiarla, sin duda, a ello contribuyó el llamado oscurantismo, o sea la tendencia eclesiástica a que el hombre se nutriera espiritualmente con un solo libro, o, mejor, con una sola palabra, conocida, por la vía del oído y en el templo. Pero, esa fue una modalidad española, no sólo de las colonias ultramarinas.

Aun tratándose de la cultura superior, mientras Italia contaba con sus democráticas universidades de Bolonia y Padua, en la Península ibérica subsistía, con todo su vigor, el aristocratismo personificado en la Universidad de Alcalá, frente a la cual se elevaba como más democrática y permeable, la muy ilustre Universidad de Salamanca, donde dictó sus clases el Padre Vitoria.

Esa tendencia aristocratista, cerrada, se transparentó en las Indias con la fundación de colegios para los hijos de los caciques, es decir, de aristócratas indígenas, y con el traslado a España de algunos de ellos en una empresa de captación espiritual.

Mas, ello correspondía a algo que en España se rubricó formalmente en tiempos de Felipe IV, hacia 1625, cuando creado el establecimiento de "Estudios Reales", en Madrid, para hijos de nobles, especialmente para mayorazgos.

El hecho de que hacia 1619 hubiera alrededor de cuatro mil escuelas primarias en toda España, significa mucho, si se considera que dichos planteles estaban totalmente en manos de Órdenes religiosas, de suerte que a menudo eran más bien centros de catequización que de instrucción.

Siglo y medio más tarde, la ilustrada esposa de Carlos III decía confundida, al mirar el estado cultural del país en que reinaba: "Esta nación no ha sido conquistada completamente y creo que su total conquista está reservada al rey. En todas sus cosas hay algo de barbarie acompañado de una gran soberbia" (1766). Carlos III, en efecto, incrementó la instrucción. En veinte años y ya hacia 1787, había 50.994 estudiantes en la Península; diez años más tarde, el retorno a las ideas retardatarias redujo ese número a sólo 29,812, es decir, casi en un 50%.

En América, hubo maestros y tentativas educativas desde la iniciación misma de la Conquista. Así vemos, como un ejemplo, que el año de 1573, los vecinos de Santa Fe, en la Argentina, elevan un memorial para que no salga de la ciudad Pedro de Vega, consagrado a la tarea de instruir a los niños. La población no se resignaba a perder a su maestro.

CATEQUIZACION. En todas las provincias de la Capitanía General de Guatemala existía para los indios solamente la enseñanza del español y de la doctrina cristiana, a cargo de clérigos y de frailes, regularmente en las iglesias. Los sacerdotes se encargaban de este afán cuidadosamente, cumpliendo órdenes eclesiásticas y reales. Naturalmente, los trabajadores indios debían saber el español para relacionarse con sus dueños y entender las órdenes que les daban. Los encomenderos no gustaban mucho de aprender las lenguas indígenas. En cuanto a la doctrina cristiana, debían aprenderla con sus mandamientos, oraciones y ceremonias, para que fueran buenos católicos, obedientes y sumisos, olvidando así las antiguas creencias americanas tan arraigadas en ellos.

Las misiones, tan renombradas a lo largo de América en los tiempos de la conquista y de la colonia, siempre se empeñaron en la conversión de las tribus no conquistadas. Consta en los historiadores coloniales, como Remesal, Ximenez y Juarros, entre tantos, que las órdenes de los dominicos, franciscanos y agustinos, despachaban constantemente grupos de misioneros para que fueran a las apartadas y ásperas regiones de la Capitanía General a convertir los indios no conquistados con la espada a la fe cristiana.

Concretamente, en el caso de nuestro país, dice Don José Milla lo siguiente:

"Casi al mismo tiempo que los dominios adelantaban en la conquista pacífica de las tribus establecidas en los territorios vecinos a la Verapaz, emprendían los franciscanos la de Taguzgalpa y la

Tologalpa, en la costa de Honduras aquella y en la de Nicaragua ésta, comarcas vecinas y separadas por el río Segovia. Pobladas antes por indios civilizados, estaban ya abandonadas por sus antiguos habitantes, que, por miedo a los españoles, habían adoptado la vida errante; y aunque en diversas épocas se intentó hacer algunas entradas en aquellas tierras, no se obtuvo resultado favorable. Los indios huían de un punto a otro, dejando burlado el empeño de los que pretendían traerlos a la vida civil y a la obediencia de las autoridades españolas.

Por los años de 1607 y 1609 recibió el presidente, Criado de Castilla, cartas del rey, en que se le prevenía procurar la conquista pacífica de la Taguzgalpa y Tologalpa. En 1610 tomaron a su cargo la empresa los franciscanos Verdelete y Monteagudo, que entrando por el río Segovia acompañados de un capitán llamado Alonso Daza, y de otros tres españoles, dieron con la tribu de los lencas, que los recibieron en paz. Daza debía ser un hombre no poco malicioso, pues al ver que algunos de los indios iban pintados de diversos colores, con las orejas y narices horadadas y pendientes de ellas huesecillos y piedrecitas, y en las manos unas lanzas de madera tan dura como el acero, tuvo muy a mal todo aquello y dijo que eran señales de traición y doblez de ánimo.

A pesar de esto, los misioneros formaron dos reducciones con los indios lencas, los tauacas y otros que llamaban mexicanos y comenzaron a instruirlos y bautizarlos. Pero pronto fueron abandonando las reducciones, y aunque los frailes apelaron al arbitrio de tomarles en rehenes sus hijos pequeños, ésto no impidió que una noche cayesen los bárbaros sobre las dos nuevas poblaciones y las redujesen a cenizas, escapando con gran dificultad los misioneros y el capitán Daza. Con ésto resolvieron regresar a Guatemala a dar cuenta de lo ocurrido y pedir una fuerza que los acompañara en otra entrada que se proponían hacer en el siguiente año.

En el año de 1612 resolvieron los franciscanos, de acuerdo con el presidente, hacer una nueva entrada—en la Provincia de la Tologalpa, dándoseles una escolta de veinticinco hombres, al mando del mismo capitán Daza, que los había acompañado en la entrada del año anterior. Siguiendo el propio rumbo de la vez primera, se encontraron de nuevo con los lencas y los tauacas, algunos de los cuales se prestaron a abrazar el cristianismo y. con ellos formaron varios pueblos. Llamaron a los misioneros otros indios que habitaban más al interior de la tierra, y aunque ellos disponían, no quiso Daza, sino adelantarse él con sus soldados y ver cual fuese la verdadera disposición de los naturales. Los encontró en actitud hostil, y recurrió al arbitrio de hacer unos cuantos disparos al aire para intimidarlos.

Los indios se retiraron, no sin dar muerte a algunos españoles, lo que dio ocasión a que los persiguieran y tomaran algunos prisioneros. Un soldado traía cautivo a un indio tan valeroso como osado, que había quitado la vida a dos españoles. Reconvínolo por ésto el soldado y quién sabe con qué términos sería, pues el indio contestó con una bofetada a aquellas reconvenciones. Irritado el español con el insulto, llamó a uno de sus compañeros, y forcejando los dos con el indio, a quien dieron algunas coces y bofetadas, lograron atarle fuertemente la mano izquierda a la cintura con una liga. En seguida cometieron la barbarie de clavarlo al tronco de un árbol por la mano derecha, con una herradura de caballo y ocho clavos, y allí lo dejaron hasta que expiró, sin que supiese nadie aquel hecho atroz.

Encontraron los tauacas el cadáver con la mano: clavada en el tronco del árbol todavía y creciendo extraordinariamente en saña contra los españoles, procuraron tomar venganza, Al efecto, se dirigieron en aire pacífico a las reducciones que habían formado los misioneros, donde se hallaban éstos con el capitán Daza y los soldados, y. usando de un engaño, pidieron perdón por la resistencia que habían opuesto anteriormente y solicitaron que volviesen a penetrar en las localidades que ellos habitaban, pero sin armas, porque no querían guerra y su intención era recibirlos en paz. Como Daza y los mismos frailes ignoraban lo del indio de la mano clavada, con concibieron sospecha alguna y convinieron incautamente en lo que proponían los taucas Avanzó Daza con sus soldados por un río y lo siguieron los franciscanos. A poco recibieron una carta en que les decía que había encontrado a los indios disgustados; pero no había otra explicación. Resolvieron seguir adelante, y encontraron ocho canoas con dos indios cada una, los cuales les dijeron que el capitán los llamaba. No recelaron los frailes y continuaron navegando río abajo, hasta donde la corriente hacía una vuelta. Entonces se presentó un espectáculo terrible a los ojos de los misioneros. Innumerables indios pintados y con penachos de plumas, tenían grandes picas en las manos, y en una de las más altas estaba clavada la cabeza del desdichado Daza. En otras se veían manos de españoles, una de tantas con herradura y clavos. Los misioneros no pudieron hacerse ilusiones 'sobre la suerte que les esperaba. Los tauacas asaltaron las canoas y les dieron muerte. Igual suerte corrieron los soldados, con excepción de unos pocos que, no confiando en los indios, habían tenido la precaución de llevar sus armas. Tal fue por entonces el resultado fatal de la tentativa hecha para someter las tribus errantes de la Tologalpa".

Dice Milla que esta referencia la tomó del libro 59, parte 2ª. de la crónica de Vásquez y del capítulo 41 de las Memorias de García Peláez. Pero queremos agregar que, según algunos historiadores hondureños, los sucesos que se han narrado tuvieron lugar muy aca del río Segovia, en la región de Olancho.

ESCUELAS DE GRAMATICA LATINA Y COLEGIOS TRIDENTINOS. Empecemos por decir que tales centros culturales siempre estuvieron a cargo de frailes dominicos y franciscanos y fueron destinados a los jóvenes españoles peninsulares, criollos y aun de los descendientes de los caciques cristianizados que habían alcanzado cierta hidalguía colonial. En la segunda mitad del siglo XVI hubo empeño en establecer las primeras cátedras de Gramática Latina, tanto en Guatemala como en las demás principales ciudades de la Capitanía General. A solicitud del obispo Marroquín, había prevenido el rey desde el año de 1548, que se fundara dicha cátedra asignando al profesor que la sirviera la renta de una de las prebendas de la Catedral. Pero habiendo pasado algún tiempo sin que se llevara a efecto la disposición, suplieron los frailes dominicos la falta de esa enseñanza, dando lecciones a todos los que concurrían a oírlas. Esa fue la primera medida en favor de la instrucción pública en el país, y la base de un colegio y de la Universidad, a la que ya nos hemos referido. No debe olvidarse que durante mucho tiempo después, se consideró, tanto en Europa como en América, el estudio de la Gramática Latina como el fundamento indispensable de toda instrucción superior.

Posteriormente, el obispo Fray Gómez Fernández de Córdova, en cumplimiento de una real Cédula de 22 de junio de 1592, que prevenía se estableciesen seminarios en todos los obispados de las Indias, conforme a lo dispuesto en el Concilio de Trento, procedió en la ciudad de Guatemala a la fundación de un colegio bajo el título de la Asunción de Nuestra Senora. El mismo prelado formó los estatutos de dicho colegio, que tuvo que luchar en los primeros años subsiguientes a su creación con las dificultades que debía encontrar en aquella época un establecimiento de tal naturaleza.

En 1598 murió el obispo Fernández de Córdova, que gobernó la diócesis por espacio de veinticinco años. Además del Seminario Tridentino, dejó fundado el Monasterio de Monjas de la Concepción.

Vivía el plantel tridentino trabajosamente con ocho colegiales de beca, que llamaban mayores, y siete que usaban sólo el manto y que denominaban menores. De esos alumnos se sustentaban cuatro de lo que les suministraban sus familias, y a los restantes, que eran pobres, los mantenía el establecimiento con gran dificultad. La enseñanza que se les daba se reducía a Gramática Latina y algunos principios de Teología. Tenían la casa y contaban con el producto de unas pocas tiendas que estaban en la misma cuadra, El Ayuntamiento escribió al Rey exponiendo la necesidad de que prestase algún auxilio al colegio y pedía se le asignase los novenos de los diezmos del obispado, que estaban vacantes, hacía siete años.

Por las mismas épocas y en formas todavía más humildes, se establecieron, mediante el favor de los religiosos, escuelas de Gramática Latina en Honduras y el Colegio Tridentino de Comayagua, que sufrió constantes eclipses, pero que indudablemente gozó de larga vida. Corrientemente, la Gramática Latina se estudiaba en forma privada, en casas particulares. Esto sucedía entre los jóvenes de las mejores familias criollas de Comayagua y Tegucigalpa, y así se preparaban para entrar en conocimiento de los clásicos latinos y de aquellos escritores modernos célebres que seguían redactando sus obras por costumbre de la Edad Media en la lengua del Lacio. En cuanto al Colegio Tridentino de Comayagua, es indudable que preparó un apreciable pero reducido grupo intelectual en la colonia hondureña.

Es importante advertir esto porque el historiador Don José Milla nos dice que ya a mediados del siglo XVII los criollos reclamaban con energía el derecho a tener parte en los cargos y honores, no siendo sólo entre los seglares, en quienes se advertía esa tendencia. En los claustros mismos se formaron partidos de peninsulares y criollos, reclamando los segundos el derecho de alternar con las primeras prelacías. Llevado el asunto a la Corte, decidió el rey en favor de los nativos del país, sobre lo cual el Cabildo dio las gracias al Monarca, en memorial de 28 de enero de 1652. Como nota ilustrativa del primer criollo nombrado provincial de los dominios fue Fray. Francisco del Castillo y Cárcamo, nieto de Bernal Díaz del Castillo y sujeto recomendable por sus letras.

Pero el movimiento siguió adelante: el conde de Calimaya encontró ánimos de los vecinos bastante. divididos y exaltadas las pasiones con motivo de los partidos de españoles peninsulares y criollos que formaban bandos y parcialidades que se disputaban los cargos y los honores que había entonces en el país. Desgraciadamente los escritores antiguos se limitan a hacer algunas indicaciones vagas sobre aquellos sucesos, y los modernos se muestran igualmente reservados. Juarros dice: "Que en tiempo de este presidente hubo unos escandalosos bandos entre las familias nobles de Guatemala que mutuamente se pretendían destruir, y que el presidente se ladeó al partido de los Mazariegos, lo que le ocasionó varias pesadumbres. Parece que el fondo de las reyertas era un caso de deshonestidad relacionado con juegos en el Palacio por el que chocaban los Mazariegos, los Padilla y los Carranza, criollos unos y peninsulares otros".

LAS UNIVERSIDADES. La primera licencia para establecer universidad en América, fue otorgada el 26 de octubre de 1538, en favor de la de Santo Domingo, regentada por dominicos y llamada de Santo Tomás de Aquino. Dos años después se concedió permiso para otra Universidad, la de Santiago de la Paz, en el mismo lugar. Pero, parece que no llegó a ser la primera en funcionar, privilegio reservado a la de México.

Esta y la de Lima (San Marcos) recibieron sus privilegios y licencias en 1551. La segunda comenzó a funcionar dos años después. Su fundador llamóse Fray Tomás de San Martín. Estuvo ésta regentada por la Orden de los dominicos y funcionó al comienzo en su Convento.

Los Agustinos obtuvieron bula para abrir una universidad en Quito, el año de 1586, pero los jesuitas fueron quienes dieron vida a la de San Gregorio Magno, de dicha ciudad. Los jesuitas, hicieron funcionar una Universidad, la Xaveriana, en Bogotá, desde 1592; los dominicos lograron el título de Real y Pontificia para la suya hacia 1621. En el Cuzco (Perú) hubo universidades desde 1598. En Córdova (Argentina), funcionó la de jesuitas desde 1664, y pasó a manos de los franciscanos un siglo después. En Charcas fundóse una jesuítica desde 1624; en Guatemala otra 1676; en Caracas, desde 1725; en La Habana, desde 1728; la de San Felipe, de Santiago (Chile), tuvo permiso desde 1738.

Las universidades se dividían entonces en cuatro facultades: la de Teología, que podía considerarse la fundamental; la de ambos derechos (Civil y Canónico, inseparables entre sí); la de Medicina y la de Artes (que corresponde a la de Filosofía y Letras, o Humanidades de hoy, o la llamada aun de Artes en las universidades sajonas). Las Artes eran siete, liberales, divididas en dos grupos clásicos: el trivium y el cuaórivium. El trivium comprendía los estudios de Gramática Latina, Retórica, y Lógica; el cuadrivium, los de Aritmética, Geometría, Astronomía y Música. Las clases se dictaban obligatoriamente en latín, de lo que solía exceptuarse la de medicina.

Las cátedras de Filosofía daban lugar a verdaderas disputas. Las había del Doctor Angélico (apegadas a la enseñanza de Tomás de Aquino), del Sutil Escoto y del Eximio Suárez. Las respectivas órdenes religiosas sufragaban los gastos correspondientes.

No obstante, el carácter burocrático de las universidades coloniales, distintas a las españolas y a las italianas e inglesas de entonces, predominó en ellas el carácter de la salmantina, y a veces lograron libertarse de la tutela política y expresar anhelos autónomos.

Fue en la Universidad de Lima donde en 1781, el catedrático Don José de Boquijano y Carrillo, expresó, cuando la recepción del virrey Jáuregui, la protesta de los criollos al verse alejados de la vida pública.

Las universidades fueron instituciones en las que no se miraba en menos a los criollos. Los alumnos no estaban alejados de la función directora como en algunas modernas. Los Rectores más notables fueron, sin duda, también criollos.

Si bien es cierto que, dentro del formalismo de la época, más parecían palenques de ingenio y erudición que otra cosa, lo cierto es que por lo mismo que un virrey o gobernante pudiese entronizarse sin pasar por la Universidad, ésta adquirió un valor consagratorio indudable. Y, dado que la única fuente de cultura superior era la Universidad, ésta llegó a ser verdaderamente un Alma Mater de la ciencia y las letras de cada país.

Desde luego, prevalecía en ellas un criterio aristocrático, inevitable. No lo censuramos con juicio de hoy. La democracia universitaria de Bolonia y Padua descansaba también en un principio selectivo, dentro del cual cabía la amplitud. Dada la estricta limitación de la enseñanza, se comprende que a la Universidad no llegaran sino quienes pudieran afrontar los gastos pertinentes. Un grado doctoral significaba ingente desembolso de dinero, pues el graduado debía revestir generosamente el altar de la iglesia en donde rendía una de las pruebas, ordena mentar la calle de su casa, brindar al pueblo corridas de toros, en la Plaza de Armas, procesión y otra ley de expresiones de júbilo. y congratulaciones públicas, todo de su propio peculio.

Después de la expulsión de los jesuitas, a fines del siglo XVIII, las universidades experimentaron notorio cambio. La Compañía de Jesús había logrado infiltrar en esos centros un concepto de disciplina y de etiqueta, tan rigurosa y formalista, que hasta se habla de un arte jesuita, nombrando así al que da primacía a lo formal sobre lo esencial. A partir de ese momento, las universidades fueron viveros de inquietudes. La substitución del método aristotélico por el cartesiano y baconiano, la introducción del Derecho Natural y del Derecho de Gentes, significaron golpes de muerte contra la osatura intelectual de la Colonia, Las consecuencias de ello no tardarían en verse.

LA UNIVERSIDAD DE SAN CARLOS BORROMEO EN GUATEMALA. Tomamos del historiador Don José Milla, autor de la "Historia de la América Central", los informes relacionados con la Universidad de Guatemala, que dicen: "Habiendo reiterado las súplicas al Rey para que concediese el establecimiento de la Universidad en Guatemala, se había mandado crear una junta compuesta del presidente, el oidor, el fiscal, el obispo y el deán del Cabildo Eclesiástico, con el encargo de examinar el asunto, "pesando los provechos, y los daños que la fundación pudiera ocasionar".

Opinó la junta, que el proyecto lejos de producir mal alguno, sería fecundo en buenos resultados; y con este informe expidió el rey, a consulta del Consejo de Indias, una cédula fechada el 31 de enero de 1676, en que mandaba erigir en Universidad el Colegio de Santo Tomás de Guatemala. Era condición expresa que sería el Rey patrono del establecimiento, colocándose en el edificio de las armas reales, y leyéndose las siguientes materias: leyes, cánones, teología dogmática, teología moral, medicina y dos cátedras de lenguas indígenas. Se asignaba a cada una de las dos primeras, la dotación de quinientos pesos anuales; a cada una de las segundas doscientos cincuenta; a la de medicina cuatrocientos, y doscientos a cada una de las de lenguas.

Fue recibida esta disposición con general aplauso, por responder al voto de las autoridades y del público, expresados en muchos modos durante un siglo. Nombróse una comisión que entendiera en la preparación del edificio, lo que se ejecutó, construyéndose las aulas, salón de actos, capilla, etc.; pero no fue sino hasta dos años más tarde que se procedió a la oposición pública para dar las cátedras, como diremos oportunamente.

Hay una nota ilustrativa que dice: "La rivalidad entre dominicos y jesuitas parece haber contribuido a retardar la concesión del establecimiento de la Universidad, pues una y otra orden tenían empeño en que sus colegios continuasen confiriendo grados".

Sigue diciendo el historiador José Milla:

Aunque desde el mes de diciembre de 1678 se abrió la oposición de las cátedras que debían establecerse en la Universidad de Guatemala y fueron provistas en diferentes sujetos, se quejó al rey el señor Alava de la festinación con que el presidente interino y Visitador nombrado, Don López de Sierra Osorio, había procedido en el asunto. Decía aquel funcionario que estando él para llegar a la ciudad dentro de pocos días, debió haberse suspendido el asunto, hasta que se hubiese hecho cargo del mando.

El Rey aprobó la provisión de una de las cátedras de teología, de las de filosofía y lenguas indígenas; pero declaró la de las de instituta, cánones y medicina, previniendo se pusiesen edictos en México para la provisión de aquellas asignaturas; resolución que no era ciertamente muy lisonjera para Guatemala. En México no hubo opositores, y dada cuenta al rey, dispuso se fijaran edictos en la Corte, lo que considera Juarros muy honorífico a la Universidad de Guatemala, sin fijarse en que el hecho de ir a buscar profesores a otra parte, manifestaba poco concepto de los hombres de letras del país. Agrega el mismo autor que leyeron de oposición suje tos lucidísimos de Salamanca, verificándose el acto en la sala del Consejo de Indias, y que fue adjudicada la cátedra de cánones al Dr. don Bartolomé de Amézquita; la de leyes al Dr. don Pedro de Ozaeta y la de medicina al Dr. don Miguel Fernández.

Sabiendo cuán exiguas eran las dotaciones asignadas a aquellas cátedras, se extrañará hayan hecho oposición a ellas personas de las circunstancias que dice Juarros concurrían en los sujetos que las solicitaron y obtuvieron; pero las determinó seguramente el haberse ofrecido plazas de Oidores a los catedráticos de instituta y cánones, cuando hubiesen desempeñado las clases durante cinco años.

La provisión de una de las dos de teología hecha en Guatemala, no fue aprobada por el rey, a causa de que había sido uno de los opositores Don José Baños, doctor de la Universidad de Ozuna, arcediano y predicador de su majestad. Consideró el Consejo que se le había hecho agravio no dándole la cátedra, y mandó que se proveyese en él, nombrándolo además, primer Rector de la Universidad de San Carlos de Guatemala.

Mientras llegaban los catedráticos propietarios, se dio principio a los estudios el 5 de enero de 1681, con profesores internos y más de setenta estudiantes (se entiende de casi todas las provincias de la Capitanía General), dándose al acto la mayor solemnidad posible. Habiendo prevenido el rey se formasen los estatutos o constituciones de la Universidad, se encargó de hacerlos el Oidor Don Francisco de Sarasa y Arce, que los remitió al Consejo en aquel mismo año de 1681.

LA IMPRENTA. Pedro Henríquez Ureña, notable escritor dominicano. sobradamente conocido. en América, en su ilustrada "Historia de la Cultura en la América Hispana", dice: "La imprenta apareció, como las universidades, antes de cumplirse medio siglo del descubrimiento; en. 1535 existía ya en México, publicando el libro más antiguo que se conserva en 1539. En 1583.se estableció en Lima". Este autor da una larga lista de imprentas establecidas en América Colonial, citando poblaciones y años del establecimiento de ellas.

A su vez, Don José Milla en su "Historia de la América Central", dice: "El año de 1663 fue cuando se hizo uso de una imprenta traída tres años antes. Pertenecía a José Pineda Ibarra, cuyo nombre merece conservarse en nuestros anales. La primera pieza que se imprimió fue un tratado teológico de 728 páginas "en columnas de letra clara y uniforme, bien cortado, encuadernado y asentado como en Europa", según expresa un escritor moderno".

Por lo que hace a Honduras, no hemos averiguado que nunca se pensara en traer una imprenta a Comayagua o Tegucigalpa durante la época colonial.

Pero ya que hablamos de imprenta, Pedro Henríquez Ureña, con una erudición pasmosa se refiere a la publicación de libros y a la proliferación de periódicos en nuestro continente colonial, En cuanto a periódicos se multiplicaban los Mercurios, por ejemplo, el Mercurio de México, y las Gacetas, por ejemplo la Gaceta de Lima, Guatemala tuvo su Gaceta de 1729 a 1731, en la que se publicó el movimiento oficial y social del país. Años después se reinició su publicación, durando hasta 1817.

El mismo Henríquez Ureña habla con entusiasmo del aparecimiento numeroso de escritores americanos en la colonia, que escribían y publicaban obras sobre distintas materias, y da a conocer una larga lista que va desde el Inca Garcilaso de la Vega hasta aquellos que recogían informes sobre ciencias naturales en los distintos virreinatos y capitanías Generales.

ESCRITORES DE LA CAPITANIA GENERAL DE GUATEMALA. El Padre Domingo Juarros, en su "Compendio de la Historia de la Ciudad de Guatemala" inserta y detalla los nombres de los principales escritores peninsulares y criollos, que escribieron y publicaron obras de distinta índole en la Capitanía. Juarros se extiende en pormenores, como es natural; nosotros sólo haremos ligeras menciones. Comienza con Fray Bartolomé de las Casas, primer Vicario del Convento de Santo Domingo de la ciudad de Guatemala y segundo Obispo de Chiapas. Algunas de sus obras se han perdido, otras existen manuscritas, y otras impresas: las mayores son 1) Apologética de las calidades de las gentes de las Indias; 2) Historia General de las Indias; 3) De la destrucción de las Indias; 4) De Unico Vocationis Modo. Murió este insigne varón en Madrid, España, el año de 1566, a los 92 años de edad.

Bernal Díaz del Castillo, natural de Medina del Campo, vino a las Indias en calidad de soldado distinguido. Después de la Conquista, ya en la vejez, escribió la Verdadera Historia de la Conquistade Nueva España, generalmente apreciada por la sinceridad y veracidad que se ve en ella.

Fray Antonio Remesal, natural de la Villa de Allariz, en Galicia, hijo del Convento de Salamanca, vino a Guatemala en 1613.Habiendo el presidente franqueado los archivos para que tomara apuntes, escribió una prolija Historia de la Provincia de San Vicente Chiapas y de Guatemala, dando noticias de la fundación de las principales ciudades de este Reino y de los sucesos más notables del mismo. Su obra fue aprobada por Fray Juan de Torquemada en México. Después se encaminó a la Corte de Madrid, donde la imprimió en 1619. No obstante, por ciertas revelaciones de su obra, sufrió persecuciones del Santo Oficio en Guatemala.

Don Felipe Ruiz del Corral, fue Deán de la Santa Iglesia Catedral, desde 1604 hasta 1635, año en que murió. Fue catedrático del Colegio de Santo Tomás de Guatemala, y también el primero que se graduó de Doctor en dicho centro. Escribió un arte y un vocabulario para los curas. Un tratado del culto y veneración de la Iglesia. Otro de cosas eclesiásticas de Indias. Y dos tomos de consultas y sermones. No dice Juarros de donde era Don Felipe Ruiz del Corral, si peninsular o criollo.

El padre Manuel Lobo, de la Compañía de Jesús. Habiendo sido director del Hermano Pedro José de Betancourt, casi todo el tiempo que vivió en Guatemala, para satisfacer los deseos del vecindario escribió un breve compendio de la vida del enunciado Siervo de Dios, que se imprimió en Guatemala el año de 1667, y se reimprimió en Sevilla el año de 1683. El padre Lobo murió en Guatemala en 1687.

El padre Antonio de Siria, jesuita, Prefecto de la Congregación de la Anunciata de la ciudad de Guatemala. Escribió la vida de la ilustre matrona Doña Ana Guerra de Jesús, que se imprimió en la misma ciudad el año de 1716.

El padre Alonso de Arrivillaga, de las primeras familias de Guatemala, tomó las ropas del jesuita, fue docto en letras y elevado al empleo de Provincial de. Nueva España. Escribió un curso de artes y otras obras.

El padre Francisco Vásquez, de la ciudad de Guatemala, hijo del Convento de San Francisco. Sirvió los oficios de Comisario de la 3a. orden, Guardián de los Conventos de Guatemala y San Salvador. Comisario visitador de la Provincia de Nicaragua. Como cronista escribió la historia del Dulcísimo Nombre de Jesús de Guatemala, desde que comenzó su fundación hasta 1716.

Don Francisco Antonio de Fuentes y Guzmán, nació en la ciudad de Guatemala, fue Regidor Perpetuo y Cronista General. Escribió la Historia del Reino de Guatemala, en 3 tomos en folio. De esta obra existen los primeros dos tomos inéditos en los archivos de aquella ciudad.

El padre Juan Antonio de Obiedo, nació en Santa Fe de Bogotá. Llegó muy joven a Guatemala, y fue el primero que se graduó de Doctor, con todo el rigor de las constituciones de la

Universidad. Después tomó la sotana de jesuita y pasó a México. Desempeñó los empleos de Procurador de la Provincia en las Cortes de Madrid, y Roma, y el de Provincial de Nueva España. Escribió varios opúsculos, cuyos títulos son: Succus moralis, Vida de la Virgen, Sodíaco Mariaco, El devoto de la Santísima Trinidad, Espejo de la Juventud, Menologio, 3 tomos de sermones y otros. Murió de 87 años, en 1757.

Don Blas de Pineda y Polanco. Fue un curioso escritor del cual sólo se conocen las noticias que da en su Diario Antonio Rodríguez de la Campa. Este lo visitó cuando aquél tenía 97 años y vivía en el barrio de Los Remedios. Le mostró una obra que Polanco había escrito, que constaba de 27 tomos abultados, dispuesta en forma de diccionario, con muchas curiosidades, asegurándole que tenía compuesto otro igual número de tomos, que trataba de la Naturaleza y propiedades de los indios.

Don Juan de Padilla, natural de Guatemala, Sorprende por su ingenio y aplicación al estudio de las matemáticas, sin maestros. Escribió varios y curiosos tratados sobre estas materias, de los cuales sólo existe uno publicado en Guatemala el año de 1732. Murió a los 65 años en 1749.

El padre Fray Joaquín Calderón de la Barca, criollo de la ciudad de Guatemala, franciscano. Enseñó en el Colegio de San Buenaventura, escribió una exposición de la Regla de San Francisco, en un tomo, en 1735, y otro tomo sobre aritmética, astronomía y trigonometría, que contiene las Efemérides de Guatemala.

Fray Raimundo Leal, de nación perulero, escribió un tratadito intitulado Monumenta Eclesioe Guatemalensis, en el que informa sobre los Obispos que han gobernado la expresada Iglesia, y sus hechos más notables.

El padre Pedro Sapien, de la misma orden, natural de Guatemala, que dio a la estampa un curso de Filosofía Peripatética.

El fraile Miguel Francesch, catalán, llegó a Guatemala el año de 1752. La Universidad le condecoró con el grado de Doctor, y sirvió también la cátedra de 1a. de Teología. Escribió un curso de artes, que se imprimió en 4 tomos. Murió en 1783.

El padre Alonso Flores, franciscano, de la ciudad de Guatemala. Fue catedrático de lengua Kachiquel en la Universidad, compuso el arte para aprender dicho idioma. Escribió también una obra intitulada Teología de los Indios, Murió en 1772.

El padre José Ignacio Vallejo. Nació en Guadalaxara, el año de 1718.Entro en la Compañía de Jesús, y llegó al Colegio de Guatemala el 52, donde profesó Retórica, Filosofía y Teología, trasladado a Italia, dio a conocer al mundo su vasta erudición y fina crítica, en obras muy celebradas, bajo el título Vida del Señor San José y Vida de Nuestra Señora. Murió en Bolonia en 1785.

El padre Rafael Landívar, jesuita y poeta notable. Fue catedrático de Retórica, Filosofía y Teología en el Colegio de Guatemala y también Prefecto de la Congregación de la Anunciata, así como Rector del Colegio de San Francisco de Borja. Este ilustre guatemalteco es autor del poema latino Rusticatio Mexicana publicado en Bolonia. En 1767 pasó a Italia, donde vivió y murió años más tarde.

Don Pedro José Arrece, presbítero criollo de Guatemala, de noble estirpe. Fue Promotor Fiscal y Secretario de Obispos. Escribió un opúsculo intitulado Rudimentos Físico-Canónicos Morales, acerca del bautismo de los fetos abortivos y de la necesidad de la operación Cesárea.

El padre Manuel Iturriga, jesuita. Nació en México, y vino al Colegio de Guatemala a servir las cátedras de Filosofía y Retórica por los años de 1756. Más tarde fue llevado a Italia, en donde publicó varios tratados en defensa de la religión.

El padre Pedro Mariano Iturbide, nació en la ciudad de Guatemala, de familia noble. Varón ejemplar que se distinguió como Comisario de misiones. Escribió una pequeña obra intitulada Breve y Diminuto Compendio de la obligación que hay de bautizar los fetos.

El Dr. Fray Juan Terrasa, que dio a luz un curso de Filosofía Escolástica.

El Dr. Fray Carlos Cadena; autor de un pequeño tratado, que contiene meditaciones sobre la vida de Nuestra Señora, para todos los días del mes.

El Dr. José Antonio Goicoechea, de la Provincia de Costa Rica; tiene la gloria de haber iniciado un curso de artes y de ser el primer catedrático de Física Experimental en la Universidad. También escribió una memoria sobre los medios de extinguir la mendicidad en la ciudad de Guatemala, impresa en el año de 1797. Escribió además muchas piezas literarias que fueron publicadas en la Gaceta de Guatemala.

El fraile Miguel Dighero, escribió un libro piadoso que llamó Año Santificado.

Fray Andrés Rodas, dio a luz un diálogo en que explica el Calendario Romano y las tablas de cómputo eclesiástico el año de 1805.

Dr. Don Antonio García Redondo, publicó una memoria sobre el fomento de las cosechas de cacao en 1799.

Dr. Matías de Córdova, de Chiapas, dio a la prensa un tratadito sobre el modo de leer con utilidad los autores antiguos de oratoria y es también autor de una memoria sobre las utilidades que resultan de que los indios vistan a la española. Esta obra fue premiada por la Sociedad Económica de Guatemala en 1797.

El Padre Domingo Juarros, de cuyo texto tomamos las semblanzas anteriores de los esclarecidos intelectuales de la Capitanía General en la Colonia. Los historiógrafos posteriores abundan en elogios para el Padre Juarros, y con justa razón porque fue talento excepcional, nutrido en numerosas disciplinas de la Iglesia y lleno de deseos por hacer conocer su país, tanto dentro como fuera de él, valiéndose para ello de una paciente relación histórica. Don Víctor Miguel Díaz dice textualmente del Padre Juarros: "Es digno llamar la atención que, en Guatemala, mientras en las imprentas imprimían extraordinaria cantidad de novenas, patentes de cofradías, oraciones y jaculatorias, el Padre Juarros, en el silencio de su retiro, preparábase a enriquecer, publicándolo, el "Compendio de la Historia de la ciudad de Guatemala". Comenzó a escribirlo el año 1808 y lo terminó en 1818, después de consultar centenares de legajos en los archivos, con el auxilio de los cuales logró formar una estadística de estos pueblos y dar idea de la historia del Reino, desde la Conquista, hasta principios del siglo pasado. En esas páginas el autor expone algo de sabor antiguo, pero su lenguaje es natural, sencillo, libre, mostrándose justo e imparcial en sus apreciaciones". De nuestra parte decimos que el Padre Juarrus prestó y sigue prestando un gran servicio a la cultura de Centro América, por cuanto a través de él es posible conocer todo el movimiento social, intelectual, político y eclesiástico de la Colonia.

José Cecilio del Valle, de la Provincia de Honduras, desde su juventud se distinguió por sus grandes capacidades intelectuales. Fue la más brillante figura de la Sociedad Económica de Guatemala por sus discursos y conferencias en que dio a conocer por primera vez a los grandes economistas europeos: Adam Smith, Quesnay, Genovesi, Bandini, Filangieri, Ganilh, Storch, Juan Bautista Say, el utilitarista Jeremías Béntham, el español Jovellanos, especialista en cuestiones agrarias; Campomanes, orientado hacia los temas económicos, Flores Estrada, etc. En sus discursos y. conferencias de la Sociedad Económica, divulgó también a las notables figuras políticas de la Revolución de los Estados Unidos y a los Enciclopedistas de Francia, sin ningún temor, porque el gobierno español en los tiempos del gran Rey Carlos III y comienzos del reinado de Carlos IV hubo libertad de pensamiento y de expresión. José Cecilio del Valle dominaba los idiomas el latín, el inglés y el francés, y siendo alta personalidad desde el principio tuvo relaciones epistolares con figuras eminentes de Europa: Domingo

Jorge Federico de Riom de Pradt, político, escritor y periodista francés, mentor de la emancipación hispanoamericana, Arzobispo de Malina, que escribió varias obras abogando por la independencia de las colonias españolas en América; Álvaro Flores Estrada, escritor de temas económicos; el conde José de Pechio, famoso economista liberal italiano, Jeremías Béntham, jurisconsulto y filósofo inglés, creador del utilitarismo. La dirección ideológica de José Cecilio del Valle, desde su juventud y los tiempos de la Sociedad Económica de Guatemala, donde hizo las veces de faro, fue en lo económico el establecimiento del capitalismo y en lo político la fundación de un Estado republicano en Centro América, de acuerdo con las ideas de Jefferson, Franklin, Montesquieu y Rouseau. Tuvo que ser hábil y hasta condescendiente frente a las restricciones coloniales, y más en los años represivos. Y de esto se han valido los escritores mediocres de Centro América como Agustín Mencos Franco y más tarde Federico Hernández de León para vivir condenando una figura ideológica tan elevada como la de Valle y haciendo adeptos, igualmente mediocres, que no tienen la capacidad de llegar hasta el fondo de los grandes acontecimientos de la patria.

Otro personaje notable en los últimos años de la Colonia fue Simón Bergaño y Villegas, nacido en Escuintla, Guatemala. Desde muy joven, con estudios universitarios, quiso especializarse en las matemáticas, la economía y las letras. Publicaba folletos y artículos en la Gaceta de Guatemala sobre la manera de levantar el progreso de la Capitanía General. Alguna vez declaró que el Estado Colonial ya no tenía razón de ser y bosquejó con gran lucidez la creación de un Estado nuevo. Como ya habían llegado los años represivos, fue apresado y torturado en tal forma que perdió la capacidad de andar. Desde entonces Bergaño y Villegas tuvo que conducirse en una silla de ruedas. Pero no fue abajado aquel espíritu indomable. Siguió divulgando sus ideas con el mismo coraje, y cuando la autoridad colonial española lo consideró insufrible decretó su deportación para África. Fue embarcado en un puertecillo del

Golfo Dulce, desembarcado en La Habana y encarcelado en las mazmorras del puerto, mientras se presentaba un barco que lo condujera al destino de su deportación, Pero el patriota Bergaño y Villegas murió en las mazmorras habaneras.

Francisco Márquez, hondureño, de la Orden sacerdotal. Leyendo en secreto a los Enciclopedistas, se pronunció en favor de la libertad social y nacional. Aparentemente siguió, creyendo en los dogmas teológicos para no ser enjuiciado por el Santo Oficio, pero en el fondo de su corazón abrigaba los sentimientos del bajo clero criollo y admiraba las grandes figuras sacerdotales americanas que habían votado por la libertad de América, como el Padre Higalgo y el Padre Morelos en México. Cuando cesó el terror absolutista porque la revolución de Riego en España había hecho jurar nuevamente la

Constitución de Cádiz de 1812, y vinieron otra vez las libertades de pensamiento, expresión y reunión, el Padre Márquez fue uno de los más agitados impulsores de la Independencia. Y después de la maniobra monárquica del alto clero mexicano y de Agustín Iturbide en México, inclinada a la monarquía americana, el Padre Márquez en Tegucigalpa se encerró para estudiarlas Constituciones de los Estados Unidos y de Colombia, y bajo la luz de ellas redactó un proyecto de República Federal para Centro América, que como diputado llevó a la Asamblea Nacional Constituyente que se reunió en Guatemala en 1823, el cual proyecto, con modificaciones, pasó a ser Carta Fundamental de la nueva república.

Dionisio de Herrera, hondureño, abogado de la Audiencia de México, profundo conocedor de la jurisprudencia más avanzada del siglo contenida en los Códigos de Napoleón, revolucionario sin reserva hombre ilustrísimo, fue el luminar constante de las mejores inteligencias de la Provincia de Tegucigalpa, al divulgar principios nuevos y sembrar esperanzas populares. Don Dionisio de Herrera es harto conocido, y sería de desear que los letrados del país hicieran conocer su verdadera esencia, sin mixtificaciones mediocres y sin mirajes de hormiga.

BIBLIOGRAFIA

Antúnez, Prof. Rubén: Idioma Nacional. Editorial Antúnez, San Pedro Sula. Honduras, C.A. 1961

Guzmán, Dr. Jaime de: Los Misterios de la Inquisición. Editorial " El Libro Español", México, D.F. 1958.

Henríquez Urena, Pedro: Historia de la Cultura de la América Hispánica. Talleres Gráfica Panamericana, S. de R.L. México, D.F. 1947.

Juarros, Padre Domingo: Compendio de la Historia de la Ciudad de Guatemala. Tipografía Nacional, Guatemala, C.A. 1873.

Milla, José: Historia de América Central. Establecimiento Tipográfico de El Progreso, Guatemala, C.A. 1873

Picón Salas, Mariano: De la Conquista a la Independencia, Talleres de Gráfica Panamericana S. de R. L. México D.F. 1958.

Sánchez, Luis Alberto: Historia General de América, Ediciones Ercilla, Santiago de Chile, 1942.

Udina Martorell, Dr. Federico: Historia de España. Imprenta Socitra, Salvadors, 22, Barcelona, España, 1962.

COMPLEMENTOS DE LA VIDA CULTURAL

Para la introducción de este capítulo que completa el informe cultural de la Colonia, daremos la palabra al Dr. Jaime de Guzmán, autor de "Los Misterios de la Inquisición".

Europa estaba sumida en un letargo de siglos. Las ciencias y las artes yacían olvidadas, las epidemias y el hambre, la miseria y el dolor dominaban doquiera. El pensamiento ensombrecido y los labios musitando oraciones. He ahí el viejo mundo cristiano en el fin de la Edad Media, iniciada el siglo V y terminada el siglo XV de la Era Cristiana. ¡Diez siglos, mil años de obscurantismo! Los señores feudales no sabían escribir, haciendo una cruz por seña al final de los escritos, pergeñados en latín y redactados por monjes y por clérigos.

Se asegura en varias obras que narran aquella edad que era frecuente decir:

—A los hombres de armas no les queda tiempo para otra cosa que no sea el ejercicio de sus armas...

—Los reyes por derecho divino han nacido para gobernar; que escriban sus consejeros espirituales, que lo hagan los teólogos, y alguna gente de clase inferior.

No ha de causarnos sorpresa entonces que los doctores de la Iglesia creyeran a la Tierra el centro de la creación (tal cosa la enseña la Biblia) y a los astros expresamente hechos y situados acaso para recrear la vista en las noches estrelladas, poner miedo en la mente y aproximar más al hombre a Dios (frecuentemente se recordaba el bello salmo del rey David: "Los cielos anuncian la gloria de Dios y su extendimiento la obra de sus manos").

Allí estaban los elementos: La Luna nostálgica, tendría seguramente la misión de dirigirse a las almas. Mercurio, lejano, perdido en los abismos del cielo. Marte con destellos de fuego, fugaces como relámpagos. Venus, chispeante, cual si sacudiera lágrimas luminosas. Deslumbrante el Sol, en contraste con la luna melancólica. Y Júpiter y Saturno hacia el confín más lejano, por sobre la Vía Láctea... Y, ¿cómo despertar las conciencias, cuando doquiera había lágrimas de estrellas?

El pensamiento, aventurándose más y más ascendía al cielo donde los santos se encontraban acaso en eterno arrobamiento (tal parece que fue el sentir de Dante Alighieri, poeta medieval, en la Divina Comedia).

En lo que atañe a los teólogos no es de extrañarnos que su fe, exaltándose, robustecida por la visión nocturna del mundo sideral, les llevara al más descabellado fanatismo, a las más extrañas lucubraciones... Con tales ideas dispusieron el mundo ordenadamente, de un modo sencillo y práctico: más arriba del Sol y de la Luna, sobre las luces lechosas de la Vía Láctea situaron al Cielo... Era lógico suponerlo así... ¿En sentido opuesto, bajo sus Cómo dudarlo? Si ellos mismos caminando por zonas volcánicas de la baja Italia habían visto filtrarse humo por los intersticios entre las rocas, y olido el humo sulfuroso.

El cuadro, compuesto poco más o menos de esta manera, merecería éste o el otro retoque. Ya fatigados, pero aun en éxtasis, seguramente soñaran con las delicias del Primum Mobile...

De pronto un loco, oscuro astrónomo polaco, un tal Nicolás Copérnico, a comienzos del siglo XVI, les arrancó el mapa del mundo, deshaciendo la bellísima visión geocéntrica (de las Sagradas Escrituras y de los Padres de la Iglesia), que ellos venían enseñando año tras año, década tras década, siglo tras siglo...

La Tierra, —enseñaba aquél sin duda movido por el Demonio, la Tierra no es el centro de la creación...

¡Horror, sacrilegio inaudito!

¿La Tierra es o no es el centro de la creación? Cuanto existe y cuanto vive no es para servir al hombre, el cual es un ser creado a imagen y semejanza de Dios; ¿no es el rey de la creación?

Fue hora de consultar los libros sagrados, de revisar lo que había dictado el propio Dios... y desempolvando antiguos infolios leyeron en coro... Sobrada razón tuvo los teólogos para encenderse de cólera: toda su paciente obra en la que laboraran generaciones y generaciones de doctores de la Iglesia se derrumbaba cual si fuera un castillo de naipes... En adelante habrían de estar ojo avizor para introducir enmiendas...; Qué quedaba de su mundo simple y tan fácil de explicar? Al Santo Oficio, ¡el loco! clamaron con voz airada y trémula de indignación, aquellos que minutos antes humildes, musitaban plegarias al Altísimo.

El anciano descubridor de las tres leyes de los movimientos de los planetas, maravilloso legado suyo al mundo del porvenir, tras muchas negativas, a título de "simple entretenimiento" pudo dar a conocer a los hombres de su tiempo su genial obra. Pero después fallecía, y estuvo casi solo en el lecho de su muerte... Mucho mejor, sin duda, ¡que en un auto de fe!

Decimos nosotros que no pudo silenciarse la teoría coperniqueana del heliocentrismo, que fue recogida con prudencia y alegría principalmente por los sabios alemanes. No podía detenerse el proceso científico, Ya Colón, contando con la asistencia de los Reyes Católicos de España, había llegado al Asia, según él por la ruta occidental. Y más tarde, Fernando de Magallanes, con su lugarteniente Sebastián Elcano, contando con la protección de Carlos V, había probado la redondez de la Tierra.

No obstante, la Iglesia con las "locuras" de Copérnico temblaba. Y tembló más cuando en el siglo XVII, Galileo, matemático, físico y astrónomo, poseedor de una trilogía satánica, inventó el telescopio, la balanza hidrostática, el péndulo y el termómetro y, finalmente, descubrió las leyes de la gravedad.

Desde aquí sigue hablando el Dr. Jaime de Guzmán:

En breve Galileo, denunciado como herético, por enseñar en público el sistema de Copérnico, que sostenía el movimiento de la Tierra alrededor del Sol, fue encarcelado por la Inquisición, cayendo en las redes y procedimientos del Tribunal del Santo Oficio. En ese antro de horrores despiadados y de inclemencia, debió de retractarse. Su declaración fue solemne. Su voz sonó grave y profunda. Abjuró de rodillas ante sus jueces, más al levantarse, dijo para sí mismo, con palabra inoída Eppur si muove... Cayó su cabeza sobre el pecho...Al correr de poco tiempo en su ancianidad, agravados sus achaques por los malos tratos, casi del todo ciego, dejó de existir...Corría por entonces el año 1643.

Pues bien, agregamos de nuestra cuenta, que desde el siglo XV hasta el siglo XVIII se hizo evidente la revolución científica y social. En la ciencia se fueron acumulando los descubrimientos y las invenciones, que siempre negaban a la Edad Media, y en el campo social fueron apareciendo teorías y teorías que se orientaban hacia la formación y consolidación de la Edad Moderna. Por consiguiente, a la Iglesia medieval, al Imperio Romano Germánico y a las monarquías absolutas se les abrieron cien frentes peligrosos por su fuerza y novedad. Las herejías se pusieron a la orden del día. Unas pedían la modernización de la Iglesia y otras, su abolición. Aun los mismos reyes, los déspotas ilustrados; se pronunciaron por razón de intereses reales, en favor de las transformaciones.

Sucedió que, como Carlos I, nieto de los Reyes Católicos de España, fuera elegido más tarde emperador de Alemania, y por tanto, cabeza del Sacro Imperio Romano Germánico, y jefe de todos los reyes cristianos, el emperador Carlos V se vio obligado a mantener intacta la Iglesia medieval como hubiera lugar, y toda su vida la dedicó a combatir con la espada las numerosas herejías y novedades que consolidaban la Edad Moderna.

De aquel modo, España se convirtió en la fortaleza de la reacción medieval, en la política, en la religión y en la cultura. La Edad Media había terminado en el siglo XV, pero los monarcas españoles hicieron esfuerzos titánicos por prolongarla en los siglos siguientes en toda Europa. No habiéndolo conseguido, el medievalismo se enseñoreó a la viva fuerza en la Península y en los dominios de ultramar, que habían sido descubiertos y conquistados bajo las banderas españolas.

Por consiguiente, ni en las escuelas, colegios y universidades de la Metrópoli; ni en los centros culturales que iban apareciendo en la América colonial, debía saberse nada de las "locuras" de Copérnico, ni de los desatinos de Galileo, ni de ningún otro sabio que inventara o descubriera algo que fuera a contrariar las afirmaciones de las Sagradas Escrituras y de los Padres de la Iglesia.

Debemos meditar en esto, y grabarlo en la mente que, en los centros culturales de la América colonial, hubo insistencia sistemática en los planes de enseñanza medievales, para que los súbditos y los esclavos americanos no se diesen cuenta de que vivían en la Edad Moderna y no en la Edad Media. Por eso la constancia en la enseñanza de las Sagradas Escrituras, las obras de los padres de la Iglesia, los cánones sagrados, el latín y otras disciplinas que alejaban la inteligencia americana de las inquietudes de los siglos nuevos.

Teníamos que agregar esto para completar la comprensión de la cultura colonial. Sin estas anotaciones es difícil entenderla más o menos a fondo. Pero también cabe advertir que como la sociedad está sujeta a leyes, qué son inexorables, el empeño medieval de la Corona y de la Iglesia, a pesar de la diligencia de las autoridades reales y del Santo Oficio, fue resultando impotente cada vez más: casi siempre debajo de los textos de la Gramática Latina y la Teología Moral se escondían algunos libros prohibidos que contenían la ciencia moderna y la teoría de la revolución, Esto en toda América sin excepción. Y no había medio de impedir o frenar el hambre espiritual de los americanos por las ciencias de la Naturaleza y las ciencias de la sociedad.

ARQUITECTURA. Dice el Dr. Federico Udina Martorell, autor de una "Historia de España", que en la Metrópoli se llevaba a las obras arquitectónicas, en los siglos XVI, XVII y XVIII, el estilo Plateresco, que juntaba el estilo Romano o clásico con el Gótico; el "estilo Cisneros" que combinaba el arte mudéjar con el Renacentista, y el estilo Renacimiento purista, que contaron grandes maestros que dejaron constancia de su talento artístico en numerosas obras civiles y religiosas. Respondían aquellos artistas a lo que lleva el nombre de segundo Renacimiento español. Cabe agregar que lo que se llama el segundo Renacimiento español, que empezó a florecer en el reinado de Felipe II, puso en boga el contraste, persiguiendo la originalidad con la aspiración de que España contara con una arquitectura propia. Así nació el arte Barroco, novedoso, sugestivo, monumental y cuya filosofía estética se orienta en el fondo contra todas las formas y expresiones del arte protestante.

El Barroco arquitectónico fue traído a América colonial, cubriendo el Continente, de Norte A Sur, de abrumadoras obras civiles y religiosas. La Antigua Guatemala o sea Santiago de los Caballeros de Guatemala, ofrece al observador el testimonio arquitectónico del arte Barroco, recargado de encajes y de numerosas combinaciones artísticas de novedad extrañísima, en el Palacio de los Capitanes Generales, la Catedral, las iglesias, los conventos y los altares. Agregan tales obras otro aspecto del estilo Barroco, como es la proporción monumental. Sin olvidarse en esto el trabajo esclavo que reunía los materiales de construcción y servía para colocar los mismos en la erección de las obras, bajo el látigo y la tortura aplicados por los capataces, donde morían millares de indios, es seguro que los primeros arquitectos fueron de origen peninsular, aunque transcurrido el tiempo el arte arquitectónico fuese aprendido y ejecutado por inteligentes hijos de América.

En la Honduras colonial podemos admirar obras churriguerescas de aquel tiempo, en particular la Catedral de Comayagua, que indudablemente es la obra de más prestigio en el país.

Por las indicaciones del Ingeniero Arquitecto Samuel Salgado, quien se graduó en Italia, sabemos que el altar mayor de la Catedral de Tegucigalpa se ajusta al estilo Barroco.

Estas anotaciones nacionales y centroamericanas, son suficientes para ofrecer una noción del trasplante de la arquitectura de España a su colonia de América en aquellos siglos.

LA ESCULTURA. Fue famoso en España Bartolomé Ordóñez, adicto al primer Renacimiento, al esculpir el mausuleo de Felipe el Hermoso y Juana la Loca. También lo fue Alonso Berruguete, discípulo de Miguel Ángel, cuyas sillerías de oro son de gran estilo. Pero el momento culminante de la imaginería española estaba reservado al Barroco. La manifestación exterior del culto por medio de las procesiones, obligó a los artistas a esculpir figuras exentas de gran tamaño, cuyo retablo iba a ser la calle misma. La vigorosa expresión, y el profundo estudio de la Naturaleza, prestaron a sus obras un realismo insuperable, acentuado por la técnica de la policromía. Se distinguieron la escuela de Valladolid, representada por Gregorio Fernández y las de Sevilla y Granada, a. las que pertenecen Juan Martínez Montanés, Alonso Cano y Pedro de Mena, el último de los cuales abrió un ciclo más estilizado con su Francisco de Asís.

En la América colonial hubo escultores de fama en los virreinatos. Sería cosa de escribir un tratado de la materia para darlos a conocer. Lo más corriente en América fue el escultor de imágenes sagradas para los altares de las iglesias y los oratorios de las casas particulares. En la ciudad de Guatemala, por largo tiempo hubo una escuela que produjo notables escultores de imágenes, tan famosos que sus obras eran frecuentemente solicitadas del mismo México. Y no pecamos de excesivos si decimos que la mayoría de las imágenes que existieron en las iglesias y oratorios particulares de las provincias de la Capitanía General fueron realizadas por aquellos artistas.

Para abandonar el tema escultórico, dejamos constancia de que el Cristo Negro de Esquipulas de Guatemala fue obra del artista Quirio Castaño, dedicada a la fe de las razas oprimidas (indios, negros, zambos, mulatos y mestizos).

LA PINTURA. Después del período cortesano representado por los retratistas Antonio Moro y Alonso Sánchez Coello, la pintura sufre una intensa transformación, gracias a dos portentosos artistas: el Greco y Velásquez. El cretense Doménico Theotocopoulos, después de haber trabajado en los talleres del Ticiano, fijó su residencia en la Corte Eclesiástica de Toledo. También el arte, gracias a él, y al influjo de la mística, descubriría el alma. Nunca pintor alguno ha logrado como él desprenderse de lo corpóreo, y crear una atmósfera irreal y apasionante, dentro de las más puras vivencias religiosas. Sus figuras, cerúleas y consumidas por un fuego interior, han sido comparadas a cirios ardientes que ofrecen su misteriosa luz peculiar. Si el Greco es por excelencia un pintor religioso, Diego Velásquez sigue la tradición cortesana y mitológica del Renacimiento, tratando esos temas, con un vigor y una precisión magistrales como ninguno; fue Velásquez el pintor del espacio, y en sus telas no se limita a copiar, sino que traslada el mundo real. Señalemos principalmente a este respecto su famoso cuadro de Las Meninas, y el impresionante retrato del papa Inocencio X, dos joyas que por sí solas bastarían para inmortalizarle.

A la pintura del Renacimiento, estática y eminentemente formal, sucedía la nueva técnica, basada en el violento claroscuro y en el movimiento. La pintura religiosa acusa frecuentemente la influencia del barroquismo: ya no pretende servir de enseñanza y documentación a través de los episodios sagrados, sino conmover violentamente al espectador. Citemos los nombres de José Rivera, el Españoleto en la escuela valenciana, y Francisco de Zurbarán, Valdez Leal y Murillo en la escuela de Sevilla.

Los talleres de aquellos notables artistas españoles, llenos de discípulos bien dirigidos, atendían tanto las solicitudes pictóricas de la Península, como los encargos de los reyes que solían enviar regalos constantes a las catedrales y demás templos de las Indias.

La colonia hondureña, tan obsequiosa con los reyes con sus dones de oro y plata, fue favorecida por ellos con telas pictóricas de los grandes artistas españoles para los templos lugareños. Se afirma con razón que Comayagua, Gracias, Luquigüe, Santa Lucía y otros pueblos de la Provincia colonial adornan los laterales de sus templos con aquellas joyas. Y. más de una vez los reyes peninsulares donaron lienzos pictóricos a los Ayuntamentos, como es el caso de Ilama, en Santa Bárbara.

Los reyes hacían estos exquisitos regalos a casi todos los lugares de las Indias, virreinatos, capitanías generales, provincias y poblaciones. Por eso la Provincia hondureña fue atendida en igual forma, siendo frecuente encontrar en los centros civiles y sagrados, un Españoleto, un Murillo, un Zurbarán, etc.

En la ciudad de Guatemala hubo aficionados a la pintura que alcanzaron algunos éxitos como retratistas y creadores de lienzos sagrados. Más tarde fue fundada la Academia de Bellas Artes, bajo la dirección de peninsulares, y así fueron adiestrándose en el manejo del pincel, en la perspectiva y en los colores. Pese a que estamos hablando de la pintura americana, bajo el consejo de Pedro Henríquez Ureña y Mariano Picón y Salas, grandes escritores americanos, si las artes plásticas en general, en lo que se llama el segundo Renacimiento español, obedecían las reglas del estilo Barroco, no podemos asegurar que los artistas americanos llegaran a manejar el claroscuro y otros contrastes con la maestría de los artistas peninsulares. No hay datos que hagan constar que provincianos de Honduras se dedicaran a la pintura por sí solos o fueran a Guatemala a adiestrarse en el arte. Pero existe la sospecha de que pintaran o fueran a Guatemala a recibir lecciones, porque el hombre por naturaleza es inclinado a las bellas artes y la pintura es una de las que más arrebata el espíritu de los mortales.

EL TEATRO. Los españoles y los portugueses trajeron a América en los primeros siglos coloniales el drama europeo cuando todavía no abandonaba las formas de la Edad Media: representaciones religiosas, alegorías morales, farzas cómicas. A medida que el drama se desarrolla en Europa, sus nuevas formas se transportan a las colonias de España y Portugal. A fines del siglo XVI, las ciudades de México y Lima tenían teatros permanentes, donde se representaban obras, tanto de autores europeos como de autores locales. Con el tiempo, todas las ciudades tuvieron teatros públicos.

Bajo la dirección de fervorosos amigos del teatro, fueran peninsulares o criollos, se organizaban grupos de aficionados que representaban obras religiosas y profanas. Por fin llegaron a la América colonial las obras de los grandes dramaturgos del Siglo de Oro: las obras de Lope de Vega, Tirso de Molina, Alarcón (quien era mexicano), Calderón y otros. Aquello fue una grandísima contribución cultural, que tanto adiestró a los cuadros artísticos indicados, como invitó a la creación dramática a cuantos americanos tenían vocación artística, Fuera de algunas figuras notables de México y del Perú, citadas por Picón Salas y Henríquez Ureña, los demás produjeron obras medianas, pero llenaron las necesidades teatrales del público al ser representadas.

En la colonia de Honduras, fuera de Comayagua, en Tegucigalpa o fuera en otras poblaciones del país, se improvisaban escenarios en las plazas y allí se representaban, bien o mal, obras españolas e invenciones nativas. Y el público que siempre es adicto a esa clase de representaciones concurría para divertirse y de aquella manera olvidar la pena.

LA MUSICA. Dejando a un lado las especulaciones eruditas de Don Marcelino Menéndez y Pelayo en su célebre obra "Historia de las Ideas Estéticas de España", diremos simplemente que la música española sagrada y civil, si cabe, fue trasladada a la América colonial, con las obras, las técnicas y los instrumentos de la Península: para la Iglesia vino el órgano y para la diversión social, la guitarra. Un arte tan amado por las muchedumbres como es la música, debía tener una influencia enorme en la América. Artistas peninsulares y criollos, aprendieron el pentagrama en España, y venían de allá, o en los colegios tridentinos de la Colonia, pues la música formaba parte del "cuadrivium". Y hubo en el Continente compositores y ejecutores de gran talento. Pedro Henríquez Ureña nos dice que durante los siglos XVI y XVII se cultivaron las formas polifónicas de la música, especialmente en las iglesias; desde 1700 se compusieron óperas en México y en el Perú, y en 1750 se organizó la primera orquesta sinfónica en Caracas. El grupo sobresaliente de compositores fue el venezolano del siglo XVIII:

en él se distinguieron Pedro Palacios Sojo, Lino Gallardo y José Ángel Lamas.

Como ya en Guatemala existía una Escuela de Bellas Artes en el siglo XVIIÍ, de allí salieron músicos con conocimiento del arte para atender las exigencias artísticas de la iglesia y de la sociedad. Si en la Provincia de Honduras hubo músicos estudiados, no lo sabemos; pero estamos seguros de que numerosos súbditos, criollos y mestizos, con vocación musical, y aunque empíricamente, se adiestraron en la música para satisfacer las demandas de las fiestas religiosas y las sociales. Nos duele que en investigación histórica que hemos seguido al respecto, no encontráramos nombres y apellidos de artistas musicales pertenecientes a la Honduras colonial.

De otra parte los indios, negros y mestizos de todas clases, también aficionados a la música con pura vocación y ejercicio tocaban numerosos instrumentos, tanto primitivos como europeos, tambores, flautas, sacabuches, carambas, acordeones, dulzainas y guitarras. Así atenuaban su dolor ancestral aquellos grupos nativos, y resultaban ingeniosos, no cabe la menor duda, cuando se elevaban a la categoría de artistas musicales.

DANZAS, CANCIONES, SERENATAS Y REFRANES. Importada la música española, los colonizadores también trajeron las danzas peninsulares, las de Corte y las populares. Esto dio pie para que poco a poco fueran naciendo nuevas danzas criollas que incorporaban estilos indígenas, resultando tan novedosas muchas de ellas, que luego eran exportadas para España y el resto de Europa.

También los indios, negros y mestizos de todas clases, con instrumentos americanos y europeos, seguían alegrándose con sus danzas autóctonas.

Agreguemos aquí las canciones españolas, regularmente populares, que se cantaron de confín a confín de América en los siglos coloniales, y que luego dieron base para que fueran apareciendo nuevas canciones con el entusiasmo o la melancolía de los nativos americanos. Cantaron poco los nativos hasta el siglo XVII; pero cuando llegaron los Borbones al trono español, empezaron a cantar más, despertándose entonces el ingenio de aquellos en una infinidad de formas populares, amorosas y burlescas, que hacían el encanto de las fiestas. Se multiplicaron los cantares populares con el arpa y la guitarra, y fueron de pueblo en pueblo, siempre inventando nuevas canciones que inmediatamente eran aprendidas por la masa. El fenómeno artístico señalado fue un hecho cierto en la Capitanía General de Guatemala, y también lo fue en la Provincia de Honduras. Borrosamente todavía se recuerdan algunas coplas de aquellos tiempos lejanos.

A propósito del tema, el Profesor Rubén Antúnez, en sus publicaciones para escuelas y colegios, reúne algunas coplas populares que sin lugar a dudas vienen de lo hondo de la Colonia, por ejemplo:

No sé qué pluma cogiera
del ave que va volando
para escribirle a mi negra
las penas que estoy pasando

Cuando la perica quiere
que el perico vaya a misa,
se levanta de mañana
y le plancha la camisa.

Si los besitos salieran
como sale el perejil,
más de una niña tuviera
la cara como un jardín.

Querer a uno no es ninguno.
querer a dos falsedades;
querer tres y engañar cuatro,

esa es gracia que Dios da.

El bejuco del amor
se parece al picamano:
cuando se llega a enrraizar
no le seca ni el verano.

En los bailes coloniales, que se acompañaban de canciones, también se acostumbraban las llamadas "bombas", recitadas en voz alta, llenas de ingenio, en que alternaban las parejas, hombres y mujeres, sin importar la edad, Pongamos ejemplos:

Ella:
Cuánta naranja madura,
cuánto limón por el suelo,
cuánta muchacha bonita,
cuánto galán sin dinero.

Él:
Cuánta naranja madura
cuánto limón por el suelo,
cuánta muchacha bonita
que sólo busca el dinero.

Él:
Aquí te traigo esta flor
en forma de mariposa:
no pierdo yo la esperanza
de que seas tú mi esposa.

Ella:
Aquí recibo esta flor,
con muchísimo placer;
más soy hija de dominio
y me pueden sorprender.

Completaban las diversiones coloniales, las serenatas, en las que los músicos divinizaban sus instrumentos y los cantores cantaban coplas tiernas, dulces y amorosas, bajo el brillo de la luna llena, cabe a los balcones de las mujeres amadas.

El refranero español fue traído a la América colonial y enriquecido por los criollos y los mestizos. Principalmente en el siglo XVIII empezó a verse el ingenio refranero del pueblo.

La sátira en forma de "ocurrencias" y de chistes, empezó a indicar que en las colonias ya estaba naciendo una conciencia nacional, es decir, la conciencia americana que en el siglo XVIII alcanzaría la libertad.

VIDA Y COSTUMBRES COLONIALES. La sociedad, bajo los reyes de la Casa de Austria, sufrió una honda transformación en la Península por efecto de la colonización de las Indias y continuas guerras en Europa. La alta nobleza, que a partir de la guerra de las Comunidades, se tornó adicta a la Corona, aunque residía aún en la época del César, en magníficos palacios solariegos, se volvió cortesana a partir de Felipe III y lo esperaba todo del poder real: otorgaba éste, en efecto, los elevados cargos de la administración del Estado (virreinatos, consejerías, caballeratos de órdenes militares), y aun las altas dignidades eclesiásticas por derecho inmemorial. Esta última circunstancia hizo prosperar el número de clérigos en todo el ámbito nacional, procedentes, por lo regular, de la baja nobleza, cuyos miembros servían asimismo en la milicia. Característica de la época fue el desprecio por las artes manuales, por lo que las ciudades importantes se nutrieron de ex—legionarios y oficiales del ejército, con un pasado glorioso, que era fácil exagerar, y unas posibilidades más que escasas, que propendían a la vida picaresca. Repitamos, que prosperaron en gran manera las universidades, a las que concurrieron por igual los nobles y los burgueses, produciendo una nueva jerarquía: la de los letrados, los cuales, poseyendo una formación jurídica y latinista, estaban capacitados para ingresar en las Audiencias y Cancillerías. Todo graduado poseía el título de Don, privativo, antes, de la nobleza, que constituía por tanto, aquella jerarquía, un elemento compensador entre ésta y el bajo pueblo, que se mantenía en plena incuria. La raquítica burguesía industrial, por efecto de la decadencia de los gremios, estaba en declive o era inexistente, prosperando sólo en dos ciudades: la Corte, a partir de Felipe II, y Sevilla, emporio del comercio americano. Las poblaciones, por lo regular, carecían de urbanización, y presentaban un amasijo de, callejas, desprovistas de aceras, y mal iluminadas. Gran mejora representó para Madrid el trazado de la Plaza Mayor.

Aquella vida peninsular trasladóse a América colonial, excepción hecha, naturalmente, de las Supremas Autoridades Reales. En concepto de Humboldt, que visitó el Continente en los finales de la colonia, México como ciudad era el centro más importante de todo el Imperio español, tanto en población como en centros culturales. En aquellos años la ciudad de México se acercaba a los 200.000, y era más poblada que Nueva York. Le seguía la ciudad de Potosí en el alto Perú, con más de 100.000 habitantes, por hallarse allí las minas más famosas del Imperio. Naturalmente, crecían en población en forma que causaba sorpresa Buenos Aires, en el virreinato de La Plata; Santiago, en Chile, Lima en el Perú; Quito y Bogotá en el virreinato de Nueva Granada; Caracas en Venezuela: Santo Domingo en la Española; La Habana en Cuba y la Nueva Guatemala en la Capitanía General del mismo nombre. Por eso se volvía una exigencia inaplazable para la Corona el dotar a los grandes centros urbanos de la América colonial de todas las instituciones y servicios posibles en aquellos siglos.

En cuanto a los centros urbanos pequeños, numerosos en el Continente, la Corona con sus medios tuvo que atenderlos para mejorarlos. En Honduras es el caso de Comayagua y Tegucigalpa. No alcanzaron mucho, pero lograron algo.

Repetidas veces hemos dicho que la diferencia notable de España y de América consistió en que allá había clases sociales libres mientras que acá existía la esclavitud. Latía, pues, en la América colonial desde los primeros siglos el ferviente anhelo de la igualdad social y nacional, poniéndole término a la esclavitud y aboliendo las diferencias con la metrópoli.

En el seno de las familias coloniales, donde se leía, se meditaba y conversaba, con mucha discreción i se hablaba de estas cosas. Y. los nobles nacidos en América que iban a España comprobaban la desigualdad: en Madrid siempre andaban por debajo de los cortesanos peninsulares. Eso lo comprobó Simón Bolívar en su juventud, cuando fue a estudiar a España a pesar de su rancia nobleza peninsular y sus millones, pues era más rico que muchos grandes españoles, siempre lo veían. de menos, y hasta tramaban daños en su contra.

Lo anterior indica que el desdén para los mestizos era todavía mayor, así fueran inteligentes y ricos. Y en cuanto a los indios, los negros y sus descendientes, no se diga: simplemente eran esclavos en la primera fase colonial o empezaban a ser siervos en la segunda fase de la misma.

LA VIDA RELIGIOSA. A partir del Concilio de Trento, en España, se centra todo en torno a la devoción eucarística. Celébranse, con inusitado esplendor, las procesiones del Corpus, Te Deums y Exposiciones Comentadas por expertos oradores sagrados. Especial devoción adquiere por entonces el Misterio de la Inmaculada. Las advocaciones marianas más famosas de la época fueron la Virgen del Pilar en Zaragoza, la Virgen de Guadalupe, la Virgen de Atocha en Madrid, y la Virgen de Monserrat. Junto a estas devociones se extendieron: la del Sagrado Corazón, propagada por los jesuitas; la del Rosario, por los dominicos; el culto a San José, por los carmelitas reformados, y la práctica del Viacrucis, predicada por los franciscanos. Las cofradías religiosas, auxiliares seglares de la Orden, contribuían al esplendor de las manifestaciones públicas, entre las que gozaron de especial favor los actos de la Semana Santa.

Aparte de las fiestas religiosas, los Cortejos, los Autos de Fe, las ejecuciones públicas y los espectáculos atraían a las multitudes, ávidas de contemplar lo insólito y descomunal. Surgió entonces la costumbre de celebrar las Entradas de los reyes y de altos personajes con aparatosos desfiles histórico—mitológicos, llegándose a repartir billetes de invitación desde las casas mejor situadas. No faltaba entonces la colaboración de los poetas y latinistas, que cantaban por igual, con ampulosos ditirambos, coronaciones, natalicios, bodas, exequias y primeras ediciones.

La vida religiosa de España fue trasladada a América colonial con todo su aparato. Los mandatos del Concilio de Trento de hacerle una mayor propaganda a la Iglesia en todos los sectores sociales para consolidar la fe católica y a la vez impedir las herejías, fue un hecho indudable. De Norte a Sur en la América colonial la agitación religiosa no tuvo punto de reposo. De Norte a Sur en la América colonial, el redoble de las campanas, las procesiones, los rezos y otros actos rituales, casi no daban descanso a los pobladores coloniales. La imaginación puede completar el cuadro religioso de la vida colonial en aquellos siglos, para que el lector se forme un cabal sentido de cómo era la Colonia.

En Centro América el ejercicio religioso no debía ser una excepción. Por el contrario, la religiosidad centroamericana llegaba a puntos extremos de fanatismo. Y desde luego, en la Provincia de Honduras la vida religiosa tenía que ser igual.

De la Colonia viene aquel decir: "Corpus en Guatemala, Semana Santa en León y Pascuas en Tegucigalpa".

LA FAMILIA COLONIAL. El tema es sumamente importante, porque revela muchas cosas que han pasado inadvertidas en nuestros días. La familia sindiásmica de los indios a principios de la Colonia, que era comunal, fue destruida por las autoridades españolas. Se les impuso a los nativos el parejismo de hombre y mujer en el matrimonio, bajo el signo de la religión cristiana. Pero también, siendo abatidos los indios en los torbellinos de la esclavitud, el matrimonio monogámico por parejas resultó una ficción. Por ello se unieron en forma libre y ocasional, en contubernio, como decían los romanos en sus tiempos. Los indios, hombres y mujeres, se ayuntaron más tarde con los negros y así apareció la raza de los zambos. Y es claro que los españoles de los comienzos de la conquista yacieran con indias, procreando mestizos, y con negras después, produciendo mulatos.

No se esconda en este punto que los indios y los negros también gozaron de mujeres españolas, por amor o por fuerza. Quién pudiera negar que también las españolas, como hembras, llegaran a sentir pálpitos amorosos por algunos indios y algunos negros de bella estampa. Las separadas y las viudas en especial eran inclinadas a aquella clase de intimidades. De otra parte, los indios alzados, frecuentemente salían en son de guerra, llevándose las mujeres de los españoles solteras, casadas y de otras especies. Por ejemplo, los indios retirados en las abruptuosidades de la Mosquitia, en Honduras, recorrían Olancho y llegaban cerca de Tegucigalpa y Comayagua con ese preciso objeto.

Existía la familia rural, española, criolla o mestiza dedicada a la minería, la agricultura o la ganadería. Privaba en ella el analfabetismo, la ignorancia o el fanatismo. El coeficiente intelectual y moral de aquella familia era la religión. El rezo era obligatorio para sus miembros libres y para los esclavos o siervos de la casa. Estaba pendiente de las fiestas religiosas y de los días de guardar. Tremendamente influida por la tradición familiar española, el padre era amo absoluto; la madre estaba sujeta al mandato matrimonial, pero gobernaba sobre los hijos y las hijas. Los hijos varones cooperaban en la conservación y aumento del bien patrimonial, y las hijas mujeres se entendían en los quehaceres de la casa, inteligentemente repartidas en las distintas actividades hogareñas. Reinaban la paz y la fraternidad en el grupo familiar. Existía un remedo de mayorazgo, de modo que cuando faltaban los progenitores, era el hijo mayor el jefe de familia. Los matrimonios de la descendencia eran objeto de una sigilosa política familiar. Imperaban los usos y costumbres coloniales. Y si por desgracia alguna hija tenía un desliz, se le condenaba para siempre a la oscuridad y la preterición. Parecía descender a la condición de criada. Su campo era el lugar retirado, la cocina y nunca se presentaba en la sala, menos cuando se recibían visitas. Los padres de esta desdichada, sufrían la afrenta social, y nunca abandonaban aquel complejo de tener una hija que hubiera rodado por los despeñaderos del amor libre.

Punto más, punto menos, sucedía lo mismo con la familia urbana, española, criolla o mestiza. Solo que aquí, algunos de los miembros familiares sabían leer, escribir y numerar por influencia del medio social de la villa o la ciudad. También solían dedicarse a las artes y los oficios. Y si llegaban a leer libros, el Quijote, tan regado en la América colonial, las Novelas Ejemplares, y otras obras en prosa y en verso del Siglo de Oro, ya en el Siglo XVIII, a escondidas de solazaban con algunos autores que condenaba el Índice Romano.

Por regla general, no eran cuantiosos los bienes de la familia rural o urbana.

Eso sí, solían salir de ella, y principalmente en el siglo XVIII clérigos, frailes, monjas, militares, abogados, médicos, agrimensores, boticarios y escritores.

La familia aristocrática colonial estaba encima de la pirámide familiar de América, pero estaba lejos de poder igualarse con la gran familia de España. Aquella era siempre inferior a ésta. Procedía la familia noble colonial de las últimas capas de abolengo que se trasladaban al Nuevo Mundo con cargos en el Estado, y solían quedarse en el Continente, formando su descendencia la categoría de los criollos. La familia aristocrática colonial se ajustaba en todo a la tradición reaccionaria española. Su principal regla de conducta consistía en una absoluta lealtad al Rey y una completa fidelidad a la Iglesia. Los matrimonios se ajustaban más al interés que al amor para aumentar el poder económico. Absentistas, vivían en las ciudades dejando el cuido de sus haciendas en manos de mayordomos o capataces. Solían viajar a España y visitar los demás virreinatos y capitanías generales. Casi todos los miembros familiares eran mediana o grandemente instruidos en todo aquellos que permitía la religión y la realeza. Las mujeres siempre se hallaban en grado inferior, culturalmente hablando.

De repente, la familia aristocrática criolla, que tenía el poder económico en sus manos, ambicionó el poder político. Y en el siglo XVIII, buscó a Descartes, Copérnico, Galileo, los Enciclopedistas y los demás ideólogos revolucionarios de Holanda, Inglaterra y Francia. Si lo hacía, era porque ya se orientaba a la conquista del poder político.

De todo lo dicho, con un poco de imaginación podemos adivinar la sicología, las conversaciones, las inclinaciones, las costumbres, la vajilla, el ajuar, etcétera, de las familias coloniales, perfectamente separadas unas de otras por la cuantía de sus bienes. Pero también debe haber sido triste y repugnante, por asentarse en la esclavitud.

LA IGLESIA COLONIAL

EL PATRONATO ESPAÑOL. La Santa Sede, desde hacía siglos, había otorgado a la Corona española el Patronato eclesiástico, que era la facultad que tenía el rey para nombrar los eclesiásticos de sus dominios. El Patronato nació de la absoluta confianza que depositaba el papa en la catolicidad del monarca español. Posteriormente, cuando fue descubierto, conquistado y colonizado el Nuevo Mundo, el rey organizó la Iglesia de América con eclesiásticos de su confianza, de acuerdo con el Consejo Supremo de Castilla y el Consejo de Indias.

De ahí resultó que el Estado colonial fuera un Estado civil—militar—eclesiástico. De aquel modo, el letrado de la Audiencia, el oficial del batallón y el cura de la parroquia constituían una trinidad indivisible e inseparable, aunque cada uno tuviese su respectiva jurisdicción.

Como después de las grandes discusiones de los teólogos y los juristas peninsulares opuestos a la conquista y el coloniaje, quedó establecido que "la conquista y la colonia de América tenían por principal objeto la propagación de la fe católica, la conversión de los gentiles y la instrucción de los indios", el Patronato Real organizó a su entero gusto la Iglesia colonial de América.

EL CONCILIO TRIDENTINO. Bajo esfuerzos del emperador Carlos V, se reunió en la ciudad de Trento, provincia del Tirol, Italia, de 1515 a 1563, un célebre concilio ecuménico que realizó la reforma general de la Iglesia para combatir con ventaja al protestantismo. Se le llama en la historia, corrientemente, Concilio Tridentino. Aquel Concilio tomó en consideración el grito a coro contra la corrupción de los miembros de la Iglesia, de donde resultaba el propagado descrédito de la misma. La corrupción se extendía, según los críticos, desde los papas incestuosos, negociantes y crapulosos del Renacimiento hasta los últimos habitantes ensotanados, hombres y mujeres, de los monasterios y conventos. Los primeros que levantaron la voz contra aquella inmoralidad eclesiástica, fueron los humanistas, distinguiéndose entre ellos el famoso Erasmo de Rotterdam, nada menos que amigo de Carlos V, largo tiempo. Por esa circunstancia, el famoso humanista tuvo notable influencia en la intelectualidad española, que más tarde se vio compelida a ocultar su erasmismo, cuando la reforma eclesiástica se había realizado, y podía convertirse en antesala del protestantismo si se le seguía propagando.

Mas, la reforma general de la Iglesia en el Concilio Tridentino sólo era un remedio a medias, que no podía detener el carro de la historia. Había empezado la Edad Moderna, y la religión católica era una institución de la Edad Media. De modo que adaptar la religión católica medieval, con decretos a la Edad Moderna, resultaba una tarea sumamente difícil; que requería un brazo poderoso como el de Carlos V, y más tarde el de Felipe II, y una serie de instituciones de terror, como el Santo Oficio. Pero el brazo poderoso y las instituciones de terror espantaron a los pueblos y a las naciones, y la rebelión anti—católica en vez de disminuir aumentó en toda Europa.

¿Explicación del fenómeno? La Edad Moderna, iniciada con los grandes inventos y los grandes descubrimientos: la brújula, la pólvora, la imprenta, el Nuevo Mundo, la redondez de la Tierra, el movimiento de este planeta en torno suyo, movimiento traslaticio de la Tierra alrededor del Sol, etc., descansaban en una ley social que se abría paso inexorablemente, la ley social del capitalismo, que se iba volviendo cada vez más poderosa, a medida que avanzaba el tiempo, y se iba consolidando con su base económica nueva, capitalista, y con sus respectivas supraestructuras políticas, jurídicas, filosóficas, morales y religiosas.

Según aquellos, para la economía feudal de la Edad Media, estaba sobradamente buena la religión católica; pero para la economía capitalista de la Edad Moderna, convenía buscar otra religión o, por lo menos, darle una nueva interpretación al cristianismo. Lo último fue lo que hizo Martín Lutero, monje agustino, jefe de la reforma religiosa de Alemania, quien revolucionariamente, declaró sin validez el poder espiritual de Roma, con sus decretales y sus ritos, tradujo la Biblia a la lengua alemana para que pudiera leerla todo el mundo y entró en lucha abierta con el Papa y el Emperador. Con una base burguesa como la señalada, el protestantismo luterano se propagó como un incendio en los principados alemanes, cuyos príncipes se enriquecieron con los bienes de la Iglesia, y luego rebasó las fronteras germánicas, donde por distintas causas estallaron nuevas herejías anticatólicas, hasta quedar reducida la jurisdicción eclesiástica a los límites de España. Enrique VIII, de Inglaterra, menospreció el poder de Roma y se hizo jefe de la Iglesia anglicana. Holanda, al través de la nueva religión se independizó de España y fundó la primera República comercial en el siglo XVI.

Nació la República calvinista de Ginebra. Los hugonotes prosperaron en Francia hasta que llegó la matanza de la noche de Bartolomé. Los puritanos, con su religión se trasladaron a Norte América. Los Estados escandinavos se sumaron al protestantismo. A todo esto, Rusia conservaba la vieja herejía de los ortodoxos. Y, por si fuera poco, los turcos bajo el mando de Solimán el Magnífico y sus herederos reales alzaban el estandarte de la Media Luna en Constantinopla, los países limítrofes de los Balcanes y el norte de África, Carlos V. luchaba a brazo partido por conservar las instituciones de la Edad Media, en especial la religión católica. Desataba guerras, ganaba batallas para mantener el Sacro Imperio Romano Germánico, pero todo en vano, porque lidiaba contra el proceso histórico. Es más, en ciertas ocasiones el mismo Papa se le ponía en contra, y a eso obedeció que una vez hasta se alegrara con la noticia del saqueo de Roma que practicaron sus legionarios. La misma política medieval siguió su hijo Felipe II, quien parecía desconocer la esencia de la Edad Moderna. Al final de tan magnos acontecimientos, la Iglesia quedó reducida a la geografía española, donde se mantuvo garantizada, y también se parapetó en el Nuevo Mundo, en las Indias españolas, siempre bajo los mandatos del Concilio Tridentino.

¿Cuáles eran las fuerzas productivas que existían en la América colonial? Las esclavistas. ¿Cuáles eran las relaciones de producción en la misma? Las esclavistas. Entonces, la Iglesia entraba con pie derecho en el Nuevo Mundo, y en tales condiciones su poder tenía que ser enorme y absoluto.

EL CLERO SECULAR. Dentro del régimen administrativo de la Iglesia, fueron instituidas las Diócesis y más tarde las Arquidiócesis. Primitivamente fue el obispo el encargado de velar de la rectitud y buena marcha eclesiástica, en los virreinatos, las capitanías generales y las provincias. Con el correr del tiempo, llegaron los arzobispos destinados a los virreinatos y capitanías generales. Estos altos dignatarios servían a veces para desempeñar las funciones eclesiásticas y virreinales, como Melchor de Liñán y Cisneros en el Perú, quien fue a la vez arzobispo y virrey.

Las parroquias en que se dividían los territorios, estaban gobernadas por curas párrocos. Los había para los pueblos con habitantes españoles, criollos y mestizos y, también, para los pueblos de indios.

Los Concilios Provinciales se reunían de cuando en cuando para intensificar la conversión de los indios alzados en las montañas y las selvas, nombrando para tal efecto las Misiones.

LOS CONVENTOS Y ÓRDENES RELIGIOSAS. Al iniciarse la conquista de las Antillas —dice Luis Alberto Sánchez—, se suscitó un conflicto de interpretación y autoridad entre los dominicos y los franciscanos, partidarios los primeros de la abolición total de toda carga sobre el indio, guiados en ello por su correligionario Bartolomé de las Casas, y defensores los segundos de un régimen intermedio, sobre la base de la inferioridad mental y moral del indígena.

Más tarde, los dominicos adquirieron mucho dominio temporal y espiritual por haber sido a ellos a quienes se les confirió el Tribunal del Santo Oficio de la Inquisición, y por haber recibido, en muchos casos, prerrogativas especiales para fundar las primeras Universidades americanas.

Pero, en ese tiempo, llegaron los jesuitas, con su innegable dinamismo y su cultura superior al término medio general de las otras órdenes. Importa aquí decir algunas cosas sobre los jesuitas, para mejor conocimiento de ellos. La Compañía de Jesús fue una orden religiosa fundada por Ignacio de Loyola, en 1534, mientras se sucedían las reuniones del Concilio de Trento. Tenía por objeto la conversión de los herejes y el servicio de la religión. La orden de los jesuitas, más militante que contemplativa, agregaba a los tres votos monásticos ordinarios, el voto de obediencia al Papa. (Fijarse bien en esto, que posteriormente produjo consecuencias: obedecían al Sumo Pontífice, no al Rey de España; dependían de Roma, no de la Corte española). Dividíanse en novicios, coadjutores espirituales y profesos y estaban gobernados por un general. La orden de los jesuitas llegó luego a ser muy poderosa y a pesar de las persecuciones de que fue objeto, siempre conservó toda su fuerza. Suprimida por Clemente XIV en 1773, fue restablecida por Pío VII en 1814. Se inspiran los jesuitas en las "Constituciones de la Compañía de Jesús", obra célebre redactada por el propio Ignacio de Loyola en 1540.

Al arribar a la América, los Jesuitas produjeron numerosos libros de primera categoría acerca de la vida colonial, bien sea en los casos del Padre José de Acosta, bien en el del Padre Anchieta, el Padre Anello Oliva, y los descubrimientos del Padre Marquete. Más tarde, el Padre Landívar, de Guatemala, tuvo resonancias de gran poeta americano, en lengua latina.

Las "crónicas conventuales" son verdaderas palestras de sabiduría y erudición (a veces de mal gusto, dice el historiador peruano Sánchez), en que los religiosos de cada orden competían con los de otras, para mostrar las excelencias de sus, conocimientos y orientación.

Pero no sólo ocurrió eso, sino que, dentro de una misma orden, de un mismo convento fue imposible evitar pendencias— el vulgo les llamaba ruidos —provocados por cuestiones de menos cuantía, como, por ejemplo, la elección de un prior. En tales oportunidades hubo batallas campales, en que las tropas hubieron de acudir a los conventos, penetrar a viva fuerza en ellos y poner paz, con el hierro, entre los iracundos y belicosos frailes.

Como tal situación se agravaba, en vez de apaciguarse, hubo de adoptarse una medida definitiva. Y se estableció la alternabilidad de criollos y peninsulares para los prioratos, con lo que se redujo la virulencia de las peleas electorales en los conventos.

LA IGLESIA COMO GRAN PROPIETARIA EN AMÉRICA. A partir de 1501, la Iglesia recibió autorización para cobrar el diezmo de lo que producía cada particular. La cuantía de tal concesión y los medios de hacerla efectiva (espirituales, coactivos y materiales opresivos) no constituyen un capítulo brillante de la historia religiosa del Nuevo Mundo.

Aparte de las extensas posesiones reunidas en las llamadas Misiones, especialmente en las paraguayas, que constituían auténticos feudos, la Iglesia fue pronto propietaria de zonas enormes. El rey Felipe III escribía, en 1620, al virrey del Perú, que "que los conventos de Lima ocupaban más terreno que el resto de la ciudad" (cita tomada de Haring). Según algunos testimonios, el ochenta por ciento de las propiedades territoriales, en algunas provincias de México, pertenecía a la Iglesia.

Al realizarse la expulsión de los jesuitas en 1767, sus bienes abandonados eran inmensos, tanto en lo urbano como en lo rural.

Nos parecen ligeramente pálidos los informes de Luis Alberto Sánchez, en su "Historia General de América", sobre la propiedad de la Iglesia. Desde la conquista de las Antillas mayores y menores hasta la dominación de las tribus más rebeldes del Continente, la Iglesia estuvo ligada a los repartimientos, las encomiendas y las mitas. En cada provincia, en cada país continental, la Iglesia recibió la parte que le correspondía con verdadera largueza, Además, si obligaba a los habitantes nativos, peninsulares, criollos y mestizos a los tributos eclesiásticos, ella, por regla general, se hallaba exenta de contribuciones fiscales.

La verdad es que la Iglesia, cuando fueron anuladas las tendencias humanistas de Bartolomé de las Casas y de otros notables sacerdotes y frailes, estuvo completamente identificada con la esclavitud de los indios y de los negros. Se valió, nadie lo ponga en duda, de las fuerzas productivas esclavistas. Y consiguientemente, sus relaciones de producción también fueron esclavistas. Más tarde, cuando en el siglo XVIII, empezó a manifestarse la crisis, que trasladaba el sistema de la acumulación capitalista al llamado capitalismo de concurrencia, la Iglesia se vio precisada a abandonar lentamente la explotación esclavista para adoptar la servidumbre. Pero debe aclararse que realizó este paso con ritmo retardado.

Las enormes acumulaciones de que era dueña, convirtieron a la Iglesia en banco hipotecario y comercial. Tanto los sacerdotes de la administración eclesiástica como los frailes de los conventos se entregaron con una obstinación sin calificativo a prestar dinero sobre propiedades y a fomentar empresas de determinados tipos con unos intereses usurarios que no eran los que habían aconsejado los Padres de la Iglesia ni el Doctor Angélico, nos referimos a Santo Tomás de Aquino.

Item: El arte eclesiástico de la América colonial y, por lo mismo, de la Capitanía General de Guatemala, en cuanto a las obras arquitectónicas, como decir catedrales, iglesias, conventos, en su parte material, fue realizado con trabajo esclavo. Allí no hubo siquiera salario ínfimo para los indios, como mandaban las ordenanzas reales. Y los indios en aquellas obras, que muchas veces duraban siglos en su construcción, perecían por centenares de miles.

EL OBISPADO DE HONDURAS. Dejaremos la organización eclesiástica de toda la Capitanía General de Guatemala para referirnos concretamente al Obispado de Honduras.

El primer Obispo de Honduras, realmente fue el licenciado Cristóbal de Pedraza. En otra parte hemos dado a conocer su vida de intrigante ante la Corte de España. Más, aquí nos referiremos al sacerdote. Pedraza, sevillano de origen, vino a América a organizar la administración de la Iglesia en Honduras. No neguemos que fue adicto a los repartimientos y encomiendas, porque consta en las crónicas del siglo XVI. Pero nadie le quita que fundó los primeros colegios de internado en la ciudad de Gracias y en el puerto de Trujillo, que eran como granjas escuelas, en torno a 1540. Más político que hombre de Iglesia, dejó una larga correspondencia con tal sabor para el Consejo dé Indias y el Emperador Carlos V.

Sucesor de Pedraza fue fray Jerónimo de Corea. Desembarcó en el puerto de Trujillo, en los primeros meses de 1558, acompañado de 2 frailes jerónimos, 2 pintores, 2 canteros y 12 criados que le siguieron hasta Comayagua. Tan luego llegó a

Trujillo, asiento del Obisado de Honduras, escribió una larga y explicativa carta al Patronato de España en la que daba razones convincentes sobre la conveniencia de trasladar el Obispado a la ciudad de Comayagua. La principal consistió en que la jefatura de la Iglesia debía ponerse a salvo de los repentinos asaltos de los piratas. Fue atendido en su solicitud, tanto en España como en Roma.

Al llegar a Comayagua con su séquito en noviembre de 1558, el Obispo Corea se sintió satisfecho. Allí era el asiento de la Gobernación provincial, Allí se hallaba la catedral en reconstrucción por los frailes mercedarios, en razón de que los indios le habían pegado fuego años antes. La ciudad contaba con una población de cien vecinos españoles, más cincuentiseis pueblos indígenas con 2.700 tributarios. Se hospedó en la casa cural de la Iglesia de los Reyes, siendo ésta por aquel motivo catedral provisional.

Estando cerca la fiesta de la Virgen de Concepción, patrona de Comayagua y de la Provincia, el Obispo Corea dijo con gran solemnidad y concurrencia la primera misa episcopal el 8 de diciembre de 1558. Después de tan importante acto religioso contribuyó con los mercedarios a la construcción de la Catedral (actual templo de la Merced). Y al mismo tiempo, de acuerdo con los frailes jerónimos y canteros que había traído de España, más el aporte de los vecinos de la Nueva Valladolid, puso mano a la obra del Palacio Episcopal, terminado a los pocos años, siguiendo el estilo romántico, con salas para recepciones y doctrina, una capilla particular para el Obispo, otra para los servidores, varios dormitorios, un amplio comedor, cocina, bodegas, establos, una sala de hospital, corredores amplios y una huerta. Las paredes del suntuoso edificio estaban pintadas de un amarillo pálido; el piso engalanado con ladrillos vidriados, de color crema y floreados; y las ventanas estaban envarilladas de madera torneada. El Obispo Corea no olvidó poner en el balcón esquinero y en las salas su propio escudo episcopal.

Cuando obtuvo casa hermosa en Comayagua, el obispo Corea pensó en traer los restos del licenciado Cristóbal de Pedraza, que se hallaba en el pueblo de Concepción, cerca de la ciudad de Gracias, para situarlos en la sede del obispado. Como se ha de recordar, el licenciado Pedraza fue el tercer obispo de Honduras en nombramiento y el primero en llegar al país. En efecto, Corea hizo el traslado de los restos de Pedraza, y en medio de una gran ceremonia religiosa a la que asistieron mil personas, fueron depositados en la pared diestra del evangelio en el templo de la Merced. Desde entonces, cuando se mencionó al licenciado Pedraza, se habló del "obispo emparedado", creyéndose con el transcurso del tiempo, al borrarse la noticia histórica, que algo anormal había sucedido a aquel obispo.

Corea mantuvo una escuela en el palacio episcopal, sostenida por él, para impartir doctrina cristiana y enseñar las primeras letras a los hijos de los conquistadores y naturales del país. Y dio su apoyo a toda obra que tendiera al engrandecimiento de Comayagua.

En 1570, Corea fue nombrado Presidente del Tribunal Auxiliar de la Santa Inquisición, Aquel Tribunal funcionó en el mismo palacio episcopal a lo largo de 160 años, teniendo una sala especial para audiencias. Pero en 1730, trasladó su asiento al Hospital de San José de Dios (hoy Santa Teresita). El Santo Oficio en Honduras se mantuvo con alzas y bajas en sus actividades hasta 1830.

Se preparaba Corea para emprender una gira episcopal por la Provincia, cuando le sorprendió la muerte en 1576. Fue enterrado en la catedral de la Merced.

Pocos meses después de la muerte del obispo Corea, llegó a ocupar el alto cargo eclesiástico, fray Alonso de la Cerda, de la orden de los dominicos. Se aposentó en el Palacio Episcopal. Le hizo algunas mejoras a edificio. Le agregó el Coro a la catedral de La Merced. Intervino en otros pequeños progresos de la capital de la Provincia. Prácticamente dejó una huella casi imperceptible en sus once años de ejercicio obispal. En 1588 fue trasladado a Las Charcas, Alto Perú.

Fray Gaspar Quintanilla y Andrade, de la orden de los franciscanos, había sido confesor de Margarita de Austria, hija del Emperador Maximiliano II. Lo cual indica que tenía su importancia el religioso. Llegó con 400 ducados en el bolsillo y se acompañó de cuatro frailes. Empezó por mejorar la catedral de la Merced, le añadió ornamentos al altar mayor y lo mismo hizo con el coro.

Aseguran los archivos eclesiásticos de Comayagua, que el obispo Quintanilla de Andrade dio una nueva vida intelectual a la provincia de Comayagua. Bajo Cédula Real, que autorizaba la erogación de 200pesos, fundó la cátedra de Gramática Latina. Se hizo cargo de ella fray Esteban de Berdelete, franciscano, guardián del convento de San Antonio de Padua, y, más tarde, primer mártir de la fe en Honduras. Se lo comieron asado los indios que andaba convirtiendo en las cerradas selvas de Olancho. La cátedra de Gramática Latina empezó a funcionar el 21 de septiembre de 1602.

Además, el Obispo Quintanilla y Andrade, auxiliado por su hermano fray Antonio, el Deán Rodrigo de Triana, el Chantre Gil González de Vallecillo, el Tesorero Cristóbal de Matute y el licenciado Gaspar Díaz de Godino, mantenía numerosas escuelas de primeras letras y de doctrina, tanto de los hijos de los conquistadores como de los naturales. También imitó el ejemplo de Cristóbal de Pedraza y de Alonso de la Cerda, sus precedentes, quienes fundaron escuelas granjas con alumnos internos en Trujillo, Gracias y Comayagua. Se quiere decir con esto, que estableció escuelas granjas en otros lugares de la Provincia.

Entusiasmado se hallaba Quintanilla y Andrade con sus empresas culturales, cuando sufrió el ultraje del gobernador Juan Ayala. El incidente empezó así: Un caballero español, reo de algún delito, escapó de la autoridad civil y huyendo se refugió en la catedral. Por orden de Ayala, los soldados profanaron el lugar, sacando de allí al reo y llevándolo a la cárcel. Ante aquel hecho insólito, el obispo habló con el gobernador, diciéndole con buenas maneras que regresara el reo a la catedral, porque con ello había alcanzado la libertad en la plática el gobernador cubrió de insultos al obispo, quien se dirigió a la Merced para excomulgar a Ayala. En venganza el gobernador, mandó que tapiaran las puertas y ventanas del palacio episcopal y que nadie entrara ni saliera de allí, quedando presos de aquel modo el obispo Quintanilla y Andrade y varios frailes. Ante aquella situación, varios sacerdotes y vecinos se ingeniaban medios de llevarles socorros alimenticios. Les faltaba agua a los emparedados, pero oportunamente llegaron las lluvias torrenciales, y así la pudieron recoger abundantemente. Se creyeron a las lluvias una ayuda de Dios. Con la lentitud de los tiempos, voló la noticia hacia el rey, quien con el mismo vuelo destituyó al gobernador Ayala y ordenó su procesamiento. ¡Pero cuántos meses habían pasado!

Salió el obispo Quintanilla y Andrade de su emparedamiento, en medio del júbilo popular, celebró solemnemente una misa de gracias. Pero como había enfermado de gravedad, murió el 13 de abril de 1611.

Fray Antonio de Andrade, hermano del anterior, se hizo cargo del Obispado, mientras llegaba el Obispo en propiedad. En efecto, en 1613 llegó a Comayagua el Obispo Fray Francisco de Galdo, acompañado nada menos que de Fray Antonio de Remesal, en calidad de secretario. Ambos eran dominicos y gallegos. Remesal permaneció un tiempo en Comayagua, y en seguida pasó a Santiago de los Caballeros, a cumplir un mandato obispal, Se quedó allá, obedeciendo a su vocación de historiador, que, al cristalizarse en obra, le hizo célebre. Las crónicas dejan ver que la administración eclesiástica de Galdo fue apacible. Se redujo a introducir reformas en el Palacio Episcopal para vivir mejor. Murió en 1628.

El Obispo Fray Luis de Canizares fue el sustituto de Galdo. Llegó a Comayagua en 1628. La importancia del nuevo dignatario consistió en que para organizar la Iglesia que administraba, convocó dos concilios provinciales. En ambos sínodos se reunieron en el Palacio Episcopal las más altas dignidades eclesiásticas de Comayagua y los curas párrocos de los pueblos, Murió en 1645.

Hasta 1647 pudo llegar el doctor Juan Merlo de la Fuente, quien, según los documentos, dio comienzo a la catedral actual en 1650, construyendo los cimientos y terminando la torre del campanario en 1660. Teniendo que hacer un viaje urgente a la ciudad de Guatemala para entenderse con las autoridades episcopales de la Capitanía General, de ida o de regreso, esto no se sabe exactamente, murió en el Puente de los Esclavos en 1665. Fueron traídos sus restos a Comayagua, velado en el Palacio Episcopal y enterrado en La Merced.

El siguiente Obispo fue, en calidad de interino, el Deán Juan de Oñatiña, quien era además Comisario del Santo Oficio, Provisor General de la Santa Catedral y Maestrescuela. Con este último rango, fundó una escuela para adultos, artesanos y campesinos, que funcionaba en el Palacio Episcopal, en horas nocturnas. El interinato de Oñatiña duró diez años, desde 1665 hasta 1675.

En el año citado, llegó el Obispo propietario, doctor Martín de Espinoza Monzón, sumamente enfermo, al punto que murió el mismo año.

Hubo nuevo interinato, desempeñándolo Fray Bartolomé de Bustillo, de la Orden de Santiago, Chantre de la Iglesia Catedral, Examinador Sinodal, Gobernador y Visitador del Obispado y catedrático de Teología en el Colegio Seminario.

Fray Alonso Vargas y Abarca se hizo presente en Comayagua en 1678. Siguió la construcción de la catedral, empezada por Merlo y continuada por Bustillo, y en 1682 inició la construcción del edificio del primer Colegio Seminario (dato que se le agradece al profesor Mayes). Una vez terminado el edificio, siempre bajo la iniciativa del Obispo Vargas y Abarca, se inauguraron las clases de Gramática española y Latín, Derecho Civil, Cánones, Teología, Moral, Filosofía y Música. Las dos últimas cátedras funcionaron hasta en 1737: sirvió filosofía el Padre Simón de Zelaya y música, fray Fernando de Guadalupe. El citado centro de estudios llevó distintos nombres: se le llamó Colegio Episcopal y Colegio Seminario, cuando funcionaba en el Palacio Episcopal; Colegio de San Agustín, Colegio Tridentino y otra vez Colegio Seminario cuando se trasladó a su propio edificio. Pero su nombre más generalizado fue el de Colegio Tridentino, siguiendo las instrucciones del Patronato de España, que cumplía los mandatos del Concilio de Trento.

Hay que agregar que en los comienzos del Obispado de Vargas y Abarca, hubo en Comayagua un temblor de tierra que destruyó casi toda la población, sufriendo enormes daños el Palacio Episcopal, el Colegio Seminario y otras obras religiosas y seglares, ya construidas o en construcción, Pero la energía del Obispo se sobrepuso a los daños de la Naturaleza, contando con la buena colaboración del Chantre Bustillo, y luego Comayagua reapareció mejorada.

En 1697, murió el Obispo Vargas y Abarca, Nuevamente ocupó el interinato Fray Bartolomé de Bustillo, hasta 1714, año en que llegó Fray Juan Pérez Carpintero, quien se dedicó a terminar la catedral, y por cierto que la terminó, diciendo en ella la primera misa episcopal. Murió Pérez Carpintero en 1724.

En 1725, se hizo cargo del Obispado Fray Fernando de Guadalupe López de Portillo, mexicano. Terminó y mejoró las obras religiosas. Y le dio gran impulso a la enseñanza popular y superior. Fue quien introdujo en el Colegio Tridentino las cátedras ya mencionadas de filosofía, a cargo del Padre Simón de Zelaya, y de música, bajo la dirección de Fray Fernando de Guadalupe, sobre todo para enseñar el canto gregoriano con ejecución polífona. En 1742, dejó el obispado López Portillo, no se sabe si por traslado a otro lugar o por muerte.

Fray Juan Francisco Navarro hizo las veces de gobernador del Obispado y Vicario General, mientras llegaba el Obispo propietario.

Fray Francisco de Molina arribó a Comayagua en 1745 con carácter de Obispo. En 1749, tuvo la mala suerte de presenciar—

un temblor de tierra que arruinó a casi toda Comayagua, rajándose los templos, especialmente la catedral, el Palacio Episcopal, el Colegio Tridentino y la Casa Real. Molina murió en 1750.

Vino a ocupar el cargo eclesiástico vacante el Padre Diego Rivas de Velásquez, quien se dedicó a proteger las víctimas del terremoto y a empezar la reconstrucción de los edificios religiosos dañados. En eso estaba cuando fue trasladado a Guadalajara, México, en 1762.

Vino a ocupar la silla episcopal el Padre Miguel Anselmo Álvarez de Abreu, en 1766, pero en 1767 fue promovido al Obispado de Oaxaca, siendo por ello Obispo de Honduras solamente un año.

Quedó en el alto cargo eclesiástico Fray Isidoro Rodríguez, quien lo desempeñó desde 1767 hasta 1769, aunque existen versiones sobre que del Obispado que manejó sólo un año, pasó a desempeñar el priorato de Santo Domingo.

El nuevo Obispo de la Provincia de Comayagua fue Fray Antonio Nacuralla de Aquitania, desde 1769, según algunos. Reformó los estatutos del Colegio Tridentino, agregando en ellos la admisión de una tercera parte de indios y mestizos. Fue trasladado a la silla episcopal de Durango, México, en 1772 Fray José Francisco de Palencia, fue elevado a la categoría de Obispo de Comayagua en 1773. Le tocó en mala suerte la administración eclesiástica cuando un espantoso terremoto arruinó a la ciudad de Comayagua. El Obispo luchó por espacio de tres años en el socorro de los habitantes y en la reconstrucción de los edificios religiosos, Falleció en 1776.

Llegó a ser Obispo provisional el bachiller Luis Lovato.

Se hizo cargo de la silla episcopal, en propiedad, fray Antonio de San Miguel, en 1777. Poca historia dejó en Comayagua. Fue promovido al Obispado de Michoacán, México, en 1783.

Ocupando el interinato un personaje de nombre ignorado, con carácter de Obispo de Comayagua, llegó el Padre José Antonio de Isabella, en 1785, No hay datos de la obra de este ilustre prelado, porque según unos murió en el mismo año, y según otros dejó la vida en 1807.

Entre el Obispo José Antonio de Isabella y el Obispo Fray Vicente de las Navas, ocupó la silla episcopal de Comayagua Fray Fernando de Cadiñanos, a quien tocó presenciar una nueva catástrofe terráquea en la capital de la Provincia. Murió luego éste. Y en el interinato se encargó el doctor Francisco Arroyave de los socorros y las—reconstrucciones. Todo esto, en el caso de que el Padre Isabella muriera antes de 1807.

Como haya sucedido, el dato oficial afirma que Fray Vicente de las Navas se hizo cargo del Obispado de Comayagua en 1807. Como se comprende, entre tantas desgracias causadas por los temblores de tierra, aquel obispo estuvo dedicado, como el interino, a los socorros y las reconstrucciones. Murió en 1809.

En las formas anteriores, hubo interinato desempeñado por el Vicario Capitular Juan Miguel Fiallos, desde 1808 hasta 1811.

Por fin vino a Comayagua el último Obispo de los tiempos coloniales, el Padre Manuel Julián Rodríguez del Barranco, quien ocupó la silla episcopal hasta 1820. Aquel prelado se trasladó a la ciudad de Guatemala, donde murió, y llenando nuevamente la vacante episcopal el Padre Fiallos, mandó traer sus restos a Comayagua y los depositó al lado de los del Obispo Navas, en la Catedral, cerca del Altar Mayor.

CURATOS DEL OBISPADO DE HONDURAS. Estos datos se toman de la "Historia de Guatemala", del Padre Domingo Juarros, que lleva el título de "TABLA DE LOS CURATOS DEL OBISP ADO DE HONDURAS", con una nota que dice: "Esta tabla se ha formado, por el informe que hizo a su Majestad el Ilustrísimo Señor Don Fray Fernando Cadiñanos, Obispo de Comayagua, año de 1791".

TABLA DE LOS CURATOS DEL OBISPADO DE HONDURAS

CURATOS	IGLESIAS	COFRADIAS	FELIGRESES	VALLES	DIST. DE LA CAB. EN LEG	RENTA DE 5 AÑOS
Sagrario de la Catedral	3	7	10.444	3	-	Ps.7.673
La Caridad	2	1	86	0	1/4	Ps.1.626
Ajuterique	2	9	1.618	4	3	Ps.3.427
Camasca	3	12	2.571	4	8	Ps.7.043
Cerquín	8	18	6.029	11	12	Ps.7541
Chinacla	8	11	1.590	1	11	Ps.3.305
Cururu	8	11	1.077	1	20	Ps.3.502
Gracias a Dios	5	21	4.262	9	12	Ps.7.227
Gualcha	5	6	2.300	1	8	Ps.4.045
Intibucá	5	4	3.095	1	10	Ps.2.800
Yoro	2	10	2.091	7	10	Ps.4.003
Ocotepeque	2	7	803	6	5	Ps.2.952
Olanchito	1	4	1.354	2	11	Ps.2860
Olancho	5	9	4.690	-	25	Ps.6.730
Petoa	2	4	2.500	7	10	Ps.2.098
Quesailica	4	17	2.161	8	8	Ps.4.462
Senseti	8	16	4.384	12	23	Ps.6.760
Siguatepeque	3	6	1.620	2	10	Ps.1.750

Silca	6	7	1.685	3	17	Ps.2.362
Sonaguera	2	5	833	-	12	Ps.2.307
San Pedro Sula	3	10	357	2	6	Ps. 623
Sulaco	2	6	2.700	10	8	Ps.3.551
Tatumbla	3	6	1.814	8	11	Ps.2.310
Tencoa	10	11	3.582	17	11	Ps.965
Tuima	2	3	427	3	6	Ps.1.423

PARTIDO DE TEGUCIGALPA

Tegucigalpa	8	10	5.431	10	6	Ps.7.500
Aguanqueterique	6	14	2.082	5	11	Ps.4.179
Cantarranas	4	11	4.357	5	28	Ps.7.471
Danlí	3	9	3.031	5	12	Ps.2.727
Choluteca	7	20	3.856	6	20	Ps.10.146
Goascorán	3	14	2.147	7	6	Ps.6.699
Ojojona	3	9	2.700	4	7	Ps.6.437
Orica	2	4	378	3	16	Ps.1.745
Nacaome	2	10	3.437	20	5	Ps.6.425
Texiguat	2	13	4.829	46	16	Ps.5.830
SUMA	**145**	**336**	**93.501**	**231**		

LOS CONVENTOS DE HONDURAS. Por todo lo que se ha dicho en relación a la colonia de Honduras se desprende que los frailes venían destinados a la predicación del Evangelio y a la conversión de los indios. Corrientemente eran dominicos, franciscanos, agustinos, jesuitas y de otras órdenes religiosas. Se trasladaban en grupos de la misma orden de España a América. Levantaban sus edificios en los que hacían vida retirada, y sólo salían de ellos cuando precisaba la predicación y conversión de los nativos o eran requeridos por sus superiores para que emprendiesen viajes misioneros.

Al ser establecido el Obispado de Honduras, cuya primera sede fue Trujillo desde el 6 de septiembre de 1531, es claro que los dominicos establecieron allí el primer convento con los objetivos religiosos señalados. Pero el lugar se mostró tan poco favorable por los constantes pleitos de las autoridades de Santo Domingo, México y el Darién, que los frailes se vieron desanimados para permanecer en el puerto y se dispersaron en diversas misiones.

Fray Nicolás del Valle, mercedario, pasó a las Indias en 1550, y al visitar Honduras fundó dos monasterios de La Merced, en la ciudad de Gracias y en el pueblo de Tencoa. En el mismo año se habían embarcado, de España para Honduras, en la nao La Concepción, Fray Fernando de Arbolancha y Fray Andrés de Laso, religiosos que desembarcaron en Puerto Caballos, trayendo dos tercios de toneladas de libros y vestuarios. En marzo de 1551 ya estaban doctrinando los indios de Gracias. Al doctrinarlos hacían el aprendizaje de las lenguas indígenas. La labor que desarrollaron ellos y quienes les sucedieron fue de tal manera eficaz, que el idioma español se arraigó pronto en aquellos pueblos, lo que facilitó su conversión.

Fray Nicolás del Valle regresó a Honduras en 1566. Como en aquellos tiempos la Real Hacienda proveía a los religiosos de América, de vino para el santo sacrificio de la misa y de aceite para la lámpara del Santísimo Sacramento, trajo estas cosas para sus conventos, y trajo también, en Real Cédula, tratamiento igual de los mercedarios con los religiosos de las demás órdenes, como dominicos, franciscanos y jesuitas.

El convento de La Merced de Gracias tiene la tradición del bulero —recordada por el escritor graciano Jeremías Cisneros—. A comienzos del siglo XVIII, llegó a Gracias un vendedor de bulas papales para que pudiera comerse carne en los días que la Iglesia lo prohíbe. El bulero era jugador, y tomando parte en una partida de naipes en que una de las jugadoras era la esposa del Alcalde, ésta le hizo una trampa, y el bulero, sin reparar en nada le dio un tremendo bofetón. Los jugadores se pusieron de pie para castigar al atrevido, quien huyó; pero viendo que eran muchos ya sus perseguidores, creyó librarse entrando en el templo de La Merced, próxima a la Plaza Mayor. Como allí lo acosaron aún, fue a colocarse detrás del camerín de la Virgen. Los frailes del convento habían corrido a la puerta del templo a detener a la turba, ofreciéndole que ellos le entregarían al perseguido sin necesidad de que profanasen el sagrado lugar; pero fue en vano. La turba penetró resueltamente y acometió con piedras, palos y lo que encontraba al paso, al bulero. Una de las piedras lanzadas a éste dio en la frente a la Virgen de Mercedes, haciéndole una hendidura. Por fin se apoderaron del bulero, lo sacaron de arrastrada, lo decapitaron y le frieron en aceite la cabeza.

Los frailes mercedarios, ante tamaño sacrilegio, vistieron el templo de colgaduras negras, fueron por las calles y las plazas lanzando al pueblo una maldición y regando sal en su tránsito, declarando réproba hasta la quinta generación de la actual e hicieron tocar agonía a las campanas de todas las iglesias. Luego abandonaron la ciudad, sacudiendo sus sandalias en señal de que nada de impureza deseaban llevar consigo, y partieron sin rumbo fijo.

A ésto, según la tradición, siguió una terrible peste que hacía morir a centenares a los habitantes de Gracias, por lo que muchos se apresuraron a emigrar para salvarse. Una misión de sacerdotes que venía para la ciudad, al llegar a Cucuyagua, supo el sacrilegio cometido en la patrona de La Merced y se detuvo allí. El Ayuntamiento mandó una comisión a suplicarles que entraran a la ciudad: los sacerdotes consintieron en ello, a condición de que los cadáveres inhumados después del grave acontecimiento fueran exhumados y quemados en hogueras hechas a propósito, lo que fue admitido: la cremación se hizo en la altiplanicie de Las Mesas. Parece que los mercedarios o volvieron o fueron sustituidos por otros, pues el convento volviose a poblar a fines de aquel siglo, según el historiador Juarros.

Cuando Fray Jerónimo de Corea, Obispo de la Provincia, llegó a Comayagua en 1559, ya los frailes mercedarios tenían convento en la población, y tanto que la iglesia de La Merced sirvió de catedral provisional por muchos años. Seguramente llegaron los mercedarios al lugar a mediados del siglo XVI.

Fray Pedro Ortiz, franciscano, llegó de España a principios de 1577.En Comayagua encontró una carta del Provincial de su orden en la que le decía que fundase un convento en la Provincia por haber muy poca doctrina en ella. Fundó el convento de San Antonio, contando con el apoyo del gobernador Diego de Herrera y los vecinos de la ciudad. Y se cree que el mismo Ortiz fue el fundador del convento de San Jerónimo de Agalteca, aunque no lo mencionara en la relación que despacho a España.

En 1586, el Padre Alonso Ponce, Comisario General de la Nueva España, visitó a Honduras, y mandó que se multiplicaran los conventos para aumentar la predicación del Evangelio y la conversión de los indios. Abandonado el convento de Trujillo, se le dotó de frailes.

De su parte, Fray Alonso de Fonseca, primer custodio que el Comisario General Ponce puso en Honduras, escribió la relación de los conventos existentes, y en ella habló de que los hubiera en Puerto Caballos, en el Cabo Gracias a Dios y en Olancho, cerca del río Guayape, en donde decía que había habido 25.000 esclavos indios y negros sacando oro, lo cual fue causa de casi acabarse los naturales. Respecto a San Pedro no indicaba la necesidad de poner allí un convento, pero decía que la gran provincia de Naco, en la que se hallaba, ya no tenía ni diez indios porque el oro había sido su polilla y destrucción como lo fue en la isla Española y en otras muchas partes de las Indias.

Cuando el Comisario General Ponce pasó por Honduras, rumbo a Nicaragua, a. presidir un concilio de franciscanos, ya el convento de Nacaome estaba fundado. Llevaba el nombre de convento de San Andrés. El guardián de dicho convento era Fray Juan de Carbajal.

Siguió la fundación de otros conventos, a medida que iban naciendo poblaciones, villas y ciudades, y se hacía necesario intensificar la predicación del Evangelio y la conversión de los indios que habían quedado en medio del exterminio minero.

BIBLIOGRAFÍA

Durón, Rómulo: Bosquejo Histórico, Publicaciones del Ministerio de Educación Pública, Tegucigalpa,Honduras, C.A.

Ipsilanty de Moldavia, Jorge: La Casa del Obispo Emparedado. (Palacio Nacional). Estudio proporcionado gentilmente por el periodista Pedro Aplícano M.
La Ciudad de Gracias a Dios, Reseña Histórica. Deteriorado el libro, no aparece nombre de su autor ni el de la imprenta que lo publicó.

Juarros, Domingo: Compendio de la Historia de la Ciudad de Guatemala, 3a. Edición. Tipografía Nacional. Guatemala, C.A. septiembre,1936.

Sánchez, Luis Alberto: Historia General de América, Ediciones Ercilla, Santiago de Chile,1942

LA INQUISICIÓN

Apareció la Inquisición medieval en Europa, creada por la Iglesia para castigar los delitos contra la fe. También se le llamó pontificia porque estaba exclusivamente al servicio del Sumo Pontífice Romano, Constituyó la fuerza represiva más temible que funcionó por espacio de cuatro centurias. La historia asigna, con raras excepciones, una triste celebridad a los hombres que actuaron como inquisidores: el Santo Oficio con sus procedimientos penales, recargados de inhumana crueldad, demostró que sus miembros, cegados por el más crudo fanatismo, olvidaban todo sentimiento piadoso hacia sus semejantes.

Para ofrecer una noción más clara sobre el enorme significado de la Inquisición surgida en la Edad Media en Europa, cabe aquí reproducir lo que acerca de ella consigna el documentado historiador argentino Julio Anselmo Rica, en su notable obra "Creencias", que dice: "Alrededor de nueve millones de personas fueron quemadas en Alemania por el clero durante los cuatro siglos que duró la Inquisición, y dos millones de no católicos que fueron sacrificados en España. Si el cristianismo escribiera la verdadera historia, tomada del Archivo del Santo Oficio en Roma, sobre las personas que sacrificaron en misas y ofrendas a Dios, la humanidad se espantaría ante la cruel voracidad sanguinaria de los dioses actuales y de algunos de sus ministros".

Célebres son los autos de fe públicos dictados por los tribunales de la Inquisición: mientras el sacerdote celebraba la misa en la plaza, se iban quemando lentamente las personas vivas atadas a un palo sobre la pira. Así, en ese macabro, altar erigido por la intolerancia, fueron inmolados Juan Bus, Giordano Bruno, Juan Ball, Tomás Campanella, Miguel Servet y tantos más, cuyas ideas, cual rayos de luz bienhechora, tendían a romper el obscurantismo reinante en aquellos tiempos.

DELITOS. Entre los delitos contra la fe que se encargaba de castigar el Tribunal del Santo Oficio, se destacan: el de observar la ley de Moisés, o de alguna de las enseñanzas de Mahoma, Martín

Lutero, Juan Calvino y de otros pensadores contrarios al dogma; el de ser sospechoso de los delitos de sacrilegio y adivinación; el de haber proferido blasfemias llamadas hereticales contra Dios y sus santos.

Instruía también procesos contra los gobernadores de reinos y ciudades que, requeridos por los inquisidores, no defendían la Iglesia contra las herejías; procedía contra los restos de los muertos delatados como herejes, pues su memoria debía ser infamada, su cadáver quemado por el verdugo o arrojado insepulto a pudrirse a la vista de todos para que se diera público conocimiento. En cuanto a los bienes del sentenciado, aun fallecido, eran confiscados.

LA INQUISICION EN ESPAÑA. Para referirnos al tema inquisitorial en América colonial, precisa que primero hagamos un breve relato sobre la Inquisición en España, de donde fue trasplantada al Nuevo Continente.

Aunque la Inquisición pontificia ya existía en España, fueron los Reyes Católicos quienes le dieron una organización nueva, con el fin de obtener resultados más eficaces en sus dominios, de acuerdo con su propia política. Maquiavelo, comentando tal determinación monárquica, dice que el Rey Fernando utilizando siempre la religión como disculpa se dedicó con piadosa crueldad a expulsar y eliminar del reino a los judíos. Y el historiador contemporáneo A. S.Turberville, en su condensada obra la "Inquisición en España", basado en todos los documentos disponibles, cuando se refiere a las normas penales del Santo Oficio, escribe: "El propósito y objeto de la política inhumana de Fernando era, sin duda, la realización de la uniformidad nacional en interés del Estado, pero lo consiguió en gran parte gracias a la ayuda prestada por aquellos que estaban movidos, no por la conveniencia inmediata, sino por la piedad, y que creían sinceramente que la pureza de la religión cristiana en España estaba en peligro inminente debido a la corruptora influencia de muchos miles de judíos y mahometanos".

En efecto, en 1478, los Reyes Católicos pidieron al Papa Sixto IV el establecimiento de la Inquisición en Castilla. Y, dos años más tarde, comenzó a funcionar un tipo nuevo de Inquisición, dominado más por la monarquía que por el papado, lo cual provocó una prolongada controversia entre ambos poderes, cediendo finalmente Sixto IV.

Poco después, en 1482 Fernando el Católico nombró Inquisidor General de España a Fray Tomás de Torquemada, famoso por su fanatismo y sus crueldades, pues en 16 años que duró el ejercicio de sus funciones, fueron condenados a la hoguera más de 8.000 personas, unas 6.000 quemadas en efigie y más de 97.000 que sufrieron tortura y castigos diversos. En los breves de Sixto IX y Alejandro VI, felicitando a Torquemada por su celo religioso, se lee: "Sólo el fuego puede borrar los crímenes contra Dios".

El Tribunal del Santo Oficio, a través de sus procedimientos penales, demostró el cerrado criterio de que su misión era castigar a los hombres por sus creencias contrarias a la única religión verdadera, es decir, velar porque nadie se apartara de los cánones establecidos por la Iglesia Romana.

LA INQUISICIÓN EN AMERICA. Cuando España consideró que su influencia en los países de Europa empezaba a debilitarse y que, por otra parte, estaba en peligro su dominio colonial en América, se apresuró a establecer la Inquisición en el Nuevo Mundo, no obstante que en éste funcionaba desde 1524 la medieval o pontificia, por medio de vicarios generales de la Orden de Santo Domingo, que eran verdaderos comisarios, casi con plena autoridad, otorgada por el Cardenal Adriano (más tarde Adriano VI). En efecto, Felipe II, con base en el Patronato Real de las Indias, y en Cédula de 25 de enero de 1569, estableció tres tribunales, uno en México, otro en Lima y después el tercero en Cartagena, dependientes del Inquisidor General de España y del Consejo Supremo de la Inquisición. De tal manera, quedaron bajo la jurisdicción de estos tres organismos las cuestiones de fe, tanto en América como de las Filipinas.

En septiembre de 1571 llegó a México el primer tribunal, compuesto por el juez inquisidor, licenciado Pedro Moya de Contreras; promotor fiscal, licenciado Alonso Fernández de Bonilla; secretario, Pedro de los Ríos; alguacil mayor, Antonio Velásquez; tesorero, Pedro Ariara; confiscador de bienes, Jerónimo Equy; y dos abogados directores, Fulgencio Viquez y Melchor Ávalos.

Luis Alberto Sánchez, en su "Historia General de América", obra citada, refiriéndose a la Inquisición, explica: "El Tribunal disponía de numerosos funcionarios deliberativos y ejecutivos. No todos eran religiosos, aunque los encargados de dirimir las causas lo fuesen. Hubo funcionarios civiles, buscados entre gente de prestigio social y también cultural, a quienes se nombraba censores y calificadores.

Disponía el Santo Oficio de una numerosa clientela de alguaciles, aparte de espontáneos denunciantes.

Para distinguir su "brazo" del civil, usaba una calesa verde, donde eran trasladados los acusados a la cárcel especial que tenía el Tribunal. La mera sospecha era suficiente motivo para el aprehendimiento. Ligados como estaban el poder civil y el religioso, se explica que la infracción contra éste pudiera constituir un ataque contra aquél, y viceversa. De ahí que pronto en la jerga habitual, los judíos se identificaran con los portugueses, los ingleses con los

luteranos, los franceses con los calvinistas, y los rebeldes en general (tal el caso de Gonzalo Pizarro) fuesen reconocidos por el injusto pero eficaz sobrenombre de "luteranos" o "herejes". Igual ocurrió con los piratas.

El Tribunal realizaba sus pesquisas libremente. Para ello podía hacer comparecer a cualquiera, por alta que fuese su posición social. El sistema de obligar a confesar no era muy diferente al que utilizaba el poder civil: la tortura lisa y monda. Los instrumentos para obligar a confesar a los reos, tanto en la cárcel ordinaria, como en la inquisitorial, no difería mucho, si bien el mayor secreto de las investigaciones eclesiásticas contribuía a duplicar la leyenda funesta de sus procedimientos. Potros, tenazas, ruedas, cepos, azotes, cuñas, etc. solían suplir con creces a la habilidad del interrogador. A veces, también, seguramente, a. la culpabilidad del acusado. Pero, repetimos, la justicia civil no era más clemente.

Había diversas penas: desde la amonestación y el irrisorio paseo con sambenito (un sayal de colores vivos, y un gorro o coraza) hasta la pena de muerte. Esta no era cumplida por la Inquisición misma, sino que se apelaba a un ardid legalista: el "brazo eclesiástico" entregaba el reo sentenciado al "brazo secular", el cual se encargaba de realizar lo que había decretado.

Cuando se realizaba uno de esos autos de fe, desfilaban los condenados a diversas penas, expuestos a la vergüenza pública, y finalmente, los que iban a morir. Estas penas se cumplían en la hoguera. Si el reo abjuraba de su herejía, podía conmutarse la pena, si moría en la prisión y del proceso resultaba que era reo de muerte, se le quemaba en efigie. La pena de fuego tenía un rito y un origen sagrado: purificar al pecador".

LA INQUISICIÓN EN GUATEMALA. El juez Moya de Contreras, personaje central del Tribunal de México, hizo la organización efectiva de la Inquisición en el Reino de Guatemala, que comprendía las Provincias de la Capitanía General. Nombró comisarios eclesiásticos y sus familiares o auxiliares en los obispados. Estaban comprendidos dentro de su vasta jurisdicción los obispados de Oaxaca, Nueva Galicia, Michoacán, Tlascala, Yucatán, Chiapas, Guatemala, Honduras, Verapaz, Nicaragua y otros.

En 1572 nombró Comisario de Guatemala al Pbro. Diego de Carbajal, quien —según Juarros— era un hombre de letras, que había tenido una actuación notable en el Concilio de México.

Nombró en seguida Comisario de Comayagua al arcediano Alonso Mejía; luego los de Sonsonate, Puerto de Realejo, Gracias, San Salvador y Granada.

Para obtener mayor éxito en su cometido en la Provincia de Honduras, el Santo Oficio estableció además las siguientes comisarías: Tegucigalpa, Olancho, Choluteca y Mineral de Corpus, dependientes de la Comisaría de Guatemala.

Procesos. Al entrar en actividades el Santo Oficio, hubo de conocer algunos complicados procesos de los que estaban sin tramitar. Tal el de Francisco del Valle Marroquín y María Ocampo, en Guatemala, por amancebamiento, herejías, brujerías, apostasía, etc; en Granada, el proceso contra Maestre Francisco, griego, por ser luterano; contra Nicolás Boeto, genovés, por malas costumbres; en León, contra Hernando Sánchez, por igual delito. Conoció asimismo de la causa contra Pedro Suárez de Toledo, Alcalde Mayor de Sonsonate, víctima inocente por parte del Obispo de Guatemala, Villalpando, que le persiguió con severidad. Asegúrase que Suárez de Toledo señalóse como un funcionario probo, que procuró el bienestar de los pobladores sujetos a su gobierno. Que en 1568, ordenó el cierre de las tabernas, prohibió la venta de vino sin licencia, exigió que se vendiese el pan barato, granjeándose por ello la enemistad de los comerciantes y la justicia eclesiástica, y fue procesado por apostasia y herejia, condenándolo a prisión y confiscación de bienes. También conoció el proceso contra Pedro de Torres, de Comayagua, y a quien el Obispo le había aplicado tormento.

Malas costumbres. "El juego en las Indias siempre fue muy ejercitado—dice Remesal—, particularmente a los principios que como costaba poco ganar el oro y la plata, no se les daba nada a los conquistadores arrojar mucha cantidad a la vuelta de un naipe o al tumbo de un dado. Y en nuestra Provincia de Guatemala le hubo tan grande a los principios, aun en juegos prohibidos, que al Adelantado Don Pedro Alvarado el año 1529 le condenaron los primeros Oidores de México en gran suma de dinero (la cual le hicieron pagar luego) porque en su ejército los había consentido. Continuáronse los juegos en la ciudad. Y en este año de 1541 llegó a tanto exceso el de los naipes y dados, que muchos vecinos después de haber perdido sus dineros, vestidos, joyas, alhajas de casa y sus mismas casas y heredades, sacaban fiado de las tiendas de los mercaderes, qué jugar. Y así la mayor parte de la ciudad, estaba empeñada y adeudada y llena de mil trampas y mohatras".

El escritor Ernesto Aguilar Chinchilla, en su obra "La Inquisición en Guatemala", confirma lo que asienta el Padre Remesal cuando dice: "Los españoles que llegaron a las Indias en el siglo XVI se acostumbraron al juego de la riqueza fácilmente adquirida; hacían uso frecuente de palabras malsonantes, que eran a veces verdaderas blasfemias hereticales; olvidaban la rigidez de las relaciones familiares de la Península, y. con frecuencia por eso los casos de amores ilícitos, amancebamientos, etc.

Este estado de cosas alcanzó lo mismo al bajo clero que al grueso de los pobladores, porque el grupo peninsular de los primeros años no estaba compuesto por gentes provenientes de las más altas capas sociales de España, sino más bien por personas del pueblo; y la situación se complicó en gran manera porque las costumbres propias de los indios y negros no siempre estaban en consonancia con las de los españoles...

La Inquisición recibía constantemente denuncias por delitos de esta naturaleza, ya contra el bajo clero, ya contra los españoles, mulatos y negros, excepto contra los indios. A los eclesiásticos se les acusaba de abuso en el juego, de dedicarse al comercio ilícito protegidos por su calidad de religiosos, de provocar alborotos, de explotar en demasía a los indios, de inobediencia e indisciplina, de revelar secretos de confesión, de abusar de este sacramento para solicitar a las mujeres, etc. ...

Además de algunos vicios del clero en los primeros años de la dominación colonial, que no pueden achacarse a otra cosa que a las dificultades de traer a América buenos clérigos españoles, por lo que los obispos tenían que conformarse con los que venían, que no eran siempre los más buenos; y a los cuales se agregaba la deficiente preparación que algunas veces tenían, antes del Concilio de Trento; además de esto, decimos, la autoridad eclesiástica tuvo que reprimir en un principio verdaderos abusos y actos de inmoralidad que cometían los ministros de la Iglesia en América".

Importancia. La Comisaría de Guatemala alcanzó muchísima importancia a comienzos del siglo XVII, cuando la ejerció Felipe Ruiz del Corral, por espacio de treinta años, desde 1604 hasta 1636, que murió. La historia lo señala como el más célebre así por su capacidad para el cargo, como por los escándalos que provocó en el reino, y por su manía persecutoria contra el Padre Remesal y su importante libro.

Surgieron entonces numerosos conflictos, algunos de ellos turbulentos, de los cuales tuvo que conocer el Santo Oficio, particularmente en las Provincias de Honduras y Nicaragua, tales el de Granada, de 1623—27, contra un numeroso grupo de judaizantes y el de los comisarios de Comayagua.

Prohibiendo el baile de los indios. En 1624, el Comisario Antonio Prieto de Villegas dictó Auto prohibiendo el baile tradicional "Tum—teleche", que practicaban en las fiestas religiosas los indios de varios pueblos de la Provincia de Zapotitlán, por considerarlo cosa mala y supersticiosa, y recordativa de los perversos sacrificios con que los gentiles veneraban al demonio.

Prohibición de libros. La Corona española mantuvo siempre una activa vigilancia en sus colonias sobre la publicación y circulación de libros que trasmitieran ideas nuevas y pensamientos de progreso. El control de Guatemala estuvo a cargo de las Justicias Reales. Todos los trabajos que hacía la primera imprenta traída en 1660 a Guatemala, debían ser previamente autorizados por el calificador del Santo Oficio, cuyos procedimientos eran muy severos contra los denunciados por la tenencia de libros prohibidos.

Hubo comisarios permanentes en los puertos de Trujillo, Gracias, Realejo, Acajutla, Santo Tomás, Nicoya y Sonsonate, Sin embargo, los libros de autores prohibidos entraban de contrabando en los navíos. Un Comisario, en carta informaba: "Entre los géneros y mercancías que llegan a esta ciudad, van introducidos con el mayor disimulo, como papel deshecho, y para cubiertas y forros de cajones, obras de Voltaire y otros hereciarcas, en pliegos y hojas sueltas". En los siglos XVI y XVII, decomisó el Santo Oficio numerosos libros, entre los cuales cinco cajas conteniendo la "Historia General de las Indias Occidentales y Particular de la Provincia de San Vicente de Chiapa y Guatemala", que llegaron a Comayagua destinadas al Conde de Gomara.

Denuncias. Pocos eran los que se escapaban de las garras del Santo Oficio. En 1789, el Inquisidor Fiscal acusa al ilustre Padre franciscano Antonio Liendo Goicoechea y a los frailes Antonio Ramón Comato, Miguel Lanuza, José Antonio Martínez y otros más, por tener en sus celdas libros prohibidos. En 1813, al volver Fernando VII al trono de España, el Comisario de Guatemala, Dr. Bernardo Martínez, conoce de una denuncia, también por tenencia de libros prohibidos, contra José Cecilio del Valle, Domingo Estrada, José María Castilla, José Domingo Diéguez, Melchor Ocampo, Joaquín Durán, los Montúfar, Beteta, Barrios, Menéndez, Herrarte y otros. Mas como entonces el poderío de España empezaba a decaer, también disminuían las persecuciones del Santo Oficio.

Catálogo de libros. El renombrado Historiador chileno Diego Barros Arana, refiriéndose a la Inquisición en su "Historia de América", dice: "Este Tribunal para prohibir la lectura y la circulación de libros en que se encontraban proposiciones contrarias al dogma, que ofendían el pudor o que tendían a quitar al gobierno su consideración, había formado al efecto un catálogo de libros cuya lectura era prohibida. Un catálogo impreso en 1790 contiene los nombres de cinco mil cuatrocientos veinte autores, y una inmensidad de libros anónimos. Entre ellos se encuentran muchos escritos enteramente inofensivos. La introducción o la venta de ellos era castigada severamente".

En cuanto al Reino de Guatemala, resulta extensa la lista de los libros expurgados o recogidos por la Inquisición. Por eso nosotros sólo mencionamos en seguida unos pocos de los mismos, tomados de entre más de 200, que cita en orden alfabético el historiador Aguilar Chinchilla, entre ellos, numerosos libros de insospechable religiosidad católica.

LISTA

Theología, Eusebio Amert
Biblia y Salmos
Cartas de Abelardo y Eloísa
Catecismo Político de la Monarquía Española, D.J.C.
Colección de Filósofos y Moralistas antiguos
Concordia de los Cuatro Evangelios
Cuentos Morales, J.F.Q.
De los Delitos y las Penas
Discusión del Proyecto sobre el Tribunal de la Inquisición
El Diablo Conjuelo
El Filósofo, Anónimo
El Gerundio
El Nuevo Testamento
El Tribunal con Uñas (comedia)
Juanito y Perico (versos)
Los Desesperados (novela)
Los Santos Evangelios
Novena de San Francisco de Asís
Ruinas de Palmira,
Conde Volney
La Constitución Inglesa, con notas de Rousseau, Montesquieu y Maquiavelo
Vida y Doctrina de Jesucristo, Nicolás Avancini
Curso de Estudios, Candillac
Causas de la Revolución Francesa, Abate Lorenzo Erbas y Pandulo
Historia de las Religiones, Mr Jovet
Arte de Amar, Ovidio

Emilio, J.J.Rousseau
Pablo y Virginia, Saint—Pierre
La Henriada (poema),Voltaire,

LISTA DE PERIODICOS RECOGIDOS POR LA INQUISICION EN EL REINO DE GUATEMALA

El Censor General
El Comercio
Diario Mercantil de Cádiz
El Redactor General
Robespierre
La Abeja
El Centinela
Diario Cívico de la Habana
El Duende
El Patriota en las Cortes
Semanario Patriótico
El Tribuno del Pueblo Español

LISTA DE COMISARIAS DEL REINO DE GUATEMALA

Acajutla
Cartago, Costa Rica
Ciudad Real
Chiapa de Indios
Chiquimula
Choluteca
Corpus, Mineral de
Escuintla
Goathemala
Gracias a Dios
Granada, Nicaragua

Quetzaltenango
Olancho
Quezaylica
Realejo
Santa Ana Grande
San Antonio Suchitepéquez
San Salvador
Santo Tomás
San Vicente
Soconusco
Sololá

Huehuetenango
Jalapa
Jutiapa
León, Nicaragua
Los Llanos, San Bartolomé
Metapas, San Pedro
Mita
Nicova, Nicaragua
Nueva Segovia
Ocosuntepeque

Sonsonate
Suchitepéquez
Tegucigalpa
Tila
Totonicapán
Tuxtla
Verapaz
Zacapa
Zapotitlán

LISTA DE LOS COMISARIOS DEL REINO DE GUATEMALA

1. Diego de Carbajal.
2. Fray Lope de Montoya.
3. Fray Andrés de Ocampo.
4. Br. D. Pedro de Liévana.
5. Fray Francisco de Zepeda.
6. Dr. Felipe Ruiz del Corral.
7. Fray Antonio Martínez.
8. Antonio Prieto de Villegas.
9. Francisco González.
10. Diego Vásquez del Mercado.
11. Pedro Villarreal Salcedo.
12. Ambrosio del Castillo Valdez.
13. Fray Gregorio de Salazar.
14. Antonio Álvarez de Vega.
15. Nicolás Resigno Cabrera.
16. José de Baños Sotomayor.
17. Juan de Cárdenas.
18. Juan de Cárcamo.
19. Manuel de Zepeda y Náxera.
20. Juan Ignacio Falla de la Cueva.

21. Antonio Alonso Cortés.
22. Manuel Antonio Bauzas.
23. Antonio García Redondo.
24. Dr. Bernardo Martínez.

Es de creerse que estos nombres representan los Comisarios que estaban al frente de las Comisarías, ya citadas.

BIBLIOGRAFÍA

Aguilar Chinchilla, Ernesto: La Inquisición en Guatemala, Talleres de la Editorial del Ministerio de Educación Pública, Guatemala, C.A.; 1953.

Barros Arana, Diego: Historia de América. Talleres de Artes Gráficas, Buenos Aires, Argentina, 1960.

Guzmán, Jaime de: Los Misterios de la Inquisición. Editorial "El Libro Español", México, D.F., marzo de 1958.

Juarros, Pbro.D.Domingo: Compendio de la Historia de la Ciudad de Guatemala. Tipografia Nacional, Guatemala, Septiembre de 1936.

Rica, Julio Anselmo: Creencias. Talleres Gráficos de A. Domínguez, La Plata, Argentina,1950.

Sánchez, Luis Alberto: Historia General de América. Ediciones Ercilla, Santiago de Chile, 1942.

Turberville, A.S.: La Inquisición Española. Talleres de Gráfica Panamericana, S. de R.L., México 12, D.F.;1960.

DIVISIÓN POLÍTICA, MILITAR, ECLESIÁSTICA Y CIVIL DE LA CAPITANÍA GENERAL

En esta parte nos va a asistir el Padre Juarros, por tener la importancia de ser un escritor colonial, aunque reconocemos que sus informes en muchos casos son inexactos. Pero sí valen por su aproximación a la verdad, y pocos se han dedicado a examinar los temas que él examinó.

Muchas divisiones políticas afectaron a Centro América en los tres largos siglos coloniales. Repetidas veces se le quitaban o se le agregaban territorios al Reino de Guatemala, como se le llamaba entonces. Y no pocas veces se le cambiaba el régimen administrativo, en una danza interminable que más tarde, cuando se llegó a la Independencia y a la ruptura de la Federación, y empezaron a pelearse las fronteras, las partes acumulaban reales cédulas para alegar sus derechos, por lo que para desenredar aquella maraña hubo de recurrirse, ya en los tiempos modernos, a los tribunales arbitrales y a sus laudos.

¿Cómo estaba dividido el Reino de Guatemala en su vasto conjunto, en sus provincias, en sus partidos y aun en sus alcaldías mayores en el siglo XVI? Es difícil contestarlo. Se requiere un estudio especializado que no lo vamos a emprender en esta ocasión.

¿Cómo estaba dividido el mismo Reino en el siglo XVII? Damos a la pregunta parecida respuesta.

¿Cómo lo estaba en el siglo XVIII y aun en los comienzos coloniales del siglo XIX? Es el historiador Juarros quien informa al respecto:

LA CAPITANÍA GENERAL. Extiéndese el expresado Reino desde el grado 282, hasta el 295 de longitud, y desde el 8°. hasta el 17°. de latitud septentrional: de suerte que de largo tiene 13 grados, que hacen 227 leguas castellanas, de 17 y media por grado, o. 325 francesas, que caben 25 en grado; pero de camino se calculan más de 700 leguas desde el Chilillo raya lindante, con el territorio de la Audiencia de México, hasta Chiriquí, término de la jurisdicción del virreinato de Nueva Granada. De ancho abraza 9 grados desde las tierras más australes de Costa Rica, hasta las más boreales de la provincia de Chiapas. Pero la extensión de la tierra entre uno y otro mar, donde más llega es a 180 leguas, y donde menos, no baja de 60.

Oajaca, en la Nueva España; por el N. O., con la de Yucatán, del mismo Reino; por el S. E., con la provincia de Veraguas, en el Reino de Tierra Firme, distrito de la Audiencia de Santa Fe de Bogotá; por el S. y S.O., con el Mar Pacífico; y por el N. con el Océano. De suerte, que la jurisdicción de la Real Cancillería de Guatemala, se extiende desde la costa de Walis en la Bahía de Honduras, hasta el Escudo de Veraguas (una isleta desierta inmediata a las costas de la Provincia de Veraguas) por la mar del Norte; por la del sur, desde la Barra del Paredón, en la provincia de Soconusno, hasta la boca del río de Boruca, en la de Costa Rica; y por tierra desde el Chilillo, en Oajaca, hasta el partido de Chiriquí, en la de Veraguas.

La relación geográfica del Padre Juarros es sumamente detallada. Sólo tomaremos de él, para abreviar, la división política.

PROVINCIA DE CHIAPAS. La primera provincia que estudia es la Chiapas, que comprende los partidos de Ciudad Real, sede del Intendente, más Tuxtla, Soconusco y Comitán, manejados por subdelegados de la Intendencia.

PROVINCIA DE SUCHITEPÉQUEZ, en lengua nahua significa "montaña florida". La gobernaba un Alcalde Mayor, a la vez de cuatro compañías, en la ciudad de Suchitepéquez, hallándose en tiempos que escribía Juarros tan "'disminuida que sólo era la sombra de su antigua opulencia".

PROVINCIA DE ESCUINTLA, con 10 curatos, 23 pueblos de indios y 11 de mulatos. Se dividía la provincia en dos partidos, llamados Escuintla, propiamente, y Guazacapán, que habían sido antiguos Corregimientos., La Capital se hallaba en Nuestra Señora de la Concepción Escuintla, sede de la Alcaldía Mayor.

PROVINCIA DE SONSONATE, llamándose su cabecera Villa de la Santísima Trinidad de Sonsonate, bajo el mando de dos Alcaldes, un Alferez Real, un Aguacil Mayor, un Alcalde Provincial y un Síndico.

PROVINCIA DE SAN SALVADOR, cuya capital llevaba el mismo nombre. "Su comercio—dice Juarros— es el más opulento del Reino". La gobierna un Intendente en la ciudad de San Salvador, con subdelegados en los partidos de Santa Ana, San Vicente y San Miguel. Vigilan la provincia 2 batallones de milicias con 1534 plazas. Cita Juarros, enseguida, las cinco provincias que se hallan situadas hacia el Mar del Norte.

PROVINCIA DE VERAPAZ, a la que pertenece el partido del Petén. La capital provincial es la fortaleza de Petén, en una isla del lago Petén Itzá. Su gobernante es un castellano.

PROVINCIA DE CHIQUIMULA, con los partidos de Chiquimula y Acasaguastlán. La gobierna un Corregidor de Chiquimula de la Sierra.

Se impone transcribir lo que dice Juarros sobre la Provincia de Honduras y sus dos partidos: Comayagua y Tegucigalpa:

PROVINCIA DE HONDURAS: La tercera provincia que se nos presenta, siguiendo nuestro viaje de O. a E. por las costas del Mar del Norte, es la de Honduras o Comayagua, Extiéndese de E.O. a lo largo de dichas costas, teniendo por el O. la provincia de Chiquimula; por el S. la de San Salvador; por el SE. y E., la de Nicaragua, y por el N. el Golfo de su nombre: este le dieron los españoles que vinieron a conquistarla, porque deseando llegar a tierra, en ninguna parte de la costa hallaron fondo por su mucha hondura. También la apellidaron de las Hibueras, o calabazas, por las muchas que encontraron en ella. Es país por lo general montuoso, pero sumamente fértil; produce maíz, frijol, cacao, caña de azúcar, algodón; abunda en ganados, y es la región que tiene más minas de oro y plata de todo el Reino. Su temperatura es cálida y húmeda, y por eso muy enfermiza: esta puede ser la causa de hallarse tan despoblada, y haberse acabado muchas de las poblaciones que tenía al principio, y estar tan atenuadas las que le han quedado. (Nota nuestra: No Padre Juarros; fueron las minas las que se tragaron la población en sus cavernas).

Son innumerables los ríos y arroyos que corren por esta comarca, Los ríos más caudalosos son los de Chamelecón (Chamelecón), baja del partido de San Pedro Sula, y tiene su boca en el Golfo; pueden subir por él piraguas más de 50 leguas. El de Ulúa, que entra en el mar paralelo al Chamelecón, y viene de muchas leguas arriba de la ciudad de Comayagua. El río León, o de los Leones, desagua en el mar 46 leguas del Golfo; nace en las montañas de Mulia. Siguiendo la costa hacia el E., a 84 leguas del Golfo, está el río de Aguán; pueden subir por él piraguas 40 leguas; nace en las montañas de Sulaco. El río de los Limones, baja de los montes de Olancho el Viejo, y desagua 90 leguas de la boca del río del Golfo. Caminando por el mismo rumbo, a 102 leguas del Golfo, se encuentra la barra del río Tinto; nace en el partido de Tegucigalpa y es caudaloso. Media legua hacia el Oriente del expresado río, está el de los Payas, suben por él canoas. El último es el de los Plátanos, es grande, y desemboca a 106 leguas del Golfo. Fuera de éstos, tiene pueblos, en la Capital y otros lugares de que están formados 25 curatos.

Trujillo, ciudad en otro tiempo Capital de esta Provincia, y sede de los Obispos de Honduras. Fundó la Francisco de las Casas, capitán que envió Cortés contra Cristóbal de Olid, el año de 1524. Llamóse así porque sus principales pobladores eran de la ciudad del mismo nombre en Extremadura. El año de 1539 erigió su iglesia en catedral el señor Paulo III y por los años de 1582 se fundó en ella el convento de San Francisco. Tenía también un hospital con el título de la Concepción de Nuestra Señora; muy lucido el Ayuntamiento, muchos vecinos europeos: lo que junto con su buena temperatura, sus aguas y otras buenas cualidades la hacían un lugar cómodo y apreciable. Estaba inmediata al puerto del mismo nombre, célebre por haberse embarcado en él D. Fernando Cortés (Hernán Cortés), cuando volvió a México, de la jornada de Hibueras. Este es cómodo y se hallaba fortificado con un morro de 17 piezas de artillería, y algunos pedreros; pero no obstante estas defensas, dicho puerto fue invadido y la ciudad tomada, talada y destruida por un tercio de herejes holandeses, el año de 1643; y permaneció asolada y desierta hasta el año de 1789, en que por orden de su Majestad se volvió a poblar la ciudad y a fortificar el puerto. En el día se halla éste guarnecido con tres fuertes y en estado de una regular defensa como lo acreditó en abril de 1797, en que habiendo acometido el citado puerto dos navíos de guerra y un bergantín ingleses, fueron valerosamente rechazados, quedando 11 muertos y 9 prisioneros. La ciudad, aunque comienza ahora a poblarse, no le faltan 100 vecinos y 300 negros. Es gobernada por un Comandante militar, en quien reside la jurisdicción ordinaria. Tiene a sus órdenes un destacamento de 200hombres del Regimiento Veterano Fijo de este Reino. Está situado en un terreno elevado, 30 varas sobre el nivel del mar, entre los ríos Negro y Cristales, a 95 leguas de Comayagua y 237 de Guatemala.

Gracias a Dios, ciudad fundada por el capitán Juan de Chávez, año de 1536, Está en un valle ameno, al pie de un monte erguido, de cuya cima desciende un arroyo que pasa por su orilla y la provee de agua. Fue en sus principios uno de los mejores lugares del Reino, y se hizo memorable por haberse establecido en él la Real Audiencia de los Confines, año de 1544. Tiene convento de nuestra Señora de la Merced, que, aunque corto y pobre, es de los más antiguos de esta región y que hay en el Reino. Su Ayuntamiento se compone de pocos Capitulares. Su vecindario se halla en el día diminuto y la ciudad en gran decadencia. Está a 38 leguas distante de Comayagua y a 106 de Guatemala.

(Nota: Autores contemporáneos, con documentos probatorios,

demuestran que no fue Juan de Chávez quien fundó Gracias a Dios, como dice el Padre Juarros, sino que Gonzalo de Alvarado, en 1536).

Nueva Valladolid, corrientemente llamada Comayagua, Capital de la Provincia de Honduras: Hállase plantada en un hermoso llano, inmediato a un río bien caudaloso, que la provee de regalados peces. Se fundó con título de villa el año de 1537 por el capitán Alonso de Cáceres, de orden del Adelantado D. Francisco de Montejo, En 1544 mandó su Majestad que se fijase en ella la Real Audiencia de los Confines, lo que no tuvo efecto, así por estar dicha villa muy a sus principios, como por su mucha distancia respecto de Guatemala, Ciudad Real y las de las provincias del Reino (Nota nuestra: lo que no era razón, porque la capital del Reino debía estar un lugar equidistante de las fronteras boreales y australes). En Cédula de 20 de diciembre de 1557 se le dio el título y honores de ciudad. Su Ayuntamiento se compuso primero de un Alcalde y 3 Regidores, nombrados por la Real Audiencia; pero el año de 1558 mandó la expresada Real Cancillería se eligieran cada año los enunciados capitulares, Residía en ella el Gobernador de Comayagua, y ahora el Intendente de la Provincia con su Asesor el Tesorero y el Contador de la Caja Real. Hay una Batallón de Milicias con 767 plazas. La Iglesia Parroquial de esta ciudad tiene por titular la Inmaculada Concepción de Nuestra Señora, y es Catedral desde el año de 1561, en que con licencia del Sumo Pontífice y del Rey se trasladó a ella de Trujillo la silla episcopal de Honduras. Su Cabildo Eclesiástico se compone de Deán, Arcediano, Chantre, Maestre—Escuela, Tesorero, Penitenciario y Doctoral. Adornan esta Capital un Colegio Tridentino, cuya cátedra de Gramática está dotada por Cédula Real de 21 de septiembre de 1602, conventos de San Francisco, la Merced y San Juan de Dios, que tiene a su cargo un Hospital; 2 parroquias, la de la Catedral para españoles, y la de la Caridad para indios, y varias hermitas. Está a 144 leguas de Guatemala.

San Gil de Buenavista, fue la primea población que hicieron los españoles en la costa de Honduras, Fundó la Gil González Dávila, el primero que arribó a ella, el año de 1523, aun antes de que tomase posesión de estas tierras, por el Rey Católico, Cristóbal de Olid. Está situada junto al cabo de Tres Puntas, al Este del Golfo Dulce.

El Triunfo de la Cruz, villa que fundó Cristóbal de Olid, por haber saltado en tierra el día de la invención de la Santa Cruz, el año de 1523. De estos lugares no ha quedado más que la memoria, así como la villa de San Juan, que pobló Pedro de Alvarado, junto a Puerto Caballos, año de 1536, y otros de que hablan las historias.

Naco, Valle ameno y espacioso, cercado de sierras, situado entre

San Pedro Sula y Puerto Caballos. Es famoso por haber degollado en él Francisco de las Casas a Cristóbal de Olid.

San Pedro Sula, así este lugar, como los dos que siguen, se intitulan ciudades, y en efecto, en los tiempos pasados tuvieron Ayuntamiento; pero en el día se hallan en gran decadencia; la enunciada ciudad de San Pedro Sula fue fundada por Pedro de Alvarado en 1536.

San Jorge Olanchito, conserva un mediano vecindario, de que están formadas tres compañías de milicias con 330 plazas. Fundó la Diego de Alvarado, por orden de su hermano Pedro en 1530.

Sonaguera, al presente no es más que una población de mulatos. Está a 20 leguas de Trujillo.

Yoro, villa considerable, tiene cuatro compañías de milicias con 400 plazas, y los precedentes son cabeceras de curatos.

Tencoa, pueblo digno de notarse por cierta especie de pimienta que se recoge en su territorio.

Olancho, Valle memorable por sus inmensas riquezas que se recogieron en el río Guayape, que lo riega, y aún hoy se halla en sus arenas el oro más apreciable del Reino.

Morolica, valle célebre por sus quesos, los mejores del Reino.
Copán, valle famoso por su tabaco, y en otro tiempo ciudad

opulenta y Corte del cacique Copán—Calel, cuya conquista costó inmensos trabajos y fatigas al capitán Hernando dé Chávez. Asegura el cronista de este Reino, don Francisco de Fuentes, que en su tiempo (es decir por los años de 1700) todavía se conservaba entero el Circo Máximo de Copán. Era éste una plazuela de figura circular, rodeada de pirámides de piedra, bien canteadas, como de 6 a 7 varas de alto: veíanse al pie de estas pirámides figuras de hombres y mujeres de tamaño natural, perfectamente cinceladas, y que conservan los colores de que estaban esmaltadas; pero lo más singular de estas figuras era estar vestidas a la castellana. En el medio de esta plaza, sobre una gradería se halla el sacrificadero. Refiere el mismo historiador, que a poca distancia del Circo, se encuentra una portada también de piedra, cuyas figuras representan la figura de un hombre, que como los del Circo, se ve vestido a la castellana, con calza, cuello escarolado, espada, gorra y capa corta. Entrando por este pórtico, se admiran dos excelentes pirámides de piedra, bastante gruesas y elevadas, de las que cuelgan una hamaca, y dentro de ella dos figuras humanas de uno y otro sexo, vestidas a la indiana. Mas, lo que causa asombro en esta máquina es, que, siendo tan grande, no se le ve juntura ni soldadura alguna; y que no obstante su enorme peso, como que toda es de piedra, se mueve al impulso suave de la mano. A breve espacio de esta hamaca, se halla la cueva de Tibulca: ésta parece un gran templo, cavado al pie de un cerro, adornado de columnas, con sus basas, socolos, capiteles y coronas, y todo perfectamente ajustado a los principios de la arquitectura. Vese por sus costados, gran número de ventanas, guarnecidas de piedra, labrada a todo costo. Cosas todas que persuaden y convencen que hubo en los tiempos antiguos, comercio y comunicación entre los habitantes de uno y otro mundo. (Así pensaba el Padre Juarros al leer la "Recordación Florida" de Fuentes y Guzmán, quien dicho sea de paso era aficionado a exagerar las cosas, como esa de la relación comercial entre los dos hemisferios).

San Fernando de Omoa, fortaleza construida a orilla del puerto de este nombre, en virtud de la Real Cédula de 30 de agosto de 1740, que ordenó se levantase un castillo, en las costas de Honduras, con el fin de que sirviese de antemural de la Provincia de Comayagua, y de surtidero a la goleta guardacostas, que debía construirse, para defensa de esta región. Emprendió la construcción de la enunciada fortaleza el Teniente General José Vásquez Prego, Presidente de la Real Audiencia el año de 1752, y no se concluyó hasta el de 1775. En 1780 la tomaron los ingleses, pero se vieron obligados a dejarla poco después por las enfermedades del país. Cerca de este castillo hay una población de negros, que son los únicos que pueden sufrir la temperatura. Dista 17 leguas de San Pedro Sula, 62 leguas de Comayagua, 101 de Guatemala.

Roatán, isla distante 18 leguas de la costa de Honduras, al nordeste del puerto de Trujillo. Tiene de 45 a 50 millas de largo y de 6 a 10 de ancho, según las irregularidades de sus ángulos; está rodeada de arrecifes y escollos que no permiten aterrar (ponerse en contacto con la tierra) los barcos, sino en algunas pequeñas aberturas poco conocidas. Su puerto es de buen fondeadero, capaz y seguro, aunque algo expuesto a los vendavales: éste tiene dos entradas, la cuanto por los bajos que la rodean: la otra llamada Lacanda, es muy conocida y de difícil acceso por su tortuosidad, aunque puede admitir buques grandes. Dicha isla es de clima cálido y seco, y por consiguiente sano; su terreno es muy quebrado y montuoso, escaso de aguas, abundante de caza y sus playas de pesca especialmente mariscos. El año de 1642 se apoderaron de ella los ingleses, y la Villalba y Toledo los obligó a dejarla: y trasladando a los indios a un desierta. Así se mantuvo hasta el año de 1742, que la poblaron y fortificaron los ingleses; pero fueron desalojados de ella por el Presidente de Guatemala hacia el año de 1780, y aunque la recuperaron en 1796, dejando para su guarda 2.000 negros, fue reconquistada el 18 de mayo de 1797, por José Rossi Rubí, comisionado para esta empresa por el Presidente y Capitán General del Reino.

PARTIDO DE TEGUCIGALPA, El Partido de Tegucigalpa comprende las villas de Tegucigalpa y Xerez de la Choluteca, otros 6 lugares de ladinos, 17 pueblos de indios, 13 minerales, y muchos valles y haciendas de que están formados 10 curatos: y en todo él se cuentan 34.236 habitantes de todas castas. Abunda este cantón en toda especie de frutos, maderas y animales; pero sobre todo en minas de oro y plata, en cuyo renglón es el país más rico del Reino. Se halla situado entre las Provincias de Comayagua al E. y S. de Nicaragua y al N. los Indios Xicaques.

La capital es el Real de Minas de Tegucigalpa, que en el día es el lugar más poblado y floreciente de toda la Provincia de Honduras. Es residencia de un Subdelegado del Intendente, y tiene Caja Real subalterna de la de Comayagua con Teniente de Ministro de la Real Hacienda y Ensayadir. Hay en el Ayuntamiento, compuesto de 2Alcaldes, un Alferez Real y 6 Regidores, un Batallón de milicias provinciales con 767 plazas, y un escuadrón de caballería con 168.Tiene Iglesia Matriz muy capaz, Convento de San Francisco, fundado el año de 1574, y otro de la Merced: 2 hermitas que se intitulan el Calvario y Nuestra Señora de los Dolores. Su temperatura es sana, aunque toca en caliente: dista 25 leguas de Comayagua, 148 de Guatemala.

Xerez de la Frontera, en el valle de Choluteca, es el lugar más meridional y más cálido de este Partido: tiene título de Villa, y Ayuntamiento de españoles con permiso de la Real Audiencia, y un pequeño convento de mercedarios.

El Corpus, es el más famoso mineral que ha tenido el Reino: produce tanto oro que se llegó a dudar si lo era, y sólo para el cobro de los quintos se estableció Caja Real en este lugar: pero acabó trágicamente a consecuencia de un derrumbe que dejó aterrados a gran número de trabajadores mineros.

PROVINCIA DE NICARAGUA. Después pasa el Padre Juarros a dar cuenta de las restantes Provincias del Reino de Guatemala. La cita y las detalla en su forma acostumbrada. Nosotros sólo las citaremos.

Provincia de Nicaragua, con un Intendente y 5 partidos: León, Realejo, Subtiaba, Matagalpa y Nicoya; con un puerto en el mar del norte, justamente en la desembocadura del río San Juan, y 5 en el mar del sur, siendo Realejo, Cosigüina, San Juan del Sur, Brito y Escalante. (De donde se advierte que la Provincia de Nicaragua, más estaba recostada sobre el Pacífico).

PROVINCIA DE TEGUZGALPA Y TOLOGALPA. Es de suma importancia en la historia de Honduras y de Centro América entrar en pleno conocimiento de estas dos Provincias, consideradas aparte en la geografía del Reino de Guatemala a fines del siglo XVIII y comienzos del siglo XIX, Dice el Padre Juarros: Entre esta Provincia (Nicaragua y la de Comayagua están las de Teguzgalpa y Tologalpa, se entiende que son dos, separadas), que las habitan indios infieles de varias naciones, de diversas lenguas, usos y costumbres, enemigas unas de otras, que son indistintamente conocidas con los nombres de xicaques, moscos y zambos: con las más de ellas comercian los ingleses, que tienen un fuerte y algunas habitaciones en las márgenes del río Tinto, pero han sido obligados a desaparcar este puerto (subrayamos nosotros). Extiéndese las citadas regiones de Teguzgalpa y Tologalpa a lo largo de las costas del mar del norte, desde el río Aguán hasta el de San Juan, en cuyo estrecho se encuentran los cabos Camarón, el de Gracias a Dios y Punta Gorda: el primero se halla a 95 leguas del Golfo Dulce, entre el río Tinto y el de los Limones; el tercero está entre el río del Fierro y el de San Juan; y entre uno y otro cabo se halla el segundo, a. 134 leguas del Golfo Dulce, en cuyo espacio corre la costa de E. a O, pero de esta punta hasta el río San Juan, toma el rumbo de N. a S. Por tierra confinan dichas provincias (Teguzgalpa y Tologalpa) con las de Comayagua, Tegucigalpa y Matagalpa. Es país sumamente fragoso; riéganlo más de cien arroyos y algunos ríos caudalosos (el Patuca y el Wanks) y en la Teguzgalpa hay una hermosa laguna (la de Caratasca), (siempre los paréntesis son nuestros).

Pues bien: la Provincia de Teguzgalpa, iba por la costa atlántica de O. a E.; y la Provincia de Tologalpa recorría la misma costa de

N. a S. Ahora se aclara con los informes del Padre Juarros que la Provincia de Teguzgalpa partía del río Aguán y en su extensión terrestre comprendía los territorios nórdicos de Olancho y toda la Mosquitia hondureña hasta donde cambiaba de rumbo la tierra en dirección Norte—Sur. Y así la Teguzgalpa se sumó más tarde al Estado de Honduras y la Tologalpa al Estado de Nicaragua. Y detalle importante, los ingleses tenían su asiento en la Teguzgalpa, con un fuerte en el río Tinto, y desde allí dominaban la Tologalpa.

Insistimos en que los ingleses fueron arrojados por la Capitanía General—como dice el Padre Juarros—, pero volvieron en cuanto se realizó la independencia centroamericana, y desde allí, adiestrando a los indios en el manejo de armas, los lanzaban en bandas sobre el interior, llegando muchas veces hasta cerca de Comayagua y Tegucigalpa, produciendo espanto por sus degollinas y robos de mujeres y de bienes.

PROVINCIA DE COSTA RICA. Capital Cartago, más 3 villas y 10 pueblos población 30.000 personas. El Padre Juarros describe la vida y organización de esta Provincia con abundancia de informes que corresponden desde 1808 a 1818.

Después vuelve al norte del Reino, para describir los Partidos de Totonicapán, Huehuetenango, la Provincia de Quezaltenango, la de Sololá, con sus Partidos de Sololá y Atitlán, la Provincia de Chimaltenango y la Provincia de Zacatepequez, que más tarde formaron el Estado de Guatemala.

Según el padrón que se hizo de orden de su Majestad, el año de 1778 —agrega Juarros— tiene este Reino 797.214 moradores; cuando al tiempo de la conquista eran innumerables sus habitantes, de suerte que se asegura componían más de 30 naciones.

Es gobernada esta vasta región por la Real Audiencia de Guatemala, cuyo Presidente es Gobernador y Capitán General de todo el Reino, y tiene gran número de subalternos para el buen régimen de sus Provincias. Y en lo espiritual por el Arzobispo de Guatemala y sus tres sufraganeos, excepto el Partido del Petén, que está al cuidado del Obispo de Yucatán. De suerte que por lo eclesiástico se divide este Reino en cuatro Obispados, que son: 1o. el de Guatemala, cuya jurisdicción en calidad Metropolitano, no reconoce otros límites que los del Reino. Pero restringidamente, tiene jurisdicción de 214 leguas de largo por 116 de ancho. Este distrito tiene 108 curatos, 23 Doctrinas de Reguladores, 16 a cargo de la Religión de Santo Domingo, 4. de la de San Francisco, y 3 de la de Nuestra Señora de la Merced: 424 iglesias parroquiales y 539.765 feligreses. Erigió este Obispado el señor Paulo III, por Bula de 18 de diciembre de 1534, y desde esa fecha han ocupado su silla 16 obispos y 7 arzobispos. El segundo Obispado es el de León, su jurisdicción abraza la Intendencia de Nicaragua y el Gobierno de Costa Rica, en cuyo territorio tiene 39 curatos, 3 Reducciones de Infieles, 88 Iglesias parroquiales, 131.932 feligreses. Desde su erección hasta el presente ha tenido esta Iglesia 37 obispos. El tercero es el de la Ciudad Real, cuyo distrito es el mismo, comprendiendo los tres partidos de la Provincia de Chiapas, con un Obispado, 38 curatos, 102 iglesias parroquiales, 69,253 feligreses.

El curato es el de Comayagua: tiene los límites de la Intendencia de Honduras: hay en su territorio 35 curatos, una Reducción de Infieles, 145 Iglesias parroquiales, 88,143 feligreses.

CIUDADES, VILLAS, PUEBLOS Y LUGARES DE HONDURAS. En orden alfabético, señalando el curato y el Partido a que pertenecen.

Advertencia: En la primera lista de lugares, Ciudad se indica con una C; Villa, con una V; Valle, con la abreviatura Val y Mina, con una M.

LUGARES	CURATOS	PARTIDOS
Agalteca	Orica	Tegucigalpa
Agalteca	Sonaguera	Comayagua
Aguanqueterique	Cabecera de curato	Tegucigalpa
Ajuterique	cabecera de curato	Comayagua
Alapa, Val.	Yoro	Comayagua

Alubarén	Aguanqueterique	Tegucigalpa
Amarateca	Tegucigalpa	Tegucigalpa
Santa Ana	Ojojona	Tegucigalpa
Santa Ana	Cabecera de curato	Tegucigalpa
San Andrés, M.	Sensenti	Comayagua
San Antonio	De la Catedral	Comayagua
San Antonio	Tatumbla	Comayagua
San Antonio M.	Sulaco	Comayagua
Armenia	Goascorán	Tegucigalpa
Santa Bárbara	Tencoa	Comayagua
San Buenaventura	Silca	Comayagua
Cacauterique	Cururu	Comayagua
Caiquín	Gualcha	Comayagua
Camasca	cabecera de curato	Comayagua
Candelaria	San Pedro Sula	Comayagua
Cantarranas	cabecera de curato	Tegucigalpa
Caridad	cabecera de curato	Comayagua
Catacamas	Olancho	Comayagua
Cedros M.	Cantarranas	Tegucigalpa
Celilac	Tencoa	Comayagua
Cerquín	cabecera de curato	Comayagua
Chinacla	cabecera de curato	Comayagua
Chinda	Petoa	Comayagua
Choluteca,Val.	Xerez de la Frontera	Tegucigalpa
Chuchi	Tencoa	Comayagua
Cucuuco	Sensenti	Comayagua
Cerquín	Sensenti	Comayagua
Siguatepeque	cabecera de curato	Comayagua
Similator	Cururu	Comayagua
Sonaguera, Val	Cabecera de curato	Comayagua
Sulaco	cabecera de curato	Comayagua
Talgua	Gracias a Dios	Comayagua
Támara	Tegucigalpa	Tegucigalpa
Tatumble	cabecera de curato	Comayagua

Tambla Abajo	Cururu	Comayagua
Tambla Arriba	Cururu	Comayagua
Tenanbla	Chinacla	Comayagua
Tencoa	cabecera de curato	Comayagua
Teupasenti	Danlí	Tegucigalpa
Texiguat	cabecera de curato	Tegucigalpa
Ticamaya	San Pedro Sula	Comayagua
Tircagua	Choluteca	Tegucigalpa
Tiuma	cabecera de curato	Tegucigalpa
Tonalá	Sensenti	Comayagua
Truxillo,C	cabecera de curato	Comayagua
Xerez de la Frontera, Val	cabecera de curato	Tegucigalpa
Yambalanguira	Intibucat	Comayagua
Yarula	Chinacla	Comayagua
Yocón	Silca	Comayagua
Yolula	Intibucat	Comayagua
Yoro,V	cabecera de curato	Comayagua
Yusguare	Choluteca	Tegucigalpa
Zula, San Pedro, C	cabecera de curato	Comayagua.

Tales fueron las ciudades, villas, pueblos y lugares a fines del siglo XVIII y comienzos del siglo XIX.

BIBLIOGRAFÍA

Juarros, Padre Domingo:
Compendio de la Historia de la Ciudad de Guatemala, Tercera Edición, Tipografía Nacional, Guatemala, C.A.; Septiembre de 1936.

LOS PIRATAS EN HONDURAS

Dice Luis Alberto Sánchez en su "Historia General de América" que es corriente el criterio de que los actos de piratería y corso cometidos en los mares americanos durante el coloniaje, constituyen graves delitos, y hasta se llega a denominar piratas a marinos tan eminentes como Francis Drake, Walter Raleigt y John Hawkins, creadores de la Marina Británica, notables exploradores, vencedores de la Armada Invencible. Se explica esa interpretación en época y lado españoles, pero no es esa una posición justa e imparcial.

El monopolio económico, por un lado, y la rivalidad de las naciones europeas llevadas a la guerra, por otro, fueron las promotoras del corso que se ejercía con autorización de la Corona de la patria del corsario, el cual actuaba como un franco tirador de los mares, delincuente para el país que sufría sus ataques, heroico para el que lo auspiciaba.

El corso empezó casi con el descubrimiento, y apreció poco después, a causa de la guerra de Carlos V y Francisco I de Francia. Entonces como ahora, cortar los abastecimientos y combatir económicamente era medida primordial; no es un ardid inventado en nuestro tiempo.

En 1492, Colón, que iba en su primer viaje, encontró corsarios franceses cerca de las Canarias. Al volver de su tercer viaje, el mismo Almirante declaró que se vio obligado, al salir de Madera, a intentar nueva ruta, a fin de despistar a una flota francesa que lo esperaba cerca del Cabo de San Vicente.

En 1501, los Reyes Católicos ordenaban construir carracas contra los corsarios y hasta instituyeron un premio para los que las hicieran de ciento cincuenta toneladas. En 1513, la Casa de Contratación envió dos buques a vigilar las costas de Cuba contra ataques de corsarios franceses, los cuales capturaron dos buques cargados con caudales enviados para España. Dos años después, el corsario francés Jean Florin de la Rochelle se apoderó de otros dos barcos españoles en los que navegaba parte del botín azteca.

Pero, fueron los ingleses el más duro azote del comercio español. Y no sólo a causa del Navigation Act, dictado solo en el siglo XVII, sino desde los días de la Reina Isabel de Inglaterra y tal vez, a causa de su actitud de reto que contra ella y su poder adoptó Felipe II.

Son las razones y justificaciones históricas de Luis Alberto Sánchez. Pero escarbando más en el fondo se descubre que el desarrollo capitalista europeo había llegado a tal cima que necesariamente tenía que ver los medios de vulnerar el monopolio español en América, valiéndose en la fase de los siglos citados tanto del contrabando como de la piratería legalizada. Había llegado, naturalmente, la etapa del capital de concurrencia.

Para terminar esta introducción a las piraterías en Honduras, convienen algunas definiciones:

Pirata es pura y simplemente un ladrón de mar. Corsario es un marino con patente de corso en tiempo de guerra, extendida por su propio gobierno para impedir los abastecimientos del enemigo. En tiempo de guerra un pirata puede convertirse en corsario con tal que obtenga la patente de corso de un gobierno dado, e inversamente un corsario puede degenerar en pirata cuando desaparecieron las causas que acreditaba la patente y siguió asaltando en el mar.

Bucanero se le llamaba regularmente al pirata o corsario francés, procediendo la palabra de boucan, que quiere decir saladero y también alboroto y ruido, porque acostumbraban asar y salar las reses que devoraban en medio de grandes batahola, estimuladas por el licor. Los bucaneros tenían su asiento principal en la isla de Tortuga y eran el terror de los pobladores de las vecindades y la gran pesadilla de la flota española, a la que frecuentemente sometían a feroces asaltos.

Filibustero era llamado generalmente al merodeador marítimo de menor volumen. La palabra filibustero deriva del inglés fly—boat, que quiere decir "buque—mosca" a causa de la ligereza de tal embarcación. El filibustero en este orden era tan infeliz que no llegaba a pirata o corsario, pero sus daños costaneros solían ser incontables y cuantiosos.

De "Piraterías de Honduras", de Conrado Bonilla, resumimos los siguientes datos:

Juan Bautista Muñoz, cosmógrafo mayor de Indias, comisionado en 1783 por el rey de España para que indagara sobre la despoblación de Trujillo por los ingleses y holandeses, informa que el rey de Francia enviaba sus corsarios a las Indias desde 1534.El historiador francés, Mauricio Besson, por su parte, habla también de la presencia en 1537 sobre una banda de piratas franceses en la costa de Guerino, que se supone pudo ser Guanaja.

Pero no fue sino hasta 1572 que el hugonote Guilllermo le Testu, premiado antes por el rey de Francia con una finísima espada con la empuñadura y guarnición cuajada de piedras preciosas por sus robos y ponderados trabajos cartográficos relativos al Nuevo Mundo, hizo el primer amago pirático sobre la costa norte de la provincia de Honduras. En el mismo año el presidente de la Audiencia de Guatemala, doctor Antonio González, reunió el Ayuntamiento para informarle que habían llegado a Puerto de Caballos tres navíos y una chalupa con "corsarios luteranos".

En 1573 llegó a Guanaja una pequeña fragata perteneciente a la escuadra de Francisco Drake, mientras este corsario regresaba a Inglaterra con el botín capturado en su asalto a Nombre de Dios y el tesoro que iba para España procedente del Perú. Esta vez, yendo con los ingleses dos españoles cautivos, que siete años antes habían acompañado al licenciado Antonio Ortíz Elgueta en la conquista y población de Teguzgalpa, ofrecieron a sus captores que ellos podrían hacer que los indios les dieran cazabe y cuanto fuese menester, pero los dos españoles al verse libres se alzaron con varios indios y fuéronse en una canoa para Trujillo a comunicar la presencia de los invasores. De aquí salió rápidamente un velero con gente armada a combatirlos, pero al llegar a Guanaja los piratas habían desaparecido.

Comprobada, pues, la presencia de los piratas en aguas de Honduras, las autoridades de la Capitanía General de Guatemala ordenaron (1575) la construcción en Trujillo de un pequeño fuerte dotado de cuatro cañones. Y a partir de entonces quedaría a cargo de los gobernadores la tarea de combatir y perseguir a los piratas.

ASALTO AL PUERTO DE TRUJILLO. En el relato sobre uno de los saqueos piráticos a Trujillo, infortunado para los invasores, se lee: "... Un informe dado por la Real Audiencia, presidida por el doctor González, muestra que el capitán Diego López había servido en cosas de guerra y en la defensa de la ciudad y puerto de Trujillo, donde él vivía, alcanzando algunas buenas suertes contra los piratas".

El propio capitán López, dirigiéndose al rey de España, en 10 de mayo de 1577, sobre una capitulación que había mandado hacer con la Audiencia para la conquista y población de la Teguzgalpa, a la vez que pedía su real confirmación, indicaba que la costa y comarca de la provincia de Honduras estaban expuestas a los asaltos piráticos, y convenía que sus puertos se poblaran de españoles.

En otro informe del año 1581, la Audiencia dice, respecto al contra el capitán Vasca (¿?), inglés corsario que en la isla de Guanaja le cortó la cabeza y mató a otros de sus compañeros.

Nuevamente, como resultado del asalto a Trujillo la Audiencia hacía saber al rey, que sería "menester para su fortificación hacer un baluarte, en que podrán gastarse ochocientos ducados, y además sería menester cuatro piezas de artillería con buen tamaño que alcancen a todo el puerto, y doscientos ducados cada año para munición y para reparos, porque la gente es toda necesitada".

ASALTO A PUERTO DE CABALLOS. En 1578, Alonso Contreras Guevara, gobernador de Honduras, informa al Capitán General, doctor Pedro Villalobos, que varios piratas ingleses se dirigen al Golfo Dulce, amenazando Puerto de Caballos; pero por hombre éste negligente, los piratas logran saquear. Este año es infausto para el gobierno de Villalobos por la presencia constante de los piratas, que se enseñorean recorriendo las costas de Nombre de Dios, Veraguas, Desaguadero, Trujillo, Puerto de Caballos y todo el Golfo.

A mediados de 1595, que España y Francia estaban en guerra, cuatro buques de corsarios franceses penetran a Puerto de Caballos, roban y dan fuego a la población, poniendo en fuga a sus moradores. El doctor Rómulo E. Durón consigna este hecho como ocurrido en 1592. Los piratas se avituallaron de cazabe en Guanaya y capturaron unos pequeños veleros de Islas de la Bahía. Luego marcharon sobre San Pedro, pero el comendador Jerónimo Sánchez de Carranza, acompañado de unos pocos españoles, vaqueros, arrieros e indios flecheros de Ulúa, les formó una emboscada y los venció tras una reñida lucha en la que murieron varios franceses y cayeron siete prisioneros, capturándoles cuarenta mulas y caballos que se habían robado. Tres días después los piratas se hicieron a la vela.

NUEVO ASALTO A PUERTO DE CABALLOS. En 1598 estaban ya explotándose los ricos minerales de Tegucigalpa, Goascorán, Agalteca y otros yacimientos, que rendían de 6 a 10 onzas de oro por quintal, y, por lo tanto, aumentaron las actividades de los piratas, quienes estaban enterados, además, que los puertos de Honduras carecían. de hombres y armas suficientes para su defensa. Guillermo Párcker, apodado Parche o Parchero, informado de tantas riquezas, quiso pulsar la resistencia portuaria, pues ya en dos ocasiones anteriores había saqueado Trujillo. En efecto, guiado por Juan Venturate; asaltó Puerto, de Caballos con una escuadra de navíos, capturando un considerable botín de tinta añil, cueros, zarzaparrilla, liquidámbar y géneros preciosos.

A principios de 1600, el ya citado puerto fue asaltado nuevamente por la misma escuadra con 350 ingleses encabezados por el capitán Antonio Serlyo, pero fueron atacados por el frente y la retaguardia por fuerzas de infantería y caballería, que desbarataron al turbado escuadrón inglés y éste huyó velozmente, dejando 47 muertos en el campo de lucha.

Remesal y Fuentes de Guzmán relatan una hazaña del capitán Juan de Monasterio realizada en 1603 en Puerto de Caballos, cuando Monasterio se enfrentó al pernicioso pirata Pie de Palo y a su compañero Diego el Mulato, criollo de la Habana, Mas el historiador guatemalteco José Milla objeta tal hazaña y advierte que fue substancialmente copiada por Juarros, aclarando que dicha hazaña se reduce a la de un simple mercader contrabandista. Sin embargo, en 1607, el mismo capitán Monasterio reapareció con dos navíos llenos de mercaderías y, cuando estaba descargándolos en Puerto de Caballos, fue atacado por dos barcos holandeses y sostuvo una batalla que duró varios días.

El mismo día, el doctor Alonso Criado de Castilla, presidente de la Audiencia de Guatemala, interesado en favorecer el contrabando que hacían los criollos, trasladó el Puerto de Caballos a Amatique (o Monabique), dañando con ello a Honduras. Esto confirma lo que consigna el autor Bonilla: "que en las Indias fueron siempre los comerciantes hispanos juntamente con los criollos los principales delincuentes".

En 1613 los piratas navegaban frente a las costas de Honduras y Guatemala con tal confianza como si éstas fueran de su pertenencia. Tomaban de Puerto de Caballos todo cuanto consideraban de provecho. Guanaja, Utila y Roatán eran sus lugares de refugio y abastecimiento.

NUEVOS ASALTOS A TRUJILLO. Los holandeses Pedro Heyn y Pedro Ita, en 1630, asaltaron Trujillo, destruyendo todo cuanto pudo su codicia y crueldad.

Dos años más tarde, seis urcas y dos pataches de holandeses intentaron asaltar nuevamente Trujillo, pero esta vez fueron rechazados por el gobernador de Honduras, Francisco Martínez de la Riva, que armando a los vecinos del lugar presentó una heróica defensa y ocasionó serios daños a los piratas.

En julio de 1633 volvieron los holandeses con ocho grandes navíos, tomaron Trujillo, lo saquearon, lo incendiaron y se llevaron la artillería existente en el puerto.

Conviene recordar aquí que Trujillo entonces era la llave y puerta de estas tierras, pero su prosperidad desapareció ese año trágico. Los piratas sabían bien que eran débiles las defensas de los puertos de la provincia de Honduras, y esto era así porque la Capitanía General no dispuso nunca de un cuerpo de tropas regular para proteger sus costas. El Cabo de Gracias a Dios se convirtió en centro de operaciones de los filibusteros. Relata Tomás Gage que estando él en Trujillo, en 1638, los holandeses asaltaron el puerto, que era el más importante de Honduras, encontrando muy poca resistencia y que sus habitantes huyeron hacia los bosques.

En marzo del citado año, los holandeses y franceses entraron a la bahía de Trujillo, encabezados por Pedro Belain de Enanue, amigo y protegido del cardenal Richelieu.

INCENDIO DE GUANAJA. Squier en su libro The States of Central, relata que el pueblo de Guanaja fue quemado por los holandeses a principios de 1639. Las Islas de la Bahía continuaron siendo durante los años subsiguientes objeto de las más crueles depredaciones de los piratas. Su proximidad al continente, su clima y sus recursos naturales las convirtieron en un centro de agresión constante de los piratas, para interrumpir así el comercio entre Guatemala y España.

CORSARIOS EN TRUJILLO. En 1643 se presenta en Trujillo el pirata Guillermo Jackson, puritano inglés, émulo de Francisco Drake, con 16 navíos y 1.500 hombres que eran colonos ingleses en Norteamérica, provisto de patente de corso extendida por el almirante de la Marina Británica; entró a la ciudad, levantó planos y luego se marchó para Islas de la Bahía.

Jackson mostró gran interés por saber la distancia y rutas hacia Guatemala con el objeto de invadirla; pero llegó 1644 y no llevó a cabo su plan, sino que algunos de los invasores regresaron otra vez a Trujillo, robaron los cofres que hallaron a su paso y en seguida quemaron las—casas.

España, repetimos, descuidó la defensa de sus costas contra la piratería en Honduras y Guatemala. En su Tesoro no tenía dinero para la fortificación de estos puertos. Fue así que, con autorización de la Corona, llevóse a cabo en 1642 y años más tarde la despoblación de las Islas de la Bahía con la idea descabellada de que los piratas que infestaban el Mar Caribe no encontraran el auxilio que les prestaban los isleños, cuando la verdad es que desde mucho tiempo antes aquellos estaban en posesión de Guanaja y Roatán. Eran tal débil la fuerza militar de las provincias que en 1646 un mísero pirata entró varias veces a Trujillo y cometió crímenes horribles, regresando siempre tranquilamente a "su isla".

En 1650, encontrándose en el Poder Oliverio Cromwel, la piratería ejercitada por puritanos ingleses adquirió grande auge. Esto obligó a las autoridades de Santo Domingo, Guatemala y Honduras a organizar una expedición militar para desalojar a los piratas de Roatán. La expedición al mando del general español Francisco de Villalva y Toledo, fracasó en su primer desembarco; pero tres meses más tarde volvió con cuatro buques de guerra, y. logró combatir con éxito a los ingleses obligándolos a internarse en las selvas.

RUINA DE TRUJILLO. Ya en 1643 que los holandeses saquearon y arruinaron la población de Trujillo, concluyó su comercio por no tener salida los frutos. Se acabaron —informa Angiano en 1818— los cacaotales y los trapiches, los capitales y obras pías, obligando a unos a regresar a España, a otros, como los Batres y Arrivillaga a trasladarse a Guatemala, otros se murieron.

Afírmase que Trujillo estuvo cerrado durante ciento cuarenticinco años y los ingleses en posesión de toda la costa, introduciendo el contrabando por todas partes, ante la impotencia de los gobernadores que enviaba el rey de España.

En 1664, el capitán Jackson, antiguo compañero de Morgan, enarbolando bandera española llegó frente a Trujillo y en seguida incendió la ciudad.

Como consecuencia de esta nueva destrucción de Trujillo, se produjeron graves motines en la capital de la Provincia, que obligaron al obispo Juan Merlo de la Puente a huir hacia Guatemala.

ASALTO A PUERTO DE CABALLOS. Fijan los historiadores que en 1666 el Olonés, capitán Nau, hizo su invasión a Honduras. Se desconoce su verdadero nombre; sólo se sabe que ese bribón nació en una antigua provincia francesa, y que a la edad de veinte años fue enviado como uno de los cientos de esclavos blancos hacia América, donde pronto creóse fama por sus horribles crímenes. Empezó matando a su propio amo de un hachazo en la cabeza, yéndose luego a Santo Domingo en cuyos bosques hizo vida de bucanero y, más tarde, de pirata. Cuando los españoles expulsaron a los bucaneros de aquellas costas, el Olonés se refugió en la Tortuga, donde armó un velero y ejecutó osados encuentros con los españoles. Mientras los otros piratas concentraban su atención en las carabelas y galeones de España, el Olonés concibió un plan distinto, afirma un historiador: tirarse a fondo sobre las posesiones del rey de España en las costas. Así, dirigiéndose a la costa septentrional de Cuba, atacó un barco que lo perseguía por orden del gobernador de la isla; y tras una lucha terrible cuerpo a cuerpo, venció a los españoles y decapitó a todos los prisioneros, menos a uno que envió a la Habana con el siguiente mensaje para el gobernador: "De hoy en adelante no daré cuartel a ningún español no importa quien será. Tengo la seguridad de poder ejecutar algún día en vuestra persona lo mismo que en los que aquí enviasteis con el navío, con el cual os figurábais hacer conmigo y mis compañeros".

Un año después de tal hazaña, el Olonés tuvo barcos y hombres suficientes para luchar contra los españoles en Maracaibo y Gibraltar, donde recogió 600.000 piezas de a ocho y gran cantidad de otros efectos. En 1668, el propio Olonés acompañado de Miguel el vasco, otro terrible filibustero, con seis barcos y 700 hombres se hizo a la vela con rumbo al Cabo de Gracias a Dios, pero obligado por el reflujo del mar vino a dar al Golfo de Honduras. De aquí los piratas retomaron su destino, más corrientes adversas los hicieron variar llegando a Puerto de Caballos, donde se apoderaron de un navío y veinticuatro cañones, robaron las mercaderías allí almacenadas, exterminaron a todos los prisioneros cortándole primero la lengua a uno de ellos, en presencia de los demás, para aterrorizarlos.

ASALTO A SAN PEDRO SULA. De Puerto de Caballos, continuó el Olonés la marcha sobre San Pedro Sula, cometiendo a su paso las mayores crueldades humanas y depredaciones de todas clases. A pocas leguas de recorrido trabó combate, con tropas españolas, a las cuales logró vencer. En esta ocasión el pirata con su propia mano le abrió el pecho hasta el vientre a uno de los prisioneros, le arrancó el corazón y con la víscera palpitante en su mano, "mordisquéandola con sus dientes de lobo hambriento", les dijo a los españoles: "Uno a uno les voy arrancar a todos el corazón, como lo acabo de hacer a este hombre, si no me guían hasta la ciudad por el camino libre de enemigos".

Después de librar varios choques sangrientos en el trayecto, llegaron los Invasores a San Pedro Sula, cuyos contornos estaban protegidos por una fuerte barricada. Entablóse una lucha encarnizada en la que los asaltantes no lograron vulnerar la defensa de los sampedranos, y los piratas se retiraron, Sin embargo, éstos pronto volvieron a atacar con mayor arrojo; los sitiados pidieron entonces al Olonés la suspensión del fuego por el término de dos horas, y éste accedió con la condición— que los sitiados aceptaron— de que le dejaran entrar a sus hombres a la ciudad, sin hostilizarlos. Los piratas, una vez adentro de población, se dedicaron al saqueo pero sólo se robaron una cantidad de tinte añil valorada en 40.000 ducados, regresando en seguida a Puerto Caballos.

Los piratas continuaron sus correrías por las costas de Honduras, Guatemala y Yucatán. Después, varios de ellos volvieron a La Tortuga. El Olonés perdió su navío frente a las Islas de Perlas y penetró a tierra firme, cayendo en manos de los indios del Darién, quienes "hicieron pedazos el cuerpo del bandido, aun vivo, arrojando sus miembros en una hoguera que prendieron al efecto".

En 1670 Inglaterra ajusta una alianza ofensiva y defensiva con la tribu de indios misquitos, que si bien careció de seriedad le sirvió de pretexto a la Gran Bretaña para apoderarse de la Mosquitia, donde tenía establecidos negocios de maderas.

En ese mismo año España e Inglaterra suscriben un tratado por el cual la segunda adquiere derecho pleno de dominio de las propiedades que tiene en las Indias.

Tres años más tarde (1673) aumenta el poder de los filibusteros con la presencia del inglés Morgan y el holandés Eduardo Mansvelt, quien intentó fundar una república compuesta únicamente por filibusteros, en la isla rocosa de San Luis de Providencia frente a Nicaragua, Costa Rica, Panamá y el Darién, situada precisamente en la ruta marítima más transitada por la flota de España. Tomada por sorpresa dicha isla, Mansvelt la fortificó dejando en ella una guarnición de cien hombres al mando del francés Simón. Luego fue a solicitar auxilio al gobernador de Jamaica, mas éste no solo rechazó el plan del filibustero, sino que prohibió bajo pena de muerte cualquier reclutamiento de hombres para semejante proyecto. El pirata se embarcó de regreso a la Tortuga, y en el trayecto cayó en manos de los españoles, quienes lo llevaron a Portobelo, en cuya plaza lo decapitaron.

Del origen de Morgan sólo se sabe que nació en Gales, Inglaterra, y que inducido por un tío suyo embarcóse rumbo a Barbados, donde fue vendido como esclavo blanco. Recobrada su libertad llegó a Jamaica y aquí se enganchó con una pandilla de filibusteros. A partir de entonces Morgan empezó a hacerse famoso por sus excepcionales capacidades para la delincuencia en alto grado. Su vida entera— afirma un autor— es un poema que admira e indigna; para él no existió ni piedad para el vencido, ni distinción de sexo, ni consideración de ninguna clase que le detuviera: robó, degolló, quemó, violó. Cargado de riquezas, era de los que pillaba su parte del botín a sus compañeros... El rey Carlos II le dio dignidad de caballero y comisario del Almirantazgo; murió en paz y cargado de honores".

Conviene recordar que la mayoría de los piratas ingleses tuvieron bajo su poder la región de la Mosquitia, donde nombraron un gobernador y, más tarde, crearon un protectorado, bajo la jurisdicción de Jamaica, Cuando España protestó por esta usurpación, los filibusteros evacuaron el territorio.

Al independizarse de España los pueblos de la Capitanía General de Guatemala, los ingleses volvieron, sin embargo, con sus comprendía desde el Cabo de Gracias a Dios hasta la Laguna de Chiriquí y, por el Sur, hasta el Río San Juan, Cuando los llamados reyes mosquitos dejaron de serlo, en 1860, los ingleses se retiraron de la Mosquitia y reconocieron los derechos que sobre ésta tenían en Honduras y Nicaragua.

No obstante, los ingleses continuaron hostilizando a los españoles; y en 1783, el coronel Roberto Hodgson cayó prisionero en manos de los españoles cerca de Portobelo. Y entre la documentación capturada a Hodgson figuraban los planes ingleses sobre la Costa y partes de Nueva España, así como el proyectado ataque a Guatemala.

Estalló la sangrienta guerra entre Inglaterra y España, que terminó con el tratado de paz de Versalles, en septiembre de 1783. Este tratado, que parecía poner fin al apoyo que el gobierno británico daba a sus "plantadores", encerraba el germen de nuevas pretensiones. El rey de Inglaterra, más tarde, quiso darle al tratado la más ridícula interpretación que se conoce, absurda geográficamente, diciendo que la "Mosquitia no estaba en el continente español, sino en el Nuevo Mundo".

También conviene consignar que en 1688 se señala a Honduras como punto de reunión de varias compañías de filibusteros ingleses y franceses que venían operando en ambos mares. Unos, que llegaron procedentes del Pacífico, en número de 250, cruzaron territorios de Nicaragua y Nueva Segovia, y eran en su mayoría franceses comandados por Picard, antiguo compañero de Olonés, a quien ya nos referimos. El caballero francés, Raveneau de Lussan, miembro de la banda, nunca alcanzó la jerarquía de jefe, por su afición a la literatura y—a trabajos cartográficos. Estos piratas bajaron al Cabo de Gracias a Dios en canoas por el río Segovia, del cual hace Lussan una descripción muy interesante. De los que entraron por el mar del Norte, un grupo se internó en el territorio para buscar oro en el famoso Guayape, sin lograr su intento por haberse perdido en las selvas; y, el otro grupo asaltó Trujillo, donde cometió toda clase de atrocidades, llevándose preso al gobernador, 30 hombres y 22 mujeres.

Guillermo Pitt, natural de Bermuda, el año de 1699 se estableció en una región de río Tinto, dedicóse al corte de maderas y al contrabando con tan buen éxito, que en pocos años se convirtió en el hombre más rico de la comarca. Fundó una colonia y su conducta en Honduras, a diferencia de la que antes había observado en Belice, fue menos censurable, pues salvó la vida a muchos españoles y dió un trato más humano a los naturales; construyó dos castillos, ambos dotados con artillería, manejada por esclavos, de los cales tenía bajo su mando trescientos, entre mulatos, indios y negros.

Muy pronto el poder de Pitt se ensanchó: dentro de sus dominios poblaban numerosas familias inglesas, fuertes núcleos de mosquitos, zambos y negros, que todos le obedecían gustosos, ejercía y mantenía los comercios ilícitos en toda la Costa. Pero en 1782 el nuevo gobernador de Guatemala, Matías de Gálvez, hombre enérgico, desalojó no sólo a los ingleses de Omoa y Roatán, sino también a los de la comarca de Río Tinto.

Agréguese que anteriormente, en 1720, el comandante de los guarda—costas Pedro Amaya, acompañado del capitán Pablo Escobar, atacó tres piraguas tripuladas por 200 ingleses y 500 zambos cerca de Cayos Cochinos, capturando 2 ingleses y matando 27 enemigos.

En 1730 un oficial inglés a la cabeza de 500 hombres, invadió el Partido de Olancho y territorio de Danlí, cometiendo depredaciones.

Años más tarde, 147 zambos bien armados, subiendo por el Río Frío en 16 canoas, cayeron de sorpresa sobre Catacamas, saquearon y se llevaron cautivos más de cincuenta vecinos. Pronto fueron atacados y dispersados por milicianos de El Real, ocasionándoles 11 muertos y muchos heridos.

ASALTO A OMOA. Diego Gutiérrez de Argüelles, gobernador de Honduras, en informe a la Corona fechado el 10 de junio de 1742, dice que desembarcó en Omoa un navío enemigo, inglés, de 16 cañones, dos balandros, dos piraguas y cuatro cayucos con 250 hombres; construyendo una fortificación guarnecida con artillería y luego recorrieron la costa con ánimo de saquear la ciudad de San Pedro Sula. Termina su informe así: "El dicho día 22 ataqué a los referidos ingleses. Apoderéme de la fortificación y de 8 cañones, 2 pedreros, porción de balas y granadas. Obligué a los enemigos a dar fuego al navío sin que de él y las rancherías que tenían hechas en tierras quedasen señales, escapándose bajo mi fuego en las balandras y dejando desembarazado el puerto, con 17 prisioneros y 65 hombres muertos y heridos".

Bonilla, autor hondureño ya citado, nos relata, una hazaña del inglés Eduardo Law, así: "Con buena fortuna consigue muchas presas valiosas, pues, como verdadero pirata lo mismo atacaba barcos ingleses, franceses, portugueses, norteamericanos, españoles y piraguas de indios.

En ocasión de sus recorridos por la Bahía de Honduras para robar palo de campeche en los establecimientos de sus connacionales, al avistar un pequeño barco español que había hecho presa de otro inglés, Law enarbola el pabellón de Castilla y sin mayor resistencia se apodera de ambas naves. Da libertad a cinco prisioneros británicos, descuartiza a los españoles uno a uno, se apodera de las mercaderías y demás efectos a bordo de los navíos, devuelve a los ingleses el que les pertenecía y quema el otro.

Law —dice el autor de "The Pirates Own Book— nunca se mostraría satisfecho del robo y del crimen, pasó por este mundo como una tempestad satánica y nadie entre los piratas ingleses le igualó por su barbarie".

CONSTRUCCION DEL CASTILLO DE OMOA. El rey Fernando VI ordenó la construcción de una fortaleza en Omoa, donde desde veinticinco años antes existía una aduana de registro. La obra, que se nombró Castillo de San Fernando de Omoa, se empezó en 1752 bajo la dirección del ingeniero Luis Diez Navarro y se terminó en 1775, dirigida por otro ingeniero, destinada a la protección de buques y costa de la Capitanía General de Guatemala de los ataques de corsarios y piratas que infestaban el Mar de las Antillas. El costo total aproximado de la obra, ascendió a dos millones de pesos, que se arbitraron mediante impuestos que se establecieron sobre las mercaderías y otros efectos de importación y exportación por el Mar del Norte, especialmente el comercio de tintes, el más importante, el cual pagaba cuatro pesos por cada zurrón de añil de 214 libras.

Al principio, se empleó trabajadores blancos en la construcción, pero la mayoría de ellos se iría pronto debido a lo malsano de la región. Con tal motivo se trajeron negros esclavos para sustituir a los primeros. A inmediaciones del Castillo poseía el rey de España una finca agrícola llamada Cuyamel, servida por negros o esclavos del rey, como a veces solían llamarse.

En la construcción del fuerte hubo anomalías, de las cuales aún se observan restos —sin haber esclavos— como la de que los esclavos destinados para trabajar en obras públicas, los españoles los utilizaban en "su propio servicio y beneficio". Y es que el sistema de administración colonial adolecía de graves defectos. La piratería, para el caso, tuvo muchos cómplices peninsulares. Encontramos el siguiente comentario: "... una de las razones que retardaron la defensa de la costa norte fue la resistencia que ponían los ricos y comerciantes privilegiados de la ciudad de Guatemala, interesados en ejercer un monopolio sobre el comercio y de auspiciar el contrabando con los mismos ingleses, que tan pingües utilidades les dejaba".

La resistencia del Castillo de Omoa, que parecía invulnerable, muy pronto se puso a prueba. Al estallar la guerra entre España e Inglaterra, fuerzas de esta última nación asaltaron dicha fortaleza, la la cabeza de un ejército, llegó de Guatemala a Omoa, decidido a atacar a los ingleses, éstos habían abandonado el lugar.

Rafael Heliodoro Valle, al respecto, dice: "Una fuerza naval de Jamaica atacó la fortaleza de Omoa en 1779, tomando parte en la acción Horacio Nelson, quien comandaba la corbeta Badger. Dicho ataque fue la revancha que los ingleses tomaron después del ataque que los españoles hicieron al Cayo de San Jorge, cerca de Belice. Al año siguiente debido al rigor del clima se fueron de Omoa rumbo a San Juan del Sur".

Poco tiempo más tarde vivían unos 450 ingleses con sus establecimientos comerciales, en trato constante con los zambos y misquitos, desde Punta Blanca hacia el norte del Cabo de Gracias a Dios.

El 1781, el presidente Matías de Gálvez, organizó fuerzas con milicianos de Honduras, El Salvador, Guatemala y Nicaragua, se embarcaron en Omoa, atacaron y derrotaron a 300 negros invasores que se habían apoderado de Roatán y construido allí tres fortines y 500 casas.

Devuelta la isla de Roatán y los territorios de Río Tinto, donde estaba el famoso establecimiento de Pito, principiaron a establecerse colonias españolas en dichos lugares.

En 1820 algunos piratas, llamados entonces insurgentes, todavía asaltaban los puertos hondureños. Fue asaltado el puerto de

Trujillo por invasores que navegaban en varios bergantines y naves de otras clases. Pero después de una violenta lucha fueron derrotados por fuerzas terrestres dirigidas por el comandante de la ciudad, José María Palomar.

Finalmente, otro intento similar contra Omoa fue rechazado por el comandante del puerto, Eusebio Méndez.

LOS PIRATAS EN EL MAR DEL SUR

En 1579 el Cabildo de Guatemala recibió la noticia que en el mar del Sur navegaba un corsario inglés llamado Francisco Drake en un navío que había entrado por el estrecho de Magallanes, habiendo recorrido todas las costas hasta estas provincias, y robado en los puertos de Chile, Callao, Arica y capturado el barco que traía a Panamá el dinero de Su Majestad, así como otros cuantiosos robos hechos a particulares. "Le fue todo fácil al corsario— agrega el memorial— por estar en toda esta mar y puertos del Sur tan descuidados de semejante caso, como si fuese imposible".

El historiador José Milla, cuando alude a la invasión del corsario inglés, dice: "…que no había buques, ni armas, ni municiones, ni un cuerpo de milicias de que pudiera echarse mano para una expedición. Pudieron conseguirse tres navíos y una lancha pertenecientes a unos mercaderes, y con gran trabajo se fundieron cinco piezas de artillería, grandes de bronce. Enviaron a México por otros cañones pequeños, haciendo también esmeriles, mosquetes y pólvora y se organizaron doscientos soldados, que se embarcaron en los buques, al mando de don Diego de Herrera". Salió, al fin, la expedición en busca del corsario, recorrió trescientas leguas por la costa hasta el puerto de Acapulco, Nueva España. De aquí regresó, sin haberlo encontrado, porque el pirata— dice Bonilla— había desistido ya de navegar por las zonas frías del Norte en demanda del legendario estrecho de Anián (estrecho de Behring) e iba de regreso a Inglaterra por el Cabo de Buena Esperanza.

Los historiadores Rómulo E. Durón y Augusto C. Coello, con base en documentos de autores como Humbert Howe Bancroft, dicen:

"Por el año 1680 pasaron algunos piratas a la mar del Sur por el estrecho de Magallanes. Un capitán Swams pasó por el mismo estrecho a la mar del Sur con una fragata de 16 cañones, perteneciente al duque de York (más tarde Jacobo II, Rey de la Gran Bretaña e Irlanda). Había sido enviado con el pretexto de venir a tratar con los españoles, pero con el verdadero objeto de formar plano y tomar la situación de las villas y puertos de aquella mar. El capitán David, que encontró esta fragata, hizo venir a bordo de la suya al capitán Swams, y lo amenazó con prenderlo si no hacía la guerra como él y con él Swams, viéndose el más débil, prefirió ceder al pirata a caer como presa. Bancroft, que sigue la narración de Dampier, escribe Davis, en lugar de David y Swan en vez de Swams. Dice que éste era capitán de la Sygnet, y se le reunió Peter Harris, sobrino del bucanero del mismo nombre, que pereció luchando frente a Panamá en 1680: que Swan había recibido de varios comerciantes de Londres una carga de mercaderías para negociar en estos mares, pero Harris y sus camaradas lo compelieron a unirse a los filibusteros".

Otro grupo de 60 piratas que se reunieron en Virginia, organizaron un viaje por el mar del Sur y salieron de Chesapeake en agosto de 1683. Figuraban entre ellos Juan Cook, Guillermo Dampier y Leonel Wafer, a quienes más se agregaron Eduardo Davis, Ambrosio Cawley y Juan Eaton. Unióse después a esta pandilla otro grupo de filibusteros que navegaba en el Sygnet con su capitán Swams, inglés, que, de marino honrado y protegido por el duque de York, degeneró en filibustero.

Davis y Swams permanecieron por algún tiempo recorriendo las costas panameñas con el propósito de apoderarse de los tesoros que en esos meses serían remitidos de Lima a Panamá, destinados al rey de España. Pero el virrey del Perú, que estaba ya enterado de ello, ordenó que se reforzara la flota con siete barcos bien artillados y 2,500 hombres; la flota logró descargar el cuantioso tesoro en el lugar destinado, y preparóse rápidamente para entrar en acción. En efecto, Davis atacó a los españoles, pero fue derrotado debido a la indisciplina de su gente y a que Swams, por su parte, no cooperó en la lucha. Este último pirata, cansado de navegar en las costas de Centroamérica y México, se hizo a la vela para las Indias Orientales, mas fue desposeído de su barco frente a Mindanao por otro pirata procedente de Jamaica, y se cree que algún tiempo después murió en la Isla de Mindanao, ya que no hay constancia de que haya retornado a su patria.

Como no ha faltado algún historiador indocumentado que ha querido relacionar el nombre de las islas del Cisne, pertenecientes a Honduras, con el mencionado capitán Swan, creemos oportuno reproducir aquí lo que Conrado Bonilla, al respecto dice: "...De lo expuesto se colige que Swams, Swan o Swon (palabras que significan cisne), o de cualquier forma que haya sido el apelativo, como capitán del Sygnet (del latín sygnus o sicnus: cisne) no cruzaría por las islas de San Millan, o Santanillas, etcétera, ni como pirata ni como honrado comerciante aventurero y, finalmente, no hay base ninguna para suponer que las islas muy hondureñas llamadas hoy del Cisne tomasen este nombre para sublimar un marino que nunca las visito".

Lo expuesto, destruye completamente el error de los que, sin base alguna, han relacionado las islas del Cisne con el nombre, nunca aclarado, de un pirata que ni siquiera puso en ellas su planta de aventurero, aunque cuando éste vino a América en 1680, las islas del Cisne habían sido descubiertas antes de 1520.

Cuando los filibusteros merodeaban, en 1683, por el Golfo de Fonseca, Eduardo Davis desembarcó en la isla de Santa María Magdalena o Mianguera de la jurisdicción de la Alcaldía Mayor de las Minas de Tegucigalpa. Aquí estuvieron los piratas durante un mes dando carena, y robáronle a los indios todo lo que éstos poseían, incluso sus ganados y aves de corral. Los indios de Mianguera, que quedaron desolados y huyendo en los montes, pidieron a las autoridades que los trasladara a otro lugar para poder vivir, y para ello les fue señalado el pueblo de Nacaome.

Cinco años después, en 1688, considerando los piratas improductivas sus correrías por la Mar del Sur, decidieron volver a lugares más propicios del Mar Caribe. Unos lo hicieron por el estrecho de Magallanes y, otros, por tierra cruzando, como se dijo, las provincias de Honduras, Nicaragua y Nueva Segovia.

La pandilla encabezada por Picar y Jorge Hout prefirió la ruta terrestre, y estaba formada en su mayoría por franceses, entre éstos Raveneau de Lussan. Después de quemar sus naves, los piratas bajaron a tierra firme en número de 480, divididos en cuatro grupos. Luego, procedieron al reparto del botín. En esta ocasión, como en otras anteriores, el caballero de Lussan lució sus galas repartiendo voluntariamente entre sus amigos treinta mil piastras de oro, perlas, joyas y piedras preciosas, pues además de este modo ponía a salvo, en parte, su propia vida.

Los, filibusteros emprendieron su marcha hacia el Norte y en un lugar inmediato a Nueva Segovia, atacaron una tropa comandada por el capitán español Francisco Beltrán de Figueroa, enviado a perseguirlos por el Alcalde Mayor de Tegucigalpa. Resultado del combate: la muerte del capitán español y un desastre para las armas del rey de España.

Después, los piratas no encontraron ya más obstáculos en su marcha y lograron finalmente llegar al Cabo de Gracias a Dios, adonde bajaron en canoas, repetimos por el río Segovia.

BIBLIOGRAFÍA

Bonilla, Conrado:
Piratería en Honduras, Imprenta "Renovación", San Pedro Sula, Honduras,C.A.,1955.

Durón, Rómulo E.:
Bosquejo Histórico de Honduras. Publicaciones del Ministerio de Educación Pública, Tegucigalpa, D.C., Honduras, C.A.1956.

REPETICIONES Y AGREGACIONES

1. Cristóbal Colón llega a la Isla de Guanaya el día sábado 30 de julio de 1502, la que llamó Isla de Pinos.

2. El domingo 14 de agosto arribó a Punta Caxinas (Punta Castilla), así llamada por unas cerezuelas muy abundantes. Desembarcan en Trujillo, donde se oficia la primera misa, comienzo de la implantación religiosa en Honduras, en cumplimiento de la Bula de Alejandro VI, que dio a los Reyes Católicos la propiedad de las tierras por descubrirse, etc. etc.

3. El miércoles 17 de agosto llega Colón a la desembocadura del RÍO NEGRO, donde su hermano Bartolomé tomó POSESIÓN del territorio en nombre de los Reyes de España.

4. El 14 de septiembre llega Colón a Gracias a Dios, donde escapó de naufragar y al verse salvo exclamó "Gracias a Dios que hemos salido de estas honduras", frase que dio origen al nombre del mencionado Cabo y al de Honduras.

5. El sábado 16 de septiembre Colón dio nombre a un río conocido en la historia con el nombre de RÍO DEL DESASTRE.

6. En 1523, Andrés Niño, copiloto de Gil González Dávila, reconoció el Golfo de Fonseca.

7. En 1524, Gil González Dávila descubrió la Bahía de Puerto Caballos. Después llegó a Olancho donde se batió con Hernando de Soto.

8. En 1524, Cristóbal de Olid fundó Triunfo de la Cruz. Fueron prisioneros de Olid don Francisco de las Casas y don Gil González Dávila.

9. El 18 de mayo de 1525, Juan de Medina funda Trujillo.

10. El 8 de septiembre de 1525, Cortés funda la Villa de Natividad de Nuestra Señora de Puerto Caballos. (Alguien señala otra fecha).

11. En 1526, Cortés dejó a su primo Hernando de Saavedra, como primer Gobernador de Higueras u Honduras.

12. En 1524, Andrés de Cereceda, Gobernador interino de Honduras, trasladó la sede de la Colonia a Naco y fundó allí la Villa de Buena Esperanza de Naco.

13. En 1534 llega don Cristóbal de la Cueva a las Ruinas de Chorotega y funda la ciudad de Jerez de la Frontera de Choluteca, pasó luego a San Miguel (de San Salvador), donde le manifestaron sus habitantes que deseaban pertenecer a Honduras y no a Guatemala. El referido Cereceda pidió se señalará la línea divisoria entre Honduras y Guatemala.

14. En 1536, 21 de mayo, don Pedro de Alvarado aceptó la Gobernación de Honduras. El 27 de junio de dicho año, don Pedro fundó la Villa de San Pedro de Puerto Caballos (actual San Pedro Sula).

15. En 1536, Gonzalo de Alvarado fundó la ciudad de Gracias a Dios, etc.

16. En 1537 Alonso de Cáceres fundó la ciudad de Santa María de Comayagua. Y en 1540 fundó San Jorge de Olancho, destruido en 1611. Cáceres luchó contra el Cacique Lempira, época de Montejo, etc.

17. La Santa Sede y durante el Pontificado de su Santidad Pablo III, nombró el primer Obispo de Honduras, nombramiento a favor de Fray Juan de Talabera, que no aceptó, y en su lugar se nombró a Fray Cristóbal de Pedraza en·1539. La Sede Episcopal fue Trujillo. Alguien señala que el segundo Obispo fue Fray Gerónimo de Corella, quien trasladó la silla episcopal a la ciudad de Comayagua en 1561, donde permaneció durante la colonia. La Diócesis del nuevo Obispado de Honduras fue sufragáneo de Santo Domingo hasta el año de 1743, que pasó a serlo del de Guatemala que se elevó al rango de Arzobispado.

18. DEMARCACION. Primera Audiencia Continental en la ciudad de México en 1528, al fijarse los límites de ésta, se separó la Provincia de Honduras e Hibueras de las restantes que sobre la costa del mar del Norte quedaban bajo la jurisdicción de la Audiencia de Santo Domingo (5 de abril de 1528).

19. En Cédula Real de 18 de agosto de 1532 se comisionó a Diego de Albitez para que fijara los límites de Honduras y Nicaragua, mandándose que lo que éste dispusiera sobre el particular había que guardarse y cumplirse por el tiempo de tres años, a contar del día que lo determinase. . . (A, G.T. Guatemala 402, Tomo I, folio 122. Colección documentos de Indias, Tomo II Cap.XVIII, pág, 227. El 29 de octubre de 1532 llegó Albitez a Trujillo y cinco días después de su llegada murió. Albitez pidió por límites: "Desde el Golfo de Higueras hasta el Puerto de Cagines y desde el mismo Golfo la tierra adentro hasta llegar a la mar del sur al pueblo de Nequepio; de allí por la cosa de dicho mar hacia el levante, hasta los postreros pueblos de Thorotega (Chorotega, Menalaca, y que se ordenase a don Pedro de Alvarado que dejase libres y desocupados los pueblos y tierras de Thorotega, Menalaca, que perteneciendo a Honduras tenía ocupados. El Rey proveyó en la solicitud de Albitez que Alvarado conquistara el Puerto de Caballos y lo poblara, y repartiera los indios que allí pacificaran, debiendo quedar el puerto en la Gobernación de Honduras, y por los límites del Obispado, la Villa de San Miguel, con su gente hasta la mar del Sur y hasta los términos de Nicaragua (ver Bosquejo Histórico del Dr. Durón).

20. La erección del Reino de Guatemala se hizo por la Ordenanza 4a. del Consejo Real de Indias, quedando, desde mediados del Siglo XVI, establecidos los límites de este grandioso país, comprensivo de unos 640.000 kilómetros cuadrados. Confinada por el Oeste, Con la Intendencia de Oaxaca de la Nueva España; por el Nordeste, con la de Yucatán; por el Suroeste con la Provincia de Veraguas, en el Reino de Tierra Firme, Distrito de la Audiencia de Santa Fe (hoy Colombia): por el Sur y Suroeste con el Océano Pacífico, y por el Norte con el Atlántico. Inmenso territorio, que después se ha ido cercenando hasta quedar Centro América con mucho menos extensión que la que tuvo aquella Capitanía General de Guatemala (América Central ante la Historia, por Antonio Batres Jauregui, Tomo II, página 85).

21. AUDIENCIAS. La primera Real Audiencia que hubo, en el Reino de Guatemala, fue creada por Carlos V y doña Johana, desde Valladolid a virtud de Real Cédula que lleva fecha 13 de septiembre de 1543, aunque Milla, a quien siguió Gómez Carrillo, asegure equivocadamente que es de 20 de noviembre de 1542 (la fecha exacta es la señalada de 13 de septiembre de 1543). Entre los límites de Guatemala y Nicaragua, establecióse la Audiencia de los Confines", creándose un Distrito al efecto. La formaron cuatro Oidores letrados: Presidente, Gobernador del Reino Alonso Maldonado, Oidor de México, y los Licenciados Diego de Herrera, Pedro Ramírez de Quiñonez y Juan Rogel, El 16 de mayo de 1544, se instaló en la Villa de Gracias a Dios, y poco tiempo después, a instancias del que fue segundo Presidente, el Licenciado Alonso López Cerrato en 1549, trasladóse a la ciudad de Antigua Guatemala, quedando bajo su jurisdicción las Provincias de Nicoya y Nicaragua y formando así una verdadera separación entre el Reino de Guatemala y el Reino de Tierra Firme o Castilla del Oro.

La Audiencia de los Confines comprendía las Provincias de Tabasco, Chiapas, Soconusco, Yucatán, Cozumel, Guatemala, Honduras, Nicaragua, Costa Rica, Veragua y Panamá y tenía su asiento en el sitio llamado Gracias a Dios, muy distante de los lugares de población. Cuando hubo de trasladarse la Audiencia a la Antigua Guatemala, no comprendió a Veragua y Panamá que fueron agregados al Virreynato del Perú, ni a Tabasco, Yucatán y el Cozumel, que pasaron a la Real Audiencia de Nueva España.

En 1563, a mérito de la residencia ejercida por el visitador, Licenciado Francisco Briceño, contra el Presidente don Juan Martínez de Landecho, se hizo aquel personaje cargo de la Gobernación de Guatemala, y trasladó la Audiencia a Panamá, pero agregando la citada gobernación a Nueva España. Demostrando lo impolítico e impropio de semejantes medidas, se abrió nuevamente la Real Audiencia en la ciudad de Guatemala, el 3 de marzo de 1570, presidida por el Doctor don Antonio González, y con la misma jurisdicción que aquel cuerpo tenía al suprimirse, Desde entonces, Costa Rica dependió de Guatemala, salvo unos: cuantos meses del año 1609, que se agregó a la Audiencia de Panamá, El Obispo Marroquín, de 92 años de edad, logró en Madrid, la restitución de la Real Chancillería, a la Antigua ciudad de los Caballeros de Santiago como lo explica Remesal.

22. *PROVINCIAS DEL REINO.* Las provincias del Reino de Guatemala, como Honduras, Nicaragua y Costa Rica, estaban cada una a cargo de un Gobernador. Tegucigalpa fue circunscripción gobernada por un Alcalde, como lo fue también la de San Salvador.

En la Provincia de Guatemala había Partidos como llamaban a los Distritos o Departamentos, de Quetzaltenango, Suchitepequez, Totonicapán, Solola, Verapaz, Chiquimula, Escuintla, etc. La Provincia de Chiapa, la gobernaba un Alcalde Mayor, con residencia en Ciudad Real.

Los Corregimientos fueron establecidos y señalados por el Presidente Cerrato que desempeñó su alto empleo desde 1547 a 1555, y nombró las personas que por primera vez sirvieron esos destinos. Después, por Cédula de 1569, se ampliaron los corregimientos en poblaciones indígenas, y se establecieron las Alcaldías Mayores para las Villas de Españolas.

Según García Peláez, que corrige a Juarros, el territorio del Reino de Guatemala fue dividido en Seis provincias y en treinta y tres Partidos a saber: catorce en Guatemala, siete en Nicaragua, seis en Costa Rica, cuatro en Comayagua, uno en Chiapas y otro en Soconusco.

En esta forma, Guatemala comprendía San Salvador, Sonsonate, Verapaz, Suchitepeque, Amatique, Totonicapán, Quetzaltenango, Atitlán, Sololá, Escuintla, Guazacapan, Chiquimula, Acasaguastlan y El Valle.

En Nicaragua, el del propio Nicaragua, hasta Granada, Nicoya, Realejo, Matagalpa, Monimbó, Chontales y Quezaltepeque.

En Costa Rica, Cartago, Salamanca, Quepo, Chirripo, Pacaya y Ujarraz.

En Honduras, Comayagua hasta Trujillo, y Puerto Cortés, Tegucigalpa, Minas de Saragoza y Tencoa.

En Chiapas, el de este nombre, y en Soconusco el de esta misma denominación.

Eran seis Gobernaciones o Provincias, Guatemala, Nicaragua, Costa Rica, Honduras, Chiapa y Soconusco.

Alcaldías Mayores fueron nueve: San Salvador, Chiapas, Tegucigalpa, Sonsonate, Verapaz, Suchitepéquez, Nicoya, Amatique y las Minas de Saragoza

Los demás—eran Corregimientos.

El Rey proveía las Gobernaciones y las Alcaldías Mayores, consideradas principales, en número de seis. Las demás, y los Corregimientos, eran de provisión de los Presidentes, a exceptuado el del Valle, cuyo Corregidor como el de Lima y México eran nombrados por el Consejo.

A partir del Siglo XVIII y principios del XIX, el Reino de Guatemala comprendía quince provision es, cuatro Intendencias, 39 Subdelegaciones, 4 Comandancias o Gobiernos Políticos y Militares, 3 Corregimientos y 7 Alcaldías Mayores.

Los Subdelegados mandaban Distritos, los Alcaldes Mayores, Provincias de segundo orden y los Intendentes provincias de primera importancia, que por lo regular eran Obispados, Hubo 39 Partidos o Subdelegaciones y solamente 7 Alcaldías Mayores.

23. En 1578, Honduras de dividió en dos provincias: Comayagua y Tegucigalpa: la primera con un Gobernador de Provincia, y la segunda con un Alcalde Mayor, que dependía de la Audiencia de Guatemala.

La Audiencia confirmó el establecimiento de Alcaldía Mayor de Tegucigalpa el 31 de octubre de 1850, se le señaló jurisdicción y se le agregó la Villa de Choluteca con los pueblos que le pertenecían, completando así Honduras su jurisdicción en el mar del Sur O Golfo de Fonseca y sus islas interiores. Desde la fecha indicada, el Jefe Superior de Tegucigalpa usaba el título de "Alcalde Mayor del Real de Minas de Tegucigalpa y de la Villa de

Jerez de Choluteca". Cesaron desde entonces de lindar por el Sur de Honduras y Guatemala con Nicaragua, dado que el Golfo de Fonseca quedó a Honduras.

La jurisdicción de la Alcaldía Mayor de Tegucigalpa, parte integrante de Honduras, comprendía lo que hoy forman los departamentos de Francisco Morazán, El Paraíso, Choluteca, Valle, parte de La Paz y algo de los actuales departamentos de La Unión y San Miguel de la República del Salvador.

24. INTENDENCIAS. (1786—1787). Por Real Cédula de 20 de setiembre de 1786 se creó la Intendencia de Ciudad Real; por la emitida el 17 de septiembre de 1785 y 8 de agosto de 1791 la de San Salvador; por la de 23 de diciembre de 1786, la de León; y la Real Cédula creando la Intendencia de Honduras. COMAYAGUA, el 23 de diciembre de 1786, que rigió hasta 1787 por la de Intendentes de Buenos Aires, expedida en Madrid el 28 de enero de 1782 y la de Nueva España de 4 de diciembre de 1786.

La REAL CEDULA CREANDO LA INTENDENCIA DE HONDURAS dice: "Don Carlos por la gracia de Dios Rey de Castilla, de León, de Aragón, de las dos Sicilias, de Jerusalén, de Navarra, de Granada, de Toledo, de Valencia, de Galicia, de Mayorca, de Sevilla, de Cerdeña, de Córdova, de Córcega, de Murcia, de Jaén, de los Algarves, de Algecira, de Gibraltar, de las Islas de Canarias, de las Indias Orientales y Occidentales, Islas y

Tierra Firme, del Mar Oceánico, Archiduque de Austria, Duque de Borgoña, de Brabante, Milán, Conde de Abspurg, Flandes, Tirol y Barcelona, Señor de Vizcaña y Molina, etc. Por cuanto siendo conveniente a mi servicio y al bien de mis Vasallos fomentar la Provincia de Comayagua en mi Reino de Guatemala, y Auxiliarlas por todos los medios conducentes, para que restableciéndose en ella el cultivo de sus frutos, y la industria de sus habitantes, florezca en utilidad suya el comercio y experimenten todas las ventajas y alivios que les deseo; y aprobado, como tengo, por la Real Ordenanza de 28 de enero de mil setecientos ochenta y dos, el establecimiento de Intendencias de Ejército, y Provincia de los Virreinatos de Buenos Aires, y del Perú, habiendo hecho después algunas declaraciones para su mejor observancia, y práctica, en Real Cédula, de cinco de agosto de mil, setecientos ochenta y tres, y resuelto que este propio método se siga en el citado mi Reino de Guatemala, en cuanto sea adaptable según sus circunstancias: Atendiendo al celo con que vos Don Juan Nepomuceno Quezada habéis desempeñado, y continuáis el empleo de Gobernador de la enunciada Provincia de Comayagua y a los conocimientos prácticos que tenéis de ella adquiridos; he venido en elegiros y nombraros por Gobernador Intendente de la propia Provincia, por vía de Comisión, y el tiempo que fuere mi Real Voluntad, arreglándoos para el uso y ejercicio de este encargo a lo que se previene en la insinuada Real Ordenanza, y Cédula de su creación en todo lo que fuere adaptable a ese País; y también a la particular Instrucción que os dará mi actual Presidente de la Real Audiencia de Guatemala don José Estachería, interín se os comunica otra. Por tanto mando al Gobernador y Capitán General del propio Reyno de Guatemala, a los demás Gobernadores Intendentes que se han establecido y establezcan en él; al Contador Mayor de Cuentas, a los Ministros, y Subalternos de los Oficios de Real Hacienda, a las Justicias, Cabos, Militares, Oficiales, Caballeros, y demás vecinos, y habitantes del mismo Reyno, y Provincia de cualquier estado, y Dignidad que sean os hayan, y reconozcan por tal Gobernador Intendente de la Provincia de Comayagua, guardándoos, y haciéndoos guarden todas las honras, gracias, y preminencias que os toquen, y deben ser guardadas, por ser así mi voluntad, y que puesto en posesión de este empleo, se os pague y asista con el sobresueldo; o Ayuda de Costa de mil, y quinientos pesos anuales que os señalo, y asigno por ahora. Y del presente firmado de mi Real Mano, sellado con mi sello secreto, y refrendado de mi Secretario de Estado, y del Despacho Universal de Indias, se tomará razón en la Contaduría Principal del Consejo de ella, en los demás oficios de mi Real Hacienda del expresado Reino a que corresponda. Dado en Madrid a veinte y tres de diciembre de mil setecientos ochenta y seis. (Yo el Rey —José de Galves (AAG.A140—4797—41450—Fol, 151v.1787).

INTENDENCIA DE HONDURAS.

1786. Coronel Juan Nepomuceno Quezada.AGG.Al,40—4797—fol.151v.1787.

1789. Teniente Alexo García Conde. AGG.Al.40—4797—fol.334v.—1789.

¿1795? Ramón Anguiano.

¿1797? Al. 23—1535—fol.227—1797

1810. Carlos Castañón

1812   Eusebio Silva y José Piñol y Muñoz (interino,

1812   Capitán Juan Antonio de Fornos y Cajigal.

1816   Lic. Antonio Norberto Serrano Polo (Interino)。

1816   Coronel José Gregorio Tinoco y Contreras.

INTENDENCIA DE COMAYAGUA
PUEBLOS DEL PARTIDO DE SAN PEDRO SULA, AÑO 1733

A3—1 6.Exp.10.209 Leg.498 fol,2.

Jetegua	Chinda
Masca	Santiago
Petoa	Tuima
Espoloncal	Quelele

PUEBLO DEL PARTAMENTO DE YORO, AÑO 1733

Yoro	Tapele
Chalmeca	Sulaco
Jocón.	

PUEBLOS DEL PARTIDO DE CHOLUTECA, AÑO 1733.

Tesigua	Guascorán
Aramesina	Linaca
Apasapo	Oroquina
Pespire	Sapigre
Langue	

PUEBLOS DEL PARTIDO DE GRACIAS A DIOS, AÑO 1733.

	Piraera
	Mexicapa
Camasca	Ocotepeque
Xicaramaní	Chiricuru
Jalula	Gualmoaca
Sesenti	Masatique
Guancapla	Guazabasque
Caiquin	Opoa
Quesailica	Talgua
Tomala	Cucuiagua
Colomoncagua	Yguala
Gualzinsi	Lepaera
Guarita	Lacampa
Intipuca	Maluten
Guarcha	Coloaba
Guaxinlaca	Jocoanguera
Yambalanguira	Lagigua
Corquín	Guaranjambala
Coloete	Posta
Erandique	Tambla

PUEBLOS DEL PARTIDO DE OLANCHO EN 1733

A3.16 Exp. 10209.Leg.498 fol.1v.

Saguey	Laguata
Man	Santa Ana Gano
Manto	Catacamas
Juticalpa	Tulua
Yocón	Santa María
Chindona	Trujillo
Gualaco	Agalteva
Sapota	

Los datos anteriores fueron tomados del libro IMPLANTACIÓN DEL RÉGIMEN DE INTENDENCIAS EN EL REINO DE GUATEMALA, por Héctor Humberto Samayoa Guevara, quien a su vez los tomó del Archivo Nacional de Centro América, Ciudad de Guatemala, publicados en los Boletines de dicho Archivo.

La Intendencia de Comayagua u Honduras continuó dividida en siete partidos, mandados por un Subdelegado, ellos son: Comayagua, Tegucigalpa, Gracias a Dios, San Pedro Sula, Yoro, Choluteca y Olanchito (incluyendo a Olancho el Viejo).

La Asamblea Nacional Constituyente (Primera) reunida en Comayagua se basó en los siete partidos relacionados, para la primera división Política territorial del Estado de Honduras en siete Departamentos el 28 de junio de 1825, los cuales fueron: Comayagua, Tegucigalpa, Gracias, Santa Bárbara, Yoro, Olancho y Choluteca.

El citado historiador Samayoa Guevara dice que el régimen de Intendencias, fue una de las causas de la ruptura de la República Federal de Centro América; base posterior para la formación de los Estados de la Federación; y más tarde, de las cinco Repúblicas Independientes de Centro América, con excepción de Chiapas.

Nuestro compatriota Mayes Huete ha escrito que el régimen de Intendencias originó un nacionalismo localista y que, con respecto a Honduras, fortaleció la formación de su territorio que más tarde formó el Estado y República de Honduras sucesivamente.

En cuanto a los límites eclesiásticos, con la creación del Arzobispado de Guatemala, la Diócesis de Honduras era igual a la Intendencia. El Reino de Guatemala había realizado su unidad eclesiástica el año de 1743, con la erección de su Arzobispado.

Traemos a cuenta que el Emperador D. Cárlos y la Princesa Gobernadora en Valladolid a 17 de julio de 1555, D. Cárlos II, y la Reyna Gobernadora en la Ley IIIJ "Que entre la jurisdicción Eclesiástica y Secular haya toda paz y conformidad, y se guarden las leyes de estos Reinos de Castilla. (Leyes de Indias, Libro III. Título I. Pág. 524, Tomo I".

D. Felipe II en la Ordenanza 4. del Consejo, y D. Felipe III en la 7 de 1636, mandan en la ley VIJ "Que el Estado de las Indias esté dividido de modo, que lo temporal se corresponda con lo espiritual". Téngase presente, además, las leyes sobre Audiencias y Chancillerías Reales de las Indias (Libro II, Título quince, Tomo I. Recopilación de Leyes de los Reinos de las Indias).

HISTORIA DE HONDURAS.

Época Colonial: de 1502—1821. Períodos: 1. El descubrimiento y la Conquista: 1502—1544; 2. Organización de la Colonia: 1544—1579; 3. División de la Colonia en dos Provincias: 1579—1788; 4. Organización de la Colonia conforme a la Ordenanza de Intendentes, incorporando la Provincia de Tegucigalpa a Comayagua: 1788—1812; Restablecimiento de la Alcaldía Mayor de Tegucigalpa: 1812—1821.

Época Independiente: 1821—1839. Periodos: 1. Independencia de España 1821—1822; 2. Anexión a México: 1822—1823; 3. La Federación 1823—1839; 4. Ruptura del Pacto Federal y la Organización de los Estados de Centro América en Estados Independientes: 1839...

La República de Centro América quedó disuelta por decreto de 30 de mayo de 1838 emitido por el Congreso Federal, reunida en

San Salvador. La Asamblea Constituyente reunida en Comayagua, emitió los Decretos de 26 de octubre de 1838 y cinco de noviembre del mismo año, desligando totalmente a Honduras de la República Federal de Centro América.

Con el Gobierno del General Francisco Ferrera, empezó a figurar como nación libre, soberana e independiente, año 1839.

****

LEYES SOBRE LAS AUDIENCIAS Y CHANCILLERIAS REALES DE LAS INDIAS

Ley J. Que lo descubierto de las Indias se divida en doce Audiencias y en los Gobiernos, Corregimientos y Alcaldías Mayores de sus distritos. D. Felipe IV. En la Recopilación.

Ley IJ. Que en la ciudad de Santo Domingo de la Isla Española resida la Audiencia y Chancillería Real, y de sus Ministros, distrito y jurisdicción. El emperador D. Cárlos en Granada a 14 de septiembre de 1526, y en Monzon a 4 de junio de 1528. D, Felipe II en Madrid, a 19 de abril de 1583. Y en el Pardo a 30 de octubre de 1591. D. Felipe III allí a 27 de febrero de. 1620. D. Felipe IIII en esta Recopilación.

Para provisión de oficios se vea la Ley 7o. Tit. 2 Lic. 3.

Ley IIJ. Audiencias y Chancillería Real de México en la Nueva España. El Emperador en Burgos a 29 de noviembre y 13 de diciembre de 1527. La Emperatriz Gobernadora en Madrid a 12 de julio de 1530. El Príncipe Gobernador en Valladolid a 23 de abril de 1548. Y en 17 de noviembre de 1553. D. Felipe II a 19 de enero de 1560, y D. Felipe IIII en esta Recopilación, para provisión de oficios se vez la Ley 7a, título 2 libro 3. Para las facultades de los virreyes la ley 4 título 3 libro 3. "En la ciudad de México Tenuxitlan, cabecera de las Provincias de Nueva España, resida otra nuestra Real Audiencia y Chancillería, con un Virrey, Gobernador y Capitán General y lugarteniente nuestro, que sea

Presidente: Ocho Oidores, cuatro Alcaldes del Crimen, y dos Fiscales, uno de lo civil, y otro de lo Criminal: un Alguacil Mayor, un Teniente de Gran Chancillería, y los demás Ministros y Oidores necesarios, la cual tenga por Distrito las Provincias que propiamente se llaman de la Nueva España, con las de Yucatán, Cozumel y Tabasco; y por la Costa de la Mar del Norte y Seno Mexicano, hasta el Cabo de la Florida; y por la Mar del Sur desde donde acaban los términos de la Audiencia de Guatemala, hasta donde comienzan los de la Galicia, según les están señalados por las leyes de este Título, partiéndolos con ellas por el Levante y Poniente: con el Mar del Norte y Provincia de la Florida por el Septentrion; y con el Mar del Sur por el Mediodía.

Llamamos la atención sobre los términos señalados de la Audiencia de Guatemala, etc.

LEY IIIJ. Audiencia y Chancillería Real de Panamá en Tierra Firme. El Emperador en Madrid a 30 de febrero de 1535, y en Valladolid a 2 de marzo de 1537. La Emperatriz Gobernadora allí a 26 de febrero de 1538. D. Felipe II de Saragoza a 8 de septiembre de 1563.Y en Madrid a 19 de noviembre de 1570 y 6 de febrero de 1571, y en San Lorenzo a 10 de septiembre de 1588. y D.Felipe IIII en esta Recopilación.

En la ciudad de Panamá, del Reino de Tierra Firme, resida otra nuestra Audiencia y Chancillería Real con un Presidente, Gobernador y Capitán General, etc. etc....Y tenga por Distrito la Provincia de Castilla del Oro...; por el Poniente con la de Santiago de Guatemala: "....

LEY vj. Audiencia y Chancillería Real de Santiago de Guatemala en la Nueva España, El Emperador y Príncipe Gobernador en Valladolid a 13 de septiembre de 1543. La Princesa Gobernadora allí, a 6 de agosto de 1556. D. Felipe II en Toledo a 16 de septiembre de 1560. En Aranjuez a 31 de mayo, y en el Escorial a 20 de junio de 1568. Y en el Pardo a 10 de noviembre de 1593. Y en Toledo a 7 de agosto de 1596 y D. Felipe IIII en esta Recopilación,

"En la ciudad de Santiago de los Caballeros de la PROVINCIA de Guatemala resida otra nuestra audiencia y Chancillería Real, con un Presidente, Gobernador y Capitán General: cinco Oidores, que también sean Alcaldes del Crimen, 1 Fiscal, 1 Alguacil Mayor, 1 Teniente Gran Chanciller, y los demás Ministros y Oficiales necesarios y tenga por distrito la dicha Provincia de Guatemala: y las de Nicaragua, Chiapas, Higueras, Cabo de Honduras, La Verapaz y Soconusco, con las Islas de la costa, partiendo términos por el Levante con la audiencia de Tierra Firme: por el Poniente con la Nueva Galicia; y con ella la Mar del Norte por el septentrión; y por el mediodía con la del Sur".

Estas Leyes aparecen en el Tomo I Recopilación de Leyes de los Reinos de las Indias, en el Libro II. Título Quince, página 323 y siguientes.

GOBERNADORES DE HONDURAS
PRE—EMANCIPACION

(CAPÍTULO DE "HISTORIA DE HONDURAS" Por RAFAEL HELIODORO VALLE).

Esta lista cronológica es el simple fruto de un ejercicio de investigación; pero no tiene los propósitos que algunos libros de texto han tenido, ofreciendo a las mentes juveniles nombres y fechas que para nada les interesa, He procurado formar un esquema provisional, utilizando los documentos oficiales de España y los que han podido presentar sus libros, después de investigaciones de primera mano, Antonio R. Vallejo, Rómulo E. Durón y Robert S. Chamberlain.

1522. GIL GONZÁLEZ DÁVILA, explorador, sin jurisdicción.

1524. CRISTÓBAL DE OLID, enviado por Hernán Cortés, González Dávila y Francisco de las Casas (usurpadores).

1525. HERNÁN CORTÉS.

1526. HERNANDO DE SAVEDRA, teniente de Cortés, DIEGO LÓPEZ DE SALCEDO, nombrado por la Audiencia de Santo Domingo. FRANCISCO DE CISNEROS (interino).

1530. ANDRÉS DE CERCEDA, nombrado por López de Salcedo, y Vasco de Herrera.

1532. DIEGO DE ALBITEZ, muerto al llegar. ANDRÉS DE CERRECEDA, nombrado por Albítez. El obispo Fr. Alonso de Guzmán, quien no aceptó.

1536. Lic. ALONSO MALDONADO, nombrado por el virrey de México. ALONSO DE ORTIZ, teniente de gobernador. FRANCISCO MONTEJO, gobernador de Honduras e Higueras.

1539. ALONSO DE CÁCERES, teniente de Montejo.

1540. LICENCIADO FRANCISCO DE LA CUEVA.

1541. GARCIA DE CELIS (para el gobierno civil) y JUAN LÓPEZ DE GAMBOA (para el militar) Licenciado Alonso de Maldonado.

1543. JUAN PÉREZ DE CABRERA, nombrado por la Audiencia de Santo Domingo, sólo con jurisdicción en la costa norte, en virtud de la real cédula de 1534.

1544. (9 de abril) FRANCISCO DE MONTEJO, llamado por los colonos. JUAN DE CHÁVEZ, nombrado por el capitán general de Guatemala.

1543—1548. LICENCIADO ALONSO DE MALDONADO, presidente de la Audiencia de los Confines, y LICENCIADO ALONSO LÓPEZ DE CERRATO.

1548. LICENCIADO LOPEZ DE CERRATO.

1552—1555. JUAN PEREZ DE CABRERA.

1554. ALONSO DE PAZ, teniente de gobernador

1555—1562. PEDRO DE SALVATIERRA.

1562. LICENCIADO ALONSO ORTIZ DE ELGUETA, JUAN MORÁN, alcalde mayor.

1566. JUAN DE VARGAS CARVAJAL.

1573. DIEGO DE HERRERA, gobernador y alcalde mayor.

1576. LICENCIADO ALONSO ORTIZ DE ELGUETA (interino).

1582. RODRIGO PONCE DE LEÓN.

1589. JERÓNIMO SÁNCHEZ DE CARRANZA.

1594. RODRIGO PONCE DE LEÓN.

1602. JORGE DE ALVARADO, PEDRO DE CASTRO.

1608. JUAN GUERRA DE AYALA.

1612. GARCÍA GARAVITO DE LEÓN.

1617. JUAN LOBATO.

1619. JUAN DE MIRANDA.

1623—1625. PEDRO SALMERÓN (interino).

1625. PEDRO DEL ROSAL.

1632. FRANCISCO MARTÍNEZ DE LA RIVA. MONTAN SANTANDER.

1639. FRANCISCO DE AVILA Y LUGO, ALONSO DE SILVA SALAZAR.

1643. JUAN DE BUSTAMANTE HERRERA.

1644. MELCHOR ALONSO TAMAYO.

1647. BALTAZAR DE LA CRUZ.

1650. JUAN DE SUAZO, JUAN MÁRQUEZ DE CABRERA.

1672. PEDRO DE GODOY PONCE DE LEÓN.

1676. FRANCISCO DE CASTRO AYALA. TOMAS, DE CASTRO AYALA. (interino).

1679. LORENZO RAMÍREZ DE GUZMÁN.

1683. LUIS SERBELLÓN DE SANTA CRUZ, teniente de gobernador. ENRIQUE ENRIQUEZ DE GUZMÁN.

1698. ANTONIO DE AYALA.

1702. ANTONIO DE MONTFORT.

1711. (?) ENRIQUE LOGMAN.

1715. JOSÉ RODEZNO.

1717. DIEGO GUTIÉRREZ DE AGUELLES

1727. MANUEL DE CASTILLA Y PORTUGAL.

1740. (?) FRANCISCO DE PARGA.

1741. TOMÁS HERMENEGILDO DE ARANA.

1745. LUIS MACHADO (interino). CORONEL JUAN DE VERA.

1747. ALONSO FERNÁNDEZ DE HEREDIA. DIEGO DE TABOADA, teniente de gobernador.

1748. PANTALEÓN IBÁÑEZ CUEVAS.

1755. TENIENTE CORONEL FULGENCIO GARCÍA DE SOLÍS.

1759. GABRIEL FRANCO.

1760. JOSÉ SAENZ BAHAMONDE.

1761. ALONSO FERNÁNDEZ DE HEREDIA.

1765. PEDRO DE SALAZAR Y HERRERA NATERA Y MENDOZA.

1769. JUAN ANTONIO GONZÁLEZ, teniente de gobernador. TENIENTE CORONEL BARTOLOMÉ PÉREZ QUIJANO.

1770. CORONEL ANTONIO FERRANDIS.

1775. AGUSTÍN PÉREZ QUIJANO.

1778. MIGUEL MACHADO (de Gracias).

1779. BARÓN DE RIPERDA (no llegó).

1782. JUAN NEPOMUCENO DE QUESADA. Nombrado gobernador intendente en 1786.

1786. CAYETANO DE AMUNATEGUI (interino).

1789. ALEJO GARCÍA CONDE (español de México).

1796. RAMÓN DE ANGUIANO.

1810. CARLOS CASTAÑÓN.

1812. JOSÉ MARÍA PIÑOL MUÑOZ Y EUSEBIO SILVA MUÑOZ (interino).

1815. NORBERTO SERRANO POLO (interino). JOSÉ ANTONIO DE TORNOS.

1819—1821. JOSÉ GREGORIO TINOCO DE CONTRERAS.

Sólo hubo un criollo en el gobierno: MIGUEL MACHADO, de Gracias, y un indiano, ALEJO GARCÍA CONDE, que más tarde figuró en la historia de México.

Poca o ninguna fue la influencia de progreso que Honduras recibió de parte de los gobernadores civiles españoles, Hasta el establecimiento de la Audiencia de los Confines su. cronología es complicada porque sus diversos orígenes (1526—1543) mantuvieron una situación insegura, confusa, en la que sólo sobresalía la ambición de mando. Fueron años de barbarie, de retroceso, en que había muchos problemas por resolver (uno de ellos, el principal, el de las comunicaciones por tierra, y el otro el de la creación de fuentes de riqueza, que apenas se reducían a la plata exportable y unas cuantas industrias de tercer orden, para el consumo interior.

Algunos de los gobernadores pasaron por el poder sin dejar huellas, tan sólo formando papeles burocráticos y varios se mantuvieron en actividad militar debido a la amenaza constante de los piratas, o en ilícitas actividades, en primer lugar, el contrabando (Enrique Logman, por ejemplo). Puede afirmarse que el gobierno eclesiástico superó al civil en cuanto a la obra de pacificación de los espíritus en aquellas zonas de difícil acceso y dejando obras de cultura que dieron lustre a algunos de los obispos y a no pocos frailes.

Washington, D.C., 16 de marzo de 1954.

(Tomado del Diario EL DIA, No. 1787).
(REVISTA DEL ARCHIVO Y BIBLIOTECA NACIONALES. Nos. 11 y 12. Tomo XXXII. Mayo y junio de 1954. Pags. 319—320).

PRESIDENTES DE LA AUDIENCIA, GOBERNADORES DEL REINO Y CAPITANES GENERALES

1.— Fue el primero don Pedro de Alvarado, quien recibió el título de Adelantado, Gobernador y Capitán General, por cédula regia de 18 de diciembre de 1527.

2.—·El 9 de septiembre de 1541, fue nombrado internamente gobernadora, mientras el rey disponía lo conveniente, doña Beatriz de la Cueva, viuda del Adelantado.

3.— A los dos días, el 11, pereció la ilustre dama, en la catástrofe de la "Ciudad Vieja", y fue nombrado, por el Cabildo, el 17 de septiembre, el licenciado don Francisco de la Cueva, en unión del ilustrísimo obispo don Francisco Marroquín.

4.— El Licenciado Alonso de Maldonado, fue nombrado, el 2 de marzo de 1542, por el virrey de México, gobernador interino de Guatemala, y llegó don Alonso a este reino el 17 de mayo, habiendo quedado desde ese día gobernándolo, hasta el 16 de mayo de 1544, que fue trasladado al Adelantamiento de Yucatán.

5.— El licenciado Alonso López Cerrato, presidente de la Audiencia de Santo Domingo, fue promovido a servir el mismo empleo en la Audiencia de los Confines, por cédula de 21 de mayo de 1547. Trasladó la Chancillería a Guatemala, el año 1549. Gobernó cerca de siete años, y poco tiempo después de concluida su presidencia, murió y fue sepultado en la iglesia de Santo Domingo. Fue un gobernante notable, favoreció a los indios, y dio libertad a los esclavos, a solicitud de fray Pedro de Angulo (Remesal, cap. 16.) Esta medida disgustó en gran manera a los españoles, tanto más que las encomiendas también fueron abolidas. Era Cerrato hombre de mucha integridad, y él fue quien creó los cabildos de los indígenas, que aún subsisten. Estableció los Corregimientos y promovió el culto y el esplendor de los templos.

6.— El oidor don Antonio Rodríguez de Quesada, insigne letrado tomó posesión del mando de Guatemala el 14 de enero de 1554 y lo desempeñó hasta el 28 de noviembre de 1558.

7.— El Licenciado Juan Núñez de Landecho desde que entró el 2 de septiembre de 1559, cometió tales excesos que fue depuesto por cédula de 30 de mayo de 1565, después de haber estado preso algún tiempo, logró escaparse y se embarcó en Golfo Dulce, no habiéndose vuelto a saber de él. Quedó multado en treinta mil pesos, y los oidores también lo fueron en distintas cantidades. Todos fueron depuestos, con excepción del licenciado Jofre de Loaiza, que fue absuelto y llevó el real sello a Panamá, a donde fue trasladada la Real Audiencia, el año 1565.

8.— El Licenciado Francisco Briceño vino ese mismo año, como gobernador y capitán del reino, con dependencia de la Chancillería de México. Dicho letrado gobernó durante cuatro años, con mucha cordura.

9.—El Doctor Antonio González fue nombrado Presidente de la Audiencia, el 28 de junio de 1568, confiriéndole la cédula real la gobernación del reino que no duró mucho desempeñándola, por haber regresado a España.

10.— El Doctor don Pedro de Villalobos, oidor de la Audiencia de México, entró en la presidencia de Guatemala en 1575, a 26 de enero, y la desempeñó hasta 1578, que fue promovido a la de Las Charcas. Este caballero favoreció mucho a los franciscanos, y habiendo muerto cuando se le tomaba la residencia fué sepultado en la iglesia de dicha orden.

11.— El Licenciado García Valverde tomó posesión de su elevado cargo el 4 de febrero de 1578. Mostró mucho empeño en la edificación del convento de los franciscanos, hasta el punto de que, al decir de las crónicas, servía de sobrestante en los ratos que le dejaba libre su empleo. Gobernó en paz y justicia; y a los dos meses de haber entregado el bastón, murió el 16 de septiembre de 1589, dejando muy grata memoria de sus virtudes y buenas obras.

12.— EI Licenciado don Pedro Mayén de Rueda, oidor de Granada, tomó posesión de la presidencia el 21 de julio de 1588, y fué un hombre desequilibrado, tuvo ruidosas cuestiones con el obispo, y hasta penetró furioso al convento de San Francisco a sacar por la fuerza a un novicio, y al ver al guardián, que era fray Francisco Salcedo, le dió una bofetada. Fué depuesto en el año

1592, y acabó loco, saliendo desnudo por las calles, según refiere Vásquez en el libro II, capítulo 20 de su historia.

13.— El Doctor Francisco de Sandé llegó a Guatemala en 1592como—Visitador de Mayén, y tomó posesión de la presidencia en 5 de agosto de 1594, habiéndola servido hasta 1596, en que fue promovido a la Chancillería del Nuevo Reino de Granada. Gobernó con tino y fué un letrado muy docto.

14.— El Doctor Alonso Criado de Castilla, oidor en el Perú, llegó a Guatemala el 19 de septiembre de 1598, Habilitó el puerto de Santo Tomás, que por eso se llamó de Castilla. Fue su gobierno bastante bueno, hasta que cumplió su tiempo, en 1611. Fue sepultado en la catedral.

15.— Don Antonio Peraza Ayala Castilla y Rojas, conde de la Gomera, tomó posesión de la presidencia en 1611. Apercibió a los españoles que se habían radicado en Zapotitlán, los que fundaron el pueblo de la Gomera, por lo que este nombre se unió al título nobiliario con que fue condecorado. Ocurrieron, en aquel tiempo desazones sobre alcabalas, hasta el punto de que, habiendo venido de México el Visitador Ibarra, llevó a tal extremo las cosas que, suspenso de su empleo el conde y retirado en Patulul, y confinados los oidores a Jocotenango, se dividió la capital en dos bandos, levantados en armas, hasta que, después de tres meses, y restituidos todos a sus empleos, se restableció el orden, en 1617, y continuó gobernando el conde hasta 1626. A este caballero fue a quien primero se dio el título de Muy ilustre Señor, pues a los anteriores presidentes se les llamó Magnífico Señor.

16.— El Doctor don Diego de Acuña, comendador de Alcántara entró a ejercer el gobierno en 1626, y duró cinco años, con paz y tranquilidad.

17.—Don Álvaro de Quiñonez y Osorio, caballero de la orden de Santiago, señor de la casa y villa de Lorenzana, gentil hombre de la boca de su majestad y de su consejo de hacienda, vino en 1634.Pobló de españoles la villa de San Vicente de Austria, en la provincia de El Salvador. En el tiempo del mando del Marqués de

Lorenzana se cometieron delitos graves y se castigaron con penas atroces. El 7 de abril de 1639 se llevó a la horca, a un reo de homicidio, arrastrándolo, por las calles, y haciéndolo cuartos, después de muerto; el 30 de mayo, dos culpables de hurto y falsedad, son condenados, el uno a muerte y el otro a doscientos azotes y a quitarle los dientes, sufriendo diez años de galeras.

Era muy piadoso el Señor Quiñónez y Osorio, motivo por el que se erigió una estatua suya, en la capilla de Nuestra Señora del Socorro, en la catedral. Apareció hincado el gentil gobernador, invocando la gracia de la santísima Virgen, en aquel sitio, en donde había hecho construir su cenotafio, varios años antes de fallecer: "Y es lo reparable, decía Fuentes y Guzmán, el estar señalado al Sur su entierro, y haber acaecido su muerte en la mar del Sur, navegando de este reino para la ciudad de Panamá. "En efecto, naufragó, con su familia, el marqués de Lorenzana, sin que de todos los que iban en la nave solamente escapara el capellán don Tomás de Caranza Medinilla. Mucho se sintió tan terrible desgracia. Quedó vacío el sarcófago, que estuvo durante muchos años en la hermosa capilla de la catedral, hasta que sobrevino la ruina de la metrópoli, en 1773. La clara memoria del desventurado capitán general estaba resguardada por esta inscripción clásica: "Alvarus Marchio de Lorenzana harum Goacthemalensium Provinciarum a pace et bello, regiique Senatus Magistratus supremus, pietate, et religione motus hoc crexit cenotaphium. Sarcophagum ignorat. Anno MDCXLI".

18.— El Licenciado don Diego de Avendaño vino de la Chancillería de Granada, por el mes de marzo de 1642. Cuenta Ximénez que era tan delicado este funcionario y observante de la ley que prohibía a los mandatarios recibir regalos y coechos, que una vez que un corregidor de Quezaltenango le obsequió enviándole dos escritorios, los mandó pagar el señor Avendaño, quién rehusó, en otra ocasión un presente de vinos, pasas y aceitunas que le hizo un mercader, con motivo de la llegada de un buque del Perú. Refiere el cronista Vásquez (t. II pág. 666) que habiéndose abierto el sepulcro de don Diego, para sepultar a su esposa doña Ana de Rentería, se encontró el cadáver del virtuoso presidente todo corroído; pero las manos enteras y flexibles, lo que se atribuyó a haberlas tenido muy limpias, en vida, de dineros mal habidos, ya que en los ochos años de su mando no recibió un maravedí de coechos, ni regalos. Al morir el cumplido y pundoroso gobernador, empuñó el bastón el oidor don Antonio de Lara y Mogrovejo, hasta el año 1654.

19.— Don Fernando de Altamirano y Velasco, conde de Santiago Calimaya llegó entonces al reino de Guatemala y murió a los tres años. Hubo, en su tiempo, grandes disenciones, que ya están descritas en el capítulo de la presente obra que trata de la vida colonial. Fue nombrado sucesor de ese célebre presidente el Conde de Priego, quien murió al venir, en Panamá súbitamente por lo que entró a gobernar la Real Audiencia.

20.— El General don Martín Carlos de Mencos, caballero del orden de Santiago, Alcalde perpetuo de los alcáceres de Tafalla, del Consejo de Guerra y Junta de Armadas, llegó a la capital del reino de Goatemala el 6 de enero de 1659. Aparece en la historia el señor Mencos como uno de los más notables gobernantes del antiguo reino de Guatemala. Cuando los ingleses se tomaron el fuerte de San Carlos, en 1665, y saquearon la ciudad de Granada, pasaron el presidente Mencos y su sucesor dicha provincia de Nicaragua, y pudieron desalojar a los piratas.

21.— Don Sebastián Álvarez Alfonso Rosica de Caldas, del Orden de Santiago, señor de la casa de Caldas. Regidor de la ciudad de León y caballero muy ilustre, tomó posesión de la presidencia en 1667, y desde luego se empeñó en edificar la catedral metropolitana, Era hombre recto, pero su energía lo condujo a excederse contra el fiscal de la Audiencia, don Pedro de Miranda Santillán, a quien, habiéndosele probado el delito de baratería, lo mandó al castillo de San Felipe, en donde murió, a consecuencia de lo riguroso y pestilente del clima. El año 1670 fué suspendido el señor de Caldas, por el Visitador, y antes de concluida la residencia falleció don Sebastián, en 1672, El Cabildo Eclesiástico, en homenaje de gratitud, hizo erigir la estatua de aquel distinguido presidente, en la Capilla de San Pedro, en la catedral, con esta inscripción: "Dominus Sebastianus Álvarez Alfonso Rosica de Caldas, hujus Regalis, Cancellariae Prases, harum Provinciarum Generalis Dux, quen tota istius famigerati templi fabrica fundistus Instauratorem clamat".

22.— El Ilustrísimo Señor Doctor don Juan de Santo Matías Saez de Mañosca y Murillo, que, aunque se creyera portugués, por la abundancia de apellidos, era nativo de México —según dijimos al hablar de él, en el tratado de los obispos— fue tres veces mitrado, en su ciudad natal, en La Habana y en Guatemala. Aquí recibió una cédula real nombrándolo Capitán General y Gobernador del reino, el 28 de octubre de 1670, cargo que desempeñó satisfactoriamente.

23.— El Excelentísimo Señor don Fernando Francisco de Escobedo, general de artillería, caballero gran cruz de la orden de San Juan y Baylío de Lora, entró a la presidencia el año 1672. Favorecióa los bethlemitas y donó para su iglesia cincuenta y cinco mil pesos de oro, por lo cual fue su patrono. Hizo viaje a Nicaragua, fortificó la boca del río San Juan, promulgó el 20 de marzo de 1675 las ordenanzas para su gobierno. Tres años después regresó a España, en un barco especialmente mandado al efecto, el Gran Maestre de Malta, con la noticia de haber sido nombrado el general de Escobedo Gran Prior de Castilla.

24.— El Licenciado don Juan Miguel de Augurto y Alaba, del Orden de Alcántara, Oidor de México, vino como Visitador del señor Escobedo, y al irse éste, quedó como presidente, hasta que llegó el sucesor.

25.— Don Enrique Enríquez de Guzmán, del Orden de Alcántara, del Consejo de Guerra de Junta de Indias y Armadas, tomó posesión en 1683, y trabajó mucho en pro de los hospitales, gastando fuertes sumas de su peculio. Renunció al cargo y regresó a España, en 1687, a servir su plaza en el Consejo de la Guerra.

26.— Don Jacinto Barrios Leal, jefe de artillería de los reales ejércitos llegó a Guatemala en enero de 1688, y al desembarcar en las costas del Norte le quitaron unos piratas lo que traía y que un cronista calcula en trescientos mil pesos. En 1689 comenzó un profundo desacuerdo entre el presidente y la Real Audiencia. Dice Jiménez que "de cosas muy ligeras e indignas de contarse, fueron creciendo grandes pleitos". El autor de la Recordación Florida testigo presencial de los sucesos, asegura "que comenzó el conflicto por una centella amorosa, que a un mismo tiempo ardía el corazón del presidente y nacía en el del oidor Valenzuela".

Ello fue que tales amoríos, por una mujer que, según dicen, no valía la pena, hicieron perder la chaveta al jefe de artillería de los reales ejércitos y al docto in utro que jure, levantando tal polvareda, que tuvo que venir un Visitador a acabar de enredar la madeja, hasta el punto de que, al fin de la residencia, salió multado en fuerte suma. En efecto, en el año 1691 vino de Juez Pesquisidor el licenciado don Fernando López Ursino y Orbaneja, oidor de México, quien después de tres años, resultó condenado con una multa de cuatro mil pesos, que tuvo que pagar antes de salir de Guatemala,

El señor Barrios Leal quedó repuesto en la presidencia, y no le faltó ocasión de vengarse de sus enemigos. Fue su primer pensamiento emprender la conquista del Lacandón, y dispuso ir en persona, mandando militarmente a varios de los que contra él habían declarado. Se llevó consigo al doctor don Bartolomé de Amésquita y a otros personajes, que no le eran gratos. Dejó en el gobierno al oidor don José de Scals, a quién no le tocaba; pero lo hizo por ofender a los demás togados, que le habían sido desfavorables en la residencia. La expedición al Itza y al Lacandón tuvo desastroso resultado, Se diseminaron las fuerzas, muchos murieron y el general de los reales ejércitos regresó maltrecho a la capital del reino, para morir poco después, el 12 de noviembre de 1695.

En el capítulo referente a la vida colonial, aparece detallado ese drama, que por algún tiempo turbó la tranquilidad de los vecinos de la M.N. y L. Ciudad de Santiago de Guatemala. Las pasiones humanas siempre se exhibieron desaforadas.

27.—Don Gabriel Sánchez de Berrospe llegó el 25 de marzo de 1696, y pudo lograr la conquista del Petén, fundó el presidio y fortificó la villa de Dolores; pero habiendo venido como Visitador el Licenciado don Francisco Gómez de la Madriz, hombre dado a los bureos y fandangos, amigo de mujeres y dinero, como dice Jiménez, se introdujo gran desorden, dividiéndose en bandos la ciudad, y causándose terrible ·alboroto, por haber favorecido los jesuítas al Visitador, como queda explicado en el capítulo que trata de la Compañía de Jesús. Después de mucho sufrir, hasta el año 1702, dejó la gobernación aquel célebre presidente.

28.— El Presbítero, Doctor don Alonso de Ceballos y Villagutierre, de presidente de Guadalajara, vino a ejercer el cargo en Guatemala en 1702, empleo que no duró mucho, por haber muerto el 27 de octubre de 1703, quedando en la presidencia el licenciado don Juan Jerónimo Duardo, interinamente, como oidor más antiguo, hasta el 2 de septiembre de 1706.

29.— Don Toribio de Cosío y Campa entró en esa fecha a gobernar, y no como dice Juarros, que en 1704 se hizo cargo de ella el Visitador Osorio. Hay muchas firmas del señor Duardo hasta que llegó el señor Cosío. El 3 de marzo de 1706, todavía expidió un auto nombrando un escribano de la Audiencia, dicho presidente interino Duardo, que era quién estaba a la llegada del propietario Cosío, que mostráse interesado en hacer fortuna, mediante su cargo. Por el año 1712 se sublevó la provincia de los Tzendales, y logró este capitán General sojuzgar a los rebeldes, por lo que el rey le premió confiriéndole el título de Marqués de Torrecampo y el nombramiento de gobernador de Filipinas.

30.—Don Francisco Rodríguez de Rivas, Maestre de Campo de los reales ejércitos, corregidor de Río Bamba, en Quito, entró de presidente del reino de Guatemala en 4 de octubre de 1716, que desempeñó con acierto hasta 1o. de diciembre de 1724. Mostró mucho civismo y entereza, con motivo de los terremotos que deterioraron, en 1717, la capital, se opuso a la traslación que muchos querían, y trabajó en la reconstrucción de edificios públicos, habiendo sufrido mucho los templos, reedificó a su costa el oratorio de San Felipe Neri y el del Calvario.

Todavía en el siglo XVIII se imponían penas bárbaras. Una sentencia de 10 de diciembre de 1718 dice: "sea sacado el reo con soga en la garganta y a son de trompeta, y voz de pregonero que publique su delito; sea arrastrado, en un cerón, a la cola de un caballo por las calles, hasta llegar a la plaza mayor, donde será ahorcado y hecho cuartos".

31.—Don Pedro Antonio de Echévers y Suvisa dejó una triste y escandalosa memoria, como gobernador arbitrario, y descomedido y caprichoso. Como jefe que fuera de la real armada, consideraba y trató a los oidores y altos funcionarios cual grumetes. Aquel bárbaro gobernador que llegó a Guatemala el 2 de noviembre de 1724, se dio a conocer pronto como un califa absoluto. Cometióse un asesinato ruidoso en la persona del bachiller don Lorenzo de Orozco y en dos criados suyos. El Alcalde ordinario de la ciudad, don José Álvarez de las Asturias, comenzó a instruir el proceso, y comprobado el cuerpo del delito y concluido el sumario, remitió la causa al tribunal superior. Este condenó a muerte de horca a uno de los procesados, y dispuso que, respecto a los demás, el oidor Arana hiciera relación, para decidir la Real Audiencia, que condenó a otros dos culpables a la pena de muerte. Se ejecutó el fallo, y se siguió instruyendo averiguación, por el robo de dinero que, de las reales cajas, iba a Veracruz, Disgustado Echévers por la morosidad que atribuía a Arana, e invocando otros pretextos, el atrabiliario dictó auto de confinamiento contra el oidor, mandando confiscarle sus bienes. El afligido togado se refugió en una iglesia. Apoderóse de los autos el jefe de la real escuadra, y a guisa de marineros, llamó al Acuerdo para tratar del proceso, y habiéndose resistido dignamente los oidores a someterse a ilegales y atentatorios caprichos, los mandó poner presos, para enviarles al castillo de Omoa, pero cuando salían para el viaje, se amotinó el pueblo y arrebatándolos de la escolta, los llevó a un templo, que gozaba del derecho de asilo. Llegó a tal punto la arbitrariedad del gobernante, que organizó otra Audiencia, presidida por él, cometiendo graves desmanes.

Aunque se quejaron al rey el obispo y el oidor Arana, y aunque el virrey de México intervino oportunamente, eran las distancias tan largas que tardó mucho tiempo sin restablecerse la legalidad suprema de la Real Audiencia. Hasta el 11 de julio de 1733 no entregó el bastón profanado el tristemente célebre don Pedro Antonio de Echévers y Suvisa. Murió el 25 de diciembre de aquel año, dejando un lamentable recuerdo de su absolutismo. Con todo y su genio atrabiliario, era muy piadoso aquel capitán general, que gastó buen dinero, de su peculio, en construir el templo de Santa Clara. Así fue García Moreno, el presidente inquisidor, que después de mandar al otro mundo a un infeliz hereje, oía la misa con toda devoción y comulgaba, ad majorem Dei gloriam. Hay muchos diablos hartos de carne, y metidos a frailes, como dijera Quevedo.

32.— Don Pedro de Rivera y Villalón, mariscal de Campo de los reales ejércitos, gobernador de Veracruz y hombre de gran reputación. Hizo su entrada el 11 de julio de 1735. Gobernó con acierto, en paz y tranquilidad hasta el 16 de octubre de 1742.

33.—El Licenciado don Tomás de Rivera y Santa Cruz, originario de la ciudad de los Reyes, entró en Guatemala, con gran solemnidad el 16 de octubre de 1742; pero cometió tantos abusos y se le dedujo un cúmulo de cargos que fue motivo para su deposición. El año de 48 pasó a México, como Alcalde del Crimen, Murió en esa ciudad en 1765.

34.— Don José de Araujo y Río que era presidente en Quito, pasó a Guatemala el 26 de septiembre de 1748, habiendo salido de aquella provincia, por desavenencias con la Audiencia Real. En 1751volvió al Perú.

35.— El Excelentísimo señor don José Vásquez Prego Montaos y Soto Mayor, fue el cuarto presidente militar y el primero de tan alta graduación en este reino de Guatemala, mientras que en Jamaica—según observa García Peláez habían figurado condes, duques, generales y almirantes. Por aquellos tiempos, abundaban los corsarios o piratas, motivo por el que el gobierno español mandó militares como gobernadores, El Señor Prego tomó posesión de la presidencia el 17 de enero de 1752. Al año siguiente fundó las alcaldías mayores de Chimaltenango y Sacatepéquez. Fue a visitar la fortaleza de San Fernando de Omoa, mandada construir por él, y en aquel mortífero clima tomó la enfermedad que puso fin a su vida, el 24 de junio de 1753. Se hizo cargo del gobierno interinamente el decano de la Real Audiencia, licenciado don Juan de Velarde y Cienfuegos.

36.— El Excelentísimo señor Don Alonso de Arcos y Moreno del orden de Santiago, Mariscal de Campo y después Teniente General de los reales ejércitos, ascenso que llegó cuando acababa de morir. Entró a Guatemala el 17 de octubre de 1754 y gobernó hasta el 27 de octubre de 1760, habiendo sido sepultado en la capilla de Nuestra Se—ñora del Rosario, de la iglesia dominicana.

37.— Don Alonso Fernández de Heredia, Mariscal de Campo y de ilustre abolengo, vino el 14 de junio de 1761 y sirvió hasta 5 de diciembre de 65.

38.— Don Pedro de Salazar y Herrera, Náxera y Mendoza, comendador de Vinaroz y Benicarlo, capitán de granaderos de reales guardias españolas, y Mariscal de Campo de los reales ejércitos, se hizo cargo de la presidencia en 3 de diciembre de 1765. En virtud de real orden creó la Alcaldía Mayor de Tuxtla. Murió a consecuencia de haber ido a visitar el castillo de Omoa, el 20 de mayo de 1771. Hizo las veces de aquel gobernante interinamente don Juan González Bustillo y Villaseñor, decano de la Chancillería de Guatemala, de la Audiencia de México, de la Fiscalía de la Contratación de Cádiz y por último del Supremo Consejo de Indias.

39.—Don Martín de Mayorga, del orden de Alcántara, Capitán de reales guardias españolas, y Mariscal de Campo de los reales ejércitos. Entró a la capital de Guatemala la víspera de la ruina acaecida el día de Santa Marta de 1773. En el capítulo respectivo se trata ampliamente de la actuación difícil y meritoria de este gobernante, que fué promovido a virrey de México y murió en la mar, el 29 de julio de 1783.

40.—El Excelentísimo Señor don Matías de Gálvez, caballero de muchos títulos y merecimientos, llegó a Guatemala a 27 de julio de 1778 y tomó posesión de la presidencia el 4 de abril de 1779, fue después a perseguir, a Omoa, a los ingleses, que ya habían desalojado el castillo; pero después pasó a la isla de Roatán de donde los sacó. Fue el señor Gálvez quien dio su nombre a una ancha calle de la Antigua metrópoli del reino de Guatemala, y tuvo la honra de que su ilustre nombre quedara vinculado al estreno de la catedral de esta nueva ciudad de la Asunción. Fue este gentil presidente y capitán general hermano del notable ministro español, señor Gálvez, y en marzo de 1783 pasó don Matías de virrey a Nueva España, dejando buen recuerdo de su honorabilidad y carácter.

41.— Don José de Estachería, militar de crédito y buen gobernante, tomó posesión el 3 de abril de 1783 y duró su mando hasta el 29 de diciembre de 1783, que partió para España a hacerse cargo de la plaza de Pamplona, con el grado de Mariscal de Campo.

42.— En los últimos años del siglo XVIII, el 31 de diciembre de 1789, vino a Guatemala el Teniente General de los reales ejércitos, excelentísimo señor don Bernardo Troncoso, Martínez del Rincón, que había figurado en La Habana y en Veracruz. Ejerció el mando como presidente del reino hasta el 25 de mayo de 1794, habiendo vuelto a Madrid poco después.

43.— Don José Domás y Valle, del Orden de Santiago, Jefe de Escuadra de la Real Armanda, vino de Panamá, en donde fue gobernador, a servir la presidencia de Guatemala, el 25 de mayo de

1794 y dejó este cargo el 28 de julio de 1801. Murió a la edad de ciento dos años, y fue sepultado en el templo de San Francisco。

44.— El señor Don Antonio González Mollinedo y Saravia, Mariscal de Campo de los reales ejércitos, entró a la capital el 28 de julio de 1801, como Presidente y Capitán General del reino de Guatemala, Era un caballero distinguido y militar antiguo, que había estado en el sitio de Almeida y en la defensa de Ceuta, en la expedición de Argel y en otras varias jornadas. Fue Teniente del Rey en la plaza de Palma, y tuvo la mala suerte de que, al ir a México al hacerse cargo del virreinato, fue hecho prisionero por los insurrectos partidarios de la independencia, y fusilado.

45.— El Excelentísimo Señor Don José Bustamante y Guerra, Estrada, Cobo y Zorlado, se hizo temible en Guatemala, por su rigor contra los que trabajaban en pro de la independencia. El día 14 de marzo de 1811 entró como presidente de la Real Audiencia y Capitán General, después de Cuarenta años de servicio, y de haber dado pruebas de entereza de ánimo y fuerza de carácter.

Era terrible el sonto Bustamante, como lo llamaban, por faltarle una oreja, y muchas veces ví su retrato en la Secretaría de la Sociedad Económica entre otras cosas del Museo Nacional, cuando fui secretario de aquel patriótico instituto.

Reprimía tiránicamente el atrabiliario capitán general la menor sombra de expansión del pensamiento. Las Cortes Gaditanas de 1811 habían establecido la libertad de imprenta; pero ese gobernador no toleraba la más suave censura, como sucedió cuando el licenciado don José Francisco Córdoba, a quien llamaban Cordobita, que era secretario municipal, criticó justamente algunas órdenes despóticas.

La historia ha juzgado severamente, la actuación de Bustamante, en las postrimerías del gobierno español, en el reino de Guatemala. Quedan consignados, en otros capítulos de la presente obra, los actos de dureza, y hasta de crueldad, con que desplegó extraordinario celo contra los independientes. Si fue leal a la causa que él representaba y defendía con ardor, aparece como un tirano, suspicaz e inflexible, contra los próceres de nuestra independencia. El sonto Bustamante después de infundir terror en estas tierras, murió en un naufragio, viajando para Buenos Aires. Sic transit gloria mundo.

46.— Trémulo y caduco, con noventa años de edad, apareció en Guatemala —al hundirse ya en el ocaso del tiempo el sol de los monarcas iberos— el excelentísimo Señor don Carlos de Urrutia, originario de La Habana, Caballero Gran Cruz de la Orden de San Hermenegildo, Teniente General de los Reales Ejércitos. Al atardecer del 18 de marzo de 1818 hizo su entrada este gobernador que si brillos tuvo en jornadas de antaño, aquí sólo vino a intimidarse ante lo complicado de la situación, que alboreaba la independencia de nuestro país, y que en México ardía en guerra cruenta, contra las autoridades españolas. Tuvo que abdicar, a los tres años, el señor Urrutia.

47.— El Brigadier don Gabino Gaínza, era de cuerpo esbelto y airoso porte, bien quisto con los criollos españoles, sociable por carácter, de escasa inteligencia y no exento de arrogante ambición de mando. Así fue que no le vino mal que, por hallarse harto enfermo el decrépito gobernador Urrutia, le delegase el poder, en marzo de 1821.

Durante los seis meses que hubo de gobernar don Gabino, en nombre del rey de España, dio muestras de vacilación y tortuosidades, que se explican por lo escabroso de los acontecimientos, reseñados en el capítulo tocante a la Independencia Nacional, Gaínza no fue consecuente con su carácter de militar y gobernante español, sombreado por un tinte felónico. Al fin llegó a parar a México, de edecán del monarca Iturbide, ya amojamado el brigadier, con setenta y cuatro años, alardeando entre los cadetes de ser él todavía buen chalán, diestro esgrimista y afortunado cortesano..... Vánitas vanitatum et omnia vánitas.

"Inconsiderado y de cortos alcances, era Guzmán con la veleta a merced de los vientos. Si los independientes lo habían ganado, con mucha más facilitad lo ganaron los imperiales: él fue a México, el emperador cayó, y su edecán murió en la miseria."[2]).

---

[2] Documentos relacionados con la historia de Centro América, por el doctor y prócer don Pedro Molina— Página 19. (Tomado del Libro La América Central Ante La Historia por Antonio Batres Jauregui, TOMO I, Guatemala, 1915).

REVOLUCIÓN ANTICOLONIAL

ESPAÑA Y AMERICA

No en vano los egipcios construyeron las pirámides. La más alta, la pirámide de Cheops, es la imagen de los imperios. En la cumbre de ella está situada la metrópoli. Descendiendo, en la parte media, se encuentran los países dominados de alguna categoría. Y en la base, están los países esclavos, las colonias, resistiendo el peso enorme del monumento.

Así se podía ver el imperio español. Arriba estaba España. En la parte media, los Países Bajos, los principados alemanes, los reinos italianos, más otros adquiridos por herencias dinásticas en Europa. Y en la parte inferior se hallaban las colonias de Oriente y Occidente, las Filipinas y la extensa América.

"En mis dominios no se pone el sol", decía con arrogancia Carlos V.

Pero como reza el refrán de Sancho Panza, "el que mucho abarca, poco aprieta". Desde los propios días de Carlos V empezó a desmoronarse el imperio español. El desmoronamiento fue lo más visible en los reinados de los Felipes hasta Carlos II, con el que terminó la Casa de Austria en España, y siguió con los Felipes, los Fernandos y los Carlos de la Casa de Francia, hasta que desplómose del todo.

Los reyes de España eran incapaces para gobernar y administrar el imperio más grande de los tiempos modernos. Siempre necesitados de tutor o curador, solían nombrar ministros que eran tan necios como ellos, o dejaban las riendas del mando en manos de sus mujeres, que sólo podían hacer travesuras con los reinos. Como por milagro, la única excepción fue Carlos III, al que nos hemos referido tantas veces. Con todo, fue una excepción a medias, porque había heredado el desastre y no podía cortarlo.

¿Qué pasaba para que sucedieran tantas desgracias?

Pues lo que ya se sabe. Los judíos y los árabes fueron expulsados del territorio español, y con ellos desaparecieron los equipos calificados de la banca, el comercio y la industria. En España sólo quedaron señores feudales y siervos de la gleba al lado de la responsabilidad de un vasto imperio que exigía producción manufacturera multiplicada y actúa su opresor. Será la emancipación del hijo que llegando a la edad viril se aparta de la casa de su padre, reconocido a la beneficencia que supo darle educación y fuerzas".

Dado lo anterior representa en gran medida el deseo subjetivo del "buen rey Carlos III". No fueron suficientes sus generosas medidas en favor de América. Ni que enviara hombres instruidos al gobierno de América, como Luis de las Casas a Cuba; Bucareli a Nueva España (México) Mariano de Gálvez a Guatemala; Messia de la Cerda a Nueva Granada (Colombia); Francisco de Croix al Perú; Fernando Manso a Chile, y Vértiz a Buenos Aires, seguidos éstos de gobernadores bien intencionados.

Como dijo el gran Julio César, "La suerte estaba echada". Si la situación de España era desastrosa, la de América había llegado a grados sin calificativos. La pirámide del imperio español, basada en la esclavitud americana estaba a punto de derrumbarse. Sólo faltaba un rey miope que llegara para favorecer su derrumbe y una coyuntura internacional que la violentara. El rey miope fue Carlos IV, hijo del anterior monarca ilustrado. Y la coyuntura internacional la presentó Napoleón.

HECHOS REVOLUCIONARIOS EN LAS PROVINCIAS DEL REINO DE GUATEMALA

Antonio Batres Jáuregui es el historiador centroamericano que más atención ha prestado a los hechos revolucionarios de las provincias del llamado reino de Guatemala. No hay sistema en su estudio, pero sus informes dispersos, recogidos aquí y allá, dan una idea ilustrativa que satisface.

Según el autor citado, la "siesta colonial" estuvo muy lejos de existir en, el reino de Guatemala. Fue un período de luchas enconadas al igual que en el resto de la América española, en el que las nacionalidades, los estamentos, los fueros y las clases no se dieron punto de reposo.

Es claro que en las provincias de Guatemala no se produjo un Tupac Amaru que abriendo las compuertas del odio indígena pasara a cuchillo a millares de españoles peninsulares; ni tampoco se produjo un Simón Bolívar que en nombre de las aspiraciones de los criollos declarara la "guerra a muerte" a los españoles. Todo fue menor en las citadas provincias, pero hay constancias de que hubo serias fermentaciones revolucionarias desde que fue establecida la Colonia en adelante.

Veamos las anotaciones de Batres Jáuregui:

Los Indios contra los españoles. En la primera mitad del siglo XVI, vivo aún Pedro Alvarado, los cakchiqueles dieron el grito de guerra contra los conquistadores. A ese grito respondieron las demás tribus vecinas de Guatemala. La lucha fue enconada, según el decir de los cronistas de aquellos tiempos. Pero al final, fueron aplastados los rebeldes con ferocidad.

Posteriormente, se alzó en la Cordillera el Cacique Lempira, como ya se ha dicho. Lo combatió Alonso de Cáceres durante seis meses. Los españoles habrían sido aniquilados, de no valerse de la traición. Según las cartas que el gobernador de la provincia de Honduras dirigió al emperador Carlos V. Lempira reunió a todas las tribus de la comarca, habiendo organizado un ejército de treinta mil indios, invencibles en el combate diario.

En la provincia de Honduras, los indios establecieron un espionaje perfecto en las poblaciones de los españoles. Cuando se informaban de que las guarniciones disminuían en número, caían sobre ellas aniquilándolas y matando al resto de la población. Otro tanto hacían con las pequeñas expediciones que se alejaban de sus bases. Casi siempre perecían en las emboscadas.

En Honduras, desesperados los indios por la caza de que eran víctimas para ser vendidos en Santo Domingo, declararon una huelga de brazos caídos. Antes permitieron la muerte que trabajar en la agricultura, hecho que produjo una carestía que amenazó la vida de los españoles. La huelga se entrelazó con alzamientos indígenas que aniquilaban a los conquistadores.

La huelga de brazos caídos se extendió a Nicaragua, donde adquirió un matiz más sorprendente. Los indios se prometieron no tener contacto con sus mujeres, durante dos años, para no producir esclavos a los conquistadores.

En la primera década del siglo XVII, siguieron las sublevaciones de los indios con la misma violencia de los comienzos de la conquista. En 1708 se sublevaron los zendales de Chiapas. Tanto el capitán general de Guatemala, de apellido Cosío, como el virrey de México, se aprontaron a sofocar la insurrección que duró hasta 1712. El aplastamiento de los zendales fue sumamente cruel.

En 1709, se alzaron contra el gobernador Balbín los indios Tala mancas de Costa Rica. Fueron reducidos al orden con falsas promesas, muriendo los jefes en la hoguera y siendo entregados los subalternos a los encomenderos.

La caza de indios en Honduras para someterlos al trabajo esclavo en el Real de Minas de Tegucigalpa fue motivo de constante guerra en el país a lo largo de los siglos coloniales. Los indios cazados eran conducidos maniatados a los minerales. Pero las tribus se vengaban llevándose las mujeres de los españoles.

En el propio Real de Minas de Tegucigalpa hubo una sublevación de esclavos sumamente seria. Correspondía esta sublevación al malestar general de la Colonia en torno al reinado de Carlos III.

A causa de la insurrección de Tupac Amaru que conmovió el Continente, las autoridades atendieron las órdenes reales de atenuar la esclavitud, pero al mismo tiempo extremaron la vigilancia sobre los indios sometidos y las tribus rebeldes. Fueron reforzadas las guarniciones y creadas otras con tal objeto.

En los comienzos del siglo XIX, los indios de Honduras empezaron a disponer de armas de fuego que les proporcionaban los piratas ingleses instalados en La Mosquitia. Los piratas protegían a los indios y los utilizaban en sus planes expansionistas. Así empezaron a amenazar las vecindades de Comayagua y Tegucigalpa, causando pánico en los moradores.

Los conquistadores contra las nuevas leyes. Como ya se ha dicho, los conquistadores consideraban suyo lo conquistado. Por tal razón se enardecieron cuando el emperador Carlos V dictó las Nuevas Leyes. El odio de los encomenderos contra la Audiencia de los confines fue creciendo hasta la provocación de tumultos en varios lugares del reino de Guatemala.

***

Fray Bartolomé de las Casas, Obispo de Chiapas, fue atacado por los encomenderos en razón de ser defensor de las Nuevas Leyes. Y Fray Antonio Valdivieso, Obispo de León, fue muerto por los Contreras por la misma causa.

***

Fue el Ayuntamiento de Guatemala el que llevó la dirección insurreccional desde 1810 hasta 1821. En efecto, recuérdese el pliego de instrucciones que entregó al doctor Antonio Larrazábal, diputado a las Cortes de Cádiz, y su empeño posterior en favor de la separación, a pesar de las intrigas de los concejales monárquicos.

***

Entre el Ayuntamiento y el capitán general Bustamante y Guerra se entabló una lucha sorda, en la que después de varios incidentes, venció el primero.

***

Los demás Ayuntamientos de las provincias del reino de Guatemala tuvieron parecidas querellas, en las que siempre los criollos se enfrentaban a los peninsulares, perdiendo unas veces, ganando otras.

***

El Ayuntamiento de San Salvador fue en el fondo el autor de la insurrección del 5 de diciembre de 1811 que conmovió en sus cimientos a la Capitanía General de Guatemala, hecho que hizo sonar los nombres de muchos personajes que no se dieron punto de reposo hasta que alcanzaron el objeto de la independencia. Delgado, Arce y los Rodríguez hicieron las primeras armas en aquel magno acontecimiento.

***

El Ayuntamiento de Granada respondió al movimiento continental con el alzamiento de 1811, que fue reprimido con la mayor ferocidad y del que salieron las primeras figuras independentistas de Nicaragua.

***

Y ya se sabe que el vecindario de Tegucigalpa al ritmo del movimiento americano, aunque sin saber mucho de él, trató de mejorar su Ayuntamiento destituyendo algunas autoridades insatisfactorias. Con ese motivo se amotinó y desfiló por las calles gritando y cantando canciones revolucionarias.

HONDURAS, PARTE DEL PROCESO REVOLUCIONARIO AMERICANO

En cualquier tratado de nuestros historiadores se advierte o se ve con claridad el movimiento de la sociedad colonial en la provincia de Honduras, que aun cuando en la superficie ofrezca las más diversas manifestaciones, como pleitos y querellas entre españoles, entre legos y clérigos, entre peninsulares y criollos, etcétera, se percibe en el fondo el desplazamiento revolucionario, el paso gradual o rápido de lo viejo a lo nuevo, de lo inferior a lo superior.

Este desplazamiento acusa el conflicto de las fuerzas productivas y las relaciones de producción con más agudeza a medida que se acerca el siglo XIX. Es decir que el paso reposado se vuelve paso presuroso, aunque las crónicas se vuelvan desatentas en el sentido de objetivar este punto.

Por costumbre hemos dividido nuestro devenir en Descubrimiento, Conquista, Colonia e Independencia, hasta el punto que estamos tratando, y es razonable la división por cuanto marca los grandes momentos del proceso. Pero para una mejor comprensión es necesario reparar en las subdivisiones, particularmente de la Colonia, que se puede decir es el punto de arribo del Descubrimiento y la Conquista y es, al mismo tiempo, el punto de partida para la Independencia y los Tiempos Modernos. ¡Tan importante es la Colonia en las conjeturas históricas!

Hemos dicho que la Colonia tiene ascenso, culminación y descenso. Ciertamente el ascenso está marcado por el conflicto de la conquista, cuando los españoles empiezan a dominar a las tribus y a imponer los repartimientos y las encomiendas. Este conflicto se lleva como medio siglo, hasta que queda firmemente establecido el gobierno colonial. La culminación de la Colonia empieza en la segunda mitad del siglo XVI, cubre el siglo XVII y avanza hasta la primera mitad del siglo XVIII. En dos siglos se deja ver la ferocidad de la opresión y la explotación coloniales. En la Colonia hay autoridades férreas, despóticas y sólidas, aun cuando en España existan reyes idiotas y gobiernos débiles en el manejo general del Imperio. Pero ya a partir de la segunda mitad del siglo XVIII, arrecia el conflicto de las fuerzas productivas y las relaciones de producción en toda la Colonia y particularmente en la provincia de Honduras. Se debe a que las jerarquías coloniales están bien caracterizadas, y más en el fondo, a que como nunca se ha agudizado la lucha de clases.

Importa detallar esto, con perdón de las repeticiones fastidiosas.

Las jerarquías coloniales, que se observan en Honduras son las siguientes:

a) Españoles peninsulares;
b) Españoles criollos;
c) Mestizos;
d) Mulatos;
e) Pardos, mezclas de los dos anteriores;
f) Indios;
g) Negros; y,
h) Zambos, combinaciones de los dos anteriores.

En atención a las fuerzas productivas, los trabajadores, como esclavos, siervos y peones, son:

Los zambos, los negros, los indios, los pardos, los mulatos, los mestizos y aun los españoles criollos y peninsulares caídos en la pobreza.

En cuanto a las relaciones de producción, los dueños de la propiedad minera, agraria y ganadera, son:

En primer lugar, los criollos, descendientes de los encomenderos, y en segundo los peninsulares. En esta categoría, ya se puede hablar de una clase urbana y rural, dueña de una mediana o pequeña cuantía de bienes, la cual se multiplicaba al ritmo del desarrollo poblacional. Y tampoco se puede olvidar a las comunidades indígenas que habían sido respetadas o no habían sido vencidas por los colonizadores.

Ya hemos dicho que la riqueza minera fue descendiendo por dos causas: una, por el exterminio de los trabajadores esclavos y otra, por la competencia metalífera de Inglaterra, Francia y Holanda en los mercados metalíferos europeos.

Autoridades competentes, el varón de Humboldt entre ellas, denunciaron en los círculos científicos y humanitarios de Europa el exterminio sistemático de los indios y más tarde de los negros cazados en África en las minas de América. Llegó un momento en que se redujo el material humano de tal manera que hubo desaliento para seguir en la explotación minera. De otra parte, las insurrecciones esclavistas en que perecían los españoles se volvían más frecuentes. El negocio minero se había vuelto casi imposible por ese lado.

En cuanto a la baja de los metales preciosos en el mercado europeo, cabe decir que había llegado a tanto la concurrencia que la crisis de altos precios en el Viejo Continente se dejó ver con más frecuencia cuando a la producción minera de América se sumó la del Oriente, bajo el estímulo de los holandeses, franceses e ingleses. España, una aduana

por la que pasaban las riquezas metalíferas de América en dirección de los países más desarrollados de Europa, en nada se aprovechaba de ellas y los mineros americanos sentían en estas regiones el golpe de la baja de los metales. Este fenómeno fue característico del siglo XVIII. Doble razón, pues, para que el malestar social cundiera en América.

La agricultura había sido complementaria, de la minería. Tenía por objeto abastecer la casa de los mineros con granos y animales domésticos, y proporcionar la alimentación de los esclavos indios, negros, etcétera. Pero cuando advino la crisis de la minería, hubo un desplazamiento de las explotaciones mineras hacia la agricultura, siempre en condiciones esclavistas, siguiendo el modelo de Jenofonte en su libro "El Económico" y el de Catón en el suyo titulado "De las cosas del campo".

Donde la minería había primado, el desarrollo agrícola fue lento. Es el caso de Honduras, país minero por excelencia. Pero donde no había existido ninguna explotación minera, la agricultura se amplió adoptando renglones comerciales como el algodón, la caña de azúcar, el cacao, el café y el tabaco. Todo, naturalmente, concebido en las proporciones de los españoles, que no eran ambiciosos en el comercio y que no podían ir más allá de los límites señalados en las ordenanzas. Las bases del monocultivismo de hoy empezaron a ser trazadas por los españoles, y es gracias a ellos que vemos en la América Latina la producción conjunta de muchos renglones agrícolas destinados a la exportación ya la vez la particularización de cada pais en un determinado renglón.

No fueron más felices los colonizadores con el paso de la minería a la agricultura en cuanto a los conflictos del trabajo. Como ya existía una resistencia natural y generalizada de los esclavos ante el trabajo no pagado, seguido de una serie de imposiciones ignominiosas, los conflictos de las bocaminas se repitieron en los campos agrícolas, y como consecuencia los rendimientos fueron pobres, a pesar de la frondosidad de la naturaleza. Además, tómese en cuenta que al menos, lejanamente, los esclavos se daban cuenta de que existía en otras partes el trabajo remunerado en las condiciones del ascenso del capitalismo mundial.

Con el desplazamiento de la minería a la agricultura se amplió también la atención a la ganadería, que siguió el ritmo indicado anteriormente. Es decir, que allí donde la minería había ocupado lugar preponderante, la ganadería se desenvolvió con poca fuerza;

pero allí donde no existía preocupación minera con anterioridad, la ganadería tomó un impulso enorme. Se pueden citar los países hispanoamericanos donde sucedieron los casos apuntados, sin dejar de haber algunos como México donde la minería y la ganadería cobraron gran impulso paralelo. En Honduras, después de manifestarse la crisis minera, la economía familiar de la agricultura fue especialmente atendida, pero, con la rotación del tiempo, tuvo mayor desarrollo la ganadería que fomentaba comercialmente a las demás provincias del llamado reino de Guatemala.

Pero ni la agricultura ni la ganadería mejoraban las relaciones sociales ni atenuaban los conflictos. Muy al contrario, a medida que avanzaban las décadas del siglo XVIII, los tumultos se acrecentaban, y vistos los acontecimientos de Norteamérica que había creado una nación nueva y las revoluciones de Europa que habían decapitado reyes, refiriéndose al fin del siglo con ingenuidad colonial se hablaba del "fin del mundo".

¿Cómo salir de aquella situación? En la Colonia se acrecentaba el despotismo público y privado, creyendo los colonizadores que allí estaba la salida. Pero ello no hacía más que aumentar la resistencia esclava y provocar una y otra vez la insurrección.

A las cansadas, llegó la atenuación de Carlos III en una serie de decretos favorables a la mayoría poblacional de América. Fueron muchas las providencias, destacándose la reforma agraria que planteaba por primera vez el derecho a la tierra que tenían las mayorías americanas.

La reforma agraria de Carlos III, daba tierras a quienes carecían de ella. En efecto, los interesados podían adquirirla de las tierras realengas. Pero las tierras realengas habían sido absorbidas por los herederos de los antiguos encomenderos. De modo que a las autoridades que quisieran cumplir las ordenanzas reales se les imponía la recuperación de las tierras realengas para darlas a quienes las solicitaran.

La bondad de las leyes levantó el espíritu de los esclavos y los siervos que querían tierra y libertad, y en tal sentido apoyaron al rey para que se cumplieran sus ordenanzas. Lo' apoyaron frente a los propietarios que además de sus encomiendas contaban con tierras usurpadas a su majestad. Y, de otra parte, se avivó el conflicto entre las autoridades encargadas de hacer cumplir las leyes reales y los ya citados encomenderos.

No se llegó a mucho con la reforma agraria del rey Carlos III. Ni los esclavos y los siervos alcanzaron la libertad que deseaban de parte de sus propietarios personales. Ni las autoridades pudieron darles la tierra que se les ofrecía en la letra de la ley. Fueron insignificantes minorías humanas las que obtuvieron parte de los excesos que resultaba de las remedidas. Los villorios por concepto de ejidos rescataron algunas tierras marginales. Y fueron dichosas las comunidades indígenas que recuperaron algunas varas castellanas de sus antiguas posesiones.

Pero se avivó la tensión y el odio entre propietarios y no propietarios, y lo que las leyes de Carlos III no hicieron en favor de los esclavos y los siervos americanos para aplacar el conflicto colonial, de suyo tempestuoso, contrariamente echaron leña al fuego revolucionario y le dieron más nitidez a la lucha de clases en la Colonia.

La rebelión de Tupac Amaru que es el gran antecedente histórico en América como un fuego central se fue levantando y agrandando en la extensión del Continente. Y la rebelión de los Comuneros del Socorro que fue una consecuencia de aquella enseñó cómo se agrupaban las clases afines para luchar por una vida mejor no sólo en el aspecto político sino también en el económico.

Honduras no fue ajena a los sucesos continentales por ser parte de América, y así, con tales inquietudes, clasistas y revolucionarias saludó al nuevo siglo, al famoso año de 1800.

INFORMACIÓN REVOLUCIONARIA EXTERIOR

La revolución en línea vertical, realizada mediante causas y efectos puramente americanos, no descarta la interconexión de ésta con la revolución universal de los siglos modernos. Suponer la inexistencia de esa interconexión, sería limitar la visual de los fenómenos históricos, sería negar el proceso de la unidad mundial que había con los descubrimientos, las conquistas, las colonizaciones y el comercio en el siglo XVI, proceso que se volvía más real a medida que corría el tiempo. De ninguna manera por excesivo aprecio a la línea vertical revolucionaria, se va a negar la objetividad de la línea horizontal revolucionaria.

Para mayor claridad, de lo que se trata es de hacer todo lo posible por borrar la vieja costumbre historiográfica de hacer prevalecer la línea horizontal sobre la vertical, en forma que desaparece ésta, haciendo creer que la revolución americana fue una consecuencia de la revolución holandesa, más la revolución inglesa, más la revolución norteamericana, más la Revolución Francesa. Es decir, que aquellas revoluciones trajeron la libertad social y nacional a América. Así se cae fácilmente en el sofisma que las revoluciones se importan, como las mercancías.

Pero aceptado que causas puramente americanas y efectos puramente americanos realizaron la revolución de América, ya se puede ver con justeza la interconexión de ésta con las revoluciones extranjeras y ya se puede apreciar mejor la relación de América con el mundo. De todo esto resulta evidente que las minorías letradas de América, seguían con sumo interés el desarrollo de las revoluciones extranjeras, de las cuales leían sus periódicos, estudiaban sus tratados doctrinarios, recibían sus estímulos y trataban de imitar sus ejemplos. Y aquí cabe hacer una breve descripción de las revoluciones extranjeras, no como realmente fueron, según el criterio contemporáneo, sino como las vieron y las apreciaron las minorías letradas de América a fines del siglo XVIII y comienzos del siglo XIX.

Empecemos por Inglaterra.

Los letrados americanos conocían la importancia de Inglaterra en el desarrollo mundial, y eran amigos o enemigos de ella en consonancia con sus intereses económicos, sociales, políticos y religiosos. Y así es posible decir que quienes se dedicaban al comercio en forma lícita o como contrabando y condenaban las ordenanzas españolas que tendían a mantener el rígido, atrasado, antieconómico y arbitrario monopolio español, eran anglófilos. Quienes se daban cuenta de las ventajas sociales de las relaciones civilizadas que estaban imponiendo los tiempos modernos, en todo cuanto atañía a la sociedad civil, sobre las relaciones medievales, canónicas, engoladas, esclavistas y antihistóricas de la Colonia, eran anglófilos. Quienes empezaban a concebir la idea de un Estado independiente y libre que ocupara el lugar del Estado colonial, sujeto a la metrópoli más atrasada de la vieja Europa, eran anglófilos. Y quienes, en virtud de la lectura de los científicos y de los filósofos de los tiempos nuevos, se habían dado cuenta de que la libertad había que llevarla hasta el campo religioso, por haber muchas religiones cristianas y no cristianas, conviniendo poner de lado el anticuado y anacrónico monopolio de la Iglesia Católica, eran anglófilos.

La anglofilia era, pues, una militancia revolucionaria de cierta parte de la minoría letrada de América en contra de la situación colonial y en contra de la despótica y atrasada España. La anglofilia, por consiguiente, no era un desdoro para quienes la sustentaban sino un honor por la enconada rebeldía que encerraba. Y entre la minoría letrada de América la sustentaban los renegados peninsulares, los criollos ligados al comercio, los mestizos de las capas superiores de la clase media y en general cuantos americanos habían empezado a concebir la independencia social y nacional. Al hablar de renegados peninsulares se sugiere a los judíos y a los árabes conversos que de España se habían trasladado a América y que solapadamente abrigaban ideas antiespañolas. No se extrañe nadie de la afirmación porque aquí mismo, en Honduras, existía la familia Fernández Lindo de sangre hebrea, y así como esa otras muchas que requiere estudio especial enumerarlas y describirlas.

Las masas esclavizadas desconocían la existencia de Inglaterra, lo que hacía que fueran indiferentes a ella. Y en su empeño revolucionario encaminado a una vida mejor sólo operaban con el enlace de las causas y efectos de su propio desarrollo. Incidentalmente conocían a los ingleses en las invasiones piráticas, teniendo que defenderse de ellas, pero allá en el fondo descubrían la existencia de un poder que tenía capacidad para vencer a España. En esos casos, no siempre los ingleses eran tan odiados como suele creerse, porque los asaltantes ponían en libertad a los presos, rompían las cadenas de los esclavos encadenados, ajusticiaban a los verdugos del pueblo, ultrajaban a las familias encopetadas y cargaban con los tesoros de los ricos. En Honduras se dio el caso de que las tribus orientales del país llegaran a fraternizar con los invasores ingleses, de los cuales recibían protección, favores y armas defensivas.

La anglofobia la padecían los demás grupos sociales, en especial las autoridades peninsulares, los terratenientes criollos satisfechos del régimen colonial, las jerarquías eclesiásticas y los fieles ganados por la propaganda oscurantista de la Iglesia.

Los anglófobos castigaban con ferocidad a los partidarios de Inglaterra. Para eso había autoridades civiles y militares y Santo Oficio. Y para eso había leyes inspiradas por la crueldad de los visigodos. La más leve sospecha de inclinación en favor de Inglaterra era suficiente para llevar a la víctima al calabozo, a la tortura y a la muerte. Había que tener cuidado hasta de mencionar el nombre de aquella nación.

Pero es evidente que, desde la victoria de Inglaterra sobre la Armada Invencible, en el siglo XVI, la influencia de ésta en el imperio español se volvió tangible; creció a lo largo del siglo XVII, y ya en la segunda mitad del siglo XVIII, en las condiciones de la revolución industrial, la América española estaba saturada de mercancías, ideas y conspiraciones inglesas. Pero todo ello, se repite, en orden secundario para reformar el impulso mayor de la revolución americana, que como se ha dicho, tenía su propio desarrollo autónomo y vertical.

Ahora pasemos a la revolución de los Estados Unidos tal como la vieron las minorías letradas de la América española.

No existía ninguna comunicación, entre ambas partes del Continente. Los viajeros del Norte eran raros en el Sur, y del Mediodía casi nadie viajaba hacia el Septentrión. Si no había relaciones comerciales, menos podía haberlas culturales. Además, es un hecho que las colonias se comunicaban con sus respectivas metrópolis, pero no se relacionaban entre sí.

Las minorías letradas de la América española se dieron cuenta del suceso de la revolución norteamericana por, los periódicos que llegaban de Europa, pasando por España. No había ninguna restricción para recibirlos y leerlos porque el "buen rey Carlos III" ayudaba a las colonias norteamericanas "en su guerra contra la Inglaterra", y por consiguiente la causa de aquéllas era causa de España, interesada en vengarse las muchas ofensas históricas que había recibido de la "pérfida Albión". España buscaba, al través de la guerra norteamericana, el debilitamiento de Inglaterra para que la dejara en paz en la posesión de sus colonias americanas. De modo que existía un interés egoísta en la cooperación con los rebeldes norteamericanos.

Pero el "buen rey Carlos III" se daba cuenta a la vez que debajo de "aquella guerra contra la Inglaterra", subyacía una revolución que minaba los cimientos de los tronos reales y que cooperando contra la monarquía inglesa estaba conspirando contra su propio poder dinástico. Visto este nuevo aspecto de la cuestión, el monarca español advirtió la inevitabilidad de las revoluciones modernas, y bajo el consejo del Conde de Aranda estuvo a punto de dar la libertad a sus colonias, según lo testimonia Emil Ludwig en su

"Biografía de Bolívar". Carlos III no llegó al decreto máximo por la cerrada oposición que le presentaron los intereses colonialistas, pero como "rey ilustrado" que era, pensó en la modernización de la América española por la vía evolutiva y operó cuantas reformas graduales consideró oportunas para su objeto.

En él entre tanto, la revolución de la América española se había iniciado paralela con la revolución norteamericana. Conviene acentuar este punto. La insurrección indígena de Tupac Amaru, que puso en movimiento a millones de hombres, debía haber empezado diez años antes, según documentos. Estalló hasta en 1780, y fue seguida de un rosario de pronunciamientos y motines a lo largo y a lo ancho del continente. La revolución estaba madura. Sólo le faltaba un plan estratégico y táctico y una conjuntura internacional.

Las minorías letradas de la América española admiraron a la revolución norteamericana. Vieron en ella una lección maravillosa contenida en varios capítulos sobre cómo podían llevar la revolución suramericana hasta el fin.

Sintieron rendida devoción por los líderes de aquella acción libertadora. Consideraron a Jorge Washington como el hombre más extraordinario del mundo. Apreciaron en su justo valor la acción de haber recogido el descontento humano de las colonias y haberle dado organización de tropas disciplinadas para enfrentarlas a la poderosa Inglaterra, que fue vencida. Cartas iban para Europa y venían de allá con informes sobre el desarrollo de la guerra norteamericana y la descripción de las grandes batallas. El entusiasmo llegaba hasta el delirio. En la América española ya había aparecido un Tupac Amaru, con la desgracia de ser indio por lo que había fracasado, pero podía aparecer de repente, en no lejano tiempo, un Jorge Washington. Tal era la esperanza.

No fue menor la admiración que sintieron por Tomás Jefferson, quién en medio de las grandes batallas, había leído el Acta de Independencia de los Estados Unidos en el Congreso continental de Filadelfia el 4 de julio de 1776 y en la que proclamaba el derecho a la libertad que les asistía a los hombres, a los pueblos y a las naciones del mundo. La lectura de aquella Acta había extremado el júbilo de los colonos norteamericanos y les había acrecentado el heroísmo hasta el punto de llegar a la victoria final de Yorktown, donde Washington y Rochambeau hicieron prisioneros a lord Conrwallis y a s ejército, en diciembre de 1781. Aquello quería decir que, en la América española, llegado el momento, también podía aparecer otro Tomás Jefferson que leyera un Acta de Independencia igual o parecida. La palabra libertad era una palabra mágica en los labios de las minorías letradas indoespañolas. El Acta de Independencia de los Estados Unidos se repartía en copias manuscritas, se la aprendían de memoria los entusiastas y se le comentaba en los círculos discretos de la revolución.

Y de Francia, ¿qué decir?

El "buen rey Carlos III", de España, había muerto en 1788. Con la muerte del Monarca terminaban las reformas de un "rey ilustrado". Le había sucedido en el trono su hijo Carlos IV, nada inteligente, sugestionable, frívolo, cornudo, incapaz para administrar un municipio no ya para gobernar un reino tan vasto como el de España en las complejas condiciones del siglo XVIII. Carlos IV no pudo dictar medidas sensatas; hizo tonterías. Nombró ministro al amante de su esposa, y con esto está dicho todo. Lo demás vino por añadidura, por ejemplo, su padre había arrojado a los jesuitas de todos los reinos españoles para evitar con ello la funesta propaganda del oscurantismo en el pueblo y para cortar por lo sano las fastidiosas intrigas clericales en las cortes. Carlos IV hizo regresar a los jesuitas, y así se renovó en los dominios españoles la influencia de los gendarmes del Papa. Aquello era un signo de que la Corte de Madrid restablecería el medievalismo en los vastos dominios españoles. En efecto, los jesuitas regresaron a la América española donde reinstalaron todo el aparato del Santo Oficio con espías, procesos, sentencias, verdugos y calabozos clericales. A la vez, Carlos IV estableció por medio de Manuel Godoy las nuevas autoridades subalternas que fueran personalmente reaccionarias, con instrucciones de impedir por todos los medios el desarrollo de la revolución en la propia España, en las lejanas Filipinas y en América. Carlos IV se presentaba en la escena europea como un calificado contrarrevolucionario. Quizás no fuera el monarca el de tal condición sino su ministro, un palaciego cualquiera que escalaba posiciones con las artes de la intriga y. las artimañas de Don Juan.

En 1789 estalló la Revolución Francesa. El poder del Estado pasó a manos del pueblo. La monarquía fue sustituida por la República. El Gobierno revolucionario hizo guillotinar a los reyes y exterminó y persiguió a los aristócratas y a los eclesiásticos. A la vez confiscó los bienes del monarca, de la aristocracia y del clero, entregando la tierra a los campesinos. Y levantó la bandera reivindicatoria de "Los Derechos del Hombre y del Ciudadano" para que fuese vista por todos los pueblos del mundo.

En aquella revolución había triunfado la burguesía comercial ,apoyada por los obreros y los campesinos. A través de la burguesía había triunfado la Enciclopedia, y con ella la idea de la soberanía del pueblo de Juan Jacobo Rousseau, la idea de los poderes del Estado de Montesquieu, la idea del poder temporal de Voltaire, todas las ideas revolucionarias del siglo de las luces.

Al saberse la noticia, en España hubo pánico en el corazón de los candidatos a la guillotina y al exterminio por otros medios, y al trasladarse a la América Española hubo escalofríos, sudores y enfermedades en los personajes del poder colonial, civil, militar y eclesiástico. Tan lejana que se hallaba Francia, les parecía que estaba en las fronteras, y como las personas abrazadas por el miedo extreman el rigor cuando tienen medios de hacerlo, desde ese momento se empeñaron en cerrar los ojos y los oídos de la América española a toda información, a toda enseñanza y a todo estímulo de Francia.

De su parte, las minorías letradas de la América Española, brincaban de contentas, porque habiendo leído a hurtadillas los libros de Voltaire, Montesquieu y Rousseau, ahora ya sabían que las ideas podían cristalizar en hechos, y que el pueblo era realmente soberano, que el pueblo podía gobernar una República y que el gobierno del pueblo podía mandar a los infiernos a los reyes, y a todos los opresores y a todos los explotadores. Para ellas, las noticias de Francia llegaban a reformar el impulso revolucionario americano, que se iba acrecentando a medida que avanzaba el tiempo.

Inglaterra, como adversaria de España, era popular entre los criollos. Pero lo era más la revolución norteamericana por las lecciones que había dado. Y todavía más la Revolución Francesa, por los "derechos del hombre", por la decapitación de un rey y, sobre todo, por el poder soberano del pueblo.

COYUNTURA INTERNACIONAL

NAPOLEÓN

Napoleón Bonaparte nació en Ajaccio, Córcega en 1769. Fue el segundo hijo del abogado Carlos Bonaparte y de Leticia Ramolino, estudió en la escuela militar de Brienne (Aube), y se distinguió en el sitio de Tolón en 1793. La campaña de Italia (1796—1797), durante la cual se señaló con las victorias de Lodi, Castiglione, Arcole, Rívoli, etc., le dieron gran prestigio. El éxito conseguido en su campaña de Egipto (1798—1799), así como los reveses sufridos por el Directorio en Francia, al principio de la campaña de 1799, le permitieron dar el golpe de Estado del 18 Brumario (9 de noviembre de 1799). Primer cónsul y luego cónsul vitalicio (1802), llevó a cabo una notable obra legislativa de gobierno (Código Civil, Banco de Francia, Universidad, Legión de Honor); gracias al Concordato con Pío VII ligó la Iglesia al Estado. Por último, el 18 de mayo de 1804, el Senado le confirió la dignidad imperial con el nombre de Napoleón I.

Dueño del poder por sus victorias militares, tenía que mantenerse en él por medio de otros triunfos. Empezó entonces una larga guerra contra Europa, encabezada por Inglaterra, serie de campañas señaladas por los triunfos napoleónicos de Austerlitz, Jena, Eylau, Friedland, Wagram....... Pero la "Aventura" de España (1808) y la campaña de Rusia (1812) hicieron palidecer su estrella, al tiempo que acabaron por arruinar a Francia. Derrotado en Leipzig (1813), los aliados invadieron el territorio francés y entraron en París (1814). Napoleón abdicó en Fontainebleau y se retiró a la isla de Elba (1814). Poco después (1815), desembarcó en Francia y volvió a París (Cien días). Pero la coalición europea, vencedora en Waterloo, invadió de nuevo el país, y el emperador fue desterrado a la isla de Santa Elena, donde murió en 1821 después de doloroso cautiverio. Pocos hombres han ejercido sobre su época una in—fluencia tan grande y duradera.

Brevísima biografía de diccionario que no completa el cuadro. Napoleón ha suscitado pareceres opuestos y polémicas enconadas. Es claro que para Thomas Carlyle, quien sostuvo que la marcha progresiva de la humanidad obedece al impulso que recibe de los hombres superiores, Napoleón fue uno de sus héroes. Pero para León Tolstoi el gran invasor de Rusia en 1812, estuvo lejos de ser un genio militar, de ser un político de primera, de ser un gobernante capaz. En su concepto, Napoleón habría sido grande si hubiera aprovechado las transformaciones de la revolución francesa para impulsar el progreso de Francia al máximo, y una vez convertida ésta en verdadera gran potencia, hubiera influido sobre la transformación de la Europa socialmente atrasada. Como no hizo ésto, fue un personaje de talento mediocre, favorecido por las circunstancias, unas veces por el oportunismo que le caracterizaba y otras veces por el descuido de sus adversarios. No hizo ninguna historia, sino que fue juguete de ella.

En el centenio anterior, el común de las gentes llamó a Napoleón el "capitán del siglo". Así le llamó Europa y así le llamó América, embriagado por sus victorias guerreras que arrancaban el cetro de los reyes y abatían la corona de los emperadores. Pero más en el fondo, Napoleón merece una explicación más objetiva. Apareció en la escena en el momento de mayor conflicto en Francia entre el feudalismo agonizante y el capitalismo ascendente. En plena juventud, como no podía suceder de otra manera, abrazó las ideas del capitalismo que expresaban los filósofos y los escritores de la Enciclopedia. A su modo, se enardeció en la revolución y fue amigo y protegido de Maximiliano Robespierre. Prestó su cooperación en el campo militar, del que era especialista. Robespierre gobernaba a nombre de la pequeña burguesa, sosteniendo el terror hasta el 9 Termidor (27 de Julio de 1794), fecha en que fue arrestado y guillotinado al día siguiente.

En esos días, el joven Bonaparte tuvo a bien esconderse, sufriendo miseria como nunca antes y temiendo ser ajusticiado por sus conocidos pecados jacobinos. Pero en el transcurso de 1795,

Pablo Barrras, quien había influido decisivamente en la caída de Robespierre y era miembro del Directorio, desenterró al joven terrorista para ocupar sus servicios militares, para casarlo con Josefina, y para nombrarlo Jefe del ejército de Italia. Desde ese momento, empieza Bonaparte a ser el "capitán del siglo". Sólo conoce victorias, nunca derrotas, y al regresar de la campaña de Egipto, se suma a la política con el golpe de Estado del 18 Brumario, llega a ser cónsul temporal, después vitalicio y por último emperador.

¿Qué significa la investidura consular de Bonaparte? Significa que el capitalismo francés había llegado a tal potencia en la base que por sí mismo se daba la supraestructura política que le era más apropiada. En efecto, Francia había aniquilado físicamente el feudalismo y había llegado a la etapa del mayor desarrollo capitalista en los últimos años del siglo XVIII. Ya era una nación burguesa, como ninguna otra en Europa, con excepción de Inglaterra, que en su avance había pasado del capitalismo comercial al capitalismo industrial. Pero el capitalismo sin distinción de países, es un taller en constante movimiento, mediante el cual aumenta su producción hasta lo infinito, y ya no bastándole el mercado interno, exige nuevos mercados externos, próximos y lejanos, que deben ser obtenidos por los medios de la diplomacia o con el estampido del cañón.

Así es que cuando el capitalismo francés llegó a esta fase de desarrollo, exigió al poder político su acción correspondiente, y entonces el cónsul vitalicio Bonaparte se transformó en el temible emperador Napoleón I, destinado a ampliar los mercados franceses, por las buenas o las malas, en el Viejo Mundo. Por ello el imperio napoleónico significó una dictadura militar del capitalismo francés, que fue conquistando mercados para éste, a la vez que contrarrestaba la competencia de Inglaterra en el continente. Y así se establece que el joven Bonaparte, como general de la Revolución, cuando rompía el cerco feudal que rodeaba a Francia, hacía sonar los clarines de la libertad, gratos a los pueblos.

Ciertamente era un mensajero de los grandes principios de libertad, igualdad y fraternidad. Contrariamente, el emperador Napoleón ya no pensaba en aniquilar el feudalismo sino en acrecentar los mercados franceses en perjuicio de Inglaterra. Por esta causa, el enemigo fundamental de Napoleón era la Gran Bretaña. No obstante, por el hecho mismo de ser el emperador un agente del capitalismo francés, que era el modo de producción, más avanzado en el continente, siempre modificaba las bases económicas y las sobre estructuras a donde llegaba. Es decir, que de una parte el imperio hacía progresar las instituciones nacionales, y, de otra parte, al despertar el patriotismo de los pueblos, fomentaba la revolución antifeudal y procapitalista. Con su presencia sacudía la somnolencia milenaria. Si una nación europea se veía atada al carro del capitalismo francés, por este hecho buscaba la vía capitalista. Pero sí opuesta mente, se sacudía el yugo galo, siempre se movía en dirección del capitalismo. Y en último análisis, ya de una manera o ya de otra, Napoleón fue el más calificado agente del capitalismo francés en particular y del capitalismo europeo en general; se caracterizaba por modificar en sentido positivo las estructuras de los países conquistados, a diferencia de Inglaterra que las respetaba con el más firme apego a su política de dominación europea y colonial.

LA CONSTITUCIÓN DE BAYONA DE 1808

Cuando Napoleón llevó la guerra de conquista a España abrigaba la convicción íntima de que ya era hora de limpiar aquel campo de los últimos restos de la Edad Media. La monarquía absoluta de Carlos IV, corrompida hasta los tuétanos de los huesos debía desaparecer. Los grandes de España, llenos de resabios tradicionales, decían abandonar la escena pública. Los hidalgos de la clase de Don Quijote de la Mancha que veían gigantes descomunales en los molinos de viento, también debían acabar con sus papeles. Los fueros de los municipios, legítimos en el milenio, debían ceder ante el empuje de las nuevas verdades jurídicas. Pero a la vez que Napoleón llegaba como un genio destructor, pensaba en las creaciones correspondientes que convirtieran a España en una nación vigorosa en sus múltiples aspectos políticos, sociales y económicos. Si el soplo vivificador de Francia llegaba a regenerar a España, que por añadidura hacía flamear sus pendones en las Indias Orientales y Occidentales, los pueblos de origen latino podrían hacer la felicidad de gran parte del mundo. Los "afrancesados" de España y de los pueblos de América vieron claro lo que se dice en estas líneas. La presencia de Napoleón en España era la ayuda gloriosa de Francia para que el pueblo español se alzara contra sus verdugos y estimulara con este ejemplo a las demás naciones hispánicas de Oriente y Occidente. Y si los acontecimientos políticos se hubieran desenvuelto en ese sentido, es muy seguro que a estas horas la historia se estaría escribiendo de otra manera.

¿Cuándo se había pensado en el constitucionalismo en España? Napoleón lo llevó a la Península y lo impuso por medio de la Constitución Política sancionada en Bayona el 6 de julio de 1808. Dicha Constitución la da en nombre de Dios Todopoderoso; José Napoleón, rey de las Españas y de las Indias por la gracia de Dios. Contiene trece títulos que determinan la religión del reino, la manera de suceder la Corona, el funcionamiento de la Regencia, la dotación de la Corona, el oficio de la Casa Real, la marcha del

Ministerio, del Consejo de Estado, del Senado, de las Cortes y de los reinos y provincias 'españolas en América y Asia, manera de impartir justicia, de administrar la hacienda de la nación y de atender otros aspectos de la monarquía.

La Constitución Política de Bayona, de por sí novedosa en España, contiene estos mandatos importantes:

"La casa de todo habitante en España y las Indias es asilo inviolable, no se podrá entrar en ella sino de día y para un objeto especial determinado por la ley, o por una orden que dimane de la autoridad pública". "Ninguna persona residente en España y en las Indias podrá ser presa, como no sea en flagrante delito, sino en virtud de una orden legal y escrita". "El tormento queda abolido: todo rigor o apremio que se emplee en el acto de la prisión, o en la detención y ejecución y no esté expresamente autorizado por la ley, es un delito". "En adelante no podrá fundarse ningún fideicomiso, mayorazgo o substitución, sino en virtud de concesiones hechas por el rey, y con el fin de perpetuar en dignidad las familias de los sujetos que los hayan contraído". "Dos años después de haberse ejecutado enteramente esta Constitución, se establecerá la libertad de imprenta".

"El sistema de contribuciones será igual en todo el Reino". "Todos los privilegios que actualmente existen concedidos a cuerpos o a particulares, quedan suprimidos". "El Tesoro Público será distinto y separado del Tesoro de la Corona".

"Las Españas y las Indias se gobernarán por un solo Código de leyes civiles y criminales". "El orden judicial será independiente en sus funciones". "El rey nombrará todos los jueces". "El Consejo Real será el tribunal de reposición". "Habrá un solo Código de Comercio para España e Indias". "En cada plaza de comercio habrá un Tribunal y una Junta de Comercio".

"Los reinos y provincias españolas de América y Asia gozarán de los mismos derechos que la metrópoli". "Será libre en dichos reinos y provincias toda especie de cultivo e industria". "Se permitirá el comercio recíproco en los reinos y provincias entre si con la metrópoli". "No podrá concederse el privilegio alguno a particular de exportación o importación en dichos reinos y provincias". "Cada reino y provincia tendrá constantemente cerca del Gobierno diputados encargados de promover sus intereses, y de ser sus representantes en las Cortes". "Estos diputados serán nombrados por los Ayuntamientos de los pueblos que designen los virreyes o capitanes generales en sus respectivos territorios". "Los diputados serán propietarios de bienes raíces, y deberán obtener el mayor número de votos entre los individuos elegidos en los Ayuntamientos". "Ejercerán sus funciones por el término de ocho años". "Seis diputados nombrados por el rey entre los individuos de la diputación, de los reinos y provincias españolas de América y Asia, serán adjuntos en el Consejo de Estado y Sección de Indias. Tendrán voz consultiva en todos los negocios tocantes a los reinos y provincias españolas de América y Asia".

"Habrá Cortes o Juntas de la Nación compuesta de ciento setenta y dos individuos en tres estamentos, a saber: El estamento del clero; el de la nobleza; el del pueblo". "El estamento del clero se comprenderá de veinticinco arzobispos y obispos. El de la nobleza de veinticinco nobles, que se titularán grandes Cortes. Y el del pueblo se compondrá 1º.—De sesenta y dos diputados de las provincias de España e Indias; 2º.—De treinta diputados de las ciudades principales de España e Islas adyacentes; 3º.—De quince negociantes o comerciantes; 4º.—De quince diputados de las Universidades, personas sabias o distinguidas por su mérito personal en las ciencias y en las artes".

La Constitución Política de Bayona tenía el significado de una revolución en España. Introducía la Monarquía Constitucional de José Napoleón y daba de baja a la Monarquía absoluta de los Borbones. En lo sucesivo, el rey se sujetaría a lo establecido en la ley fundamental, sin poder traspasar su límite. Y lo que se dice del rey se puede repetir de los grandes de España, de los dignatarios de la Iglesia y de las ciudades y las provincias cargadas de privilegios. Si es cierto que se respetaban las tradiciones, al menos se les restringía, y ya este paso era desconcertantemente novedoso en la Península. Al ponerse en marcha la Monarquía Constitucional y sentir las compresiones de las tradiciones, las iría eliminando paso a paso hasta hacerlas desaparecer por completo.

Por primera vez se dice que los hombres de España y de las Indias Orientales y Occidentales son iguales en derechos y obligaciones y por primera vez se dice también que no existen diferencias entre los indios Orientales y Occidentales y la Metrópoli. Estos dos principios eran alentadores para los criollos de Oriente y Occidente, quienes incluso podían llegar como diputados a las Cortes y como consejeros al Consejo Real.

INVASIÓN A ESPAÑA

Desde que estalló la Revolución Francesa, por razones de familia. Carlos IV, un Borbón, sintió indignación por el guillotinamiento de Luis, XVI, otro Borbón, y movilizó a España para hacerle la guerra a Francia, invadiendo, en efecto, el Rosellón, pero los revolucionarios franceses entraron en la Península y se apoderaron de Figueras. Por el Tratado de Basilea celebrado en 1795, España recuperó esta plaza y otras, más hubo de ceder la parte española de la isla de Santo Domingo.

Posteriormente, Napoleón, continuando la lucha tenaz contra Inglaterra, asoció la escuadra francesa a la Española, que fueron abatidas en Trafalgar en 1805, bajo la dirección del almirante Nelson. Mal negocio para España fue aquella alianza obligada, porque desde entonces quedó a merced del emperador de los franceses en el continente europeo y sin comunicación segura con sus colonias de ultramar por culpa de Inglaterra. Tenía el significado de un limón que en juego trágico se arrojaban las potencias, Inglaterra y Francia, cambiando de manos a cada rato.

Mientras duró la lucha entre Inglaterra y Francia, Napoleón se esforzaba en romper el bloque enemigo, separando a unas naciones de otras, momentos en que solía dar sus golpes victoriosos. Por ejemplo, cuando pudo arrancar a Rusia de la influencia inglesa fue que llevó a cabo la invasión a España. Cómo sucedió tal cosa lo dice la parte secreta del Tratado de Tilsit del 7 de julio de 1807, concertado por el príncipe Kurakin y Talleyrand, en las estipulaciones siguientes:

ARTÍCULO I.—Rusia podrá tomar posesión de la Turquía euro—pea, y extender sus posesiones en Asia hasta donde considere conveniente.

ARTÍCULO II. —La monarquía borbónica en España y la Casa de Braganza en Portugal deben cesar de reinar. Príncipes de la familia Bonaparte les sucederán en estas cortes.

La operación empezó con el engaño de España. Napoleón pidió al Gobierno de Madrid el pase de un ejército francés que se dirigía a Portugal. Fue concedido lo solicitado, pero a medida que avanzaba el ejército francés se iba adueñando de las bases estratégicas españolas. Este hecho provocó el malestar del pueblo español, que provocó el Motín de

Aranjuez, en 1808, dirigido especialmente por Godoy. Carlos IV abdicó en favor de su hijo Fernando VII, pero Napoleón obligó a éste a devolver la Corona a su padre, quien a su vez cedió todos sus derechos al emperador francés. Triste situación la de la Casa Real Española,

Lo anterior invita a considerar la actitud de los "grandes de España", quienes se condujeron distintamente ante la invasión napoleónica, seguida del ultraje a los reyes españoles; la actitud del pueblo español; la actitud de los españoles peninsulares en América; y, la actitud del pueblo americano.

A propósito del primer punto, un celebrado escritor hace conocer lo siguiente: "Napoleón convocó a las personas más destacadas de España para reunirse con él en Bayona, y recibir de su mano un rey y una Constitución. Con muy pocas excepciones se personaron allí, y el 7 de junio de 1808 el rey José recibió en Bayona a una diputación de los grandes de España, cuyo representante, el Duque del Infantado, el amigo más íntimo de Fernando VII, le dirigió las palabras siguientes:

"Majestad, los Grandes de España siempre han sido alabados por su fidelidad a su soberano. Podéis, pues, contar, majestad, con esta misma fidelidad y adhesión".

El real Consejo de Castilla aseguró al rey José que "él era la rama principal de una familia destinada, por el Altísimo, a reinar".

No menos abyecta fue la congratulación del Duque del Parque, a la cabeza de una diputación que representaba al ejército.

Al día siguiente, las mismas personas publicaban un manifiesto en el que proclamaban su acatamiento a la dinastía de los Bonaparte.

El 7 de julio de 1808, la nueva Constitución fue firmada por noventa y un españoles de las más altas distinciones; entre ellos, duques, condes y marqueses, así como varios jefes de órdenes religiosas. Durante las discusiones sobre la Constitución, lo único contra lo cual encontraron causa para protestar fue la abolición de sus viejos privilegios y exenciones.

El primer ministro y el primer mayordomo de José Bonaparte, fueron las mismas personas que habían formado el Ministerio y la Mayordomía del Palacio de Fernando VII.

Vamos con los otros.

Los grandes de España que no se inclinaron ante Napoleón cometieron un delito todavía más grave al lanzar la consigna contra el usurpador para restablecer en el trono a Fernando VII, a quien en adelante llamaron Fernando "El Deseado". La consigna se propagó en España logrando un éxito enorme y traspasando el Océano llegó a las Indias produciendo el mismo efecto.

Por su parte, el pueblo de Madrid se sublevó el 2 de mayo de 1808.

En Valladolid, Cartagena, Granada, Jaén, San Lúcar, Carolina, Ciudad Rodrigo, los miembros más prominentes de la antigua Administración, como decir gobernadores, generales y otros conspicuos personajes acusados de ser agentes de los franceses y de poner obstáculos al movimiento nacional, cayeron víctimas del pueblo enfurecido.

Pronto la guerra contra Napoleón tomó el nombre de Guerra de Independencia, con una duración desde 1808 hasta 1813. Poco a poco se extendió a toda la Península y muchas provincias organizaron juntas locales de gobierno, que más tarde se reunieron en la Junta Central Suprema.

Yendo al fondo de aquella guerra, las calificaciones de ella han sido las siguientes:

"En su conjunto el movimiento del pueblo español pareció dirigido más bien contra la revolución que por ella., Nacional por defender la independencia de España, fue al propio tiempo dinástico por oponer el "deseado" Fernando VII a José Bonaparte; reaccionario por preferir las viejas instituciones, costumbres y leyes a las innovaciones racionales de Napoleón; supersticioso y fanático por oponer la "santa religión", a lo que fue llamado el ateísmo francés, o sea la destrucción de los privilegios especiales de la Iglesia Romana. Los sacerdotes, horrorizados por el destino de sus hermanos en Francia, alimentaron las pasiones populares en interés de su conservación. El "fuego patriótico", dice Southey, "flameó tan alto gracias a los santos óleos de la superstición".

Y esta calificación más:

"Todas las guerras de independencia que estallaron contra Francia tenían en común la mezcla de la regeneración y la reacción; pero en ninguna parte en tal alto grado como en España. En la imaginación popular el Rey apareció nimbado de luz como un príncipe romántico, formado y aprisionado por un gigante ladrón. Las más fascinadoras y populares épocas de su pasado fueron adornadas por las santas y milagrosas tradiciones de la guerra de la cruz contra la media luna.

"Pero todavía hay que hacer otras distinciones. De una parte los campesinos, los habitantes de las pequeñas ciudades del interior y el numeroso ejército de mendicantes, con hábito o sin él, todos ellos profundamente imbuidos de prejuicios religiosos y políticos, formaban la gran mayoría del partido nacional; de otra parte, había una minoría activa e influyente que consideraba el movimiento popular contra la invasión francesa como la señal dada para la regeneración política y social de España. Esta minoría estaba constituida por los habitantes de los puertos de mar, ciudades comerciales, y parte de los capitales de provincia, en donde, bajo el reinado de Carlos V se habían dado las condiciones materiales para el desarrollo, hasta cierto grado, de la moderna sociedad. Ellos se vieron reforzados por la porción más cultivada de las clases medias, autores médicos, abogados, y también sacerdotes, para los cuales los Pirineos no habían formado una barrera suficientemente elevada contra la invasión de la filosofía del siglo dieciocho. Como un verdadero manifiesto se puede considerar el famoso memorándum de Melchor Gaspar de Jovellanos sobre las reformas de la agricultura y de la ley agraria, publicada en 1795, y redactado por orden del real Consejo de Castilla. Estaba, finalmente, la juventud de las clases medias, tales como lo estudiantes de la Universidad, quienes habían adoptado ardientemente las aspiraciones y principios de la Revolución Francesa, y los cuales, por un momento, también habían esperado la regeneración de su país con la ayuda de Francia.

Cuando se supo en América la noticia de la invasión napoleónica, la reacción de los españoles fue la de fortalecer la resistencia de la Madre Patria, contribuyendo con los recursos de las Indias y asegurando la defensa del Estado colonial para evitar la sorpresa de un ataque francés o que los habitantes afrancesados pudieran levantarse en revolución. Con esos pensamientos se aprontaron a organizar las juntas patrióticas de apoyo a Fernando VII el "deseado". Y estaban atentos a seguir las directrices de la resistencia en España para aplicarlas con igual exactitud en América.

En cuanto a los americanos, quienes aplaudieron la invasión napoleónica por lo que traía a España y el Nuevo Mundo en reformas institucionales, y quienes maldijeron aquella invasión por su significado destructor del imperio hispánico.

En aquellos años, para Tranquilino Martínez, patriota de Nacaome, Honduras, "Napoleón era el guerrero invencible que debía aplastar a España sin pérdida de tiempo y trasladarse a América a decapitar los chapetones". (Nombre que se le daba a los peninsulares en el reino de Guatemala), Martínez fue denunciado a la autoridad y condenado a dos años de prisión.

Para Fabián Benítez, comerciante de San Salvador, "Napoleón era el azote de Dios con que castigaba las iniquidades que habían cometido los españoles en estas Indias, donde se habían olvidado de Cristo para convertirse en demonios". Benítez fue denunciado y azotado en la plaza pública".

Como estos hombres del pueblo pensaba la mayoría americana. Sólo que fue cuidadosa en externar opiniones para evitar afrentosos y despiadados castigos. Se podía ser partidario de Napoleón por dentro y "Leal vasallo" de Fernando el deseado del diente al labio.

La minoría americana, cuyos intereses estaban ligados a la Madre Patria, adversaban a Napoleón, en lo que coincidían con los peninsulares, quiénes pensaban del emperador lo que escribía Ramón C assaus y Torres, arzobispo de Guatemala.

"Napoleón, decía este prelado, es el mayor impostor de los siglos, aún entrando Mahoma, a quien tiene por modelo. Ha nacido entre llamas de adulterio en Córcega. Se ha criado en el libertinaje. Es enemigo de. Francia por nacimiento y condición genial. Acostumbra a derramar la sangre francesa en Tolón, en Lyon, en París, en Italia y en Egipto. Sacrifica a sus soldados con venenos activos en los hospitales. Es un cobarde que se ha desertado de un ejército en Egipto, por lo que debió ser decapitado cuando volvió a París. También en el puente de Arcoli y en otros trances iguales en la guerra. Asesinó al príncipe de Enghien por ambición al trono y a Pichegrú y a Georges por adictos al rey legítimo. Persiguió a Moureau y acabó con la vida de Hoche, Kleber y otros generales por envidiar su talento sobresaliente y recelar de su patriotismo. Sacrificó a Arenas y a otros miembros del Consejo, en cuya presencia no podía sostenerse en pie de puro miedo el día mismo que asaltó el santuario de las leyes. Napoleón es un musulmán que ha adorado a Mahoma en Egipto a la vez que niega impíamente la persona del Divino Verbo. Es, en definitiva, un francmasón y un ateo que sienta plaza de restaurador del culto católico y al mismo tiempo restablece el judaísmo".

Esta carta pastoral fue regada en toda Centro América,

En síntesis, el pueblo americano que hacía su propia revolución vertical, de abajo arriba, no veía con malos ojos la gesta napoleónica en España, de la que tenía la intuición que le ofrecía la coyuntura internacional propicia para su liberación social y nacional.

LA JUNTA CENTRAL DE MADRID

La lucha hispano—napoleónica, en el transcurso de los años, tuvo naturales repercusiones en América, y por ello debe detallarse hasta donde sea posible aquella contienda para comprender mejor los cambios que se operaban en este Continente. Los movimientos de allá tenían sus efectos acá, bien en favor de la España invadida, principalmente en el Gobierno colonial, bien en favor de la independencia, particularmente en el pueblo.

Cuando a requerimiento de Napoleón, Fernando VII dejó Madrid, estableció una Junta Suprema de Gobierno bajo la presidencia del Infante Don Antonio. Pero esta Junta, artificialmente constituida, duró poco, y las ciudades insurgentes formaron sus propias juntas, sujetas a las establecidas en las capitales provinciales. Estas juntas provinciales formaron sus propios ejércitos, y entre tanto, la de Oviedo expresó que toda la soberanía estaba en sus manos, declaró la guerra a Bonaparte, y mandó diputados a Inglaterra para concertar un armisticio. Lo mismo hizo después la junta de Sevilla. Es un hecho curioso el que éstos exaltados católicos, impelidos por la fuerza de las circunstancias, solicitaran una alianza con Inglaterra, nación a la cual los españoles estaban acostumbrados a mirar como la encarnación de la más condenable herejía, y casi como el mismísimo Gran Turco. Atacados por el ateísmo francés, se echaron en brazos del protestantismo inglés.

Las juntas provinciales que tan repentinamente habían brotado a la vida, independientes todas unas de otras, concedieron a la Suprema Junta de Sevilla cierta ascendencia, aunque muy débil e indefinida, y esta ciudad fue considerada la capital de España mientras Madrid estuvo en manos extranjeras. Así se estableció una especie de anárquico Gobierno Federal, al cual el choque de intereses encontrados, celos locales e influencias rivales, hicieron un pésimo instrumento de unidad para los comandos militares y las operaciones combinadas de la campaña.

Los llamamientos al pueblo, emitidos por las distintas juntas, si bien desplegaban todo el heroico vigor de un pueblo súbitamente despertado de un prolongado letargo, y lanzado por el choque eléctrico a un fervoroso estado de actividad, no estaban libres de la pomposa exageración, y tenían esta amalgama de hinchazón y buhonería, este estilo de grandilocuentes redundancias que hizo dar a Sismondi el epíteto de oriental a la literatura española. Ellos exhibían también la infantil vanidad del carácter español, los miembros de las juntas se conferían el título de alteza y se adornaban con fastuosos uniformes.

Las juntas eran elegidas por sufragio universal, pero el "mismo celo de las clases humildes se desplegaba en la obediencia"; generalmente eligieron a sus superiores naturales, la nobleza provincial y los ciudadanos distinguidos, apoyados por el clero, y muy pocas notabilidades de la clase media. Tan convencido se hallaba el pueblo de su propia debilidad que limitó su iniciativa al empeño de obligar a las clases altas a luchar contra el invasor, sin pretender participar en la dirección de tal resistencia. Por otra parte, cuando el pueblo nombró a estas autoridades, no pensó en limitar su poder o en fijar término a su mandato. Y resultó que estas primeras creaciones del impulso popular al principio de la revolución, continuaron rigiendo durante todo el transcurso del movimiento, hasta convertirse en diques en contra de la corriente revolucionaria cuando la marea trataba... de desbordarse.

El 20 de julio de 1808, cuando José Bonaparte entró en Madrid, 14.000 franceses, bajo las órdenes de los generales Dupont y Vidal, fueron obligados por Castaños a deponer las armas en Bailén, y José Bonaparte, pocos días después tuvo que abandonar Madrid hacia Burgos. Se produjeron además los hechos que animaron grandemente a los españoles; uno fue la expulsión de Lefebre de Zaragoza por el general Palafox, y el otro la llegada a la Coruña del ejército de 7.000 hombres del Marqués de la Romana, que había embarcado en la isla de Funen y que llegaba para prestar ayuda al país.

Fue después de la batalla de Bailén cuando la revolución alcanzó su punto máximo, y aquella parte de la nobleza que había aceptado la dinastía de Bonaparte o se había apartado prudentemente de toda actividad, vino entonces a unirse a la causa popular, una ventaja de muy dudoso carácter para aquella.

La división de poderes entre las distintas Juntas había salvado a España del primer choque de la invasión francesa dé Napoleón, no sólo al multiplicar los recursos del país, sino por haber puesto al invasor ante un enemigo difícil de golpear; los franceses quedaron enteramente sorprendidos al descubrir que el centro de la resistencia española estaba en todas partes y en ninguna.

Sin embargo, después de la capitulación de bailén y de la evacuación de Madrid por el rey José, se hizo sentir la necesidad de establecer alguna especie de Gobierno central. Después de los primeros éxitos las divergencias de las Juntas provinciales se hicieron tan violentas que, por ejemplo, el general Castaños pudo impedir a duras penas que Sevilla marchase sobre Granada. Pero la urgencia de combinar los movimientos militares; la seguridad de que Napoleón reaparecería a la cabeza de un ejército victorioso; la necesidad de una autoridad central para concertar el tratado de alianza con la Gran Bretaña u otras potencias extranjeras y mantener el contacto con la América Española, así como recibir el tributo de ésta; la existencia en Burgos de un Gobierno Central francés, y la necesidad de establecer un poder contra otro poder, todas estas circunstancias impulsaron a la Junta de Sevilla a renunciar, no sin protestar, a su mal definida y escasa supremacía nominal, y proponer a las distintas Juntas provinciales el seleccionar de cada una de ellas a dos diputados de sus Asambleas para integrar la Junta Central, mientras que las Juntas provinciales seguirían conservando la dirección de los asuntos interiores de sus respectivos distritos, "aunque bajo la debida subordinación al Gobierno General". Y así la Junta Central compuesta de treinticinco diputados de las Juntas provinciales, se reunió en Aranjuez, el 26 de diciembre de 1808, precisamente un día antes de que los representantes de Alemania y Rusia se prosternasen ante Napoleón en Erfurt.

Todos estos cambios políticos se iban sabiendo en América, produciendo sus efectos correspondientes, ya en el sentido de la adhesión a Fernando "el deseado", ya en el de la independencia que con la coyuntura napoleónica cada vez tomaba más cuerpo.

Más, sigamos estudiando la recién creada Junta Central. Los dos miembros más destacados de ella, bajo cuyas banderas se encuadraron los dos grandes partidos, fueron Floridablanca y Jovellanos, mártires ambos de la persecución de Godoy, ex— Ministros, valetudinarios y educados en los hábitos pedantes y lentos del cansino régimen español, la solemne, y ceremoniosa lentitud que se ha convertido en proverbial desde los tiempos de Bacon, quien exclamó una vez: "Ojalá la muerte me venga desde España, llegara tarde!".

Floridablanca y Jovellanos representaban un antagonismo que pertenecía a aquella porción del siglo XVIII que precedió a la era de la Revolución Francesa; el primero era un burócrata plebeyo; el segundo un aristócrata filántropo; Florida blanca era partidario y practicante del despotismo ilustrado, representado por Pombal, Federico II y José II; Jovellanos era "amigo del pueblo", que esperaba conducirlo por una rápida y juiciosa sucesión de las leyes económicas, y por la propaganda literaria de generosas doctrinas; opuestos los dos a las tradiciones del feudalismo; el uno intentando modernizar la monarquía; el otro pretendiendo librar a la sociedad civil de sus cadenas. Floridablanca gobernó omnímodamente como Primer Ministro de Carlos III, y su Gobierno se hacía más despótico en la medida que encontraba más resistencia. Jovellanos, cuya carrera ministerial bajo Carlos IV fue de escasa duración, conquistó su influencia sobre el pueblo no como Ministro sino como estudioso; no por decretos sino por ensayos. Cuando la tormenta de aquellos días llevó a Floridablanca, a la cabeza de un Gobierno revolucionario (la Junta Central), era ya octogenario, firme únicamente en su fe en el despotismo, y en su desconfianza en la espontaneidad popular. Al dejar la Municipalidad de Murcia para ir de delegado a Madrid, redactó una protesta secreta declarando que sólo había aceptado a la fuerza y ante el temor de los asesinatos populares, y que firmaba este protocolo con la intención expresa de prevenir al rey José contra cualquier crítica que pudiese dirigirle por haber aceptado el mandato popular. No satisfecho con volver a las tradiciones de su juventud, corrigió todos los actos de su anterior etapa Ministerial, juzgándolos ahora excesivamente temerarios. Y así, él, que había expulsado a los Jesuitas de España, apenas se encontró sólidamente instalado en la Junta Central les concedió el permiso de volver "como individuos privados". Si reconocía que había ocurrido algún cambio desde su época anterior, era simple—mente esto: que Godoy, que le había perseguido y había destituido de su gubernamental omnipotencia al gran Conde de Floridablanca, se viene ahora suplantado por el mismo Conde de Floridablanca, y expulsado a su vez. Ese era el hombre a quien la Junta Central nombró su Presidente, y en quien reconocía la mayoría al adalid infalible.

Jovellanos, quien tenía influencia minoritaria en la Junta Central, era también de edad avanzada y había perdido gran parte de su energía en un largo y penoso encarcelamiento que le infligió Godoy. Pero incluso en sus mejores tiempos no fue nunca un revolucionario de acción, sino sólo un bien intencionado reformador, quien, por exceso de delicadeza en sus métodos, nunca se atrevió a completar sus proyectos. En Francia quizás hubiese alcanzado la nombradía de un Mounier ó de un Lally Tollendal, pero nada más. En Inglaterra hubiera podido ser un miembro popular en la Cámara de los Lores. En España, insurrecciona da, fue capaz de suplir con ideas las aspiraciones de la juventud, pero no era capaz siquiera de competir con la servil tenacidad de un Florida blanca. No libre totalmente de los perjuicios aristocráticos, y consecuentemente con una fuerte inclinación hacia la anglomanía de Montesquieu, este carácter justo parecía probar que, si España era capaz de crear excepcionalmente una inteligencia con sentido universal, era solo al precio de su energía individual, que sólo poseía para asuntos locales.

Es verdad que la Junta Central incluía unos pocos hombres encabezados por don Lozano Calvo de Rosas, delegado de Zaragoza, que al mismo tiempo que adoptaban las reformas expuestas por Jovellanos, estimulaban toda acción revolucionaria. Pero su número era excesivamente reducido y sus nombres demasiado poco conocidos para permitirles empujar el lento carricoche gubernamental de la Junta y hacerle abandonar el trillado ceremonial español.

Este poder, tan chapuceramente compuesto, tan débilmente constituido, con tales supervivientes reminiscencias en su dirección, fue encargado de llevar a cabo una revolución y de batir a Napoleón. Si sus proclamas fueron tan vigorosas como débiles sus acciones, se debió a don Manuel Quintana, poeta español, a quien la Junta tuvo el gusto de nombrarle secretario y confiarle la redacción de sus manifiestos.

Los mismo que los pomposos héroes de Calderón, que confundiendo la distinción convencional con la genuina dignidad, gustaban anunciarse con una pesada enumeración de todos sus títulos, la Junta también se ocupó en primer lugar de decretar los honores y condecoraciones de la elevada posición de sus miembros. El Presidente recibió el tratamiento de Alteza, los demás integrantes de Excelencia, mientras que la Junta, en cuerpo, se reservaba el de Majestad. Adoptaron unos vistosos uniformes parecidos al de General, adornado el pecho con dos bandas representando los dos hemisferios, y se votaron un sueldo anual de ciento veinte mil reales. Querían con estos disfraces teatrales hacer una entrada digna en el escenario histórico de Europa.

Desde el principio la mayoría de la Junta Central creyó su principal deber suprimir los primeros arrebatos revolucionarios. En consecuencia, amordazó nuevamente la prensa, nombrando a un nuevo Gran Inquisidor, a quien por fortuna los franceses impidieron asumir sus funciones. Aunque la mayor parte de la propiedad rústica estaba entonces incluida como mano muerta en los mayorazgos de la nobleza y en los bienes inalienables de la Iglesia, la Junta ordenó suspender la venta de aquellos bienes, que ya había comenzado, amenazando con multar los contratos privados que afectaban a los bienes eclesiásticos que hubiesen sido vendidos. Reconocieron la deuda nacional, pero no tomaron medidas financieras para liberar la lista civil de una multitud de parásitos, a la que una sucesión secular de Gobiernos corrompidos había encumbrado; ni supieron reformar el sistema fiscal, proverbialmente injusto, absurdo y vejaminoso, ni hallar nuevos recursos productivos para romper definitivamente las cadenas del feudalismo. Finalmente, la Junta Central cometió la tontería de reconocer la superioridad del Consejo Real de Castilla, centro rabiosamente contrarrevolucionario, ante el cual prestó juramento de fidelidad.

Cierto que la Junta Central hacía declaraciones como la del 28 de octubre de 1809, "Un imbécil y decrépito despotismo preparó el camino a la tiranía francesa. Dejar al Estado sumergido en los viejos abusos hubiera sido un crimen tan horrible como abandonarle en manos de Bonaparte". Pero en la práctica se conducía favorablemente al imbécil y decrépito despotismo y combatía a Bonaparte más por revolucionario del sistema español que por invasor. Con todo, si la Junta hacía declaraciones de tal calibre, lo hacía por presión de las juntas provinciales que en el ardor de la lucha se iban convenciendo rudimentariamente de los nuevos rumbos que se estaban ofreciendo a la vida española. Las juntas provinciales veían vaga y lejanamente la derrota de Napoleón y de la monarquía borbónica como una promesa del futuro para España.

La Junta Central fracasó en la defensa del país porque había fallado en su misión revolucionaria. A este respecto decía el general Wellington en una carta dirigida a su hermano el Marqués de Welkaley, el 1°. de septiembre de 1809; "Tengo muchos temores, al ver el proceder de la Junta Central, de que en la distribución de sus fuerzas no conceda tanta importancia a la defensa militar y operaciones guerreras como a la intriga política y al logro de triviales objetivos políticos".

Ciertamente, la Junta Central no atendía al ejército como era su deber, de donde resultaban constantes insubordinaciones y amotinamientos. Y en este punto, si bien es verdad que el ejército permanente español fue derrotado en todas partes, a todas partes, sin embargo, acudió. Más de veinte veces disperso, siempre se halló listo de nuevo para hacer frente al enemigo, y frecuentemente reaparecía con redoblado vigor después de una derrota. Era inútil golpearle, porque escapaba ágilmente y sus pérdidas en hombres fueron generalmente pequeñas, y en cuanto al abandono del terreno, no le daba importancia. Se retiraba desordenadamente a las sierras donde estaba seguro de reagruparse y de reaparecer cuando menos lo esperaban, reforzado con nuevos elementos, y capaz, dio para resistir al ejército francés, para tenerle en continuo movimiento y obligarle a diseminar sus fuerzas.

La desastrosa batalla de Ocaña, el 19 de noviembre de 1809, fue la última gran batalla que los españoles riñeron; desde entonces se limitaron a la guerra de guerrillas. El mero hecho de abandonar la lucha regular prueba la desaparición del Poder Central ante las Juntas Locales. Cuando los desastres del Ejército nacional se hicieron corrientes, el auge de las guerrillas fue general, y el alma del pueblo, pensando poco en los desastres nacionales, se regocijó con los éxitos locales de sus héroes. En este punto la Junta Central acabó por participar del engaño del pueblo. "Más se habló en La Gaceta de cualquiera operación de guerrillas que de la batalla de Ocaña. Hay tres períodos distintos en la Historia de la guerra de guerrillas. En el primer período la población de todas las provincias tomó las armas e hizo una guerra de partidas, como en Galicia y Asturias.

En el segundo período, las bandas guerrilleras constituidas por los restos del ejército español, por españoles desertores del ejército francés, por contrabandistas, etcétera, realizaron la guerra como su propia causa, independientemente de toda influencia extraña y atentos, sólo, al interés inmediato. Circunstancias y acontecimientos afortunados, a menudo colocaron bajo su dominio distritos enteros. Mientras las guerrillas estuvieron así constituidas, no hicieron ninguna formidable aparición como cuerpo organizado, pero fueron, sin embargo, extremadamente peligrosas para los franceses. Constituyeron las bases del pueblo armado. Tan pronto como se ofrecía la oportunidad de efectuar alguna presa, o se meditaba la ejecución de alguna operación combinada, la parte más activa y emprendedora del pueblo se unía a las guerrillas. Caían con extrema rapidez sobre su botín o colocábanse en orden de batalla, según el objeto de su empresa. No era raro verlas todo un día acechando al enemigo con la finalidad de interceptar un convoy o capturar refuerzos. Fue en esta forma que el joven Mina apresó al virrey de Navarra, nombrado por José Bonaparte, y que Julián hizo prisionero al comandante de Ciudad Rodrigo. Así que la hazaña quedaba cumplida, cada cual volvía a sus tareas, y los hombres armados se derramaban en todas direcciones; y los campesinos juramentados volvían prestamente, a sus operaciones "sin que su ausencia hubiera sido notada". En esta forma las comunicaciones por los caminos fueron cerradas. Centenares de enemigos se hallaban en el lugar escogido, sin que fuese posible descubrirles. Ningún correo podía despacharse que no fuera apresado; no podían salir los refuerzos sin ser interceptados; no era posible emprender movimiento alguno, en resumen, que no estuviera vigilado por centenares de ojos. A la vez no había forma de golpear en su raíz una combinación de esta naturaleza. Los franceses tuvieron que estar continuamente armados contra un enemigo inatacable, que reaparecía siempre, y que estaba en todas partes sin ser visto en ninguna, siriviéndole las montañas de cortina, "No fueron dice el abate Pradt ni las batallas ni los combates los que aniquilaron las fuerzas francesas, sino las molestias incesantes de un enemigo invisible, quien, al ser perseguido se diluía en el pueblo, reapareciendo inmediatamente después con redoblada energía. El león de la fábula, atormentado hasta la muerte por un mosquito, nos da la situación exacta del ejército francés".

En el tercer período, las guerrillas imitaron la composición del ejército regular, aumentaron sus efectivos de 3.000 a 6.000 hombres y cayeron en manos de unos cuantos jefes que hicieron con ellas lo que más convenía a sus propios intereses. Este cambio en el sistema de las guerrillas dio a los franceses, en los encuentros con ellas, una ventaja considerable. Imposibilitados de esconderse a causa de su volumen, e incapaces de desaparecer súbitamente sin verse obligados a presentar combate, como hacían antes, los guerrilleros fueron ahora frecuentemente sorprendidos, derrotados, dispersos e incapacitados por mucho tiempo de ofrecer una molestia efectiva.

Comparando los tres períodos de la guerra de guerrillas con la historia política de España, vemos que ellos representaban los grados respectivos por los que el espíritu contrarrevolucionario del Gobierno había logrado enfriar el espíritu del pueblo. Habiendo empezado por el levantamiento de poblaciones enteras, la guerra de partidas se convirtió luego en guerra de guerrillas, de las cuales formaban todos los distritos la reserva, y terminaron en corp francs hasta estar a punto de degenerar en partidas de salteadores, o hundirse en las levas de los regimientos regulares.

El distanciamiento del Gobierno Central, la disciplina relajada, los continuos desastres, la constante formación, descomposición y recomposición de los cuerpos durante seis años, todo ello dio necesariamente a la colectividad del ejército español su carácter pretoriano, haciéndole igualmente apto para servir a sus jefes como para convertirse en su azote. Los generales reñían entre ellos, o conspiraban contra el Gobierno Central, echando siempre el peso de su espada en la balanza política. El general Cuesta que pareció más tarde ganar la confianza de la Junta Central a compás de perder las batallas por su país, había empezado a conspirar con el Consejo Real para arrestar a los diputados leoneses en la Junta Central. El mismo general Morla; miembro de la Junta Central, se pasó al campo bonapartista, después de haber entregado Madrid a los franceses. El ridículo Marqués de la Romana, miembro también de la Junta, conspiraba con el vanaglorioso Francisco Palafox, y el miserable Montijo y la turbulenta Junta de Sevilla, contra aquella, los generales Castaños, Blake, La Bisbal, un O'Donnell, en tiempos de las Cortes figuraban como Regentes o conspiraban, sucesivamente, y el Capitán General de Valencia, don Javier Elío, entregó finalmente España a merced de Fernando VII. El elemento pretoriano estuvo, cierta mente, más desarrollado entre los generales que entre sus soldados.

Por otra parte, el ejército y los guerrilleros, los cuales recibieron durante la guerra parte de sus jefes de la filas de los distinguidos oficia les de línea, como Porlier, Lacy, Feroles y Villacampa, mientras que el ejército regular recibía a su vez jefes guerrilleros, tales como Mina, Empecinado, etcétera, fue la parte más revolucionaria de España, reclutada como estaba en todas las clases sociales, incluyendo la totalidad de la fogosa, animosa y patriótica juventud, impermeable a la influencia soporífica del Gobierno Central; emancipada de los grillos del viejo régimen; parte de ellos, como Riego, habiendo regresado de Francia después de unos años de cautiverio. No podemos, pues, sorprendernos de la influencia ejercida por el ejército español en las condiciones sub-siguientes; ni cuando tomaba la iniciativa revolucionaria, ni cuando malgastaba la revolución con el pretorianismo.

A grandes rasgos queda descrita la Junta Central de Madrid que pretendía arrojar a los franceses del suelo español; que tenía en sus manos una revolución democrática que podía ser antimonárquica, y que extendía su jurisdicción desde España hasta las Filipinas y hasta América.

CONSTITUCIÓN DE CÁDIZ DEL 19 DE MARZO DE 1812

Hemos de agotar el tema de la coyuntura internacional de la guerra de independencia de España que favoreció la liberación de América.

A la vez que se peleaba en el frente con ejércitos regulares o con guerrillas, también se pensaba en la evolución de la Monarquía absoluta hacia la Monarquía Constitucional, por medio de una Asamblea que en España. llevaba el nombre de Cortes Extraordinarias.

Las Cortes Extraordinarias se reunieron en la Isla de León el 24de septiembre de 1810. De la Isla de León pasaron a Cádiz el 20 de febrero de 1811. Promulgaron la nueva Constitución el 19 de marzo de 1812, y finalizaron sus sesiones tres años después, o sea el 20 de septiembre de 1813.

Las circunstancias bajo las cuales se reunieron estas Cortes no tienen paralelo en la historia. Nunca antes ningún cuerpo legislativo había reunido a sus miembros de tan distintas partes del mundo, ni pretendido organizar tan inmensos territorios en Europa, América y Asia, con tal diversidad de razas y tal complejidad de intereses, mientras la totalidad de España era ocupada por los franceses, y el Congreso mismo, aislado del resto de la Nación por un ejército enemigo y relegado a una pequeña lengua de tierra, tenía que legislar a la vista de un ejército circundante y sitiador. Desde el remoto ángulo de la Isla de Gaditana emprendieron la fundación de una nueva España, como habían hecho sus antepasados desde las montañas de Covadonga y Sobrarbe.

¿Cómo se puede explicar el curioso fenómeno de que la Constitución de 1812, acusada después por las testas coronadas de Europa, reunidas en Verona, como la más incendiaria creación del jacobinismo, brotara del cuerpo de la vieja España monástica y absolutista, en el mismo momento en que parecía totalmente entregada a la lucha de una guerra santa contra la revolución? ¿Cómo, por otra parte, podríamos comprender la súbita desaparición de esta misma Constitución, desvanecida como una sombra al entrar en contacto con un Borbón? Si el alumbramiento de esta Constitución es un enigma, su muerte no lo es menos. Para resolver el enigma nos proponemos empezar por una nueva revisión de la misma Constitución de 1812, la cual intentaron los españoles viabilizar en dos épocas subsiguientes: durante el período de 1820- 23, y después de 1836.

La Constitución de 1812 consta de 334 artículos, y comprende las 10 subsiguientes divisiones:1. Sobre la nación española y los españoles. 2. Sobre el territorio de España; su religión, gobierno y sobre los ciudadanos españoles. 3. Sobre las Cortes. 4. Sobre el Rey. 5. Sobre los Tribunales y la Administración de Justicia en asuntos civiles y criminales. 6. Sobre el Gobierno interior de las Provincias y Municipios.7. Sobre los impuestos. 8. Sobre las fuerzas militares nacionales. 9. Sobre la educación pública. 10. Sobre la observancia de la Constitución, y procedimiento para efectuar alguna alteración en el texto.

Partiendo del principio que "La soberanía reside esencialmente en la nación, a la cual, en consecuencia, pertenece exclusivamente el derecho de establecer leyes fundamentales", la Constitución, sin embargo, proclama la división de poderes, según la cual "el poder legislativo reside en las Cortes juntamente con el Rey; "la ejecución de las leyes compete al rey", "la aplicación de las leyes en los asuntos civiles y criminales pertenece exclusivamente a los Tribunales; ni las Cortes ni el Rey estarán autorizados en ningún caso para ejercer la autoridad judicial, fallar causas pendientes ni ordenar la revisión de sentencias conclusas".

La base de la representación nacional es la población misma, un Diputado para cada 70.000 almas. Las Cortes consisten en una Cámara, la baja, y los Diputados son elegidos por sufragio universal. El derecho al voto es otorgado a todos los españoles, con la sola excepción de los sirvientes domésticos, los insolventes y los criminales. Después de 1830, ningún ciudadano disfrutaba de este derecho si no sabía leer y escribir. La elección, es, sin embargo, indirecta, pasando por los tres grados de parroquial, de distrito y provincial. No se señalan condiciones especiales para ser elegible Diputado, aunque el artículo 92 indica que "para ser elegible Diputado a Cortes es necesario poseer una renta anual proporcionada, procedente de bienes inmuebles de su propiedad personal"; pero el artículo 93 suspende el artículo precedente, hasta que las Cortes señalen, en sus futuras sesiones, cuando podrá entrar en vigencia. El Rey no tiene nunca el derecho de disolver o prorrogar las Cortes las cuales se reunirán anualmente en la Capital el primero de marzo, sin necesidad de convocatoria, y actuarán por lo menos tres meses consecutivos.

Nuevas Cortes serán elegidas cada dos años, y ningún Diputado podrá obtener el mandato en dos Cortes consecutivas; es decir, se podrá solamente ser reelegido después de una interrupción de dos años en el cargo de Diputado. Ningún Diputado puede pedir ni aceptar recompensas, pensiones u honores del Rey. Los Secretarios de Estado, los Consejeros de Estado y todos aquellos que desempeñen oficios o cargos en Palacio o en la Mayordomía no podrán ser elegibles Diputados a las Cortes. Ningún empleado público del Gobierno puede presentarse candidato por la provincia en que desarrolla sus funciones. Para indemnizar a los Diputados de sus gastos, las respectivas provincias contribuyen lo mismo que las Cortes, abonándoles una dieta, cuya cuantía será fijada por las Cortes, en cada segundo año de su funcionamiento, para quienes les sucedan en las Cortes siguientes. Las Cortes no pueden deliberar en presencia del Rey. Cuando los Ministros tengan que dar cuenta a las Cortes de una comunicación del Monarca, pueden estar presentes en los debates, y si las Cortes lo consideran oportuno tomar parte en los mismos, pero tendrán que ausentarse en el momento de la votación. El Rey, el Príncipe de Asturias y los Regentes deben jurar la Constitución ante las Cortes, las cuales decidirán también cualquier cuestión de hecho o de derecho que pueda surgir, relacionada con la sucesión de la Corona, y nombrar una Regencia, si fuese necesario. Las Cortes aprobarán, previa ratificación, toda clase de tratados de alianza, o de subsidio o comercio, permitirán o negarán la admisión de tropas extranjeras en el territorio nacional, decretarán la creación o supresión de oficios en los Tribunales establecidos por la Constitución, y también la creación o abolición de servicios públicos; determinarán cada año, con la recomendación del Rey, el número de fuerzas de mar y tierra en paz y en guerra, proveerán de ordenanzas al ejército, la flota y la milicia nacional en todas sus ramas; fijarán los gastos de la Administración Pública, establecerán los impuestos anuales, concertarán empréstitos, en caso de necesidad, sobre el crédito de los fondos públicos, decidirán en todos los casos concernientes a la moneda, pesas y medidas; establecerán un plan de instrucción pública, protegerán la libertad de la prensa, lograrán que sea real y efectiva la responsabilidad de los Ministros, etcétera. El Rey solamente dispondrá del derecho de veto, que podrá usar en dos sesiones consecutivas; pero si el proyecto de la ley fuera presentado por tercera vez, y aprobado por las Cortes el año siguiente, se entenderá que el Rey ha de dar su conformidad, y tiene que darla. Antes de clausurarse, las Cortes nombrarán una Comisión Permanente, compuesta de siete Diputados, residentes en la Capital, hasta la próxima asamblea de las Cortes, honrados con poderes para vigilar el cumplimiento estricto de la Constitución y la Administración de las leyes; dando cuenta a las Cortes siguientes de cualquier infracción que hubiesen observado, y autorizada para convocar Cortes extraordinarias si alguna situación crítica lo requería. El Rey no puede abandonar el reino sin el consentimiento de las Cortes. También lo necesita para contraer matrimonio. Las Cortes fijan el presupuesto anual de la Casa Real.

El único Consejo Privado del Rey es el Consejo de Estado, en el cual los Ministros no tienen asiento, y que consta de cuatro Grandes de España y el resto formado por distinguidos administradores todos ellos seleccionados por el Rey de una lista de ciento veinte personas nombradas por las Cortes; pero ningún Diputado puede ser Consejero, y ningún Consejero aceptar servicios, honores o empleados del Rey. Los Consejeros de Estado no pueden ser removidos sin razones justificadas, probadas delante de la Suprema Corte de Justicia. Las Cortes fijan el sueldo a estos Consejeros, cuya opinión debía escuchar el Rey en todos los asuntos importantes y los cuales nombran los candidatos a los cargos eclesiásticos y judiciales. En los asuntos referentes a la Judicatura se suprimen. todos los viejos Consejos, se crea una nueva organización de los Tribunales, estableciéndose una Corte Suprema de Justicia para juzgar a los Ministros acusados, tomar conocimiento de las dimisiones y suspensiones de los Consejeros de Estado y de los Oficiales de las Cortes de Justicia, etcétera. Sin probar que se ha intentado la reconciliación; ningún pleito puede tramitarse. Se suprime la tortura, el apremio y la confiscación de la propiedad. Todos los Tribunales especiales quedan abolidos, salvo los eclesiásticos y militares, contra cuyas decisiones se puede apelar ante la Suprema Corte.

Para el gobierno interior de las ciudades y municipios, cuando no existiera, debían formarse ayuntamientos en los distritos cuya población tuviera más de mil habitantes, constituidos por uno o más magistrados, regidores y consejeros públicos, presididos por el corregidor y elegidos mediante elecciones. Ningún empleado público en ejercicio, nombrado por el Rey, puede ser elegido magistrado, regidor o consejero público. Los cargos municipales serán deberes públicos, de los cuales nadie podrá ser eximido, salvo por razones legales. Las corporaciones municipales cumplirán todas las obligaciones bajo la inspección de la Diputación provincial.

El gobierno de las provincias estará regido por el Gobernador nombrado por el Rey. Este Gobernador está vinculado con una Diputación, a la que preside, y que es elegida por los distritos cuando se les convoca a elecciones para nombrar nuevas Cortes. Estas Diputaciones provinciales constan de siete miembros, asistidos por un secretario, pagado por las Cortes. Las Diputaciones celebrarán a lo sumo noventa sesiones por año. A causa de los poderes y deberes que se les asignan, pueden ser consideradas Comisiones Permanentes de las Cortes. Todos los miembros de los Ayuntamientos y Diputaciones, al empezar su mandato, jurarán fidelidad a la Constitución. Con relación a los impuestos, todos los españoles están obligados, sin distinción ninguna, a contribuir, en proporción a sus medios, a los gastos del Estado. Todas las aduanas interiores serán suprimidas, a excepción de los puertos y fronteras. Todos los españoles están obligados a prestar servicio militar, y además del ejército regular se formarán cuerpos de milicias nacionales en cada provincia, constituidos por los habitantes de la misma, en proporción a la población y circunstancias. Y finalmente, la Constitución de 1812 no puede ser alterada, aumentada ni corregida en ninguno de sus extremos, hasta ocho años después de llevarse a la práctica.

Cuando las Cortes trazaron este nuevo plan del Estado español, estaban naturalmente convencidas que una Constitución tan moderna sería, en muchos aspectos, incompatible con el viejo sistema social, y en consecuencia promulgaron una serie de decretos tendentes a lograr un cambio orgánico en la sociedad civil. Abolieron así la Inquisición. Suprimieron las jurisdicciones señoriales, con sus exclusivos, prohibitivos y privativos privilegios feudales, como los de caza, pesca, bosques, molinos, etcétera, excepto aquellos adquiridos mediante compra y que debían ser reembolsados. Abolieron los diezmos en todo el país, suspendieron las designaciones para toda clase de prebendas eclesiásticas innecesarias al cumplimiento de los servicios divinos y tomaron medidas para suprimir los monasterios y secuestrarles la propiedad.

Intentaron transformar los inmensos yermos, los cotos reales y dominios comunales, en propiedad privada, por la venta de la mitad de ellos para dedicarla a la extinción de la deuda pública, distribuyendo otra parte, por sorteo, a los soldados desmovilizados de la guerra de independencia y reservando una tercera parte para repartir lotes, gratuitamente también y mediante el azar, al campesinado pobre, ansioso de poseer, pero sin medios para ello.

Revocaron las leyes absurdas que impedían convertir las tierras de pastos en tierras laborables o transformar éstas en terrenos de pastoreo, y en general, liberaron la agricultura de toda clase de viejas, arbitrarias y ridículas regulaciones. Derrocaron todas las leyes feudales sobre arrendamientos agrícolas y la ley mediante la cual el sucesor de un propietario no estaba obligado a extender nuevo contrato, expirando los arriendos desde entonces. Abolieron el "voto de Santiago", bajo cuyo nombre se denotaba un viejo tributo que obligaba a la entrega, por los campesinos de algunas provincias, de cierta cantidad del mejor pan y del mejor vino para el mantenimiento del Arzobispo y Cabildo de Santiago. Decretaron la implantación de un alto impuesto progresivo, etcétera.

Siendo una de las preocupaciones principales retener la posesión de las colonias de América, que habían empezado a sublevarse, reconocieron la igualdad política de los españoles de América (criollos y peninsulares) y de Europa, proclamando una amnistía general, sin excepción alguna, expidiendo· decretos contra la opresión que pesaba sobre los nativos originarios de América y Asia, cancelando los repartimientos, las mitas, aboliendo el monopolio del mercurio y dando un ejemplo a Europa al suprimir la trata de esclavos.

La Constitución de 1812 ha sido acusada por una parte de ser una mera imitación de la Constitución francesa de 1791, trasplantada a suelo español por visionarios, olvidándose de las tradiciones históricas de España. Por otra parte, se ha dicho que unas Cortes necias apegadas a fórmulas anticuadas, se inspiraron en los antiguos fueros pertenecientes a la época feudal, cuando la autoridad real estaba controlada por los exorbitantes privilegios de la grandeza.

La verdad es que la Constitución de 1812 es una reproducción de los viejos Fueros, pero redactada a la luz de la Revolución francesa y adaptada a las necesidades de la sociedad moderna. El derecho a la insurrección, por ejemplo, es mirado como una de las más temerarias innovaciones de la Constitución jacobina de 1793;

pero el mismo derecho se encuentra en los viejos Fueros de Sobrarbe, donde se le llama "privilegio de la Unión". También se halla en la antigua Constitución de Castilla. Según los Fueros de Sobrarbe el Rey no podía concertar la paz ni declarar la guerra, ni firmar tratados sin el previo consentimiento de las Cortes. La Comisión Permanente constituida de siete miembros de las Cortes, para observar el cumplimiento estricto de la Constitución durante el receso del Cuerpo Legislativo, estaba establecida en Aragón de mucho antes, y fue introducida en Castilla cuando las Cortes Generales de la Monarquía se unieron en un solo Cuerpo. Una institución similar existía todavía en el reino de Navarra cuando la invasión francesa. En cuanto a la formación del Consejo de Estado, constituido por una lista de 120 personas presentadas por las Cortes al Rey y pagadas por ellas —esta singular creación de la Constitución de 1812—fue sugerida por el recuerdo de la influencia fatal ejercida por las camarillas, de todas las épocas, sobre la Monarquía española. El Consejo de Estado intentaba suplantar la camarilla. Además, otras instituciones análogas existieron en el pasado. En tiempo de Fernando VI, por ejemplo, el Rey estuvo siempre rodeado de doce comisionados, nombrados por las ciudades de Castilla, para servirle de consejeros privados; y en 1419, los Delegados de las ciudades se quejaron de que sus comisionados no fueran ya admitidos en el Consejo Real. La exclusión en las Cortes de los altos funcionarios y de los servidores de la Casa Real, así como la prohibición a los Diputados de aceptar honores y cargos de parte del Rey, parece, a primera vista, inspirada por la Constitución de 1791, y emanada, naturalmente, de la moderna división de poderes, sancionada por la Constitución de 1812. Pero, en realidad, no solamente encontramos precedentes en la vieja Constitución de Castilla, sino que sabemos, además, que el pueblo, en ocasiones distintas se insurreccionó y mató a los Diputados que habían aceptado honores y empleos de la Corona. Y en cuanto al derecho de las Cortes de nombrar Regencias en caso de minorías de edad, había sido continuamente ejercido por las viejas Cortes de Castilla, durante las largas regencias del siglo XIV.

Es verdad que las Cortes de Cádiz despojaron al Rey del poder que siempre había ejercido de convocar, disolver o prorrogar las Cortes; pero como éstas habían caído en desuso, debido al abuso que el Rey hacía de sus privilegios, era más que evidente la necesidad de cancelárselos. Los hechos presentados bastarán para probar que la limitación de los poderes reales —el más sorprendente hecho de la Constitución de 1812—, plenamente explicable, además, por el reciente recuerdo del escandaloso y vil despotismo de Godoy, tenían sus orígenes en los antiguos Fueros de España. Las Cortes de Cádiz sólo transfirieron el control de los estatus privilegiados a la representación nacional. El miedo de los reyes españoles a los viejos Fueros puede verse en el hecho de que cuando hubo necesidad, en 1805, de redactar una nueva colección de leyes para España, una Real Orden mandó suprimir todas las reminiscencias del feudalismo contenidas en la última recopilación de leyes, y pertenecientes a una época en que la Monarquía, a causa de su debilidad, se veía obligada a contraer con sus vasallos compromisos atentatorios a su poder soberano.

Si la elección de los Diputados por sufragio universal constituyó una innovación, no debe olvidarse que las Cortes de 1812 fueron ellas mismas elegidas en esa forma, y que todas las Juntas habían sido elegidas así; por tanto, una limitación en esa dirección hubiera parecido una infracción a un derecho conquistado por el pueblo; y, finalmente, que privar de ese derecho a los insolventes, en una época en que la mayor parte de la propiedad rural estaba incluida como mano muerta, hubiera excluido a la mayor parte de la población.

La reunión de los Representantes en un. solo local no fue de ningún modo copiada de la Constitución francesa de 1791, como sostenían los tories ingleses. Bajo Carlos I (Carlos V de los alemanes) la aristocracia y el clero habían perdido sus escaños en las Cortes de Castilla. Pero incluso en la época en que las Cortes estaban divididas en brazos, que representaban los distintos estados, se reunían en asamblea en un solo local, separados simplemente por los asientos, y votaban en común. En las provincias, en las cuales sólo las Cortes poseían un poder efectivo, a raíz de la invasión francesa, Navarra continuaba la vieja costumbre de convocar las Cortes por estados; pero en las Vascongadas las asambleas, que eran completamente democráticas, no admitían ni siquiera al clero. Además, si el clero y la nobleza habían conservado sus irritantes privilegios, hacía tiempo que habían dejado de constituir cuerpos políticos independientes, cuya existencia constituía las bases de la posición de las antiguas Cortes.

La separación del Poder Judicial del Ejecutivo, decretada por las Cortes de Cádiz, era solicitada en España por los más perspicaces hombres de Estado del siglo XVIII; y el odio general que el Congreso Real atrajo sobre sí desde el principio de la Revolución, hizo sentir a todos la necesidad de limitar los Tribunales a su propia esfera de acción.

La sección de la Constitución que hace referencia al gobierno municipal de los Ayuntamientos, es de puro linaje español. Las Cortes sólo restablecieron el viejo sistema municipal, pero le despojaron de su carácter medieval. Al conceder a los Diputados provinciales los mismos derechos para el Gobierno interno de la Provincia que tenían los Ayuntamientos para la administración municipal, las Cortes los modelaron, imitando instituciones similares todavía en uso en Asturias, Navarra y Vizcaya en tiempo de la invasión. Aboliendo las exenciones para el servicio militar, las Cortes sancionaban lo que ya se había convertido en práctica general durante la guerra de independencia. La abolición de la Inquisición no fue tampoco otra cosa que la sanción de los hechos, pues el Santo Oficio, aunque restablecido por la Junta Central, no se había atrevido a reemprender sus funciones, y sus santos miembros es—tuvieron satisfechísimos de embolsar sus salarios y esperar prudentes mejores tiempos. En cuanto a la supresión de los abusos feudales, las Cortes no fueron tan lejos como la reforma solicitada en el famoso memorial de Jovellanos, presentado en 1795 al Consejo Real, en nombre de la Sociedad Económica de Madrid.

Los Ministros del despotismo ilustrado del siglo XVIII, Florida blanca y Campomanes, ya habían empezado a tomar medidas en esta dirección. No debemos tampoco olvidar que, simultáneamente con la existencia de las Cortes, estaba instalado en Madrid un Gobierno francés, el cual había barrido en todas las provincias sometidas a las armas de Napoleón, con todas las instituciones monásticas y feudales, y había introducido el moderno sistema de administración. La prensa bonapartista denunciaba a la insurrección como producida enteramente por artificios y engaños de Inglaterra, asistida por los monjes y la inquisición. En qué intensidad la rivalidad con el Gobierno intruso puede haber ejercido una saludable influencia sobre las decisiones de las Cortes, puede inferirse por el hecho que la misma Junta Central en su decreto fechado en septiembre de 1809, en el que se anuncia la convocatoria de las Cortes, se dirige a todos los españoles en los siguientes términos: "Nuestros detractores dicen que nos estamos batiendo para defender los viejos abusos inveterados de nuestro corrompido Gobierno. Que sepan que nuestra lucha es para conseguir la felicidad, así como la independencia de nuestro país, que no queremos depender en lo venidero de una voluntad incierta o de los distintos temperamentos de un solo hombre".

Por otra parte, hemos hallado en la Constitución de 1812 síntomas inequívocos de un compromiso concertado entre las ideas liberales del siglo XVIII y las oscuras tradiciones del clero. Basta citar el artículo primero, según el cual "la religión de la nación española es, y será perpetuamente, Católica, Apostólica, y Romana, la única religión verdadera. La nación la protegerá con sabias y justas leyes y prohibirá el ejercicio de otra cualquiera"; o el artículo 173, que ordenaba al Rey, cuando su ascensión al trono, prestar el siguiente juramento ante las Cortes: "Yo, el Rey de España por la gracia de Dios y de la Constitución de la Monarquía Española, juro ante el Todopoderoso y los Santos Evangelios, conservar y defender la religión Católica, Apostólica y Ro—mana y no tolerar a ninguna otra en el Reino".

Después de un análisis más atento de la Constitución de 1812, llegamos a la Conclusión que, en lugar de ser una copia servil de la Constitución francesa de 1791, era el genuino y original florecimiento de la vida intelectual española, regenerando las antiguas instituciones nacionales, introduciendo las medidas reformistas tesoneramente solicitadas por los más renombrados autores y hombres públicos del siglo XVIII, haciendo las inevitables concesiones a los prejuicios populares.

LA INFLUENCIA DE NAPOLEÓN EN LA INDEPENDENCIA DE AMÉRICA

Prácticamente se puede decir que el movimiento revolucionario de América es de tipo autóctono, generalizado, municipal e inconexo hasta 1800.Esto lo hemos visto detalladamente a lo largo del presente estudio. Adquiere la coyuntura internacional necesaria para alcanzar la victoria en 1808. Los hemos repetido infinidad de veces. Ya en condiciones internacionales, cobra una fuerza extraordinaria en 1810. Florecen entonces los poderosos alzamientos de México, Venezuela y el Río de la Plata. Infatigables los americanos en su lucha por la libertad, a la vez que manifiestan su rebeldía en este Continente asisten a las Cortes de Cádiz que promulgan la Constitución de 1812. Si habían apoyado la causa de Fernando "el deseado", prisionero de Napoleón, sufren tremenda decepción cuando dicho monarca vuelve al trono y en vez de jurar la Constitución establece la Monarquía absoluta en 1814. Los alzamientos adquieren más fuerza y operan al unísono con los alzamientos del ejército en la propia España. Los alzamientos de América son, primariamente, por la independencia, mientras que los de España son, primariamente, por la Monarquía Constitucional.

Napoleón sufrió tremenda derrota en Moscú en 1812 y fue vencido totalmente en Waterloo en 1815. A partir de este año se inicia lo que llamamos modernamente la post—guerra, que elevó el espíritu revolucionario de los pueblos americanos, permitió la definitiva liberación de América, favoreció la transformación de Europa, elevó a Inglaterra a la condición de primera potencia mundial y provocó el hundimiento definitivo de España.

Debilitada España hasta el último extremo, Inglaterra no dejó un momento de estimular el movimiento libertador de América con fines egoístas.

¿Cómo se interpretó en América la invasión de Napoleón a España? Ya hemos dicho que existían dos interpretaciones, una, la de los peninsulares del Estado colonial y de la Iglesia, y otra la de los americanos criollos que insistentemente clamaban justicia y libertad. Los primeros, desde los virreyes hasta los alguaciles y desde los arzobispos hasta los frailes, decidieron apoyar la causa de Fernando VII y adherirse a la Junta de Sevilla; mientras que los segundos, pusieron en práctica una política que se ajustaba a sus posibilidades en cada momento. Pero en líneas generales desde 1810, los peninsulares dominaron la situación en toda América, menos en algunos puntos como México, Venezuela y Buenos Aires; y los americanos, empezaron a dominar la situación desde 1810hasta la gloriosa batalla de Ayacucho en 1824.

Ejemplo vivo de la dominación peninsular la tenemos en Guatemala en esos años… Ramón A. Salazar en su libro "Historia de veintiún años" nos ilustra al respecto: "El 14 de agosto (no dice el año) se recibieron en Guatemala, por oficio reservadísimo del virrey de México, las noticias de los acontecimientos de Bayona, por el cual se supo aquí que Napoleón obtuvo la abdicación de Carlos ÎV de la corona de España a favor de Bonaparte y la concentración del Príncipe de Asturias y los Infantes al Castillo de Valencey. En el acto, convocó el Capitán General una junta de las primeras autoridades, compuesta por los Ministros del Real Acuerdo, el Arzobispo Metropolitano, el Cabildo Eclesiástico, el Ayuntamiento, los Prelados de los Conventos de Religiosos y los Jefes principales del Ejército, para deliberar sobre tan graves como inesperados acontecimientos. Don Antonio González y Saravia, expuso en breves frases la situación en la Península, haciendo resaltar la perfidia de Bonaparte. Las autoridades guatemaltecas juntamente indignadas, declararon unánimemente que no reconocían ni reconocerían en tiempo alguno, los expresados actos, teniéndolos, como los tenían, por desnudos de toda autoridad y fuerza intrínseca, y por violentos, ilegales y nulos por derecho. Protestaron en acta levantada al efecto, no reconocer ninguna autoridad extranjera, sino la de sus legítimos reyes, y renovaron el juramento de fidelidad a su soberano Fernando VII. Estaban en su derecho, y cumplían con su deber: los individuos que aquella acta firmaron eran los empleados nombrados por el Rey; eran todos españoles o americanos leales, y no podían hacer otra cosa"

Declarada la guerra por la Junta Suprema de Sevilla, a Napoleón y a la Francia, Mollinedo y Saravia dio orden que se cerraran los puertos del reino a todos los buques extranjeros, aunque fuesen ingleses, los que se considerarían, si llegaban a ellos, como simples parlamentarios; previniendo en el mismo decreto que se secuestraran las propiedades de los ciudadanos franceses aquí residentes, asegurándose además de sus personas, excepto aquellas que de antiguo estuviesen radicadas en el país.

El 19 del mismo mes, Mollinedo y Saravia publicó un edicto abriendo una suscripción bajo el título de "Donativo patriótico y voluntario", cuyo producto debería remitirse íntegramente a España para ayuda de la guerra y a disposición de Fernando VII o a la de que a su nombre gobernara. En diciembre del año siguiente, a pesar de la pobreza del país que requería doscientos mil pesos para cubrir sus necesidades administrativas, el Donativo había producido $1.066.996.2 reales que fueron remitidos íntegramente en añiles o en plata efectiva o en libranzas contra Holanda. Se distinguieron en la donación las comunidades indígenas con 100.000, don Gregorio Urruela con 21.000 y pico, el Marqués de Aycinena, con 20.000 y tantos, el Arzobispo Peñalver y Cárdenas con 21.000 y una apreciable fracción, y don Gregorio Castricciones, de San Salvador, con 11.500.

Hay que recordar—dice Salazar— que el comercio general de todo el Reino no llegaba a un millón de pesos. Además, el país estaba escasísimo de numerario, y como se remitiera gran parte de aquella cantidad en plata efectiva, la situación y angustia pecuniarias llegaron a su colmo. Aquello fue, pues, un acto de verdadero suicidio. Y ya desde antes la situación era aflictiva, porque Guatemala había mandado fuertes sumas a España, cuando esta, por culpa de Carlos IV, hizo la guerra a Francia que terminó con el Tratado de Basilea.

El Manifiesto de la Junta de Sevilla, de 17 de junio de 1808, se leyó con entusiasmo en Guatemala. Se explicaba en él los sucesos de Bayona, las intrigas de Godoy, la abdicación de Carlos IV, la legitimidad de Fernando VII y la felonía de Bonaparte. Todo esto enardeció los ánimos en Guatemala. Además, el Manifiesto contenía algo nuevo y extraordinario. Estando España en armas, invitaba a sus hermanos de América a que se unieran a ellos enviándoles los caudales públicos y cuanto pudieran adquirir por donativos patrióticos para defender todos juntos, y cada uno según su capacidad, a la Religión, al Rey y a la Patria. En cambio de aquellos donativos se prometía a los americanos, la libertad de comercio y navegación y otras cosas de menor cuantía.

La capital de la Colonia celebró la jura de Fernando VII, el 12 de diciembre de 1808, con tal pompa, que aquellas festividades que dejaron recuerdo duradero, no podían admitir comparación con las otras fiestas reales, celebradas durante los trescientos años del coloniaje.

La Junta Central de Sevilla expidió una real orden el 22 de enero de 1809 en que se reconocía el derecho de los americanos a tomar parte en el Gobierno nacional, para lo cual se procedería a elegir representantes por los Virreinatos de Nueva España, Nueva Granada, Perú y el Río de la Plata y por las Capitanías Generales de la Isla de Cuba, Puerto Rico, Guatemala, Venezuela, Chile y las Filipinas, Entre nosotros procedieron a elegir sus representantes los Ayuntamientos de Guatemala, Ciudad Real, San Salvador, Comayagua, León, San José de Costa Rica, Quezaltenango, Santa Ana, San Miguel, Sonsonate, San Vicente, Tegucigalpa, Granada, Nueva Segovia y Cartago. Estas elecciones se llevaron once meses.

Napoleón —sigue diciendo Ramón A. Salazar—, en cuyo cerebro bullían las más vastas ideas de dominación del mundo —liberación, diríamos nosotros—, al mismo tiempo que tenía conmovida y admirada a Europa con sus portentosas hazañas, trataba de solivianar a América y ganar para sus intereses a los principales gobernantes de las Colonias y sus agentes inmediatos.

Si contaba con su genio y sus ejércitos para dominar el Viejo Mundo, creía que el dinero le bastaría para conseguir igual objeto en este Continente. Para ese efecto, y de acuerdo con su hermano José, esparció en él a sus agentes, los cuales obedecían a un jefe, Monsieur Dolart, radicado en Baltimore, centro de sus operaciones.

Su plan consistía en promover la insurrección de las Colonias, para lo cual se haría comprender a los criollos que el único deseo de Bonaparte era arrancar a los americanos —que así quisieron llamarse los criollos desde la paz de Versalles—, del yugo de España y ayudarlos con fuerzas y dinero a obtener su independencia y en cambio de lo cual no exigía más que la amistad de estos pueblos, y el libre intercambio de sus productos con Francia.

Conociendo el estado social de las Colonias y los resortes más sensibles con que podía moverlas, sus instrucciones eran: Conseguir a todo trance el apoyo del bajo Clero y la ayuda de los criados de los gobernantes, para conocer por ellos los secretos de sus amos; no se declararía contra la Iglesia y el Santo Oficio; se respetarían las creencias religiosas y el tema y mote de toda proclama insurreccional debía ser: "Viva la religión Católica, Apostólica, Romana"; Perezca el mal gobierno!".

Un tal general D'Almivar, se introdujo disfrazado por el Norte de Nueva España para poner en práctica aquellos proyectos; pero fue arrestado en Texas y enviado prisionero a España.

Un oficial francés dio lectura en Caracas a una "Gaceta" que refería con criterio napoleónico los acontecimientos de Bayona; se levantó el pueblo caraqueño contra él y estuvo a punto de perder la vida.

Numerosos agentes franceses actuaban en América, por lo que el Presidente Saravia fue extremando la vigilancia en Guatemala. A1 efecto, dio un bando en el que decía que "el maquiavélico gobierno francés había despachado diferentes emisarios para repartirlos en nuestras Américas; que entre esos viles mensajeros, que saliendo de los Estados los Unidos para transportarse a estas leales posesiones, el que venía destinado a Guatemala debía entrar por el Golfo de Honduras"; luego disponía; No admitir en nuestros puertos a ningún extranjero, cualquiera que fuera su nacionalidad, ni tener la menor comunicación con ellos; que los pliegos o papeles que trajesen los buques que pudieran llegar, no se leyeran aunque estuviesen abiertos, ni se examinara su contenido, sino que incontinentes cerraran y sellaran para mandárselos con toda seguridad a la Capital.

Por fortuna para ellos no apareció por ese tiempo ninguno de esos emisarios en nuestras playas, porque de seguro, el hasta entonces bondadoso Saravia habría levantado el patíbulo y manchado con sangre la memoria de una administración como la suya, la que a pesar de los tiempos no puede calificarse de rigurosa en extremo, ni menos de sanguinaria.

Pero si no llegaron emisarios en quienes desfogar sus iras, el Capitán General sí recibió papeles bonapartistas, pues en bando de 10 de julio siguiente, dice entre otras cosas:

"Acaban de llegar a mis manos tres bárbaros papeles, hechura del inicuo gobierno francés o sus secuaces; todos esos escritos son de autor gabacho, como lo demuestra su estilo genízaro y soez; su contexto es tal que los honraría mucho cualquiera refutación; más como el concepto público se ofende con esos miserables libelos, y pide y exige alguna satisfacción, para dársela cumplida, ordeno y mando: que los tales papeles galo—hispánicos, se entreguen a las llamas en la Plaza Mayor, por mano del verdugo, con la asistencia acostumbrada y las formalidades de justicia".

Así se practicó, en efecto, aquel auto de fe.

Además de lo dicho, en Guatemala se conocieron los desdichados sucesos de la resistencia española, la derrota del ejército de la Mancha, la funesta batalla de Ocaña, la retirada de Wellington a Portugal, en traslado de la Junta de Sevilla a la Isla de León, último baluarte de la libertad. Se supo también que los altos dignatarios de la Junta habían sido acusados del fracaso de la resistencia, siendo insultados por el populacho delirante y sin freno, p or lo que se vieron obligados a resignar sus poderes en manos de un Consejo de Regencia formado por cinco Vocales que se hicieron cargo del gobierno el 30 de enero de 1810.

El último acuerdo importante de la Junta Suprema de Sevilla fue convocar las Cortes, compuestas de dos estamentos, una de Prelados y Grandes del Reino y otra popular con Diputados de la Península y de ultramar. Con una disposición así, las provincias americanas quedaban sin representación en la Cámara Alta. Como no era posible que los Diputados americanos llegaran a la instalación de las Cortes en la Isla de León, porque el tiempo era demasiado corto, se dispuso que interinos ocupasen sus asientos.

La última voluntad de la Junta de Sevilla la hizo conocer la Regencia en un Manifiesto que se publicó en "La Gaceta", de Guatemala, el 26 de junio. Decía la Regencia:

"Desde el principio de la Revolución, declaró la Patria esos dominios parte integrante y esencial de la Monarquía Española. Como tal, le corresponden los mismos derechos y prerrogativas que la Metrópoli. Siguiendo este principio de eterna equidad y justicia, fueron llamados esos naturales a tomar parte en el Gobierno representativo que ha cesado: por él la tienen en la Regencia actual; y por él la tendrán también en la representación de las Cortes nacionales, enviando a ellas Diputados según el tenor del Decreto que va a continuación de este Manifesto.

"Desde este momento, españoles americanos os veis elevados a la dignidad de hombres libres: no sois ya los mismos de antes, encorvados bajo un yugo mucho más duro, mientras más distantes estabais del centro del poder; mirados con indiferencia, vejados por la codicia y destruidos por la ignorancia. Tened presente que al pronunciar o al escribir el nombre que va a venir a representaros en el Congreso Nacional, vuestros destinos ya no dependen ni de los Ministros, ni de los Virreyes ni de los Gobernadores: están en vuestras manos".

El Decreto —sigue diciendo Salazar— de convocatoria a Cortes estatuía que se eligiese un Diputado por cada capital cabeza de partido en estas provincias. De ese modo le tocó a Guatemala enviar cinco. Pero la disparidad entre peninsulares y americanos todavía subsistía, pues en España, las provincias debían elegir uno por cada cincuenta mil habitantes, y de ese modo una inmensa mayoría de aquellos llenó las Cortes, y apenas dejó oír las voces y reclamos de los criollos.

Procedióse a la elección en toda la Colonia, resultando electo por Guatemala, el doctor Antonio Larrazábal; por Ciudad Real don Sebastián Esponda y Olachea; por San Salvador don José Ignacio Avila; por Comayagua el bachiller Francisco Morejón; por León el Licenciado José Antonio López, y por Cartago el Presbítero Florencio del Castillo. Los Ayuntamientos extendieron poderes e instrucciones escritas a todos los Diputados. El Ayuntamiento de Guatemala encomendó la redacción de sus instrucciones a don José María Peynado, individuo del Consulado de la Sociedad Económica, las cuales al ser discutidas fueron aprobadas, exceptuando el voto de tres personajes que no se sabe de qué color eran. Pero lo cierto es que las instrucciones redactadas por el Señor Peynado fueron aceptadas por los Diputados de las demás provincias y aun por el Ayuntamiento de México, el que dio instrucciones al diputado Cisneros para que actuara de acuerdo con el diputado Larrazábal.

Además de las instrucciones de que se habla, el Ayuntamiento de Guatemala se dirigió a la Regencia en una nota de 3 de noviembre, en que manifestaba que esta Colonia estaba dispuesta a agotar sus esfuerzos y hasta derramar su sangre por su Soberano; pero le advertía terminantemente que si las Cortes dictaban disposiciones antes de la llegada de su Diputado, acataría únicamente aquellas que tuviesen carácter transitorio, pero nunca una Constitución en que debiéndose dar forma o planta al gobierno, no podía hacerse sin que fuese discutido y aprobado por todos los Diputados, protestando de toda festinación.

Mientras viajaban los Diputados del Reino hacia la Isla de León, el Presidente Saravia fundaba el Tribunal de Fidelidad que tenía por objeto cuidar de la puntual observancia del Bando del 15 del mismo mes, debiendo proceder sumariamente por denuncia o queja y sirviéndole por normas las establecidas en México contra los sediciosos. Se considerarían culpables los que suscitaran temores o desconfianzas contra el Gobierno, o a los que esparcieran noticias de acontecimientos imaginarios o falsos, a los que fijasen o regasen pasquines, y a los que al verlos no los denunciasen, arrancasen o borrasen.

El Tribunal de los Tres—que así se le llamaba—fue mal visto por el Ayuntamiento, lo que suscitó serias diferencias entre éste y el Presidente Saravia, que fueron elevadas a la superioridad de España.

Las Cortes se reunieron el 24 de septiembre de 1810, suceso que fue conocido en Guatemala en diciembre, y celebrado con un Te Deum en la Catedral el 24. Así quedaron reconocidas las Cortes. Como el doctor Larrazábal no había llegado a Europa, figuraron como suplentes en la instalación, representando a Guatemala, los señores don Andrés y don Manuel del Llano.

En los primeros días de 1811 llegaron a Guatemala las noticias de la insurrección de México y del Grito de Dolores. La población interpretó el hecho de diversa forma. Don José María Peynado pronunció un elocuente discurso en el Ayuntamiento, concretado a la idea de que el Gobierno de Guatemala investigase el motivo de la disensión entre los mexicanos y una vez descubierto el motivo que se le propusiera a ambos partidos el advenimiento por medio de un Congreso, porque no era razonable que se dieran semejantes espectáculos cuando la Patria se hallaba en peligro a causa de la invasión napoleónica. La proposición de Peynado fue aceptada, pero el vecindario se hizo lenguas comentando la noticia, a pesar de la amenaza representada por el Tribunal de los Tres. Las conclusiones del comentario general, más o menos confusas, más o menos claras, fueron éstas: era posible transformar la guerra contra Napoleón en una guerra civil contra los opresores de

América. Apoyaban a estas conclusiones las noticias de las derrotas en España y las constantes
reclamaciones pecuniarias de la Junta de Sevilla o la Regencia, que había arruinado la economía colonial. Se veía claro que ahora América era una madre que amamantaba a la distante España, siempre apurada de fondos para proseguir la guerra. Y es casi seguro que el comentario local habría sido más acalorado si se hubieran conocido las insurrecciones de Venezuela y Buenos Aires.

Mallinedo y Saravia dejó la Presidencia del Reino el 14 de marzo de 1811, marchando a Nueva España a hacerse cargo de las fuerzas legitimistas que operaban en el Sur del país. Pero fue tan grande su desgracia que los insurrectos mexicanos lo capturaron en Oaxaca, siendo fusilado por Morelos el 25 de noviembre de 1812. Le sucedió en el mando el Brigadier José Bustamante y Guerra, hombre valiente, lleno de aventuras, déspota hasta el extremo en la Banda Oriental del Uruguay, enemigo de los franceses sin tener igual. La Regencia de España lo mandó a Guatemala convencida de que los servicios de Bustamante y Guerra eran necesarios en razón de que la lucha internacional entre España y Francia se estaba convirtiendo ya en guerra civil en América.

Con sólo anunciarse que Bustamante y Guerra se hallaba en la frontera del país, el Ayuntamiento de Guatemala, que ya conocía los antecedentes del nuevo Capitán General, manifestó su descontento. Al recibirlo, rompió la tradición de las grandes pompas que se dedicaban a los delegados del Rey. Y al ser interrogado sobre las necesidades de la Capitanía General, contestó con las instrucciones que le había dado a su Diputado. a Cortes, doctor Antonio Larrazábal.

Véase la actitud rebelde del Ayuntamiento frente a Bustamante y Guerra: El Ayuntamiento ha inquirido las causas de la decadencia de Guatemala y pensaba en el modo de remediarlas. El conjunto de naciones de España necesita ante todo una Constitución, y no leyes parciales para cada provincia. La patria sólo puede salvarse por la inviolable fuerza de la Constitución, fuente de universal sabiduría y felicidad de todas y cada una de las provincias. El Ayuntamiento se gloriaba de haber propuesto a las Cortes de Cádiz que la Constitución española se fundara en la Libertad, la Igualdad y la Propiedad. También se regocijaba de que su representante interino, don Manuel de Llano propusiera a las Cortes la Ley de Hábeas Corpus, proposición que fue aceptada, con lo que se garantizaba la seguridad personal. Conviene que los indios salgan de la esclavitud en forma práctica, porque ya son hartas las disposiciones que no pasan del papel en su favor.

Luego añade el Ayuntamiento estas significativas sentencias: Son herejes políticos los que confían al terror el respeto debido a la dignidad de las leyes, y mucho más los que piensan que la obediencia útil está vinculada al miedo servil. La aspereza sólo inspira un temor que se da la mano con el odio; con que en vez de mejorar a los súbditos, los empeora y más se añade el vicio de la ojeriza.

Como se ve, el lenguaje del Ayuntamiento de Guatemala para el tirano Bustamante y Guerra es un lenguaje valiente, claro, revolucionario. Bustamante no hizo más que encogerse como el felino y esperar la oportunidad de su acción,

Otro personaje célebre llegó a Guatemala el 30 de julio de 1811. Se trata de Fray Ramón Casaus Torres y las Plazas, electo Arzobispo de Guatemala. Este hombre pasó muy joven de España a México, en cuya Universidad obtuvo el grado de doctor. Era un Bustamante y Guerra con sotana. Con una despejada inteligencia, sin embargo era un fanático. Venía a Guatemala ex profeso a combatir la herejía protestante y la ola revolucionaria de la guerra civil que ya estaba cerca. Su odio para los hombres que buscaban la liberación de la sociedad americana y la liberación de América, se deja ver en las letras que dirigió a don Miguel Hidalgo en México: "Sofista descarado y sacrílego: He visto con horror un Manifiesto tuyo en que te has propuesto manifestar a la Iglesia Católica el desprecio que haces de sus armas espirituales. Con una docena de retruécanos pueriles; con cuatro períodos copiados casi al pie de la letra de las más impías y sanguinarias declamaciones de Raynal, autor tan maligno como irreligioso; con la insolencia de un Eróstrato que busca la fama robando y profanando los templos; con el mismo descaro con que Lutero respondía a los anatemas de la Iglesia de Jesucristo; con las mismas bufonadas con que Voltaire protestaba ser religioso cuando conculcaba la Religión Católica, del mismo modo y con igual tono destemplado, has pretendido embaucar, engañar, pervertir y seducir el candor de los pueblos y trastornar la fe de las clases y las castas".

Convengamos en que Bustamante y Guerra y Casaus y Torres, con su dureza de hierrro, con su voluntad de imperio, con su odio a los franceses y a las instituciones nuevas, con su desprecio a los americanos, con su intolerancia y su fanatismo y con sus métodos brutales, hicieron un bien inapreciable a Guatemala. La Regencia los había mandado para que mantuvieran con mano dura la fidelidad de la Colonia, y ellos cumplieron el mandato con todos sus recursos espirituales y materiales. Pero a partir de su arribo, Guatemala ya supo a qué atenerse en muchos puntos a discusión. Supo que una cosa era España y otra América; que una cosa era la Regencia en la Península y otra el Gobierno colonial en el Nuevo Mundo, que una cosa eran los peninsulares y otra los criollos; que una cosa era el alto clero español y otra el bajo clero americano.

Bustamante y Guerra y Casaus y Torres, no fueron misioneros de paz y fraternidad sino agentes de odio y de rencor. Ellos con su conducta aceleraron la lucha de clases y estimularon la lucha por la independencia. Si antes la lucha de clases sólo se manifestaba en una forma sorda y cavernosa, desde que ellos pusieron las plantas en Guatemala estallaron las contradicciones sociales. Y si antes la lucha de la Colonia y la Metrópoli podía allanarse por medio de una Constitución que elevara a la primera hasta el rango de la segunda, a partir de ellos ya no fue posible llegar a aquella armonía que teóricamente planteaba el constitucionalismo y que apoyaban los constitucionalistas de América y de España.

Pobres hombres, y con ellos cuantos observaron parecida conducta en el Nuevo Mundo en aquellos años, porque deseando hacerle un bien a su patria, España, le hicieron un mal que todavía no se ha reparado.

AGENTES DE NAPOLEÓN EN CENTROAMÉRICA

La historia exaltando la epopeya de los próceres ha omitido mencionar los factores internacionales que prepararon el terreno para que surgiera el movimiento emancipador. Inglaterra y Francia interesadas en quebrantar el poderío español maniobraban alentando a los criollos Centroamericanos a sacudirse el dominio de España mediante dos procedimientos de gran efecto: Incitación a la revuelta por Agentes que recorrían el territorio sembrando la idea de la revolución y exhortando a los mestizos a romper los infamantes ligamentos de su condición social marginada. Estos eran los parias, los hombres marginales nacidos del cruce de la raza española con la indígena, a quienes el Dean García Redondo en 1799 describió como: "Súbditos sin derechos, extraños a los bienes comunes y forasteros en el suelo natal". Este grupo social discriminado fue campo fértil para la prédica emancipadora de los Agentes bonapartistas que con todo sigilo deslizaban en sus oídos esperanzas de una reivindicación. Carlos A. Villanueva en su obra Napoleón y la Independencia de América editada en París en 1911 habla de los comisionados del Emperador para el "Reyno de Guatemala", los cuales eran los siguientes:

Don Estanislao Oropeza, extremeño, de Badajoz; Guatemala, Omsa y Provincia de San Salvador, Xefe de este Reyno.

Don Juan Charagay, vizcayano, en León, Nicaragua, Granada, Cartago y Costa Rica, hasta el Realejo de Sonsonate y Panamá.

Don Bartolomé Vela, Comayagua, Choluteca y Tegucigalpa[3].

Las instrucciones que dio el Emperador a su Agente principal, quien residió en Baltimore, M. Desmoland, eran las siguientes:

---

[3]Archivos del Gobierno inglés. Forehn Office. Spain. Domesuc Variuos No. 104.

"Manifestar a los criollos de América y persuadirles que S.M.I. y R. no desea otra cosa, sino dar la libertad a un pueblo esclavo de tantos años, sin más recompensa por tan alto beneficio, que la amistad de los naturales y el comercio de los puertos en ambas Américas".

"Suspensión de las crecidas remesas que se remiten a España".

"Libertad de Comercio, Industria y Agricultura".

"Abolición del estanco del tabaco, pólvora, papel sellado, etc.". "Como el pueblo es en su mayor parte bárbaro, deberán...hacerse estimar de los gobernadores, Intendentes, Subdelegados, de los curas párrocos y prelados religiosos, no excusarán gastos ni medio alguno para lograr su amistad".

"Recordarán a éstos (a los sacerdotes)... la oposición que les tienen los europeos, el vil trato que les dan y el desprecio con que los tratan".

"Recordarán a los indios las crueldades de la conquista y las injusticias que experimentaron diariamente".

"Opondrán el escaso número, de criollos empleados con el excesivo europeo".

"Se abstendrán de hablar contra la Inquisición... antes bien deberán... apoyar la necesidad de aquel alto tribunal".

"En los estandartes o banderas irá inscrito el mote:

"Viva la Religión Católica, Apostólica y Romana y muera el mal Gobierno".

Como se ve, estaba en movimiento una trama inteligentemente conducida para crear el clima psicológico necesario para provocar la insurrección. Esto ocurría desde 1808 y la labor de zapa en los años subsiguientes tiene que haber influido en los brotes esporádicos de intentos libertarios que ocurrieron en algunos lugares de Centroamérica, como el del 5 de noviembre de 1811 en San Salvador.

En el año de 1820, en el mes de abril y sin duda con el propósito de alentar a los patriotas, el corsario francés Luis Aury se paseó con su flota frente a las costas de Honduras y atacó el Puerto de Trujillo los días 21 y 23, retirándose después con dirección a Omoa cuyo castillo sometió a intenso bombardeo pero sin lograr capturarlo. Se supone que la finalidad de los corsarios era golpear los baluartes españoles, sin tomarlos para que los patriotas se apoderasen de ellos, porque su acción guerrera en la independencia de las naciones de la América del Sur fue de gran significación en el desquiciamiento de las rutas comerciales que alimentaban el imperio español.

Inglaterra también tuvo parte activa en la guerra de Independencia de América del Sur por medio de sus corsarios que atacaban los barcos españoles para que no enviasen socorros a las tropas peninsulares acosadas por los nativos.

La llegada de Luis Aury con una poderosa flota a la costa hondureña un año antes de la proclamación de la Independencia, es bastante sospechosa y bien puede relacionarse con el movimiento emancipador que se gestaba en Centroamérica, como un anuncio a los patriotas de que contábamos con aliados poderosos, pero en esa etapa el movimiento no había durado lo suficiente para estallar en sangrienta revolución.

El Capitán General del Reyno de Guatemala don Carlos de Urrutia hizo publicar el informe del Comandante de Trujillo, que dice:

DOCUMENTO NÚMERO 1:

Noticia de la invasión de Trujillo el 22 de abril de 1820, verificada por las fuerzas de la escuadrilla de pirata Aury, y de los resultados que publica la Capitanía General para satisfacción de todos los habitantes de este fiel Reino.

EXCELENTÍSIMO SEÑOR:

El 21 del corriente, a las 6 de la mañana, hizo la vigía de Capiro la señal de escuadra por el lado de barlovento y, en consecuencia, deseando saber la clase de buques de que se componía, y rumbo a que se dirigía, habiéndoseme presentado don Santiago Gotay, persona de conocimiento, a subir a la atalaya para su reconocimiento, lo comisioné para el efecto, y al mismo tiempo envié al Alférez de dragones de Yoro, don Antonio Jurado, y al de igual clase de la compañía fija de esta plaza, don Carlos Barreiro, a los puestos avanzados, situados en la costa derecha e izquierda de la plaza, con órdenes mías para que se auxiliasen los unos a los otros inmediatos, según lo exigiese la necesidad. Estos puestos se extienden, los de la derecha hasta la boca de la ría de Guaymoreto a una legua de la ciudad, estando cubierta toda esta distancia por cinco puestos avanzados son sus parapetos de fagina; y los de la izquierda, por siete, que se extienden hasta el campamento a igual distancia de la plaza, cada uno de ellos cubierto con diez individuos de la tropa de la guarnición. A las 11 de la mañana regresó don Santiago Gotay de la atalaya, y me informa que una escuadrilla compuesta de 14 velas se encaminaba hacia el puerto, y que había un tiro de cañón, sin duda como señal de reunión. Al toque de generala acuden las tropas y vecindario ocupando aquéllas los puestos que con anticipación tenían designados, y encargándose éste de una trinchera provisional que había mandado formar al E. de la batería de San José, en la punta de una loma que domina el desembarcadero, calle de la playa, calzada, avenidas del río Negro, Caribal y alguna parte del pueblo, en la que se montaron una culebrina de a 12 y dos obuses de a 8. En este estado en que cada oficial, soldado y vecino ocupa ya su puesto respectivo, a las 11 y media empieza a entrar en el puerto, remontando la punta de Castilla, la escuadra enemiga, sigue adelantándose lentamente hacia el fondeadero como dando treguas para la reunión de sus últimos buques, a las 2 y media acabó de entrar formándose en línea al frente de las baterías donde fondearon fuera del tiro de cañón, enarbolando todos una bandera de dos fajas azules y una blanca en medio, y en ésta un escudo, componiéndose toda la fuerza naval que estaba al frente de dos bergantines goletas, cuatro goletas, cuatro pailebotes, un falucho y una balandra. En seguida, como a las 4, uno de los bergantines echa su bote al agua, el que se dirige al desembarcadero con bandera blanca, conduciendo un oficial, lo que observado por mí desde la batería principal en que me hallaba, me dirijo a la playa, y doy orden para que un sargento y diez soldados lo reciban al momento de saltar en tierra, y vendándole los ojos, me lo conduzcan a la casa más inmediata del desembarcadero, donde me preparaba para recibirlo, y habiéndoseme presentado me entregó los pliegos que conducía; uno de ellos era la intimación de Aury para la entrega de la plaza, dando por término perentorio una hora, y los otros una proclama y una carta firmada por un tal Mérida, que se llama diputado por Caracas de todos los cuales remito a V.E. copia certificada con los números 1, 2 y 3, quedando en esta Comandancia archivados los originales. Instruido de su contenido, lo despacho respondiéndole de palabra que consultaría con mis oficiales; y, en consecuencia, los convoco a consejo de guerra, y habiéndoles informado de las proposiciones de Aury con exhibición de sus propios pliegos, concuerdan todos uniformemente, en que se desprecien sin darles contestación alguna; pues que no era compatible de las armas de S.M. entrar en convenio con un hombre que no tiene más representación que la que se quería suponer, y que se debía esperar hiciese uso de las fuerzas con que amenazaba. En virtud de esta determinación, que en todo se conformaba con mis ideas, me mantuve en expectación de las operaciones del enemigo, pues ni en resto de la tarde, ni en toda la noche hizo movimiento alguno. El 22, a las 5 y media de la mañana, mandé arbolar el pabellón español afirmándolo con un cañonazo con bala. En seguida lo hace igualmente el enemigo con una bandera blanca, a los pocos momentos reitera segundo cañonazo y, observando que nada se le contestaba, tira el tercero arbolando el pabellón insurgente, empieza a maniobrar desfilando los buques sobre su izquierda con dirección a la ría de Guaymoreto; reunidos aquí con las lanchas al agua, reconocen la trinchera que guarda este puesto, rompen contra ella el fuego de bala y metralla, hasta lograr allanarla y hacer que la tropa que la guarnecía se retirase al camino cubierto, en donde se sostuvo despreciando el horroroso fuego a quema ropa le hacían el falucho y los dos bergantines que habían destacado el enemigo para proteger el desembarco que intentaba verificar por este punto, lo que advertido por el Comandante de esta avanzada el Teniente caribe Nicolás Montero, se adelanta, y parapetado con su gente en los escombros de la propia trinchera, tira una descarga cerrada de fusilería a la tropa que del falucho se empezaba a embarcar en las lanchas, y en seguida con un fuego graneado contiene por dos ocasiones la tentativa del enemigo; pero cargando esto con mayor empeño con los dichos buques y otras dos goletas que vinieron a su auxilio, lograron con su fuego vivo de metralla hacer retirar a nuestras tropas de la 1ª. y 2ª. avanzada, replegándose hasta la tercera trinchera; y quedando por ellos esta parte de la costa, hacen el desembarco por el punto indicado, echando en tierra como cuatrocientos hombres y 15 caballos, empiezan estos a avanzar formados en columna, y el fuego de los buques, protegiendo su marcha, les facilita continuar sin mayor obstáculo hasta la 4ª. trinchera, en la que son recibidos por las avanzadas que habían venido retirándose y la tropa que de la plaza había mandado para su refuerzo, y no pudiendo resistir el enemigo a estas fuerzas se retira, después de haber tenido algunos muertos y heridos, cuyo daño, observado por los buques se aproximan para batir esta trinchera, y con su vivo fuego de metralla obligan a nuestras tropas a desampararla con la pérdida del Teniente de caribes Pedro María, que murió y la de dos soldados heridos, y retirándose se pone a cubierto a la 5ª. trinchera; a este puno sólo avanzó la vanguardia del enemigo en número de 10 a 12 caballos, y como treinta de infantería; pero inmediatamente es rechazada por los nuestros, y se retira a todo escape a reunirse con el total de sus fuerzas que se había situado en el tercer puesto, desde donde ya no se atrevió a adelantarse, al mismo tiempo la mayor parte de los buques empiezan a desfilar sobre las baterías de la plaza, haciéndoles fuego en toda su línea, el que es recibido con serenidad, rompiéndole éstas el de su artillería desde las 9 y media de la mañana y sosteniéndolo incesantemente hasta las 2 de la tarde, a cuyo tiempo, alejándose los buques del cañón de las baterías, ceso el fuego de una y otra parte. Habiendo observado a este tiempo, desde el fuerte en donde estaba atendiendo a las operaciones del enemigo, que un destacamento de su tropa intentaba introducirse por el monte, ordené que saliese una avanzada para reconocer la falda de Capiro y avenidas al caribal, por si acaso intentaban introducirse por retaguardia en la población; en efecto, salió como había pensado, pues se encuentra con el enemigo que venía franqueándose camino, ya fuese con aquel objeto, ya con el de excitar algunas de nuestras poblaciones en la costa, y a pocos tiros salen dispersos y se retiran al punto de donde se habían destacado. Viendo el enemigo frustrado su intento, renueva el fuego como a la media hora, con mayor empeño, y el de nuestras baterías le corresponde con el mismo denuedo que lo había hecho antes; conoce por fin el enemigo que sus esfuerzos eran vanos para desanimarnos, y como a las 4 de la tarde se retira del todo, incorporándose con los demás buques que sostenían la tropa desembarcada, sin hacer otro movimiento en el resto de la tarde; al anochecer pasé personalmente a reforzar las avanzadas de la derecha y demás puestos de la costa, por si intentaba el enemigo hacer algún otro esfuerzo por otro punto, se pasa toda la noche sin observarle otra operación que la de golpear reparando las averías de sus buques. A la madrugada del día siguiente, 23, se reembarcaron sigilosamente, dejando en la plaza sus caballos, algunos morrales de galletas y frascos de aguardiente, dándose los buques a la vela al momento de amanecer. Inmediatamente mandé 10 hombres a reconocer el campo del enemigo, y después de su exploración vuelven a darme parte de haber reembarcado todas sus tropas a las 4 de la mañana, y que nuestras avanzadas ocupaban ya las mismas posiciones que conservaban antes del ataque, y desplegándose los buques en línea por mitad de la bahía, salen de allá remontando la punta de Castilla, a cuya vigía tira cada uno de ellos al paso una descarga de fusilería; pero sin causar daño alguno. Todo el resto de este día y del siguiente 24, permanecieron a la vista del puerto, dando bordadas de una parte a la otra, desapareciendo por último en la noche de este día, sin saberse de fijo el rumbo que siguieron habiendo sido el resultado de esta acción la vergonzosa fuga del enemigo, con la pérdida de sobre 40 hombres, entre muertos y heridos, todos sus caballos, y la avería conocida de 4 buques, no pudiéndose asegurar la que habrán tenido los restantes ni la gente que habrá perdido a su bordo, consistiendo la nuestra, en un muerto y dos heridos, y de éstos haber fallecido uno. En la tarde del 23, después que el enemigo había evacuado nuestra pase, con asistencia de la oficialidad y vecindario, a la capilla real, para dar gracias al Todo Poderoso por la victoria conseguida por las armas españolas, en donde el R.P.G. y C.R. entonó el Te Deum, y de acuerdo con el mismo R.P. dispuse que el 29 se celebrasen las exequias por los fallecidos en la acción, y al siguiente, misa en acción de gracias, todo con asistencia de las corporaciones. Tal ha sido, Excelentísimo Señor, el éxito de la expedición tanto tiempo ha proyectado por el aventurero Aury contra este puerto y sus quiméricos planes se han desvanecido a la vista de la bizarría y ardor con que se han portado las tropas todas y vecindario de esta plaza, que tengo el honor de mandar, por lo que faltaría a mi deber si no recomendase a la alta condecoración de V.E. los particulares servicios que en esta ocasión han hecho a la Nación y Reino, tanto oficiales como soldados y vecinos, habiéndose hecho acreedores a las gracias con que V.E. tenga a bien premiarlos, pues no ha habido distinción entre los que han ido a las manos con el enemigo y los que han estado ocupando los fuertes y demás puntos que de necesidad debían custodiarse.—Dios guarde a V.E. muchos años.—Trujillo, Mayo 10. de 1820—Excelentísimo Señor—José María Palomar—Excelentísimo Señor Gobernador y Capitán General del Reino don Carlos de Urrutia.

DOCUMENTO NUMERO 2

Real Palacio, 13 de mayo de 1820. En atención al feliz suceso que lograron las armas españolas en la plaza de Trujillo contra las del Pirata Aury en los días consecutivos 21, 22 y 23 de abril próximo pasado, en que el Comandante, oficiales, tropa de guarnición y vecindario de aquella ciudad se condujeron tan honrosa y gloriosamente, según se expresa

por menor en la parte que procede y noticias particulares de la acción, concedo, a nombre del Rey, nuestro Señor, al Teniente coronel don José María Palomar, Comandante interino de dicha plaza el grado de Coronel y el grado inmediato de ejército a sus actuales empleos a cada uno de los cuatro oficiales que concurrieron a las juntas de guerra en que se acordó despreciar la intimación del pirata y resistir a sus fuerzas, que lo fueron don Fernando López, Teniente de la compañía fija y Comandante accidental de ella; don Manuel Fernández, Teniente del real cuerpo de artillería y Comandante allí de esta arma; don Antonio Jurado, Alférez y del escuadrón de dragones de Yoro, y don Carlos Barreiro, Subteniente de la compañía fija; debiendo el Comandante de la plaza proponer aquellos premios o distinciones que parezcan proporcionadas a cada clase de tropas y personas del vecindario que más se haya distinguido, dando, entre tanto, a nombre de Su Majestad y mío, las más expresivas gracias a todos los habitantes de la misma plaza; y debiéndose abonar desde el día de la acción a la viuda del Teniente de morenos José María Zapialla, y a la de Justo Fariñas una pensión de la cuarta parte de los sueldos que aquéllos, según su clase, debían disfrutar, y al herido Capitán de la misma clase, Francisco Demani, le concedo desde luego la medalla de oro con el real Busto que he dispuesto remitir por el correo para que en el real nombre se la ponga el Gobernador interino, y en caso de quedar inútil se le abonará desde el mismo día de la acción el sueldo íntegro asignado a su empleo en el reglamento. Imprímase y circúlese este parte con el presente decreto de que se tomarán las razones convenientes en los oficios de Real Hacienda que corresponda, y comuníquese por orden de la plaza a todos los cuerpos militares para su satisfacción y estímulo.—Urrutia.

OTROS ACONTECIMIENTOS DEL PROCESO REVOLUCIONARIO

Poco a poco se iba transformando la guerra contra Napoleón en guerra civil contra las autoridades monárquicas que dependían de la Regencia española. América no peleaba en el frente, pero derramaba sus arcas hasta el grado de llegar a la pobreza y de sufrir una crisis permanente. No venían alimentos, ropas, medicinas y otros artículos de España y del resto de Europa. Como consecuencia, la carestía había llegado a sus extremos últimos. Y por el contrario se veía que en la medida que se prolongaba la guerra, España no se cansaba de pedir ayuda a sus dominios. La contribución de América, a pesar de los sacrificios, nunca habría faltado a la Península. Pero resulta que los Virreyes, los Capitanes Generales, los Gobernadores, los Arzobispos, los Obispos y los demás funcionarios civiles y eclesiásticos del Gobierno colonial, se hicieron tan exigentes y luego se manifestaron tan injustos con los americanos, que la insurrección se puso a la orden del día.

En Caracas se estableció una Junta de Gobierno el 19 de abril de 1810; en Buenos Aires estalló la revolución el 25 de mayo del mismo año; en México se dio el "grito de Dolores" el 16 de septiembre de 1811; y en Santiago de Chile empezó la rebelión el 18 del mismo mes y año. Estos movimientos fundamentales influenciaron a las demás Colonias, que siguieron el ejemplo. Las noticias revolucionarias volaban en alas del viento de uno a otro confín. Los americanos todos, criollos, mestizos, mulatos, indios, negros y zambos, sentían las llamas de la insurrección en su espíritu, y se hallaban prestos a levantarse al primer grito de libertad. Los fermentos insurreccionales los vemos en el Ayuntamiento de Guatemala cuando se resiste a recibir cumplidamente a Bustamante y Guerra y cuando le da una contestación altanera.

El día 5 de noviembre de 1811 estalló en San Salvador una poderosa insurrección contra las autoridades coloniales primero y contra España después. Fueron directores del movimiento el doctor José Matías Delgado, Juan, Miguel y Nicolás Aguilar, Francisco Morales, Pablo Castillo y Manuel José Arce. Los insurrectos se propusieron detener al Intendente Antonio Gutiérrez Ulloa, apoderarse de doscientos mil pesos del Tesoro Real y de tres mil fusiles de la Sala de Armas, objetivos que alcanzaron valiéndose de la sorpresa al peso de la noche. Aunque los rebeldes hicieron un amplio llamado al pueblo en el que explicaban sus miras, pocas fueron las personas que se sumaron. Además, la delación del Presbítero Francisco Javier Martínez, hizo que el Brigadier Bustamante y Guerra y el Arzobispo Casaus y Torres, tomaron los principales hilos del movimiento que se extendía a toda la provincia y lo aplastaran de un golpe. A raíz de los acontecimientos, se trasladaron de Guatemala a San Salvador el Coronel de milicias José de Aycinena y el Regidor José María Peynado, quienes apagaron la hoguera que se alzaba, sin contemplaciones. Podría haber seguido el movimiento si no hubiera sido que muchos comprometidos en él, que eran vecinos del Oriente del país, no hubieran echado pie atrás. De todas maneras, la insurrección de San Salvador enardeció los ánimos del Reino y los estimuló para seguir adelante en el esfuerzo libertador.

El 13 de diciembre del mismo año de 1811, se produjo otro levantamiento en León. Sus jefes intentaron un acuerdo con el intendente de Nicaragua, Brigadier José Salvador, y con el Obispo de León, Fray Nicolás García Jerez. Como no lo lograran, depusieron al Intendente y se apoderaron de la ciudad de Granada, donde el movimiento tomó caracteres sumamente importantes. Se pusieron al frente de mil patriotas, el Alcalde Juan Argüello, varios concejales y personas de importan—cia en la localidad, como Pío y José Argüello, Juan Manuel Antonio y José Manuel de la Cerda, Eduardo Montiel, José Manuel Solórzano, Miguel Lacayo, Juan Espinoza, Francisco Vargas, León Molina, Leandro Cuadra, José Orozco, Feliciano Avendaño y otros. Los Nicaragüenses contaban con buen material de guerra, ocho cañones, centenares de fusiles y parque. Los insurrectos tomaron por sorpresa el fuerte de San Carlos y obtuvieron una pequeña victoria en un encuentro con las tropas del Capitán General, mandadas por el Sargento Mayor Pedro Gutiérrez, pero se vieron precisados a rendirse con la condición de que se les otorgaría perdón absoluto. El Capitán General se negó a cumplir la capitulación, alegando que no se debía pactar con rebeldes, y envió refuerzos de tropas para dominar los revoltosos, que nuevamente opusieron resistencia armada el 21 de abril de 1812, siendo al fin vencidos y presos por los realistas.

El movimiento tuvo una pequeña ramificación en Rivas, dirigida por los eclesiásticos Nicolás Silva y Manuel Moreno.

Por esos meses hubo otro levantamiento en Tegucigalpa. Lo dirigía Don Dionisio Herrera, seguido de varios criollos importantes, y se encaminaba a quitar los Alcaldes del Ayuntamiento que eran odiosos para el pueblo. Los vecinos en masa se lanzaron a las calles, vociferando contra los Alcaldes y el Justicia Mayor cantando estas estrofas que aún conserva la memoria popular.

Si quieren que no haya guerra
y todo sea alegría,
renuncia Salavarría
con su compañero Serra.

En 1813 se tramó en Guatemala la conspiración de Belén, llamada con ese nombre por el convento donde se preparó. En la celda de Fray Juan Nepomuceno de la Concepción, se celebraban reuniones de carácter sedicioso, a las que asistían el Alférez José Francisco Barrundia, el Teniente de dragones Juan Yúdice; Fray Manuel San José, Manuel Julián Ibarra, Francisco Montiel, Manuel Cadenas, Cayetano y Mariano Bedoya, Presbítero Tomás Ruiz (de sangre india), Fray Víctor Castrillo, el Padre Benito Migueleña, Andrés Dardón, Manuel Díaz, Juan José Alvarado, Felipe Castro,

Juan Hernández, José Ruiz, José María Montúfar, Manuel Tot (indio) y José Venancio López (nicaragüense).

Bustamante y Guerra tuvieron conocimiento de la conspiración por el delator Prudencio de la Llana, cayendo sobre ellos el 21 de diciembre. Todos negaban los hechos que se les imputaban, alegando, según el juramento que, sobre los Evangelios para el caso de ser descubiertos, que el objeto de aquellas reuniones "era para hacer rifas de objetos y jugar a los naipes". No había prueba plena que demostrara el fin sedicioso que se proponían, más uno de los que menos podía esperarse, el teniente Yúdice, estando ya preso, delató a sus compañeros. El Fiscal pedía quince penas de muerte, pero transcurrieron varios años sin dictarse el fallo, y en virtud de varias Cédulas Reales se concedió indulto a los revolucionarios, logrando salir de sus prisiones.

El primeramente citado en la lista de conspiradores, José Francisco Barrundia, escapó de la captura y de la persecución, habiéndose dedicado en su escondrijo a trasladar del inglés al español la obra inmortal de Juan Milton, "El Paraíso Perdido", que canta a los ángeles rebeldes, y que en su concepto podía estimular teóricamente el movimiento revolucionario de las provincias de Guatemala. Si todavía existe, sería interesante descubrir esa traducción, para satisfacer no más que la curiosidad y para comprobar la forma en que trabajaban aquellos criollos insurrectos en favor de la libertad social y nacional.

El 24 de enero de 1814, Manuel José Arce y Juan Manuel Rodríguez volvieron a levantarse contra las autoridades españolas. Pero como en 1811, tampoco tuvieron éxito.

Hubo otros movimientos de menor importancia que sería largo enumerar.

Cuando se supo en las provincias de Guatemala el 24 de septiembre de 1812 que las Cortes de Cádiz habían decretado una Constitución el 11 de marzo del mismo año, el delirio popular fue enorme. Las autoridades civiles, militares y eclesiásticas se vieron obligadas a jurar fidelidad a dicha Constitución. El tirano

Bustamante y el fanático Casaus y Torres se vieron obligados a pasar por lo que ellos consideraban las horcas caudinas de la jura, y nunca se sintieron bien bajo el régimen constitucional, que principalmente hería el orgullo del primero quien dejó de llamarse Presidente del Reino para ser simple Jefe Político asesorado por una Junta Provincial compuesta por cinco representantes americanos. Pero les volvió el alma al cuerpo cuando al regresar Fernando VII de Francia expidió en Valencia el Real Decreto de 4 de mayo de 1814, por el cual, anulaba la Constitución de Cádiz. Bustamante y Guerra y Casaus y Torres implantaron el terror en sus respectivas jurisdicciones. El primero saludó el retorno de la Monarquía absoluta mandando que se condenara a los veintiocho presos de Granada, y de los cuales unos fueron a parar a las cárceles de Trujillo, otros pasaron cargados de cadenas a La Habana y otros a España, muriendo varios en Cádiz y languideciendo los demás en las mazmorras de la Metrópoli. En cuanto a los conjurados de Belén, fueron sentenciados del siguiente modo: cuatro de ellos a morir por medio del garrote, en consideración a que dos eran hidalgos y los otros tenían carácter sacerdotal, once a la pena de horca, por ser plebeyos; el Padre Miquelena a diez años de presidio en África y destierro perpetuo de las posesiones de América, y dos más, a ocho años de presidio. Dichosamente, los conjurados de Belén no sufrieron las penas a que fueron condenados. Pero de todas maneras, Bustamante y Guerra implantó el terror en las provincias de Guatemala, convencido de que después de haberse ejercitado el constitucionalismo y de haberse manifestado numerosos brotes de insurrección, ya no era posible gobernar con los procedimientos suaves de otros tiempos. Y por lo que hace a Casaus y Torres echó mano de su fanatismo. Era frecuente verlo tronando desde el púlpito contra Rousseau, Montesquieu, Voltaire y Diderot y también era frecuente oírlo lanzar excomuniones a diestra y siniestra. Aquellos dos hombres, seguidos de sus incondicionales de la Península y aun de América, actuaron con más fuerza cuando supieron que Napoleón había sido derrotado definitivamente y que se hallaba confinado en la Isla de Santa Elena.

Ramón A. Salazar pinta magistralmente en su "Historia de Veintiún Años" los acontecimientos que van desde 1815 hasta que Bustamante y Guerra entregó el poder a su sustituto don Carlos de Urrutia, el 28 de marzo de 1818. Se trata de un período negro, que sólo ha podido tener igual en las dictaduras nacionales que hemos visto a lo largo del presente siglo. Con todo, el Ayuntamiento luchó contra el Capitán General hasta donde le fue posible. Y el pueblo, asistido de un lujoso cuadro de patriotas, no inclinó la cabeza hasta el polvo del servilismo. Tan arbitraria erala conducta de Bustamante y Guerra, que el propio Fernando VII lo destituyó con ignominia, una vez oído el Fiscal del Consejo de Indias quien se puso a estudiar las contradicciones del Capitán General en su correspondencia dirigida al Rey. De resultas del estudio, el fiero Brigadier con sus arbitrariedades había sido el responsable de que se alzaran estas provincias contra el Monarca, de las injusticias cometidas con el Ayuntamiento del que habían sido retira—dos algunos concejales, y del menoscabo de la hacienda de muchos criollos importantes.

Don Carlos de Urrutia inició su gobierno reparando los daños reparables de su antecesor y mandando estas prohibiciones que lo retratan de cuerpo entero: "Se prohíbe jurar el nombre de Dios en vano. El santo día domingo y los otros festivos deben ser santificados. Se prohíbe que con pretexto de devoción se levanten fiestas de Cruz, de la Virgen u otros santos en casas particulares. Prohíbo que nadie profiera, diga o cante de noche ni de día en las calles, plazas y lugares públicos palabras sucias, deshonestas y maldicientes. Se prohíben ensayos de baile, de noche y a puerta cerrada, entre las personas de ambos sexos. Ninguna persona andará por las calles después de las diez de la noche, a no ser de urgente necesidad. Después de las oraciones nadie podrá pararse embozado en las esquinas, plazas o contornos de ellas".

Con un Capitán General de esa fibra, el movimiento de independencia tenía que vigorizarse, y más cuando se supo que la sublevación de Cabezas de San Juan dirigida por Rafael de Riego había obligado a Fernando VII a jurar la Constitución de 1812. Eso quería decir que la Monarquía volvía a ser constitucional; las provincias de América y España a ser iguales políticamente; los criollos y los peninsulares a hacer uso de los mismos derechos. Nuevamente se juró, con gran alborozo, la Constitución el 9 de julio de 1820. El señor Carlos Urrutia se convirtió en Jefe Político Superior, asesorado por una Junta Provincial, la que posteriormente, tomando en cuenta su vejez achacosa, le insinuó la conveniencia de que delegara temporalmente el mando, haciéndolo así en el Subdelegado de Hacienda, Brigadier Gabino Gaínza, el 9 de marzo de 1821.

A la altura del tiempo de esta narración, la postguerra napoleónica había rendido sus dorados frutos a los habitantes de España y de las Indias Orientales y Occidentales. La derrota práctica de Napoleón sucedida con el incendio de Moscú en 1812, había devuelto a España el "deseado" Fernando VII. La Constitución de Cádiz, dada en 1812, vigente hasta 1814, anulada hasta 1819 y vuelta a poner en vigencia desde 1820, era un triunfo de la revolución hispano—colonial. Finalmente, se había llegado a la etapa en que precisaba averiguar si convenía seguir apoyando, robusteciendo y desarrollando la Monarquía constitucional, o si, por el contrario, convenía hacer pedazos la comunidad hispano—colonial en nombre de otras Monarquías constitucionales diminutas o en nombre de Repúblicas independientes.

Visto el dilatado panorama de la comunidad hispano—colonial, se advierte que la guerra civil en las condiciones de la postguerra napoleónica no cesaba en ningún punto, porque el empuje revolucionario marchaba hacia la meta de la República independiente, en lo que estaban de acuerdo el sesenta por ciento de criollos, la totalidad de los mestizos y las razas oprimidas. En México, el fusilamiento de Morelos no había apagado la hoguera.

En Haití, el negro Toussant—Lou—verture, había fundado la República independiente con tanta anterioridad, que hasta se daba el lujo de prestar su apoyo a los libertadores de Tierra Firme. En Nueva Granada, Bolívar había empezado la gloriosa carrera de sus grandes batallas Boyacá—Carabobo—Pichincha—Ju—nín—Ayacucho. Y en el Río de la Plata, San Martín aplastaba a los monarquistas y se preparaba para abatir el orgullo de los enhiestos Andes, pensando en la liberación de Chile. Esto quiere decir que los pueblos de la América Española estaban votando en favor de la República independiente con el clarín y la metralla, y no había medio de detenerlos ni desviarlos.

En las provincias de Guatemala los partidarios de la Monarquía habían tomado posiciones en el Gobierno para resistir ventajosamente a un posible golpe revolucionario. Salazar nos dice que en la Capital, el Ayuntamiento que hacía poco había sacado de una celda del Convento de Belén al doctor Antonio Larrazábal, quien había estado preso seis años por mandato expreso de Fernando VII y había grabado su nombre en letras de oro por los servicios que prestara en su condición de Diputado a las Cortes de Cádiz, a principios de junio de 1821 las cosas habian variado tanto que ya, dicho Ayuntamiento, no representaba los intereses del pueblo, porque en vez de los patriotas que en otra época lo ilustraran con sus acciones cívicas, había sido invadido por el partido españolista, amigo superficial del constitucionalismo y enemigo abierto de la independencia.

Pero habían otros que no perdían el tiempo, y esos eran el doctor Molina y sus confederados quienes habían esparcido a sus agentes por todo el Reino para enardecer los ánimos y prepararlos en el gran drama que iba a verificarse en la Capital. Los hermanos don Cayetano y don Mariano Bedoya andaban el uno por Oaxaca y el otro por Comitán, tratando de ponerse de acuerdo con el general Nicolás Bravo que accionaba en el Sur de México. Don Mariano Córdova andaba por los Altos en igual solicitud. Don Cirilo Flores, electo Diputado por el partido de Chimaltenango y que se hallaba de viaje para España se había detenido en Ciudad Real, en donde fue de mucha utilidad a los patriotas. El

Padre Fray Matía Córdova, alma y oráculo de la Provincia de Chiapas trabajaba ya abiertamente por la independencia.

En la ciudad de Guatemala la efervescencia iba cada vez en aumento. El doctor Molina desde las columnas del "Editor Constitucional" se atrevió a atacar al mismo Fernando VII, aunque bajo el nombre anagramado de "el tirano"; lo que le valió el ser conducido ante el Jurado de Imprenta bajo la fulminante acusación del Fiscal don Antonio Robles, de delito de lesa majestad. El jurado absolvió a Molina, quien cambió el nombre del "Editor" por el de "El Genio de la libertad", en el que arrojándose todos los disfraces y caretas, se habló de la independencia, publicándose noticias fidedignas de los patriotas de América, ya no llamándolos bandidos, como se había hecho con Hidalgo, Morelos y Bolívar, sino dándoles el nombre de Licertadores.

Gaínza —sigue diciendo Salazar, de quien tomamos estos párrafos— estaba desorientado. En el Norte la revolución triunfaba desde que el general Iturbide se había puesto al frente de ella. En el Sur, Bolívar, San Martín y sus gloriosos conmilitones estaban casi para terminar su magnífica epopeya libertadora. En el centro de América, el desencanto por España había helado los corazones, lo que siempre es un fatal síntoma para los gobernantes, pues hasta una ligera chispa puede convertir aquel hielo en voraz incendio de odios y enconos y hacer entonces que se levanten airados los pueblos para vengar su amor mal puesto y sus perdidas ilusiones.

En sesión del 31 de agosto, el Alcalde primero, doctor Larrave, manifestó ante el Ayuntamiento que con motivo de las últimas noticias recibidas de México, se habían sentido en el vecindario de esta capital algunas alteraciones, no sólo en las clases superiores sino en la plebe, que cada día se mostraba más insurrecta y pendenciera; que habían menudeado los delitos de sangre; que diariamente aparecían en las paredes de las casas y en los lugares más públicos, pasquines contra los españoles y los americanos españolistas, y que en vista de todo esto, proponía al Ayuntamiento que dictasen las medidas más rígidas para evitar los males que podrían ocasionarse en un caso tan anómalo como el que denunciaba.

El doctor Larrave que era todo un españolista y que en aquella moción trabajaba por su cuenta, tenía, sin embargo, enemigos, entre los que se contaba el Regidor Ariza, quien fue a denunciarlo ante Gaínza, falseando los hechos, acusando la moción de que se hace referencia como subversiva. Había también llegado a Gaínza, por esos días, la noticia de que algunas personas caracterizadas, se habían introducido al Colegio Tridentino y a la Universidad de San Carlos y habían recorrido los barrios de la ciudad recogiendo firmas para pedir la proclamación de la independencia.

Todo eso hizo a Gaínza que se presentase repentinamente en el Ayuntamiento, y que dirigiése una filípica a aquel Cuerpo, manifestando que estaba dispuesto a castigar a quienes se atreviesen a perturbar la tranquilidad pública y que era de la más estricta responsabilidad del Ayuntamiento el coadyuvar con él a contener a los exaltados, sin excusar medios ni arbitrarios. La filípica parece haber sido dirigida al Alcalde Larrave, quien ora sea porque no estuviese en la sesión, ora porque no se atreviera a disculparse, no chistó palabra. Evidentemente se cometía con él una injusticia, pues era de los pocos fieles, que le quedaba a España, como lo reconoció Gaínza poco después deshaciéndose en disculpas.

Pero si Larrave no habló, sí lo hizo el Síndico Aycinena quien con entereza dijo: "Que las noticias llegadas recientemente de España a esta capital tenían con razón muy excitado al pueblo y que por lo tanto era opinión de todos que debía procederse a proclamar la independencia". "Por lo demás —agregó maquiavélicamente el señor Aycinena, no se quiere hacer cambio ninguno en los empleados y el señor Jefe Político, será con el nuevo plan, en vez de un empleado dependiente de España, el Director de un pueblo libre, como va a serlo Guatemala".

¿Podía hablarse más claro?

Gaínza no rechazó aquel ofrecimiento, aunque por fórmula dijo: "Que no creía que existiera una opinión general por la independencia, pues de otro modo no se explicaba por qué se recogían firmas y se obligaba a las gentes a que firmaran contra su voluntad".

Concluye Salazar: Nuestros padres estaban próximos a ver la luz de la redención, que al fin iba a conseguir después de tantos esfuerzos, dolores y martirios. Entonces José Francisco Barrundia publicó en "El Genio de la Libertad", el 3 de septiembre, el siguiente canto, que tiene ecos de un himno, y que todos deberíamos saber de memoria, porque fue para Guatemala lo que el canto del ruiseñor en el bosque, al aclarar la aurora:

"A LA LIBERTAD"

"Libertad, don divino dado a los hombres por el Creador para alivio de sus penas, yo te bendigo".

"Dejas ver en medio de los mortales tu rostro consolador, y al punto desaparecen con la ligereza del rayo la opaca tristeza y la devoradora melancolía. Tu espada persigue de muerte a los tiranos; tu aspecto los hace temblar y la humanidad ofendida se llena de júbilo al mirarte. Tú vengas los ultrajes hechos al pobre, tú castigas los enormes delitos del rico orgulloso y cubierta con el escudo impenetrable de las santas leyes arrastras sin miedo las sanguinarias falanges del despotismo. La justicia que ampara al desvalido, la pura virtud te acompaña por todas partes y el heroísmo y el valor te preceden. Tú rompes las cadenas que oprimen a los seres más nobles, tú derrocas los tronos fastuosos de la usurpación y teñida con la sangre impura de los opresores del género humano, vuelves al socorro de los infelices que gimen en la miseria. Las ciencias y las artes te deben su esplendor, tú las recibes bajo tu égida inmortal y tu mano bien hechora las llena de honores. Has venido a fijar entre nosotros tu morada y todos corremos a ponernos a la sombra de tu estandarte. Los americanos te han erigido un altar indestructible, tú esgrimiras en favor nuestro el acero de la justicia, y la tiranía dejará de existir. ¡Eterna maldición a los enemigos de tu nombre! ¡Loor y bienes eternos a los que te amen!".

A todo esto, las noticias oficiales venidas de Ciudad Real y Tuxtla que informaban haber jurado la independencia de España y haberse adherido al Plan de Iguala, obligaron a Gaínza a circular una nota con este contenido: "Asuntos del mayor interés que pueden ocurrir a la felicidad y tranquilidad pública, han llamado en el día toda la atención de esta superioridad. En consecuencia he dispuesto que el Ilustrísimo señor Arzobispo y dos individuos del Venerable Cabildo Eclesiástico; por ausencia del señor Regente, dos de los señores Ministros de la Audiencia Territorial; el Primer Alcalde, dos regidores y los dos Síndicos del Ayuntamiento Constitucional; dos individuos de las Corporaciones; el primer Jefe de cada cuerpo militar de esta guarnición; el señor Auditor de Guerra; el Protomédico, un Prelado de cada Orden, los Padres Curas de la Ciudad y los Secretarios del Gobierno y Diputación Provincial, se reunirán el día de mañana 15, a las ocho de ella, en el Salón de Palacio; por lo tanto espero que ustedes no faltarán a la hora señalada, a fin de que auxilien con sus luces, y de quedar enterados, espero el correspondiente aviso. Dios guarde a usted mil años Palacio de Guatemala, 14 de septiembre de 1821. —Gabino Gaínza.

LA INSURRECCIÓN DE RIEGO Y SUS CONSECUENCIAS AMERICANAS

Hubo algunas circunstancias favorables para que se reuniera en Cádiz los hombres más progresistas de España. Cuando se celebraron las elecciones, el movimiento no estaba extinguido, y el mismo disgusto producido por la Junta Central que favorecía a sus antagonistas, quienes, en gran parte, pertenecían a la minoría revolucionaria de la nación. En la primera reunión de las Cortes, las provincias más democráticas, Cataluña y Galicia, estuvieron casi exclusivamente representadas, pues los Diputados por León, Valencia, Murcia y las Islas Baleares no llegaron hasta tres meses después. Las provincias más reaccionarias, las del interior, no pudieron, excepto en unas pocas localidades, celebrar elecciones. Por los diferentes reinos, ciudades y pueblos de la vieja España, donde los ejércitos franceses impidieron la elección de Diputados, así como por las provincias ultramarinas de América y de Asia, cuyas delegaciones no pudieron llegar a su debido tiempo, se nombraron representantes suplementarios entre la gran cantidad de individuos lanzados de las provincias de Cádiz por las dificultades producidas por la guerra, y entre los numerosos americanos, comerciantes, nativos y demás, cuya curiosidad por el estado de los asuntos había igualmente reunido en la citada plaza. Y así sucedió que aquellas lejanas provincias americanas y asiáticas estuvieron representadas por hombres más innovadores, más impregnados de las ideas del siglo XVIII, que lo hubieran estado de haber sido elegidos en ellas mismas. Finalmente, la circunstancia de reunirse en Cádiz las Cortes fue de decisiva influencia, puesto que esta ciudad era entonces la más radical del reino, tanto que se parecía más a una ciudad americana que a una española. Su población llenaba las galerías del salón de Cortes y presionaba a los reaccionarios cuando su oposición crecía excesivamente, mediante un sistema de intimidación y presión exterior.

Sería, de todas maneras, una grave equivocación el suponer que la mayoría de las Cortes se componía por innovadores. Las Cortes estaban divididas en tres partidos, los Serviles (nombre que les vino de su inclinación a José I en Bayona). Los Liberales (denominación que se extendió de España a toda Europa) y los Americanos, quienes votaban alternativamente con el uno o el otro partido, según sus particulares intereses. Los Serviles muy superiores en número, eran superados por la actividad, celo y entusiasmo de la minoría liberal. Los Diputados eclesiásticos, que formaban la mayoría del partido de los Serviles, siempre estuvieron prestos a sacrificar las prerrogativas reales, en parte a causa del antagonismo de la Iglesia y del Estado, en parte para conquistar popularidad en las Cortes con la intención de salvar así los privilegios y los abusos de su casta. Durante los debates referentes al sufragio universal, el sistema unicameral, la calificación de la propiedad y el veto, el partido eclesiástico se adhirió siempre a la sección más democrática del partido Liberal contra los partidos de la Constitución inglesa. Uno de ellos, el canónigo Cañedo, después Arzobispo de Burgos e implacable perseguidor de los liberales, se dirigía al señor Muñoz Torrero, canónigo también, pero perteneciente al partido liberal en estos términos: "Usted tolera que el Rey conserve un poder excesivo, pero como sacerdote usted debe defender la causa de la Iglesia antes que la del Rey". Estos compromisos eclesiásticos obligaron al partido Liberal a aceptar los artículos de la Constitución, a los cuales nos hemos referido. Cuando se puso a discusión la libertad de prensa, los párrocos la denunciaron "como contraria a la religión". Después de los debates más encrespados, y después de haber declarado que todas las personas disfrutaban de libertad para publicar sus sentimientos sin ningún permiso especial, las Cortes por unanimidad admitieron una enmienda, que consistió en añadir la palabra política, mutilando esta libertad en la mitad de su extensión, y dejando todos los escritos tocantes a religión sujetos a la censura de las autoridades eclesiásticas, según los decretos del Concilio de Trento. Después de aprobar un decreto contra quienes conspirasen para derrocar la Constitución, se aprobó otro declarando que todo aquel que conspirase para que España dejase de profesar la religión Católica; sería perseguido como traidor y condenado a la última pena. Cuando fue abolido el "voto de Santiago" pasó una resolución compensatoria declarando a Santa Teresa de Jesús patrona de España. Los liberales tuvieron buen cuidado en no proponer y presentar los decretos referentes a la abolición de la Inquisición, diezmos, monasterios, etc. hasta después de estar proclamada la Constitución. Pero desde este mismo momento, la oposición de los serviles en las Cortes, y con ellos los representantes eclesiásticos, se convirtió en inexorable.

Habiendo expuesto las circunstancias que hacen comprensible el origen y características de la Constitución de 1812, nos queda aún por aclarar el problema de su desaparición repentina a la vuelta de Fernando VII. Rara vez el mundo ha sido testigo de un espectáculo más humillante. El 16 de abril de 1814, cuando el rey Fernando entró en Valencia "el pueblo gozoso se unció a su carruaje, y testimonio en todas las expresiones posibles, de palabra y de acción, su deseo de sufrir el viejo yugo gritando: Viva el Rey absoluto! Abajo la Constitución!. En todas las grandes ciudades la Plaza Mayor había sido llamada Plaza de la Constitución, y se había colocado en ella una placa con estas palabras. En Valencia dicha placa fue arrancada y se colocó una provisional, de madera, con la inscripción siguiente: Real Plaza de Fernando VII. El populacho de Sevilla depuso a todas las autoridades existentes, eligiendo a otras en su lugar para todas las plazas que habían existido en el viejo régimen, y requirió entonces de estas autoridades que restableciesen la Inquisición. Desde Aranjuez a Madrid el carruaje del Rey fue tirado por el pueblo. Cuando el Rey se apeó, la turba lo tomó en brazos, presentándolo triunfalmente a la multitud reunida frente a Palacio, y en brazos lo acompañó hasta sus habitaciones. La palabra Libertad aparecía en grandes letras de bronce sobre la puerta del Salón de las Cortes en Madrid; la gentuza se apresuró a quitarla de allí; trajeron escaleras y arrancaron letra a letra, y cuando las echaron todas a la calle, los espectadores renovaron sus exclamaciones entusiastas. Reunieron todos cuantos "Diarios de Sesiones" y manifiestos liberales pudieron, formando luego una procesión, en la cual las cofradías religiosas y el clero, regular y seglar, tomó la dirección, amontonaron estos papeles en una plaza pública y los quemaron allí, como ejecutando un acto de fe político, después de lo cual se celebró una misa solemne para entonar un "Te Deum" en acción de gracias por el triunfo. Más importante quizás que estas desvergonzadas demostraciones de las turbas pueblerinas, pagadas en parte para hacerlas y en parte, como los Lazzaroni en Nápoles, prefiriendo el Gobierno licencioso de reyes y monjes al austero de la clase media, fue el hecho de que las segundas elecciones generales representaron una decisiva victoria para los Serviles; las Cortes Constituyentes fueron reemplazadas por las Cortes ordinarias el 20 de septiembre de 1813, y trasladada su sede de Cádiz a Madrid el 15 de enero de 1814.

Ya hemos señalado en anteriores párrafos cómo, incluso, el partido revolucionario había ayudado a levantar y fortalecer los viejos prejuicios populares, con la intención de convertirlos en arma contra Napoleón. Vimos entonces cómo la Junta Central en el período en que los cambios sociales debían ir unidos a las medidas de defensa, hizo cuanto pudo para evitarlos y para suprimir las aspiraciones revolucionarias de las provincias. Las Cortes de Cádiz, muy al contrario separadas de España y sin conexión con ella durante gran parte de su existencia, no tuvieron siquiera oportunidad de dar a conocer su Constitución y sus decretos orgánicos hasta que los ejércitos franceses se retiraron. Las Cortes llegaron, pues, postfactum. Encontraron al pueblo fatigado, exhausto, sufriente; producto natural de una guerra tan prolongada, sostenida toda ella en suelo español; una guerra en la cual estando los ejércitos siempre en movimiento, el Gobierno de hoy era, rara vez, el mismo de mañana, mientras la matanza no duró un solo día durante seis años, a través de toda la superficie de España, desde

Cádiz a Pamplona y desde Granada a Salamanca. No era de esperar que una tal sociedad pudiera ser muy sensible a la belleza abstracta de una Constitución Política, fuera la que fuese. Sin embargo, cuando la Constitución fue proclamada primeramente en Madrid, y en las provincias evacuadas por los franceses, fue recibida con "desbordante alegría", esperando generalmente las masas una súbita desaparición de sus sufrimientos sociales con un simple cambio de gobierno. Cuando descubrieron que la Constitución no poseía este poder maravilloso, la excesiva expectación con que había sido recibida se convirtió en desengaño, y para los pueblos apasionados del sur el desengaño está a un paso del odio.

Hubo algunas circunstancias particulares que contribuyeron principalmente a apartar las simpatías del régimen constitucional. Las Cortes habían publicado los más severos decretos contra los afrancesados. Al publicar estos decretos las Cortes estaban parcialmente presionadas por el clamor vindicativo del pueblo y de los reaccionarios, quienes se volvieron contra las Cortes tan pronto como los decretos que ellos habían impuesto se pusieron en ejecución. Por esta causa, más de 10,000 familias quedaron exiladas. Unos cuantos tiranuelos sueltos por las provincias evacuadas por los franceses establecieron su autoridad proconsular y empezaron las requisas, persecuciones, detenciones, procedimientos inquisitoriales contra los comprometidos por su adhesión a los franceses, por haber aceptado empleos del invasor, por haber comprado bienes nacionales, etcétera. La Regencia, en lugar de intentar efectuar una transmisión conciliadora y discreta entre el régimen implantado por los franceses y el nacional, hizo cuanto estaba en su poder para agravar los males y exasperar las pasiones, inseparables de todos estos cambios de dominación. Pero, ¿por qué hicieron esto? Para tener motivos de pedir a las Cortes la suspensión de la Constitución que, según decían, causaba muchos agravios. Debemos señalar, en pasan que todas las Regencias, estas supremas autoridades nombradas por las Cortes, estaban compuestas regularmente por los más decididos enemigos de las Cortes y de la Constitución. Este hecho curioso es simplemente explicable porque los Americanos siempre se combinaron con los Serviles en el nombramiento del Poder Ejecutivo, cuya debilidad ellos consideraban necesaria para el logro de la independencia americana de la madre patria, ya que entendían que un Poder Ejecutivo en desacuerdo con las Cortes se mostraría incapaz. La introducción por las Cortes de un impuesto directo sobre la renta territorial, así como sobre los beneficios del comercio e industria, creó un gran descontento entre el pueblo, y éste creció con el absurdo decreto prohibiendo en toda España la circulación de monedas acuñadas por José

Bonaparte, y ordenando a sus poseedores cambiarlas por moneda nacional; al mismo tiempo que impedía la circulación de moneda francesa, publicaba una tarifa, de acuerdo con la cual se haría el cambio en la Casa de Moneda. Como esta tarifa difería grandemente de la ofrecida por los franceses en 1808; debido al valor relativo de las monedas francesas y españolas, muchos individuos experimentaron grandes pérdidas. Esta medida absurda también contribuyó al alza de los precios de las cosas más necesarias, ya muy por encima del precio ordinario.

Las clases más interesadas en el derrocamiento de la Constitución de 1812, y la restauración del viejo régimen —la grandeza, el clero, los frailes, los abogados—, no perdían ocasión de excitar hasta el paroxismo el descontento popular creado por las circunstancias infortunadas que habían señalado la introducción del régimen constitucional en el suelo español. De ahí la victoria de los Serviles en las elecciones generales de 1813.

Solamente de parte del ejército podía temer el rey una resistencia seria, pero el general Elío y sus oficiales, rompiendo el juramento que habían prestado a la Constitución, proclamaron a Fernando VII en Valencia, sin mencionar la Constitución. Elío fue pronto seguido por los otros jefes militares. En el decreto de 4 de mayo de 1814, mediante el cual Fernando VII disolvía las Cortes de Madrid y cancelaba la Constitución de 1812, proclamaba a la vez su odio al despotismo, prometía convocar unas Cortes bajo las antiguas formas legales, establecer libertad racional de prensa, etcétera, y él cumplió esta promesa de la única forma que lo merecía la recepción que había tenido por parte de los españoles rescindiendo todos los actos emanados de las Cortes, restaurando todas las cosas en sus antiguas bases, restableciendo la Santa Inquisición, llamando a los jesuitas expulsados por su abuelo, confinando a los miembros más prominentes de las Juntas, las Cortes y dependencias a galeras, en las cárceles africanas o en el exilio; y finalmente mandando fusilar a los más ilustres jefes de guerrillas como Porlier y Lacy.

Pero no todo estaba perdido. El verdadero movimiento revolucionario de la post—guerra napoleónica tenía que aparecer en España, defendiendo la Constitución de 1812, y en efecto apareció, . aunque con repetidos fracasos en sus fases iniciales. En 1814 Mina intentó el levantamiento de Navarra, dio la primera señal para la resistencia con un llamamiento a las armas, entró en la fortaleza de Pamplona, pero desconfiando de sus propios partidarios, huyó a Francia. En 1815, el general Porlier, uno de los más renombrados guerrilleros de la guerra de independencia, proclamó la Constitución en la Coruña. Fue fusilado. En 1816, Richard intentó capturar al Rey en Madrid. Fue ahorcado. En 1817, Navarro, un abogado, con cuatro de sus cómplices, murió en el cadalso de Valencia por haber proclamado la Constitución de 1812. En el mismo año el intrépido general Lacy fue fusilado en Mallorca por haber cometido el mismo crimen. En 1818, el Coronel Vidal, el Capitán Sola y otros, que habían proclamado la Constitución en Valencia, fueron derrotados y muertos. La conspiración de la Isla de León fue el último anillo de una cadena formada con los cuerpos ensangrentados de aquellos valientes del 1808 al 1814.

En 1819 se reunió un ejército expedicionario en los alrededores de Cádiz, con el propósito de reconquistar las colonias americanas sublevadas. Se concedió el mando del mismo a José Enrique O'Donnell, Conde de LaBisbal. Las expediciones que se habían mandado a la América Española desde 1814 hasta 1819, habían consumido alrededor de 14,000 hombres, hecho que acrecentó el disgusto en el ejército, que consideraba estas expediciones como un medio perverso, empleado en contra suya, para desembarazarse de los regimientos desafectos. Algunos oficiales, entre ellos Quiroga, López Baños, San Miguel, O'Dailly y Arco Agüero, determinaron aprovechar el descontento de los soldados para liberarse de la opresión y proclamar la Constitución de 1812.Cuando se dio cuenta a La Bisbal de la conspiración, prometió ponerse a la cabeza del movimiento. Los jefes del complot, conjuntamente con él, fijaron el 9 de julio de 1819 como el día señalado para sublevar la tropa, a causa de tener que celebrar una gran revista la fuerza expedicionaria en esta fecha. A la hora señalada, La Bisbal apareció, pero en vez de mantener su palabra, ordenó desarmar a los regimientos comprometidos, mandando a la cárcel a Quiroga y a otros jefes, y despachó un correo a Madrid jactándose de haber evitado la mayor de las catástrofes. Fue premiado con ascensos y condecoraciones. Este La Bisbal era un perfecto canalla que ha pasado como tal a la historia por sus muchas traiciones.

A pesar de los síntomas de rebelión demostrados por el ejército expedicionario, seguía en una inexplicable apatía, y no hizo nada para acelerar la expedición o diseminar el ejército en distintos puertos del mar. Mientras tanto se convino un movimiento simultáneo entre don Rafael de Riego, comandante del segundo batallón de Asturias, estacionado entonces en Cabezas de San Juan, y Quiroga, San Miguel y otros jefes militares en la Isla de León, que estaban buscando la fórmula de evadirse de la cárcel. La posición de Riego, era, con mucho, la más difícil. El Municipio de las Cabezas estaba en medio de tres cuarteles generales del ejército expedicionario —el de caballería de Utrera, la segunda división de Infantería, en Labrija, y un batallón de cazadores en Arcos, donde estaba establecido el Comandante en Jefe y su Estado Mayor. No obstante, el 1º. de enero de 1820 consiguió sorprender y capturar al

Comandante con su Estado Mayor, a pesar de que el batallón acuartelado en Arcos tenía dobles efectivos que el de Asturias. El mismo día proclamaba la Constitución de 1812 en ese pueblo, nombrando a un Álcalde provisional, y no contento con cumplir la tarea que se había impuesto, convirtió a los cazadores a su causa, sorprendió al batallón de Aragón, de guarnición en Bornos, marchó de Bornos a Jerez, y de Jerez a Puerto de Santa María, proclamando en todas partes la Constitución, hasta que alcanzó la Isla de León el 7de enero, entregando en el fuerte de San Pedro a los militares que había hecho prisioneros. Al contrario de lo prometido por Quiroga y sus compañeros, no se habían adueñado por un golpe de mano, del puente de Suazo y luego de la Isla de León, esperando pasivamente hasta el 2 de enero en que Oltra, correo de Riego, les llevó la noticia oficial de la victoria de Arcos y la captura del Estado Mayor.

La totalidad de las fuerzas del ejército revolucionario, cuya jefatura se había entregado a Quiroga, no excedía de 5,000 hombres, y habiendo sido rechazados sus ataques a las puertas de Cádiz, se vieron obligados a encerrarse en la Isla de León. Allí permanecieron veinticinco días, sin ganar ni perder terreno. Las provincias parecían en sueño letárgico. Al cabo de este tiempo, dándose cuenta Riego que la llama revolucionaria se extinguía en la Isla de León, formó una columna móvil de 1,500 hombres, y marchó sobre una gran parte de Andalucía, frente a fuerzas diez veces superiores y perseguido por ellas, proclamando la Constitución en Algecieras Ronda, Málaga, Córdova, etcétera, recibido en todas partes amigablemente por la población, pero no provocando en ningún sitio pronunciamiento serio. Mientras tanto, sus perseguidores consumían todo un mes en marchas y contramarchas infructuosas, pareciendo sólo querer obligarle a volver a sus cuarteles con su pequeño ejército. La expedición de Riego, que empezó el 27 de enero de 1820, terminó el 11 de marzo por verse obligado a despedir a los pocos hombres que todavía le seguían. Su pequeña agrupación no dispersada a raíz de ninguna batalla, sino que fue desapareciendo por la fatiga, por los pequeños y continuos encuentros con el enemigo, por enfermedades y deserciones.

Entre tanto, la situación de los sublevados en la Isla no era prometedora en ningún sentido. Continuaban bloqueados por mar y tierra, y la guarnición de Cádiz había sofocado todos los movimientos favorables en el interior de la ciudad. ¿Cómo explicar entonces el que, habiendo Riego licenciado a sus tropas constitucionales el 11 de marzo en Sierra Morena, Fernando VII se viese obligado a jurar la Constitución de Madrid el 9 de marzo, de forma que Riego diese por terminada su misión dos días después de desaparecer las causas que lo habían impulsado?

La marcha de la columna de Riego había despertado nuevamente la atención general; las provincias se hallaban a la expectativa y observaban ardientemente el movimiento. El sentimiento popular se exaltó con la temeraria salida de Riego, la rapidez de su marcha, el vigoroso rechazo del enemigo, los triunfos imaginarios nunca alcanzados, la agregación de otras unidades y refuerzos nunca obtenidos. Cuando las noticias de las hazañas de Riego llegaban a las más distantes provincias eran abultadas en grado extraordinario, y aquellas más alejadas del lugar de los hechos fueron las primeras en declararse por la Constitución de 1812. Tan poco madura como estaba España para la Revolución y, no obstante, bastaban unas cuantas noticias falsas para producirla.

En Galicia, Valencia, Zaragoza, Barcelona y Pamplona estallaron sucesivas insurrecciones. José Enrique O'Donnell, Conde de La Bisbal, requerido por el Rey para combatir la expedición de Riego, no solamente se ofreció tomar las armas contra él, sino también aniquilar su pequeño ejército y hacerle prisionero. Solamente pidió el mando de las tropas acuarteladas en la Mancha. Pero así que llegó a Ocaña, La Bisbal se puso a la cabeza de las tropas y proclamó la Constitución de 1812. Las noticias de su defección levantaron el espíritu público en Madrid, donde la revolución estalló inmediatamente que se supieron estos acontecimientos. El gobierno empezó entonces a negociar con la revolución. En un decreto fechado el 6 de marzo, el rey ofrecía convocar a las antiguas Cortes constituidas en testamentos; decreto que no satisfizo a ningún partido, ni el de la vieja Monarquía ni el de la revolución. Cuando regresó de Francia ya había hecho la misma promesa, que luego abandonó al rescatar el trono. Durante la noche del 7, habiendo tenido lugar demostraciones revolucionarias en Madrid, "La Gaceta" del 8 publicó un decreto, en virtud del cual Fernando VII prometía jurar la Constitución de 1812. "Marchemos todos francamente—decía este decreto—, y yo el primero, por la senda constitucional". Habiendo tomado posesión del Palacio el pueblo el día 9, el Rey se salvó restableciendo el Ayuntamiento de Madrid de 1814,ante el cual juró la Constitución. Simultáneamente se nombró una Junta Conjuntiva, cuyo primer decreto concedió la libertad a los presos políticos y llamó a los refugiados. De las cárceles, abiertas por fin, salieron los Ministros constitucionales para el Palacio Real, Castro, Herreros y Argüellos —quienes constituyeron el primer Ministerio—eran mártires de 1814 y Diputados de 1812. La verdadera fuente del entusiasmo que había estallado con la ascensión al trono de Fernando VII era el alborozo causado por la deposición de Carlos IV, su padre. Y ahora, la fuente del general contento por la proclamación de la Constitución de 1812, fue la alegría causada por haberse abatido la soberbia absoluta de Fernando VII. Para la mayoría del pueblo es pañol el culto a la Constitución era lo mismo que la adoración de los atenienses al Dios desconocido, puesto que ya hemos visto que cuando ella estuvo aprobada no había territorio donde proclamarla.

Con citas de autores irrefutables nos hemos extendido en explicaciones sobre lo que al principio llamamos la coyuntura internacional para que se realizara la liberación de América. En un esfuerzo de recapitulación podemos decir que sin los sucesos revolucionarios de Europa que tuvieron sus repercusiones en España, la independencia habría sufrido apreciable retardo o quizás no se hubiera realizado. La expresada coyuntura internacional se puede determinar a grandes rasgos de la siguiente manera:

1º. Un año antes de que estallara la Revolución Francesa en 1789, Carlos IV llega al trono de España. Este Rey absoluto define su carrera política con varios hechos importantes: a) Temeroso de la Revolución Francesa, declaró la guerra a Francia y derrotada se vio en el caso de firmar el Tratado de Basilea; b) Convertido en juguete de Napoleón, se vio obligado a combatir a Inglaterra, perdiendo su flota en la batalla de Trafalgar; c) Influenciado por su mujer y por Godoy pensó en el reparto de Portugal, lo que indujo a su hijo Fernando a conspirar contra él, conspiración que fue apoyada por el motín de Aranjuez contra Godoy, y d) El motín de Aranjuez y el descontento general de España hacia el favorito de la reina, obligó a Carlos IV a abdicar en favor de su hijo Fernando, pero al mismo tiempo llamó a Napoleón para que lo ayudara.

2º. Entra en escena Fernando VII como rey de España y de las Indias, pero Napoleón hace que éste renuncie al trono y coloca en él a su hermano José, en observancia del Tratado de Tilsit. El destronado Rey español se convierte en Fernando "el deseado" para los españoles, quienes alcanzan la gran victoria de Bailén, pero que desgraciadamente no decide la guerra en su favor.

3º. Entre tanto, surgen en las provincias las Juntas provinciales, que organizan militarmente al pueblo para combatir al invasor. Las Juntas provinciales dan origen a la Junta de Sevilla que luego se convierte en Junta Central y que es la que gobierna el país a nombre de Fernando "el deseado".

4º. Del choque de la Monarquía absoluta española y de la Francia revolucionaria, surge el constitucionalismo que toma forma en las Cortes de Cádiz que reúne a españoles, americanos y asiáticos para deliberar sobre los lineamientos de la nueva España, la cual se ajustará en lo sucesivo a una Monarquía constitucional.

5º. Al presentarse una coyuntura más lejana, la derrota de Napoleón en Rusia, en 1812, la resistencia española se acrecienta, hasta que por fin Fernando "el deseado" recupera el trono de

España. Pero Fernando VII en vez de adaptarse a la Monarquía constitucional, lo que hace es restablecer la Monarquía absoluta, con lo que, la parte más revolucionaria del pueblo español, el ejército, inicia una serie de sublevaciones que culminan con la marcha de Riego.

6°. Riego levanta el espíritu español en favor de la Constitución de 1812, comienzan los alzamientos populares que culminan en Madrid, obligando a Fernando VII a jurar la expresada Constitución ante el Ayuntamiento de la Capital. Ahora, nos parece que para los lectores es comprensible la liberación de América. Para llevar mayor claridad a la mente de ellos, nos trasladaremos al Nuevo Mundo para detallar los sucesos que empezaron en 1808 y terminaron con la gran batalla de Ayacucho.

EL BONAPARTISMO DE AGUSTÍN DE ITURBIDE EN FUNCION IMPERIAL EN CENTRO AMÉRICA

En las Historias oficiales, después del Capítulo de la Independencia de Centro América, aparece invariablemente el de la Anexión a México. Pero este Capítulo se le suele estudiar de aquí hacia allá, de Centro América a México, para destacar las simpatías y aversiones para aquel país, que había demostrado tanto heroísmo en favor de la independencia y que había ayudado tanto a las aspiraciones populares de Centro América, y no a la inversa, del Virreinato de Nueva España a la Capitanía General de Guatemala, para descubrir aspectos que han quedado inéditos y para dejar en claro la gran maniobra reaccionaria que tendía a conservar el régimen monárquico y clerical en la parte central de América, hermanado con el régimen monárquico y clerical de España, si en las nuevas condiciones se hacía imposible mantener la unidad del imperio español en ambos continentes.

Para demostrar esto precisa una breve relación de la Independencia de México con vistas a iluminar la maniobra monárquico clerical. En cualquier referencia histórica se lee, sin que llegue a ser tan exacta por ignorar las leyes internas de la sociedad mexicana, que el descontento de los postergados criollos, la explotación de los indios, el hambre de las clases trabajadoras, la prohibición de comerciar con otros pueblos, el ejemplo de independencia de los Estados Unidos y las ideas de la Revolución Francesa, contribuyeron a crear una conciencia pública contra España.

La primera etapa de la guerra de independencia se inició con el levantamiento de un grupo encabezado por el cura Miguel Hidalgo y Costilla, Ignacio de Allende y los hermanos Aldama en Dolores, que dieron el conocido grito de Dolores del 15 de septiembre de 1810.Vencedores al principio, llegaron con sus huestes hasta el

Monte de las Cruces que domina a la ciudad de México. Pero los venció la superioridad militar del enemigo, y los jefes Hidalgo y Allende fueron fusilados en Chihuahua el 30 de julio de 1811.

Hidalgo era un sacerdote que había dedicado su vida a velar por el bienestar de los humildes. Había leído los libros de Rousseau y conocía las ideas liberales de los franceses. Era señalado enemigo de la esclavitud y fomentaba en su curato nuevas industrias y nuevos cultivos a pesar de las prohibiciones que a ese respecto señalaba España. Era un personaje muy querido en la región, y por ello fue invitado a participar en la conspiración de Querétaro, aceptando de muy buena gana; al ser descubierta la conspiración fue el primero que incitó al pueblo a luchar por la independencia de México. Sus primeras disposiciones fueron la abolición de la esclavitud y la supresión de los monopolios que estaban reservados al gobierno virreinal. Sus luchas militares fueron poco afortunadas, porque su numeroso ejército carecía de armas, alimentos y disciplina. A pesar de todo, fue el primer mártir de la independencia americana en el gran movimiento que empezó en 1810.

A la muerte de Hidalgo, empuñó la bandera insurgente el cura José María Morelos, quien proclamó la independencia de México en Chilpancingo el 6 de noviembre de 1813, ejecutó con éxito tres campañas militares y fracasó en la cuarta. Morelos fijó los fines de la Guerra de Independencia en los documentos "sentimientos de la Nación" y "Medidas Políticas" en que dio a la revolución una tendencia social agraria. Fue derrotado en Valladolid (hoy Morelia) por Agustín Iturbide, y fue fusilado el 22 de diciembre de 1815 en San Cristóbal Ecatépec.

Morelos fue un Sacerdote humilde que convivió con la gente más pobre y explotada de Michoacán. Conoció directamente los problemas que pesaban sobre los indígenas. Pretendía un nuevo reparto de tierras para evitar la opulencia y desterrar la miseria. Deseaba la destrucción de los monopolios y se inclinaba por la libertad de comercio. Tenía una profunda fe en la democracia; sus actos eran normados por la opinión de sus colaboradores y fue enemigo de la soberbia. Se conformaba con ser un "Siervo de la Nación". Morelos fue, además un gran militar. Sus campañas en el sur del país siempre fueron victoriosas y sembraron el terror entre los realistas que comandaba don Félix María Calleja. Pero la traición se impuso y el gran don José María Morelos fue ejecutado.

Continuó una guerra de guerrillas tenaz en la que se destacaron Vicente Guerrero, Guadalupe Victoria, Manuel Mier y Terán, Ramón Rayón y Nicolás Bravo. En esta nueva época también luchó por la independencia mexicana el joven guerrillero español Francisco Javier Mina. Se ha de recordar que, por este tiempo, Fernando VII había regresado de Francia, se había sentado en el trono y había jurado la Constitución. Pero tan luego no le convino, anuló su juramento, restableció la monarquía absoluta y volvió a implantar el despotismo. Mina era constitucionalista y fue desterrado por Fernando VII para México, donde peleó brillantemente en favor de la independencia mexicana.

El nuevo virrey Juan Ruiz de Apodaca apoyó el "Plan de la Profesa" que declaró la colonia independiente mientras permaneciera preso Fernando VII. En este propósito, Agustín de Iturbide debía contribuir en la pacificación del país y con tal efecto fue nombrado comandante general del Sur, para vencer, en primera línea, a Vicente Guerrero. Pero nunca pudo derrotar al gran rebelde, y entonces, estimulado por el poderoso clero mexicano, que se había opuesto a la independencia y había cambiado de parecer, entró en pláticas con Guerrero para proclamar la Independencia de México, y ambos firmaron el Plan de Iguala, bajo las garantías de "Religión, Monarquía e Independencia".

El Plan de Iguala produjo escándalo entre los peninsulares, quienes declararon fuera de la ley a Iturbide, depusieron al virrey Ruiz de Apodaca, lo reemplazaron por el Mariscal Francisco Novella y remitieron el Plan de Iguala a la Corte de España para conocimiento del Monarca. Fernando VII no tuvo más camino que aceptar el Plan pero los grandes españoles y aun los mismos revolucionarios peninsulares, lo rechazaron.

Entre tanto, navegaba en dirección de México el nuevo jefe político español Juan O'Donojú, quien al desembarcar tuvo noticias de los nuevos hechos, reconoció la independencia mexicana en el Tratado de Córdova, y el 27 de septiembre de 1821 entró el Ejército Trigarante a la ciudad de México. Una Junta Provisional Gubernativa constituyó la Regencia, y se reunió un Congreso en el cual lucharon tres tendencias: 1) los partidarios de un México monárquico, clerical e independiente; 2) los partidarios de un México republicano, democrático y representativo, y 3) los partidarios de un México que siguiera dependiendo de España, sujeto a la corona de Fernando VII. A este Congreso, en consideración a la distancia, poco a poco fueron llegando los diputados centroamericanos, electos por los pueblos para ir allá a determinar lo que más conviniera en bien de Centro América, y tan luego estuvieron allá, unos se pronunciaron en favor de la anexión, la monarquía americana y la independencia y otros en favor de la separación de México, la República americana y la independencia de todo poder extranjero.

Es claro que la principal figura en aquel acto era Agustín de Iturbide, padre de la Independencia de México bajo las Tres Garantías y bonapartista como ningún otro se aprovechaba de ellas para coronar sus ambiciones con el Imperio. En este empeño le ayudaban el Ejército Trigarante; el alto clero que permitía sacrificar a España pero no a Roma, y el pueblo que en el entusiasmo del momento se olvidaba de la línea popular de la Independencia y de los grandes mártires Hidalgo, Allende y Morelos. Así es que, en la noche del 18 de mayo de 1822, los agentes de Iturbide promovieron un levantamiento popular que obligó al Congreso a reunirse al día siguiente y proclamar a Agustín de Iturbide emperador de México con el nombre de Agustín I.

Agustín I actuó como soberano absoluto, disolvió el Congreso y lo reemplazó por una Junta Instituyente. Pero el descontento popular hizo que se levantara en Veracruz el general Antonio López de Santa Anna. La revolución abrazó al Imperio, y el emperador tuvo que convocar de nuevo al Congreso y abdicó en marzo de 1823.El Congreso declaró nulo el Imperio y condenó a Iturbide al destierro de Italia, de donde regresó a los pocos meses para iniciar la contrarrevolución, pero habiendo sido vencido y capturado, se le siguió consejo de guerra, condenado a muerte y pasado por las armas en Padilla el 19 de julio de 1824.

Decíamos que se hacía necesaria esta introducción, que viera en síntesis la historia de la Independencia de México para luego pasar a los hechos que determinaron la independencia de Centro América y acto seguido su anexión a México. Las Tres Garantías del Plan de Iguala no fueron una invención de los generales Iturbide y Guerrero en el momento de conversar en el lugar cuyo nombre lleva el convenio. Las Tres Garantías ya habían sido concebidas y maduradas en la ciudad de México por la nobleza feudal y el alto clero. En secreto se las comunicaron a Iturbide para que las hiciera valer como jefe del Ejército, a la vez que le alentaban el bonapartismo a que era inclinado. Convenía anticiparse al pueblo mexicano que buscaba una Independencia republicana y democrática, realizando una independencia monárquica y clerical. En una independencia monárquica y clerical los nobles y las altas jerarquías tendrían en sus manos, además del poder económico, el poder político con un monarca criollo, aunque para la exportación se hablaría de un monarca extranjero de las casas reinantes de Europa. La nobleza española trasplantada se ennoblecería más en México con una monarquía dorada. Y el alto clero que veía la insurgencia de las bajas jerarquías y la rebelión de los fieles, rompería el hilo del Patronato español pero no perdería contactos con el Pontificado. Además, con la monarquía mexicana no habría democracia agraria, al estilo de Morelos, que aniquilara el latifundio y la servidumbre, ni habría otras funestas novedades importadas de Francia, Inglaterra y los Estados Unidos, que adulteraran el sistema económico—social político de la tradición colonial. La Colonia seguiría en pie, sólo que con monarca propio y estamentos criollos.

¿Se daban cuenta los conjurados reaccionarios de México que en su propio país ascendía la revolución democrático—burguesa, aunque estuviera ella en sus fases más incipientes? ¿No habían visto a Hidalgo que en 1810 había decretado la abolición de la esclavitud? ¿No habían visto a Morelos que había ordenado el reparto de la tierra en obsequio a la democracia agraria para evitar la opulencia y desterrar la miseria y asimismo había proclamado la libertad de comercio para aniquilar el monopolio español? Y luego, ¿no advertían que Napoleón había sido vencido y que la poderosa Inglaterra, seguida de otras naciones, marchaba por los caminos del capitalismo industrial, que daba una fisonomía completamente distinta y nueva al mundo? Si no veían estas cosas, estaban ciegos; y estaban ciegos porque, en honor a la verdad, todavía contaban con recursos poderosos. Podían seguir sosteniendo en sus manos el monopolio económico por mucho tiempo. Y seguros de ello, intentaban aprovechar la independencia en favor de sus intereses, manejar el poder político a su antojo y evitar lo que más temían, el estallido de la Revolución Francesa en México. Estaban dispuestos a impedir a todo trance la instauración de la República con sus funestas consecuencias antifeudales y anticlericales.

El bloque humano de las Tres Garantías era, pues, un bloque monárquico—aristocrático—clerical que cabalgando sobre los acontecimientos capitalizaba en su favor la explosión revolucionaria de México por la separación de España.

Pregunta y responde el doctor Antonio R. Vallejo en su "Compendio de la Historia Social y Política de Honduras":

"¿Qué sucesos obligaron al general Gabino Gaínza a proclamar la independencia?

—La noticia del grito dado por Iturbide en México, de acuerdo con el general Guerrero y la exaltación que este suceso produjo en los ánimos guatemaltecos, Gaínza, para salvar las apariencias y ponerse a cubierto de la responsabilidad que el gabinete de Madrid pudiera hacerle en un evento desgraciado, dio a luz un manifiesto contra el Plan de Iguala, que recogió días después, cuando los acontecimientos de Chiapas encendieron los espíritus de tal manera y. hasta tal punto, que se vio obligado para aplacarlos, a convocar una junta y a tratar del asunto más grande para la América Central: la independencia".

Desde que estaba en la América del Sur se había dado cuenta Gabino Gaínza que se iba haciendo insostenible la dominación del imperio español en América, a tal grado que en Chile se le conocía por estas ideas. Y cuando se hizo cargo del Gobierno Político de Guatemala, el 7 de marzo de 1821, Gaínza recogió la impresión general en favor de la independencia y a la vez se dio cuenta de las principales tendencias políticas del país. En efecto, pudo percatarse de que la revolución de Guatemala se expresaba en dos tendencias: como revolución monárquica independiente y como revolución republicana.

¿Cuál era la que le convenía a él en sus cálculos oportunistas? La primera. Y con ese fin tanto se hizo simpático para los guatemaltecos que se hallaban conectados con la conspiración monárquica de México como trató de establecer sus propias conexiones con los monarquistas mexicanas y los prohombres del Plan de Iguala.

Y así, correos privados iban a México y correos privados venían a Guatemala. No sólo eso. El Jefe Político también mantenía relaciones secretas con los mejores personajes de las provincias centroamericanas que se habían inclinado a la independencia monárquica.

Por supuesto, Gabino Gaínza era hombre inteligente. No iba a expresar públicamente sus simpatías por la revolución del Plan de Iguala. Tenía que conducirse como hombre de confianza de las fuerzas contrapuestas de Guatemala y esperar el desarrollo de los acontecimientos para asumir una actitud definitiva. Tenía que aparecer como el primer gobernante de una Centro América independiente, que acataba la voluntad de todos. Pero allá en el fondo, y desde el principio, favoreció la anexión a México, y tanto que la propia convocatoria, realizada a la carrera, para proclamar la independencia, revestía los caracteres de un acto anexionista. En su pensamiento, convenía apresurar la independencia monárquica para impedir los riesgos de la independencia republicana. Pero la independencia monárquica significaba anexión a México, donde todo estaba preparado para dar ese paso.

Alejandro Marure en su "Bosquejo Histórico" ofrece una lista de los hombres que sostuvieron con más calor la proclamación de la independencia el 15 de septiembre. Son ellos: Canónigo José María Castilla, Dean Antonio García Redondo, Regente Francisco Bilches, los Oidores Miguel Larreinaga y Tomás O'Horán, los doctores Mariano Gálvez y Serapio Sánchez, los diputados por el Claustro José Francisco Córdova y Santiago Milla, por el Colegio de Abogados Antonio Rivera Cabezas, Mariano Beltranena y José Mariano Calderón, el Presbítero Matías Delgado, don M.A. Molina, los individuos de la Diputación Provincial Mariano Larrave, José Antonio Larrave, Isidoro Castriciones, Pedro Arroyave y Mariano Aycinena, los individuos del Ayuntamiento, Lorenzo Romaña,ecretario del Gobierno, Domingo Diéguez, Secretario de la Junta, Fray Mariano Pérez, Prelado de los Recoletos, Fray José Antonio Tabuada, Prelado de los Franciscanos, y otros entre los cuales se hicieron notar algunos españoles europeos.

No queremos calumniar a los distinguidos próceres. Pero muchos de la lista que da el historiador Alejandro Marure estaban en el secreto del carácter y de los fines de la independencia, hecha a la carrera para evitar que la realizara el pueblo en forma de Revolución Francesa.

Se ha dicho que José Cecilio del Valle, redactor del Acta de Independencia una vez que la acordó la mayoría absoluta, pronunció un discurso discreto en el que hizo ver que tal vez convenía aplazar aquel acto para días posteriores, cuando los acontecimientos europeos y americanos ofrecieran más claridad. Por esa causa se le motejó entonces de españolista. Era una manera de hacerlo partícipe en el acto, y lograron su objeto, porque redactó el célebre documento. Pero Valle, hombre penetrante, talento superior, se daba cuenta allí mismo, en la gran sala de recepciones del Palacio de los Capitanes Generales, que se estaba realizando una independencia centroamericana, como parte de una conjura mexicana que contando con la anexión de Centro América, llevaría la liberación de México por la senda de una monarquía constitucional o absoluta. Los hechos posteriores comprobaron la tesis de Valle. No sólo hubo un pronunciamiento como maniobra monárquica el 15 de septiembre sino que el general Vicente Filísola, al mando de una división, ya venía en camino para Guatemala.

Y es claro que los independentistas republicanos de Guatemala, que de buena fe y ardorosos llegaron a la junta del Palacio de los Capitanes Generales, fueron engañados, de cuyo engaño salieron hasta que se vieron al frente de los acontecimientos crudos. Entonces entendieron que el Congreso que se convocaba para el año siguiente iba a reunirse en Guatemala con el doble objeto de ratificar la separación de España y la anexión a México, bajo el signo de la monarquía independiente.

Los pliegos de la Independencia fueron enviados con correos expresos a las provincias, y el doctor Antonio R. Vallejo en su "Historia Social y Política de Honduras", informa de la manera que llegaron a Comayagua:

"El 28 de septiembre, como a las ocho de la mañana, recibió el señor Gobernador Intendente, Comandante General, Jefe Político Superior de la Provincia, Brigadier José Tinoco de Contreras, el acta de Independencia celebrada en Guatemala, el 15 de septiembre y el manifiesto del Capitán General don Gabino Gaínza, que había entrado a gobernar el 7 de marzo del mismo año y ahora ejercía funciones de Gobernante General de Centro América. Tinoco mandó reunir en el acto, en la Sala Capitular del Ayuntamiento a la Diputación provincial, Ayuntamiento y a todas las corporaciones eclesiásticas, secular y de hacienda, y después de haberse hecho algunas reflexiones y discutido sobre la necesidad de la independencia, esta se proclamó el mismo día, sin que costase el menor esfuerzo, ni el más leve sacrificio".

José Tinoco, seguido de sus amigos, fue más claro en favor de la conjura monárquica de México. En el acta levantada, acordó: "Que la religión que habían de reconocer todos los habitantes de esta provincia fuera la católica, apostólica, romana, y por rey en la capital de México el señor Fernando VII, o en su defecto uno de los serenísimos infantes, de conformidad con el Plan de Iguala, o el gobierno que acordase el Soberano Congreso Americano".

Pregunta y responde el doctor Vallejo: "¿Qué se deduce de aquí? Que los Comayaguas fueron imperialistas; que en aquella provincia no se proclamó una verdadera independencia". Esto motivó una aparente rivalidad entre Tinoco y Gaínza y una visible oposición entre el Gobierno General de Guatemala y el Gobierno Provincial de Comayagua.

Tinoco, con vistas a los sucesos monárquicos que esperaba de México, dio la siguiente organización a la Provincia de Comayagua: Cayetano Bosque, Secretario del Gobierno Político Superior; José Tinoco de Contreras, Teniente General de los Ejércitos; Pedro Arrazola, Subteniente de Artillería, Vicente Irigoyen, Subteniente de Artillería; José Gómez, Oficial Segundo de la Contaduría; José María Zelaya, General de Brigada; Fernando Zelaya, Tesorero General; José María Rodríguez, Teniente del Batallón de Comayagua; Pedro Nolasco Arriaga, Fiscal de Hacienda; Juan Garrigó, Contador de Diezmos; Santos Baryagua; Joaquín Orellana, Administrador de Alcabalas de Trujillo; Coronel Juan Cacho, Comandante de Trujillo; Bernardo Caballero, Comandante de Omoa; José Garay, Capitán Interino de Comayagua; Pedro Boquín, Subteniente; Santiago Bueso, Subteniente; Joaquín Aguiluz, Interventor de Omoa; Juan Lindo, Jefe Político Superior; José Nicolás Irías, Intendente; Francisco Serrano, Sargento Mayor del Escuadrón de Yoro; Andrés Brito, Coronel del Ejército; Francisco Xavier Valenzuela, Teniente; Pedro Miranda, Sargento Mayor Interino de Comayagua; Manuel

Gutiérrez, Capitán del Ejército; José María Aguiluz, Subteniente; Francisco Gómez, Sargento Mayor; Gregorio García, Subteniente Veterano de Gracias; Remigio Díaz, Teniente Veterano; Juan Nepomuceno Cacho, Subdelegado de Hacienda.

Con esto nos hallamos enterados de que Comayagua se fue al grano adhiriéndose de una vez a México, donde se establecería una monarquía borbónica o criolla, en caso de no haber príncipe europeo que viniera a América.

El mismo 28 de septiembre llegó otro correo de Guatemala con los pliegos de la Independencia a Tegucigalpa, los cuales consistían en el Acta de Independencia, el Manifiesto del Capitán General Gabino Gaínza y un oficio del Ayuntamiento de Guatemala en que comunicaba haberse jurado la independencia en aquella población y a la vez exhortaba para que se hiciera lo mismo en ésta. En Tegucigalpa se tomó en serio la independencia de España y de cualquiera otra nación, como se le había tomado en serio en otros puntos importantes de Centro América. Es decir, no se le hizo caso a la maniobra mexicana de la anexión y la monarquía. Así es que este día se reunieron en el cabildo los dignatarios de la Villa para dictar las providencias pertinentes en el caso y el pueblo con el entusiasmo propio de la ocasión. En medio de "Vivas a la Independencia", procedieron las autoridades a deliberar el caso, a redactar el Acta de Independencia de Tegucigalpa y a jurarla ante los oficios del Alcalde Primero, don Tomás Midence. El juramento lo prestaron las autoridades civiles, militares y eclesiásticas y el pueblo en masa, en estruendoso coro. Al fin era libre Tegucigalpa en medio de la libertad de Centro América.

En estos regocijos se hallaba la población de la Villa, cuando el Ayuntamiento recibió de Comayagua el Acta de Independencia levantada en aquella población y la nota en que el Teniente General José Tinoco de Contreras le indicaba que no obedeciera a ninguna autoridad civil, militar, eclesiástica o hacendaria de Guatemala, por haber intereses superiores que aconsejaban tal conducta. José Tinoco actuaba en Honduras como agente directo y descarado de los monarquistas mexicanos, y quería englobar a Tegucigalpa en sus planes anexionistas.

El Ayuntamiento de Tegucigalpa contestó a Tinoco que acataría de él cuanto se ajustara a la ley como a la vez acataría las órdenes de Guatemala siempre que se ajustaran a la misma norma. Disgustó a Tinoco la respuesta, hubo nuevas cartas y nuevas respuestas, y al cabo de ellas el mexicanista pensó someter por la fuerza a la Villa de Tegucigalpa. Por su parte, Tegucigalpa preparó su defensa, nombró Comandante General de la Plaza a don Francisco Aguirre y comunicó al Capitán General Gaínza las amenazas de Tinoco, de Contreras.

En la organización de la defensa de la plaza participaron los principales republicanos de la villa, entre los cuales estaban Dionisio Herrera, Justo Herrera, Diego Vijil, León Rosa, José Antonio Márquez y el joven Francisco Morazán, con el grado de Teniente. En otras actividades auxiliares se distinguieron Esteban Travieso, Esteban Guardiola, el Cura Pineda, Ramón Vijil, Juan Antonio Ugarte, Manuel Ugarte, Francisco Juárez, Carlos Selva, Remigio Díaz, Liberato Moncada y Felipe Reyes. Una vez organizadas las milicias populares, delirantes y patrióticas, se esperó el ataque de las fuerzas de Tinoco de Contreras procedentes de Comayagua.

Entre tanto el Capitán General Gaínza se había dirigido al Teniente General Tinoco advirtiéndole que sus procedimientos iban por mal camino. La anexión a México, le decía en una nota, "no puede ser decidida por esta Junta Provincial ni por esa Diputación Provincial, ni por Corporación alguna de las que existen constituidas. Los funcionarios no tienen otra facultad que aquella que les da la ley; y la ley no nos ha facultado si estas provincias deben serlo de México. Los Ayuntamientos tampoco tienen otra autoridad que aquellas que les han dado los pueblos electorales. Estos los eligen para tratar de las atribuciones que designa la Constitución, y en ellas no se ve la de resolver aquel punto. La voluntad general de los pueblos es la que debe determinarlo, y esta voluntad sólo puede expresarse por un Congreso formado de

Diputados elegidos por los mismos pueblos para decidir si todos ellos deben ser provincias de Nueva España (México).

Viendo Gaínza la tozudez de Tinoco, situó tropas protectoras en Tegucigalpa y en Gracias. Y sólo así detuvo sus impulsos el obcecado mexicanista. Pero dejó un daño incalificable. Alimentó en 1821 los odios de Tegucigalpa y Comayagua que habían estallado en 1812 y que habían tenido su iniciación en 1788. Por la actitud valerosa de Tegucigalpa, recibió ésta en premio el título de ciudad, con el calificativo de patriota para su Ayuntamiento, otorgado por la Junta Consultiva de Guatemala el 11 de diciembre de 1821.

En la pugna del Ayuntamiento de Tegucigalpa con el Teniente General Tinoco de Contreras de Comayagua, estuvieron de parte de Tegucigalpa y listos para mandar fuerzas Olancho, Trujillo, Choluteca, Omoa, Santa Bárbara y los Llanos de Santa Rosa.

De más lejos, en la extensión de Centro América, apoyaron a Tegucigalpa, los Ayuntamientos partidarios de la independencia absoluta.

Entre tanto, conviene hablar del personaje que al frente de una división había salido de México y se encaminaba hacia Guatemala a imponer por la fuerza de las armas las Tres Garantías del Plan de Iguala, con el pretexto de garantizar la independencia de Centro América. Se trata del general Vicente Filísola, aventurero valiente y afortunado que contaba con una carrera de acciones victoriosas. Filísola nació en Riveli, Nápoles, hacia 1789, joven pasó a España donde participó en varias guerras y obtuvo los primeros grados militares. Atravesó el océano y llegó a Nueva España (México) en 1811, a servir en el ejército realista, donde se distinguió por sus conocimientos tácticos, su talento militar y su gran arrojo, a la vez que por su piedad para los vencidos y su extraordinaria moralidad. En México sus acciones de armas fueron numerosas. Reforzó el ejército de Iturbide en la batalla de Valladolid donde fue derrotado

Morelos. Desde entonces, Filísola opera en el nivel de los altos jefes del realismo, y siempre está en los lugares de más responsabilidad y peligro. Su acción es todavía más relevante desde que se firma el Plan de Iguala, pues siempre está cerca de Iturbide, y cuando el Virrey O'Donojú acata la Independencia y firma el Tratado de Córdova, Filfsola es designado para que ocupe la ciudad de México y establezca el orden que necesita la entrada triunfal del Ejército Trigarante.

El historiador mexicano, don Genaro García, publicó en su notable sección "Documentos inéditos o muy raros para la Historia de México" el tomo XXXV que contiene una relación del general Vicente Filísola titulada por él "La cooperación de México en la Independencia de Centro América".

Ya estando de regreso a México, Filísola se vio precisado a defenderse de los ataques contenidos en un panfleto publicado por José Francisco Barrundia en Guatemala y divulgado en América y a explicar su conducta durante estuvo en Centro América como representante militar de la Regencia Trigarante primero y del Imperio iturbidiano después. Acompañan a la réplica de Filísola numerosos documentos corrientemente desconocidos en Centro América.

A grandes rasgos se comprueba lo siguiente:

1º.—Agustín de Iturbide, Presidente de la Regencia Trigarante de México, destina al Conde de la Cadena para que salga de Puebla rumbo a Guatemala con el objeto de garantizar la independencia de estas Provincias. En carta privada del 20 de noviembre de 1821 le instruye sobre cómo debe conducirse en Chiapas y Guatemala y con quiénes debe entenderse en cada lugar. En un párrafo le dice textualmente: "En Guatemala debe V.S. contar con D. Mariano Aycinena, sujeto que ha seguido correspondencia conmigo desde antes que aquella capital se hiciese independiente, y como es una persona bien conexionada, no dejará de contribuir mucho a dar al nombre de V.S. todo el carácter de aprecio que se merece. Sea éste uno a quien escriba V.S, sin olvidarse de hacerlo con toda urbanidad al Capitán General, Diputación Provincial, Ayuntamiento, Arzobispo, Cabildo Eclesiástico y Consulado".

Iturbide le dice al mismo conde de la Cadena, en carta del 5 de diciembre de 1821: "Cada día es más interesante que V.S. emprenda su jornada a la Provincia de Chiapas, porque sintiéndose ya algunos movimientos en las otras provincias de Guatemala, de cuya Capital se han separado, como son Nicaragua y Honduras, debe temerse un rompimiento o algunas alteraciones que podrán calmarse con sólo saber que ya pisa su suelo una División Imperial, y esto mismo puede decidir a Guatemala a imitar los procedimientos de las Provincias que han reconocido al Imperio, en cuyo caso es indispensable que V.S. tome conocimiento y concilie todas las diferencias que se ofrezcan, valiéndose de aquellas medidas que tan fácilmente se presentan a quien obra con prudencia y tiene sagacidad".

El Conde de la Cadena no tuvo inconveniente. para cumplir la misión que le encomendaba Iturbide, y entonces éste nombró a Vicente Filísola jefe de la expedición a las Provincias de Guatemala, dándole las instrucciones siguientes: "El objeto de esta expedición no es otro que el de proteger a las Provincias de aquel Reino que han jurado ya y que en adelante juraren su independencia con arreglo al Plan de Iguala, uniéndose a México como partes integrantes del Imperio. Hasta hoy se cuentan en este número las de Chiapa y Nicaragua, y es de creer que también lo estén las de Honduras y Comayagua, aunque de estas últimas no se ha recibido directamente parte de oficio. Todos los demás pueblos, incluso la Capital, abrazarán el mismo partido, porque al fin han de penetrarse de las conveniencias y ventajas que les promete la protección de un Imperio poderoso, en que van a tener igual parte que cualquiera otra de las provincias que lo componen". (Carta del 27 de diciembre de 1821).

Lo anterior prueba el interés de Iturbide en englobar a Centro—América en la nueva Nación mexicana, que ya apellidaba Imperio antes del pronunciamiento del 18 de mayo de 1822.

Filísola salió de México en diciembre de 1821 con destino a Chiapa y Guatemala. En Puebla recibió la división de su mando, compuesta de oficiales y soldados escogidos. Estableció su cuartel general en Quezaltenango, donde supo que la noche del 18 de mayo había sido derribada la Regencia Trigarante, sustituida por el Imperio, proclamado Agustín Iturbide emperador de México con el nombre dinástico de Agustín Iy confirmado este nombramiento por el Congreso el 20del mismo mes.

2º.—En los últimos meses de 1821, Gabino Gaínza mantenía correspondencia con Agustin de Iturbide y Vicente Filísola. En una de sus cartas dice: "El 27 del corriente, recibí el oficio adjunto, que se sirvió dirigirme el Excelentísimo Señor Don Agustín de Iturbide, Generalísimo de mar y tierra y Presidente de la Regencia Serenísima de Nueva España. Son arduos y de la más alta trascendencia los puntos que abraza en él. Llamaron desde luego mi atención, por una parte, los bienes que goza un Estado independiente que tiene en su mismo seno el gobierno que lo administra; y por otra, la superioridad indudable de Nueva España en población, fuerza y riqueza; la disidencia de Comayagua, León, Chiapa y Quezaltenango, que, separándose de Guatemala, se han unido al imperio mexicano; los males que podría causar la internación en nuestro territorio de la División respetable que se indica en el oficio, y las ventajas que podría asegurar a un imperio poderoso, que promete defender nuestra independencia del Gobierno Español y de agresiones de cualquiera otro extranjero.

"Perplejo en medio de razones tan poderosas, y deseoso del acierto en asunto de tamaña importancia, consulté a la Excelentísima Junta Provincial, leyéndole el oficio que acababa de recibir y haciéndole presente las consideraciones que se ofrecían por uno y otro extremo. La Junta se sirvió discutirlas con detenimiento y circunspección, penetró desde luego su fuerza;

conoció toda la extensión de las consecuencias, y me habría consultado lo más conveniente a los ver—daderos intereses de estas Provincias. Pero firme en el principio que ha servido de base a sus acuerdos, ha reconocido que no tiene facultad para decidir la independencia del Imperio Mexicano o la unión del

mismo; que no ha consultado la una ni repugnado la otra: que la voluntad de los pueblos, manifestada por medio de sus representantes, es la que podría resolver el punto; que las circunstancias no permiten esperar la reunión de los Diputados, a cuya elección fueron invitados, y que, en tal caso, los ayuntamientos elegidos por los pueblos, podían en consejo abierto expresar la opinión de éstos.

"Me ha parecido prudente la consulta de la Junta, y conformándome con ella, he acordado que cada ayuntamiento, en cabildo abierto, leyendo detenidamente el oficio del Excelentísimo Señor Iturbide, pesando todas las razones y atendiendo al estado de estas Provincias, me manifieste su opinión sobre cada uno de los puntos que abraza el mismo oficio; que las contestaciones se remitan cerra das y por extraordinario al Alcalde Primero de la cabecera de cada partido, para que éste me las dirija del mismo modo sin demora alguna; que se comunique también el oficio a las autoridades, jefes y prelados para el mismo objeto de expresar su opinión sobre puntos tan interesantes; que las contestaciones se manden con tanta brevedad, que el día del mes próximo entrante se hallen todas reunidas en esta capital, para dar, con presencia de ellas, la respuesta correspondiente al Gobierno del Imperio, etc." (Palacio Nacional de Guatemala, noviembre 30 de 1821).

Véase el proceso imperialista: Proclamación de la independencia del 15 de septiembre bajo la influencia del Plan de Iguala; marcha de Filísola sobre Guatemala con una división escogida; pronunciamiento de varias provincias centroamericanas en favor de. México en el mismo acto que proclaman la independencia, y luego, contrariando el Acta de Independencia en el punto que debía reunirse un Congreso para decidir lo concerniente a la organización del nuevo Estado, bajo presión de Iturbide, Gabino Gaínza y la Junta Provisional acuerdan dirigirse en consulta a los Ayuntamientos para que decidan la anexión a México en cabildo abierto.

En acta posterior, levantada el 5 de enero de 1822, dieron fe de los resultados de la consulta a los Ayuntamientos, en los términos siguientes:

"Palacio Nacional de Guatemala, enero 5 de 1822.

Habiéndose traído a la vista las contestaciones de los ayuntamientos de las Provincias, dadas a virtud del oficio circular de treinta de noviembre último, en que se les previno que en consejo abierto explorasen la voluntad de los pueblos sobre la unión al Imperio Mexicano, que el Serenísimo Señor Don Agustín Iturbide, Presidente de la Regencia, proponía en su oficio de diecinueve de octubre, que se acompañó impreso, y trayéndose igualmente las contestaciones que sobre el mismo punto han dado los tribunales y comunidades eclesiásticas y seculares, jefes políticos, militares y de hacienda y personas particulares a quienes se tuvo por conveniente consultar, se procedió a examinar y regular la voluntad general en la manera siguiente:

"Los ayuntamientos que han convenido llanamente en la unión, según se contiene en el oficio del Gobierno de México, son ciento cuatro.

"Los que han convenido en ella con algunas condiciones que les ha parecido poner, son once.

"Los que han comprometido su voluntad en lo que parezca a la Junta Provisional, atendiendo el conjunto de circunstancias en que se hallan las Provincias, son treinta y dos.

"Los que se remiten a lo que diga el Congreso que estaba convocado desde quince de septiembre y debía reunirse el primero de febrero próximo, son veinticinco.

"Los que manifestaron no conformarse con la unión, son dos.

"Los restantes no han dado contestación, o, si la han dado, no se ha recibido.

"Y ha traído a la vista el estado impreso de la población del Reino, hecho por un cálculo aproximado sobre los censos existentes, para la elección de Diputados, que se circuló en noviembre próximo anterior se halló: que la voluntad manifestada llanamente por la unión excedía de la mayoría absoluta de la población reunida a este Gobierno. Y computándose la de la Intendencia de Nicaragua, que desde su declaratoria de independencia del Gobierno Español se unió al de México, separándose absolutamente de éste; la de Comayagua, que se halla en el mismo caso; la de Ciudad Real, de Chiapa, que se unió al Imperio aún antes que se declarase la Independencia de esta ciudad; la de Quezaltenango, Sololá y algunos otros pueblos que en estos últimos días se han adherido por sí mismos a la unión, se encontró que la voluntad general subía a una suma casi total. Y teniendo presente la Junta que su deber en este caso no es otro que trasladar al Gobierno de México lo que los pueblos quieren, acordó verificarlo así, como ya se lo indicó en oficio del tres del corriente.

"Entre las varias consideraciones que ha hecho la Junta en esta importante y grave materia, en que los pueblos se hallan amenazados en su reposo y especialmente en la unión con sus hermanos de las otras Provincias, con quienes han vivido siempre ligados por la vecindad, el comercio y otros vínculos estrechos, fue una de las primeras que, por medio de la unión a México, querían llamar la integridad de lo la unión que ha reinado por lo pasado; no apareciendo otro para remediar la división que se experimenta.

"Como algunos pueblos han fiado al juicio de la Junta lo que por no tenerlas todas a la vista, la Junta juzga que, manifestada como está, de un modo tan claro, la voluntad de la universalidad, es necesario que los dichos pueblos se adhieran a ella para salvar su integridad y reposo.

"Como las contestaciones dadas por los ayuntamientos, lo son con vista del Serenísimo Señor Iturbide, que se les circuló, y en él se propone como base la observancia del Plan de Iguala y de Córdova, con otras condiciones benéficas al bien y prosperidad de estas Provincias, la cual si llegase a término de poder por sí constituirse en estado independiente, podrán libremente constituirlo, se ha de entender que la adhesión al Imperio de México es bajo estas condiciones y bases.

"Las puestas por algunos ayuntamientos, respecto a que parte están virtualmente contenidas en las generales, y parte difieren entre sí, para que puedan sujetarse a una expresión positiva, se comunicarán al Gobierno de México para el efecto que convenga; y los ayuntamientos mismos, en su caso, podrán darlas como instrucción a sus Diputados respectivos, sacándose testimonio por la Secretaría.

"Respecto a aquellos ayuntamientos que han contestado remitiéndose al Congreso que debía formarse, y no es posible ya verificarlo, porque la mayoría ha expresado su voluntad en sentido contrario, se les comunicará el resultado de ésta, con copia de esta acta.

"Para conocimiento y noticia de todas las Provincias, pueblos y ciudadanos, se formará un estado general de las contestaciones que se han recibido, distribuyéndolas por clases, conforme se hizo al tiempo de reconocerse en esta Junta, el cual se publicará posteriormente.

"Se dará parte a la Soberana Junta Legislativa Provisional, a la Regencia —del Imperio y al Serenísimo Sr. Iturbide con esta acta, que se imprimirá y circulará a todos los ayuntamientos, autoridades, tribunales, corporaciones y jefes, para su inteligencia y gobierno.

"Gabino Gaínza. El Marqués de Aycinena. Miguel de Larreynaga. José del Valle. Mariano de Beltranena. Manuel Antonio Molina. Antonio Rivera. José Mariano Calderón. José Antonio Alvarado. Ángel María Candina. Eusebio Castillo. José

Valdés. José Domingo Diéguez, Secretario. Mariano Gálvez,Secretario".

3º.—El general Vicente Filísola llegó a la ciudad de Guatemala en la primera quincena de julio de 1822. Asumió la Jefatura Política Superior y la Capitanía General del Reino, como se seguía diciendo, con carácter provisional mientras llegaba a hacerse cargo de tales funciones en forma definitiva el marqués de Vivanco. No aparece en la Memoria del militar italiano mexicanizado si recibió el mando de manos de Gabino Gaínza, por lo que es de creer que éste se obscurece voluntariamente cuando no había partido para México en busca de mejor destino. Sí, naturalmente, estableció contacto con el milite la Junta Provisional nombrada en el Acta de 15 de septiembre de 1821. Y allí pudo comprobar el mexicanismo de algunos miembros y la sorda resistencia republicana de otros. También pudo ver el panorama popular en extensión guatemalteca y centroamericana, que no coincidía con el pronunciamiento consignado en las actas de los Ayuntamientos en favor de la anexión a México. Desde el primer día comprobó Filísola que abundaban los serviles, palaciegos o cortesanos, pero también pudo notar que la inmensa mayoría era adversa a la causa mexicana, y que en este aspecto francamente se hallaba en peligroso campo enemigo. Diarios eran los choques del bajo pueblo con los elementos de tropa. Nunca faltaban las algaradas en los barrios y hasta los heridos y los muertos de ambos bandos. Completaba el cuadro la actitud recelosa del Batallón de Fijo frente a la División Mexicana. Esto lo dice el propio Filísola en sus informes al Emperador.

Aparte de la explosiva situación política con matices insurreccionales, que los hubo a cargo del Capitán Ariza y Torres, tan luego entró en el mando Filísola redactó un informe de la situación del Reino de Guatemala dirigido a Agustín I.

Encontró un país extenso, situado entre los anteriores virreinatos de Nueva España (México) y Nueva Granada (Colombia) y entre los mares del Atlántico y el Pacífico.

Ese territorio estaba escasamente poblado por un millón de habitantes, según el cálculo hecho por el Consulado en 1811, de los cuales 646.666 indios de nada servían en ninguna actividad productiva y los restantes 353.334 de las demás clases, "deducidos los viejos, las mujeres, los niños, los achacosos y los dedicados al culto de Dios, resulta muy reducido el número que puede ser útil para el comercio, la agricultura e industria, y si de este corto número se cercenan cuatro o cinco mil hombres para las armas, nos hallaremos con que no habrá quien pueda dedicarse a los tres dichos ramos de pública necesidad".

En materia económica es tan pesimista el informe de Filísola, que casi le dice al Emperador que no se eche a cuestas la carga del Reino de Guatemala, "dada la pobreza actual de estas Provincias", que si pensaran organizarse en Nación, "no les sería posible establecer las tres clases de fuerzas públicas que los políticos modernos quieren tengan los Estados para conciliar su seguridad contra las naciones extranjeras: la libertad, buen orden interior y la persecución de malhechores".

Como militar, Filísola se fija más en la organización de la defensa, parte en que llega hasta el detalle, para proponer al final una organización nueva que se articule con la defensa de todo el Imperio. Informa, omitiendo sus largas explicaciones de la materia, en la forma siguiente:

Fuerza veterana: El pie veterano de la infantería se reduce al Batallón Fijo de esta capital (Guatemala), compuesto de seis compañías con la fuerza total de 500 hombres, y cinco compañías fijas sueltas, de las que tres tienen cien plazas cada una y dos cincuenta cada una, componiendo un total de 400 hombres, destinados a los puertos, de Omoa, Trujillo, Castillo del Golfo y San Juan de Nicaragua, en la Costa Norte, y al presidio del Petén, situado entre Guatemala y Yucatán.

Cuerpos de milicias provinciales: Así llama al Batallón de Chiquimula que vigilaba la zona oriental de Guatemala y prestaba apoyo a los Fuertes de San Carlos y Omoa; a dos compañías de San

Pedro Sula; al Escuadrón de Yoro; al Batallón de Olancho enfrentado a los ingleses del Río Tinto y que prestaba apoyo al Fuerte de Trujillo; al Batallón de San Vicente y al Batallón de Granada que prestaba apoyo al Fuerte de San Juan de Nicaragua.

Cuerpo Nacional de Artillería: Sólo menciona los gastos de 64,788 pesos anuales; el abandono del material y la indisciplina de los cuerpos.

Estado Mayor del Ejército: Compuesto de un Subinspector general, con 4,500 pesos al año; un Mayor de Plaza, con 1,000, y de los Gobernadores Políticos y militares de Ciudad Real, Comayagua, Omoa, Trujillo, León y Costa Rica. Informa que no hay ningún ingeniero, porque los que habían con 3,000 y 1,080 pesos abandonaron sus puestos el año anterior.

Armamento de infantería y caballería: Remitido de los almacenes de España, del deshecho de los cuerpos, hace treinta años, se ha acabado de inutilizar por el ningún cuidado que de él se ha tenido.

Artillería: Insuficiencia de piezas en los Fuertes; descuido en su manejo; limitación y mal estado de las municiones.

Fortalezas y castillos: Este Reino no tiene ninguna fortaleza. Sólo cuenta con reductos pequeños y castillos que exigen pronta reparación en Omoa, Trujillo, San Carlos y el Petén. El reducto en San Felipe del Golfo Dulce se destruyó por el descuido. En Sonsonate hay una trinchera sobre el fondeadero, siendo indispensable substituirla por otra de más consideración. La misma atención exige el puerto de Conchagua, debiéndose mejorar su artillería y su tropa.

Cuarteles: En esta capital están reducidos a cuatro casas pertenecientes a la hacienda pública, que pueden alojar 2,000 hombres y disponen de una caballeriza para 40 caballos. Los hay en Omoa, Trujillo, y San Carlos de bahareque y manaca, llenos de incomodidades.

Fuerza de mar: No hay ninguna, y sólo existen dos lanchas, una en el puerto de Trujillo, inservible, y otra en el Realejo, de regular uso; estando estas costas sin el más pequeño respeto, y expuestos los buques comerciales a ser presa, incendiados o echados a pique en los mismos puertos o fondeaderos, retrayendo esta falta de seguridad a que concurran a nuestros puertos muchos comerciantes que lo harían con utilidad del país.

Egresos Militares: Detalla los gastos que hace el Fisco en el mantenimiento de la defensa, los cuales ascienden a 376,167 pesos anuales.

Establecimientos ingleses: Tenemos cerca de dos establecimientos peligrosos, como son los de Walis y Río Tinto. Se están aumentando diariamente con aprestos sospechosos de armamento. Hacia allá desertan los negros caribes de Trujillo y Omoa, en donde son admitidos para tomar las armas. Igualmente, en Jamaica hay más fuerza de la acostumbrada, y (no conviene olvidar) que tenemos repetidas pruebas de la inclinación que siempre ha tenido el Gobierno Británico a la Provincia de Nicaragua, con la que se haría dueño del Mar Pacífico, así como lo es de los demás.

Después de este informe, propone el general Filísola una organización militar eficiente para el Reino de Guatemala, que no consignamos aquí porque no pasó de ser proyecto. Pero lo que más llama la atención en este informe es el elemento humano de que estaba compuesto el ejército. Los jefes eran irresponsables, los oficiales ignorantes, la tropa estaba compuesta de presidiarios y negros caribes. El abandono de los cargos y las deserciones eran diarias por la falta de pagos. Se sostenían en el ejército sólo aquellos que encontraban, a través de él, algún modo de vida ilícito. Son numerosos los casos que cita el general Filísola que revelan la más completa inmoralidad en los cuerpos militares.

En resumen: del informe del general Filísola para Su Majestad Imperial se desprende que la situación del Reino de Guatemala era desastrosa en todos conceptos.

Desde el punto de vista geográfico, una extensión territorial enorme, desde México hasta Colombia, de difícil manejo administrativo.

Desde el punto de vista humano, una población escasa, de un millón de seres, con más de la mitad de indios tribales, y componiendo el resto blancos criollos y españoles, mestizos, mulatos y zambos, sujetos a organización social.

Desde el punto de vista de las fuerzas productivas, mala agricultura, casi ninguna industria, poquísimo comercio y, por tanto, ausencia de iniciativa privada.

El Estado, hacía poco colonial, en el más completo abandono. El Fisco percibía limitadas contribuciones y no podía pagar con puntualidad los servicios civiles y militares. El presupuesto, según se desprende de lo dicho por Filísola, acaso llegaba, y muy escasamente, a los 500,000 pesos anuales.

¿Qué había pasado? Algo que no pudo el jefe de la División Protectora. La guerra de Napoleón y España, que duró alrededor de cuatro años, había ofrecido la ocasión para que los servidores del Gobierno español saquearan al Reino de Guatemala. La misma guerra, en sus efectos americanos, había desorganizado la agricultura, la manufactura y el comercio. Y aparte de la guerra, ya nadie pensó en la estabilización del régimen hispánico colonial sino en la independencia. Fortaleció esta actitud el "mal gobierno", como se decía entonces, de Fernando VII, quien tan luego abolía la Constitución de Cádiz como la ponía en vigencia, para volverla a abolir.

Por estas causas, lo que el general Filísola no vio con claridad fue el clima revolucionario del Reino de Guatemala, a pesar de las falsas adhesiones a México provocadas por la presión imperialista sobre los Ayuntamientos.

ALGUNAS INFORMACIONES DE GABINO GAÍNZA

¿De qué ciudad o pueblo de España era Don Gabino Gaínza? Este asunto que necesita papel escrito para comprobarlo y hasta la fecha no ha llegado a nuestras manos; pero debe creerse que por el año de 1796, en medio de los relámpagos de la Revolución Francesa de cuyas ideas que invadieron España había sido partidario y divulgador clandestino, llegó al Virreinato del Perú, porque precisamente en ese año el Tribunal de la Santa Inquisición que funcionaba en la ciudad de Lima, para castigo y persecución de brujas, hebraizantes, judaizantes y herejes, tuvo que ver con Don Gabino Gaínza, denunciado con el tremendo cargo de "Lector asiduo" de los libros de Voltaire, de Rousseau y de otros grandes intelectos precursores de la Revolución.

Pero no teniendo Don Gabino temperamento para mártir de la llama o del garrote sumiso y obediente se retractó ante el Tribunal de la Inquisición; quemó los heréticos volúmenes de Voltaire, de Diderot, de Condorcet y aun del mismo Juan Jacobo Rousseau y de todos los demoledores de la Revolución y se reconcilió con la religión Cristiana. Y esto sin objeción alguna.

Un conjunto de opiniones de diferentes fechas y lugares, emitidas por hombres de valía hacen resaltar en Don Gabino Gaínza, si bien nadie discute que fue hombre de sólidos conocimientos militares, de pericia y valor en el campo de batalla, una personalidad sumamente tornadiza y voluble, un carácter versátil y comprometedor que ganaba con velocidad al más ducho comediante para cambiarse traje; un enemigo acérrimo de las minorías; un amigo incondicional de las mayorías; un partidario de los éxitos políticos por encima de los credos que imponen a los hombres altas responsabilidades cuando están al servicio de los partidos o de los gobiernos; un ególatra acusado de narcisismo, para quien la vida de los demás no significaba nada y en cambio pretendía ser en todo momento el epicentro aunque fuese de un cataclismo en que perecerían los otros; pero él será en todo caso de los sobrevivientes. Se retracta con vertiginosidad pasmosa no solamente ante el Tribunal de la Santa Inquisición, sino ante cualquier reclamo que en público o en privado se le formulase. Logra después del proceso inquisitorial ponerse en gracia con el Virrey Abascal, quien le confiere el grado de coronel del "Regimiento del Infante Don Carlos", combatiendo con denuedo las frecuentes incursiones de insurgentes en el alto Perú; y más tarde le confiere el Grado de Brigadier, para nombrarlo en 1814 Jefe del Ejército Realista que iría a Chile a combatir las aguerridas huestes de insurgentes comandadas por el inmortal Don Bernardo de O'Higgins y por el bravo General Mackenna. Donde le toca combatir, combate con bizarría, con denuedo, sin rehuir en manera alguna el peligro; y aquí es precisamente donde los escritores deberán ahondar en los estratos de su sicología, porque tiembla ante la suerte del vencido y queriendo asirse a la esperanza, desdeña la moral con una mentalidad andaluza.

Su objetivo militar en la expedición punitiva contra Chile era Santiago, la entonces remota capital de la Provincia; pero fue derrotado en el combate de El Membrillar, donde murieron más de ochenta soldados del Ejército Realista y sufrió cuantiosas pérdidas materiales; no obstante disfrutando de la confianza del Virrey Abascal fue reabastecido y emprendió de nuevo la expedición; pero esta vez para saborear en forma definitiva y amarga la, tremenda derrota infligida por el General Mackenna, en la batalla de Querecheregua. En ambas acciones justo es consignarlo hizo honor a la tradición de bravura del soldado español, descendiente de aquellos Tercios que con el Duque de Alba fueron a Flandes a clavar sus picas.

Sus componendas posteriores a la Batalla de Querecheregua le valieron la destitución y le motivaron un Consejo de Guerra en la ciudad de Lima, que desde luego le impidió volver a rendir cuentas. La Historia peruana no podrá perdonarle el Tratado de Lica y que tanta vergüenza arrojó al Ejército Realista de ·su mando y al

Virreinato del Perú. En ese Tratado reconoce la Independencia de Chile; cambia la finalidad del Ejército llamándolo Ejército Nacional, en vez de Ejército Real y se obliga a desocupar el territorio o a prestar sus servicios al Gobierno de los independientes. El historiador Dr. Antonio R. Vallejo, al referirse en este momento al Brigadier Don Gabino Gaínza, dice: "A esto debemos agregar que el Gral. Gaínza no carecía de ideas liberales; comprobante de este aserto, son sus palabras que dirigió : a O'Higgins en la América del Sur, al conferenciar sobre la causa que ensangrentaba en aquellos momentos al suelo de las Américas y que O'Higgins extrañó en gran manera, especialmente cuando le oyó decir que estas eran dignas de mejor suerte; que el Rey Fernando VII estaba perdido para siempre; que la Junta de España tan patriótica y tan republicana procurar la siempre favorecer a la América y su causa; y que para ser consecuente con sus principios le concedería el número de diputados consignados en la Ley, lo cual le proporcionaría inmensa influencia en la Cámara, porque en razón de la gran población del Nuevo Mundo, los americanos tendrían una fuerte mayoría".

No se sabe de qué medios se valió el Brigadier Don Gabino Gaínza para volver a la gracia de Fernando VII; pero ello es que después de los sucesos relatados y con procedencia de Chile llegó a Guatemala con el cargo de Jefe de Milicias.

Desde su llegada entabla pláticas con los patriotas directores del movimiento independiente y se pone a sus órdenes, bajo condición de elevarle al cargo de Capitán General.

Vigente de nuevo la Constitución de España de 1812, y reinstalada la Junta Provincial Consultiva de Guatemala, el 13 de julio de 1820, siguieron los patriotas instigando para llevar al Brigadier Don Gabino Gaínza al cargo que él tanto ambicionaba; y del 7 al 10 de febrero de 1821 a moción del Patriota Don Simeón Cañas y Villacorta fue forzado el Capitán General Don Carlos de Urrutia Montoya y Matos por la Junta Provincial Consultiva a delegar el Poder Civil y Militar en el Brigadier Don Gabino Gaínza.

Todo marchaba bien para los patriotas; pero he aquí que el 24 de febrero siguiente Don Agustín Iturbide y Don Vicente Guerrero, firmaron el "Plan de Iguala", o "De las Tres Garantías", proclamando la Independencia de México y el Capitán General de Guatemala Brigadier Don Gabino Gaínza en manifiesto dirigido a los pueblos de su mando no pudo menos que pronunciarse en estos términos: "Habitantes de la Provincia de Guatemala: guatemalenses: Nada importa el nuevo grito revolucionario que en las costas de Acapulco, confines de Nueva España ha dado el infiel, el ingrato Coronel Iturbide, rebelándose contra el Rey y contra la Madre Patria, siendo su primer ensayo el robo de más de un millón de pesos de aquel comercio y de las Islas Filipinas, cuyo caudal se había confiado a su custodia, paso que descubre por sí solo el extravío y perversidad de sus intenciones. Se han recibido por anterior correo las noticias y aun los planes de su rebelión y maquinaciones, y todo ello envuelve la más atroz perfidia, fingiendo respeto a una religión que ultraja; amor a un Rey que despoja, unión a una Nación que hostiliza y afecto a unas autoridades que desprecia".

Si, los biógrafos acusan al Brigadier Don Gabino Gaínza de flaquezas de carácter y de permanente inmoralidad; pero no podrá desconocerse que a pesar de su falta de sentido de orientación rendía tributo a la fuerza arrolladora de los acontecimientos y a la opinión de las mayorías inconstante como ellas. Por eso a nadie extrañará que los acontecimientos de México le hicieran convocar a la Junta Provincial Consultiva a una sesión pública el 15 de septiembre de 1821, para que proclamase nuestra Independencia. Y no extrañará además que con fecha 18 de septiembre dirigiera al Coronel Agustín Iturbide el siguiente oficio: "El 15 de septiembre será memorable en los Anales de Guatemala. Acorde con la voluntad general, mandé que se proclamara la Independencia General del Gobierno español; y en medio de las tareas consiguientes al tránsito de un gobierno a otro, Vuestra Excelencia ha sido uno de los principales objetos de mi atención y de

Guatemala. A nombre de América tengo el honor de ofrecer a Vuestra Excelencia mis sentimientos y los de este Pueblo dándole las expresivas gracias por haber sido en esta época el Primer Libertador de Nueva España y la más afectuosa enhorabuena por el triunfo de las armas. Dígnese Vuestra Excelencia recibirlas con la bondad que distingue al Héroe Pacífico de México. Sírvase aceptar las atenciones decorosas de quien las ofrece, unido a la armonía de sentimientos que deben estrechar a todos los que sostenemos la misma causa. GABINO GAINZA".

Su actuación posterior a la Independencia es comúnmente conocida. Murió en México, se cree que por los años, de 1839 a 1841, y en algún cementerio de la gran ciudad ha de encontrarse su tumba, cubierta de musgo en el silencio del olvido.

INDEPENDENCIA DE 1821, OPERACIÓN DE ARRIBA ABAJO

Hemos llegado al 15 de septiembre de 1821. Hacer una relación de lo que se dijo en favor y en contra de la independencia en la junta que se llevó a cabo en el Palacio de los Capitanes Generales, es labor que corresponde a los historiadores narrativos.

Nosotros tenemos una misión distinta cuando escribimos estas líneas. Desde que comenzamos a redactarlas quisimos hacer patente el desarrollo revolucionario de América, de la Capitanía y por añadidura de Guatemala, a lo largo de las centurias, destacando los móviles políticos, sociales y económicos que determinaron el expresado desarrollo, que no terminó con la independencia, ni con Morazán, ni con los treinta años, ni con la Reforma, ni con los dictadores reaccionarios de este siglo.

Insistimos en que el estudio del movimiento revolucionario de América en el período de la Colonia, sucesivo, múltiple y creador, nos hizo ver una línea vertical revolucionaria, que prueba hasta la evidencia que nuestra revolución nació en el Nuevo Mundo como un producto de los intereses encontrados y los cuales chocaban los unos contra los otros siempre que se presentaba una crisis, y que prueba por consiguiente que nuestra revolución no fue importada de Inglaterra, de los Estados Unidos o de Francia. Así es que los americanos que abogaban por la independencia el 15 de septiembre de 1821, lo hacían en virtud de esa línea vertical revolucionaria que se profundizaba en la esperanza y en el dolor de sus antepasados que lucharon en vano por la libertad.

También insistimos en que el estudio del movimiento revolucionario de América en el período colonial, nos hizo ver otra línea no menos importante, una línea horizontal revolucionaria, que testimonia la efervescencia en que se hallaba el mundo de entonces y que ofrece la maravillosa coyuntura internacional que se presentaba al Nuevo Mundo para que mejorara sus instituciones en un caso y para que conquistara su total independencia en otro. Si América sentía la opresión de España, y a su vez España sentía la opresión de Francia contra la cual luchaba, América debía liberarse en aquel momento en que España tenía las manos ocupadas tratando de desasirse de Francia. De modo que los americanos que asistieron a la junta provocada por Gabino Gaínza tomaban en cuenta la línea horizontal revolucionaria, aprovechaban al máximo la coyuntura internacional que favorecía la liberación del Nuevo Mundo.

¿Cuáles eran las principales tendencias políticas de América en el momento en que nuestros próceres deliberaban acaloradamente en el Palacio de los Capitanes Generales el 15 de septiembre de 1821?

Las vamos a puntualizar:

Primera: La que se proponía conservar la Monarquía constitucional, con Fernando VII a la cabeza de ella, para que se mantuviera la unión de la comunidad hispano—colonial, es decir, la unión de España y las Indias Orientales y Occidentales. Esta tendencia la acuerpaba el sector más reaccionario de la burocracia, del Ejército, del clero y de los amos esclavistas, peninsulares y criollos.

Segunda: La que se proponía hacer la separación de América, pero conservando la Monarquía constitucional de España, con el Infante Carlos o con cualquier otro personaje de la Casa Reinante en la Península. Esta tendencia la acuerpaba el otro sector de la burocracia, del Ejército, del Clero y de los señores Feudales criollos y peninsulares.

Tercera: La que se proponía separar a América y a la vez instaurar la República democrática al estilo de Francia. Esta tendencia la acuerpaba el sector civil de la burguesía naciente de los distintos sectores de América, como comerciantes, manufactureros e intelectuales criollos y peninsulares.

La puntualización de estas tres tendencias políticas, nos hacen ver antes y después de todo que en América, y por tanto en Guatemala, existían tres clases sociales con proyecciones económicas y políticas.

En la primera dominaban los amos esclavistas, quienes aún después de haberse manifestado la crisis de la minería, seguida de la trata de negros bozales y del oro en los mercados de Europa, seguían esperando el advenimiento de la prosperidad. No querían renunciar por nada del mundo a los "repartimientos", las "encomiendas" y las "mitas". Por eso, en el orden político se oponían a que América se independizara de España, seguros de que una vez que la Metrópoli hubiese salido de la convalecencia en que se hallaba a causa de la guerra con Francia, podría derogar la Constitución de Cádiz, renacer la Monarquía absoluta y dar vigencia a las viejas leyes de Indias. Tal era el punto de vista de don José Antonio Larrave, Alcalde Primero del Ayuntamiento, y del doctor Ramón Casaus y Torres, Arzobispo de Guatemala.

En la segunda clase dominaban los señores feudales, quienes desde hacía mucho tiempo habían desechado la minería por improductiva y habían orientado su actividad hacia la agricultura y la ganadería, cuyos rendimientos eran mayores tanto para el consumo interno como para la exportación. Don Juan Bautista Irisarri se lamentaba un poco antes y en La Habana, 3,424.00 libras de añil, que no podía remitir a su destino por culpa de la guerra. Los señores feudales en el orden político se inclinaban hacia la independencia de América, pero querían rey en el Continente porque les temían a las instituciones de Francia. Por ahí andaba el pensamiento de don Mariano de Aycinena y del Brigadier Gabino Gaínza.

En la tercera clase dominaban los comerciantes que desde antaño habían establecido relaciones con Inglaterra y los Países Bajos. En un siglo dominado por las ideas económicas de "libre empresa", "libre comercio" y "libre contratación civil", veían con repugnancia ilimitada el monopolio español, que subsistía a pesar de la Constitución de Cádiz y de las igualdades que proclamaba. Por tanto, los comerciantes en el orden político abogaban por una República independiente, capaz de protegerlos y de abrir las puertas al comercio mundial. Los ideólogos de los comerciantes, como José Francisco Barrundia y Pedro Molina, eran de ese parecer.

En la base popular a la hora de la independencia, había esclavos al lado de siervos de la gleba y artesanos y siervos de la gleba al lado de obreros manufactureros. Los esclavos —pese a quien diga lo contrario— eran los más deseosos de pasar al estadio inmediatamente superior de los siervos de la gleba y los artesanos. En cuanto a los siervos de la gleba y los artesanos no tenían idea del salto que les correspondía, pero presentían el avance. En cuanto a los obreros manufactureros, siendo tan pocos, decidían en una forma muy mínima; pero los asistía el instinto de aliarse con los intelectuales y los profesionales de avanzada y con los comerciantes.

Dice Ramón A. Salazar que a la "Tertulia Patriótica" pertenecían Pedro Molina, José Francisco Barrundia, Juan y Manuel Montúfar, Marcial Zebadúa, José Beteta, Vicente García Granados y José María Castilla, el cual fundó "El Editor Constitucional", el 24 de julio de 1820, bajo la dirección de Molina, con el objeto de hacer una propaganda abierta en favor de la independencia. "El Editor Constitucional" fue la base del partido de los fiebres. Luego dice que posteriormente formaron otro grupo José Cecilio del Valle, Mariano Larrave, Antonio Robles e Ignacio Foronda, fundando inmediatamente después "El Amigo de la Patria", con el objeto de demostrar la conveniencia de sostener la Monarquía constitucional. "El Amigo de la Patria" fue la piedra angular de los españolistas. Ambos partidos en sus diarios choques antes y después del 15 de septiembre de 1821 fueron hasta la ofensa, llegando el primero a dar el nombre de gasistas a los componentes del segundo, y llegando el segundo a dar el nombre de cacos a los militantes del primero. Los chuscos de la Colonia llamaban gas al aguardiente, quien sabe por qué, y los lectores comprenden a quienes se da la denominación de cacos. "Pero lo cierto es —decía Molina en años posteriores— que ni todos eran borrachos en un partido, ni todos ladrones en el otro; ni todos eran anti—independientes entre los gasistas ni muy amigos de la independencia algunos de los fiebres".

Esto quiere decir que los grupos que publicaban "El Amigo de la Patria", españolista, y "El Editor Constitucional", revolucionario, no supieron llevar la claridad de sus teorías a sus sectores correspondientes ni organizar las filas de los partidarios de la Monarquía constitucional de Fernando VII y los partidarios de la independencia ya fuera monárquica, ya republicana. Sólo queda claro que los señores de la tierra y los burgueses unieron sus respectivas fuerzas populares para emprender la separación de Guatemala. También queda claro que cuando los españolistas se vieron perdidos, buscaron el abrigo de los independentistas monárquicos. Y a la vez queda claro que más allá de las tendencias políticas perfectamente definidas y de las alianzas que celebraron para alcanzar el objetivo común, el oportunismo tuvo una frondosa floración, habiendo gentes que se pasaban de un grupo a otro según el rumbo que tomaban los acontecimientos.

El acta de Independencia es un documento que debe consignarse aquí y comentarse de acuerdo con nuestro punto de vista. Dice así: "Palacio Nacional de Guatemala, 15 de septiembre de 1821. Siendo públicos e indudables los sucesos de independencia del Gobierno español que por escrito y de palabra ha manifestado el pueblo de esta Capital; recibidos por el último correo diversos oficios de los Ayuntamientos Constitucionales de Ciudad Real, Comitán y Tuxtla, en que comunican haber jurado y proclamado dicha independencia, y excitan a que se haga lo mismo en esta ciudad. Siendo positivo que han circulado iguales oficios a otros Ayuntamientos, determinado de acuerdo con la Excelentísima Diputación Provincial que para tratar de asuntos tan graves se reunieran en uno de los salones de este Palacio la misma Diputación Provincial, el ilustrísimo señor Arzobispo, los señores individuos que diputasen la Excelentísima Audiencia Territorial, el venerable Señor Dean y Cabildo Eclesiástico, el Excelentísimo Ayuntamiento, el Muy Ilustre Claustro, el Consulado y Muy Ilustre Colegio de Abogados, los Prelados Regulares; Jefes y funcionarios públicos; congregados todos en el mismo salón; leídos los oficios expresados; discutido y meditado detenidamente el asunto, y oído el clamor de Viva la independencia; que repetía de continuo el pueblo que se vela reunido en las calles, plaza, patio, corredores y antesala de este Palacio, se acordó por esta Diputación e individuos del Excelentísimo Ayuntamiento: "1o. Que siendo la independencia del Gobierno español la voluntad general del pueblo de Guatemala y sin perjuicio de lo que se determine sobre elle en el Congreso, el señor Jefe Político la mande publicar para prevenir las consecuencias que serían temibles en el caso que la proclamase de hecho el mismo pueblo.

"2°. Que desde luego se circulen oficios a las Provincias por correos extraordinarios para que sin demora alguna se sirvan proceder a elegir Diputados o representantes suyos y éstos concurran a esta Capital a formar el Congreso que deba decidir el punto de independencia genera y absoluta y fijar en caso de acordarla la forma de Gobierno y la ley fundamental que deba regir.

"3º. Que para facilitar el nombramiento de Diputados, se sirvan hacerlo las mismas Juntas Electorales de Provincias que hicieron o debieran hacer las elecciones de los últimos Diputados a Cortes.

"4º. Que el número de Diputados sea en proporción de uno por cada quince mil individuos, sin excluir de la ciudadanía a los originarios de África.

"5º. Que las mismas Juntas Electorales de Provincias, teniendo presentes los últimos censos, se sirvan determinar, según esta base, el número de Diputados que deben elegir.

"6º. Que en atención a la gravedad y urgencia del asunto se sirvan hacer las selecciones de modo que el día primero de marzo del año próximo de 1822 estén reunidos en esta Capital todos los Diputados.

"7º. Que entre tanto no haciéndose novedad en las autoridades establecidas, sigan éstas ejerciendo sus atribuciones respectivas, con arreglo a la Constitución, Decretos y Leyes, hasta que el Congreso indicado determine lo que sea más justo y benéfico.

"8º. Que el señor Jefe Político, Brigadier don Gabino Gaínza, continúe con el Gobierno Superior Político y Militar, y para que éste tenga el carácter que parece propio de las circunstancias, se forme una Junta Provisional Consultiva, compuesta de los señores individuos actuales de esta Diputación Provincial y de los señores, don Miguel Larreinaga, Ministro de esta Audiencia, don José del Valle, Auditor de Guerra, Marqués de Aycinena, doctor don José Valdés, Tesorero en esta Santa Iglesia, doctor don Ángel María Candina y Licenciado don Antonio Robles, Alcalde Tercero Constitucional; el primero por la Providencia de León; el segundo por la de Comayagua, el tercero por Quezaltenango, el 4º. por Sololá y Quezaltenango, el quinto por Sonsonate, y el sexto por Ciudad Real de Chiapas.

"9º. Que esta Junta Provisional consulte al señor Jefe Político en todos los asuntos económicos y gubernativos dignos de su atención.

"10º. Que la Religión Católica que hemos profesado en los siglos anteriores y profesaremos en los sucesivos se conserve pura e inalterable, manteniendo vivo el espíritu de religiosidad que ha mantenido siempre distinguido a Guatemala, respetando a los Ministros eclesiásticos, seculares y regulares y protegiéndoles en sus personas y propiedades.

"11. Que se pase Oficio a los dignos Prelados de las Comunidades religiosas para que, cooperando a la paz y sosiego que es la primera necesidad de los pueblos cuando pasan de un Gobierno a otro, dispongan de sus individuos para que exhorten a la fraternidad y concordia, a los que estando unidos en el sentimiento general de la independencia, deben estarlo también en todos los demás, sofocando pasiones individuales que dividen los ánimos y producen funestas consecuencias.

"12. Que el Excelentísimo Ayuntamiento, a quien corresponde la conservación del orden y tranquilidad, tome las medidas más activas para mantenerla imperturbable en toda esta Capital y pueblos inmediatos.

"13. Que el Señor Jefe Político publique un manifiesto haciendo notorias a la faz de todos los sentimientos generales del pueblo, la opinión de las autoridades y corporaciones, las medidas de este Gobierno, las causas y circunstancias que lo decidieron a prestar en manos del Señor Alcalde Primero, a pedimento del pueblo, el juramento de independencia y fidelidad al Gobierno americano que se establezca.

"14. Que igual juramento presten la Junta Provisional, el Excelentísimo Ayuntamiento, el Ilustrísimo Señor Arzobispo, los Tribunales, Jefes Políticos y Militares, los Prelados regulares, las comunidades religiosas, Jefes y empleados en las rentas,

Autoridades, Corporaciones y tropas de las respectivas guarniciones.

"15. Que el Señor Jefe Político de acuerdo con el Excelentísimo Ayuntamiento, disponga la solemnidad y señale el día en que el pueblo deba hacer la proclamación y juramento expresado de independencia.

"16. Que el Excelentísimo Ayuntamiento acuerde la acuñación de una medalla que perpetúe en los siglos la memoria del Quince de Septiembre de 1821, en que proclamó su feliz independencia.

"17. Que imprimiéndose esta Acta y el Manifiesto expresado se circule a las Excelentísimas Diputaciones Provinciales, Ayuntamientos Constitucionales y demás Autoridades Eclesiásticas, regulares, seculares y militares para que, siendo acordes en los mismos sentimientos que han manifestado este pueblo, se sirvan obrar con arreglo a todo lo expuesto.

"18. Que se cante el día que designe el Señor Jefe Político una Misa Solemne de Gracias, con asistencia de la Junta Provincial, de todas las autoridades, corporaciones y Jefes, haciéndose salvas de artillería y tres días de iluminación".

De los dieciocho puntos del Acta de Independencia se pueden formar seis grupos: El primero sólo comprende el punto que se refiere a que el Jefe Político publique la independencia para adelantarse al pueblo. El segundo abarca cinco puntos que determinan la forma de reunir el primer Congreso constitucional en Guatemala. El tercero contiene tres puntos referentes al Gobierno provisional, dirigido por Gabino Gaínza, mientras se elegía el propio. El cuarto comprende los puntos relacionados con la conservación de la religión y el mantenimiento de la paz. El quinto impone la juramentación de lealtad a la independencia por parte de las autoridades y el pueblo. Y el sexto tiene que ver con la conmemoración y solemnidades del 15 de septiembre.

El Acta es un documento lógico. Para pasar de la Monarquía española a una nueva nacionalidad, precisaba que el pueblo eligiera un Congreso representativo que declarara la independencia absoluta, determinara la forma de Gobierno y dictara la Constitución. Mientras se reunía el Congreso para los fines especificados, las autoridades españolas seguirían funcionando como Gobierno Provisional, pero asistidas de una Junta Consultiva, que era la parte nueva del caso. El Gobierno Provisional garantizaría el ejercicio de la Religión Católica, haría respetar la vida y propiedades del Clero y conservaría la paz entre las clases y el orden público.

Vista serenamente el Acta, refleja en su texto la influencia del constitucionalismo monárquico que tuvo origen en Cádiz y que se hallaba vigente en América. De una parte, las Juntas Electorales establecidas nominarían los Diputados al Congreso; de otra parte, las autoridades españolas nombradas por Fernando VII seguirían en el Gobierno hasta que fueran electas aquellas que debían sustituirlas. Lo nuevo sólo se encuentra en la mera proclamación de la independencia, en la Junta Provisional Consultiva, en la juramentación de fidelidad, en la medalla conmemorativa y en las fiestas patrias.

Pero yendo más al fondo del Acta, se descubre que a través de ella triunfaron los representantes del feudalismo sobre los españolistas encomenderos y sobre los independentistas republicanos. Triunfaron sobre los españolistas encomenderos, porque la independencia se decidió el propio 15 de septiembre, y no más tarde como lo querían, pues la dilatoria les aprovechaba, y sobre los independentistas republicanos, porque declaran en el punto primero de la propia Acta hasta con cierta dosis de cinismo que "el señor Jefe Político mande publicarla para prevenir las consecuencias que serían temibles en el caso de que la proclamase de hecho el mismo pueblo".

En definitiva, el Acta de Independencia es un documento que testimonia un golpe de Estado del sector feudal de Guatemala y no una insurrección del pueblo contra la esclavitud y la dominación española. En el resto de Centro América se opusieron a este golpe los españolistas de Comayagua, León y Cartago. Los de Comayagua, enfurecidos, se adhirieron al Plan de Iguala de México; en cambio, lo apoyaron, los hacendados y los comerciantes de San Salvador, Tegucigalpa, Granada y San José.

LA JUNTA PROVISIONAL CONSULTIVA
(Punto 80.del Acta de Independencia de 15 de septiembre de 1821)

Cuando fueron discutidos los puntos y redactada el Acta de Independencia, Centro América se hallaba en pleno orden constitucional monárquico. En 1820 había vuelto a entrar en vigencia la Constitución de Cádiz de 1812, y en las capitanías generales y virreinatos de este hemisferio funcionaban los órganos y autoridades constitucionales correspondientes. Los municipios, los Partidos territoriales, las provincias, los cuerpos electorales, los servicios militares, las autoridades ejecutivas, judiciales y eclesiásticas y aun los ciudadanos, todo estaba sujeto a la Carta fundamental.

Tal es el significado de la Diputación Provincial a que se refiere el Acta y que estaba compuesta por los señores don José Mariano Calderón, doctor José Matías Delgado, don Antonio Rivera Cabezas y don Mariano Aycinena, que desempeñaba funciones específicas establecidas en la Constitución.

Según el punto 8º. del Acta, la nación que se separaba de España debía tener Gobierno propio en el mismo momento que se proclamaba la independencia, el cual debía estar compuesto por el Capitán General don Gabino Gaínza, quien como ya no recibiría órdenes de Madrid, tendría que valerse de sus propios recursos, pero como en el instante de la transición, nadie estaba seguro de la conducta que iba a observar, convenía que lo asistiera un cuerpo de patriotas amantes de la independencia.

Así fue creada la Junta Provisional Consultiva compuesta por los miembros de la Diputación Provincial, más los señores don Miguel Larreinaga, don José del Valle, Marqués de Aycinena, don José Valdés, don Antonio Robles, y don Ángel María Candina.

Estuvo a cargo de don Mariano Larrave, Alcalde de Guatemala, la juramentación de fidelidad a Estado naciente, y en ese concepto juramentó al Jefe Político don Gabino Gaínza y a los miembros de la Junta Provisional Consultiva.

He aquí una de las actas que demuestra cómo era la juramentación:

"El señor Alcalde 2o. don Saturnino del Campo Ariza y don Juan Antonio Español hincados ante una cruz y puesta la mano derecha sobre los Santos Evangelios, se les preguntó por mi el Secretario: Juráis por Dios y los Santos Evangelios guardar la independencia de vuestra Patria? Juráis defender la Religión Católica, y las personas y propiedades de todos los ciudadanos sin diferencia de origen ni de clases, respetando la autoridad. Respondieron: SÍ JURAMOS; a que yo el Secretario dije: si así lo hiciereis Dios os premie, y si no, os demande y castigue, a que contestaron: AMÉN. En los mismos términos lo prestaron de dos en dos los demás señores capitulares...".

Citamos el anterior punto de acta municipal sólo como un ejemplo, pues nuestro objeto actual es hablar de la Junta Provisional Consultiva, que tan luego estuvo juramentada y quedó constituida, procedió a reglamentar sus actividades administrativas, nombrando al efecto varias comisiones. La Comisión de Hacienda, cuya presidencia quedó a cargo del licenciado José del Valle; la de Comercio, presidida por don Mariano Aycinena; la de Agricultura, dirigida por don Antonio de Molina.

Dice don Ramón López Jiménez en el libelo que le dedica a Valle:

"Cuando se trató de integrar la Comisión de Instrucción Pública, intervino el presbítero José Matías Delgado, para, indicar que la Universidad tenía un plan de estudios decretado anteriormente por las Cortes de España, y que existía, en relación con este asunto, una Comisión; por lo cual opinaba Delgado que lo mejor era pedir previamente, informe a esta Comisión de sus trabajos y proyectos, antes de proceder a la formación de otra Comisión; y así se dispuso.

A sugerencia del doctor Delgado la J. P. C. dirigió un oficio al Consulado, para que éste a su vez lo hiciera a las Diputaciones Consulares, a las Diputaciones Provinciales y a los Ayuntamientos, en el sentido de que todos esos organismos estudiasen los proyectos referentes a los ramos de agricultura, industria, comercio y educación, que fueran más adaptables al nuevo régimen, a fin de que el Congreso a reunirse en Guatemala, tuviera facilidades para estudiarlos y resolver asuntos de tanta importancia.

La Junta Provisional Consultiva se interesaba especialmente en que las copias del Acta de Independencia llegaran hasta las más lejanas fronteras de la nación para que sus habitantes la jurasen solemnemente tal como se había hecho en la ciudad de Guatemala.

Es claro que la J.P.C. no se cuidaba mucho de Chiapas porque de esta provincia de la Capitanía General de Guatemala había llegado la proposición de separación de España, y los Ayuntamientos chiapanecos ya habían redactado sus actas de independencia y las habían hecho jurar a sus respectivos pueblos. De modo que Guatemala no hizo otra cosa que seguir la voz de Chiapas.

La ciudad de San Salvador recibió la noticia oficial de la proclamación de la independencia el día 21 de septiembre; y en toda la ciudad se volcó el patriotismo con júbilo indescriptible. El Alcalde 1°. constitucional del Ayuntamiento patriótico, don Casimiro García Valdeavellano, reunió al pueblo para informarle del fausto; y conforme lo expresado en el acta de la sesión extraordinaria, "...le hizo entender la causa del regocijo, que también manifestó el suyo en medio de unos transportes inexplicables; con vivas aclamaciones e infinidad de demostraciones que explicaban del modo más enérgico los deseos que generalmente tenían todos de este señalado y venturoso acontecimiento que fija su felicidad futura".

La lectura del Acta de Independencia se hizo en la iglesia parroquial. La leyó el coadjutor, bachiller José Crisanto Salazar. Concluida la lectura "todo el concurso postrado en tierra adoró a

Dios Sacramentado, se cantó con la mayor solemnidad el Te Deum y volviéndose el Ayuntamiento a las casas consistoriales entre vítores y aclamaciones del numeroso pueblo que le seguía a puerta abierta se repitió la lectura citada. En seguida puesto en pie el señor Jefe político que presidía el acto, exigió del Alcalde primero (así lo pidió el pueblo) que le recibiera el juramento debido para poder funcionar y en efecto lo hizo solemnemente por Dios Nuestro Señor, la Santa Cruz y los Santos Evangelios de guardar y hacer guardar la independencia...".

Al día siguiente en otra sesión extraordinaria del Ayuntamiento, el jefe político don Pedro Barriere tomó el juramento de fidelidad a la independencia a los miembros de aquella corporación. Y posteriormente y en los mismos términos fueron juramentados los demás funcionarios civiles, militares y eclesiásticos, empezando en este fuero por el cura párroco de la capital don José Ignacio Zaldaña.

El Alcalde Primero tomó el juramento del pueblo aglomerado en una plaza pública, con el entusiasmo de suponerse, pues en San Salvador había sido la gesta de 1811 y 1814, conducida heroicamente por el padre Delgado, Arce, Rodríguez y los hermanos Aguilar.

Todos los datos recibidos y confirmados sobre la independencia merecieron la aprobación de Tegucigalpa, los Llanos (de Copán) y otras poblaciones de Honduras que pedían la emancipación. No fue así en Comayagua, donde el intendente José Tinoco, se negó a reconocer lo resuelto en Guatemala, y el 29 de octubre declaró que la provincia se unía al gobierno de México sin aceptar lo acordado en Guatemala. La actitud de Tinoco fue rechazada por los patriotas de Tegucigalpa, y de inmediato se organizaron fuerzas para atacarlo, y para ejecutar su plan, contaron con la cooperación de contingentes armados de El Salvador y Guatemala. Tinoco, al enterarse de que sería atacado, salió de Comayagua hacia la costa norte, en el intento de fortificarse en esa región, en Omoa y en Trujillo. Y cuando sus intentos anexionistas se vieron frustrados, resignó el mando en don Juan Lindo y el canónigo Nicolás Irías, marchándose a toda prisa a México.

En la provincia de Nicaragua fue recibida la noticia de la independencia proclamada en Guatemala de muy distintas maneras. El intendente de León, Miguel González Saravia, el jefe de las milicias Joaquín de Arechavala y el obispo de aquella diócesis Fray Nicolás García Jerez, se pronunciaron abiertamente contra lo resuelto en Guatemala el 15 de septiembre de 1821. Estos varones no eran firmes en sus hechos, como lo prueban las distintas disposiciones que adoptaban sin consultar al pueblo. Contra las disposiciones de las autoridades de León se manifestaron los pueblos de Matagalpa, Granada, Masaya y otros partidos que aceptaron la independencia proclamada en Guatemala. Y como consecuencia de tales sucesos, en Nicaragua se registraron graves acontecimientos en el curso de varios meses, cobrando muchas víctimas.

Costa Rica se enteró de la independencia hasta el 13 de octubre de 1821, fecha en que el Jefe político subalterno, coronel Juan Manuel de Cañas, recibió las comunicaciones de Gaínza, y al propio tiempo, las actas suscritas en León. En cabildo abierto fueron leídos los documentos recibidos, deliberaron las autoridades de Cartago hasta llegar al acuerdo de acogerse a lo resuelto en León, es decir, "que permanecerían independientes del gobierno español hasta tanto se aclarasen los nublados del día y pudieran obrar con arreglo a lo que sugieren sus empeños religiosos y verdaderos intereses". Lo resuelto tan rápidamente por las autoridades de Cartago originó serias dificultades al coronel Cañas, ya que si el partido de Heredia acordó su asentimiento a lo acordado por León, Alajuela y San José manifestaron su firmeza en favor de la independencia absoluta, sin esperar a que "se aclarasen los nublados del día". Para buscar una fórmula conciliatoria, se dispuso en Cartago que allí se celebrase un congreso de representantes de toda la nación. Así se hizo. Y el congreso dispuso proclamar la independencia de Costa Rica, provincia que se gobernaría por sí sola, sin aceptar el acta de León ni la de Guatemala. Se designó al coronel Cañas para que gobernara con el nombre de jefe político patriótico.

El juramento de la independencia fue el 1º. de noviembre, ante los oficios del cura de Cartago Joaquín de Alvarado, quien lo tomó a las autoridades y al pueblo, con las siguientes palabras: "¿Juráis a Dios Nuestro Señor guardar y hacer guardar con vuestras armas, bienes y personas la independencia absoluta del gobierno español y sujetaros al imperio mexicano?". "Juramos", contestaron todos.

Los costarricenses sufrieron una época turbulenta, caótica, de cruentas luchas entre los partidos que abrazaban la independencia absoluta y los que favorecían la anexión al imperio mexicano, tal como ocurriera a los nicaragüenses. Fue hasta el 8 de octubre de 1823 cuando el congreso decretó que de acuerdo con la voluntad de los pueblos quedaba adherida la provincia a las que tenían representación en la Asamblea Nacional Constituyente de Guatemala, y que aunque desde esa fecha se incorporaba a las provincias de Centro América, no se contraía a prestar obediencia a las leyes que dictara el congreso en tanto no confirmara esa incorporación con el juramento.

Claro está que el acuerdo firmado por Agustín de Iturbide y Vicente Guerrero conocido con el nombre de Plan de Iguala el 21 de febrero de 1821, determinó la oleada independentista que llegó a Chiapas, siguió a Guatemala, pasó por San Salvador, Tegucigalpa, Comayagua, León, Granada y fue a detenerse a San José y Cartago.

Seremos breves en este punto. Demasiado conocido, sólo anotaremos algunos. detalles para completar nuestro enjuiciamiento. La maniobra no podía ser más inteligente y más fina. Las tres garantías eran: 1º. Conservar la religión católica; 2º. Hacer la independencia de Nueva España (México) bajo un gobierno monárquico moderado, y 3º. La unión íntima de americanos y europeos.

El rey de la nueva monarquía podía ser el propio Fernando VII o uno de sus hermanos. Así resultaba aparente pero no cierta la independencia mexicana. Y esta fórmula no podía desagradar a los monarquistas de la Capitanía General de Guatemala. Muy al contrario, resultaba de su más entera satisfacción. Por eso, ciegos de entusiasmo, luchaban por una causa destinada a ser arrastrada por el río de la historia hasta perderse en un mar insondable.

Los republicanos del reino de Guatemala estaban en su derecho. El artículo que publicó don Pedro Molina en el periódico "El Genio de la Libertad" encendió el fuego del patriotismo. Y el republicanismo produjo brotes revolucionarios a lo largo y ancho de Centro América.

Además, había otros centroamericanos en medio de los acontecimientos, ya en el campo anexionista, ya en el independentista, que perteneciendo a la inconfesable masonería estaban en el secreto de lo que temprano o tarde iba a suceder. Estaban bien sabidos que Inglaterra tenía en sus manos la situación de la América española y que bajo ningún concepto iba a permitir acontecimientos que echaran a perder sus planes colonialistas en los territorios abandonados por el imperio español.

La Junta Provisional Consultiva, al son de amenazas, traiciones, cálculos y desdenes, decidió al fin declarar en un documento la adhesión de Centro América a México. Aparte de su Presidente Gabino Gaínza que acaso tenía solamente deberes consigo mismo, es muy fácil acusar a los componentes de la Junta de haber dado este paso sin oír antes la voz del Congreso que se reuniría de acuerdo con el Acta del 15, sin tomar en cuenta la inclinación de los partidos a la anexión y el caudaloso río de opiniones que iba a la fundación de un gran Estado que abarcara todo el territorio de Mesoamérica, desde California, Nuevo México y Texas hasta el con fin de Panamá. No neguemos que la idea era racional, aunque los procedimientos fueran inapropiados, y, luego, los hombres como Agustín Iturbide —un imitador mediocre de Napoleón— no llevarán nada a puerto feliz.

BIBLIOGRAFÍA

La Independencia en la realidad histórica por Arturo Valdés Oliva. Tipografía Nacional. Guatemala, C.A. Septiembre de 1971.

José Cecilio del Valle: Fouché de Centro América por Ramón López Jiménez. Editorial José Pineda Ibarra. Guatemala, C.A. 1968.

Viaje a Guatemala y Centro América por Jacobo Haefkens. Guatemala, Editorial Universitaria, C.A.,1969.

ACTAS DE INDEPENDENCIA DE COMAYAGUA, TEGUCIGALPA Y OLANCHO

El movimiento de independencia de Guatemala, lógicamente, se transmitió a Honduras, donde se hicieron las declaraciones de Comayagua, Capital de la Provincia, Tegucigalpa y el Partido de Olancho, que van enseguida, y que expresan los sentimientos públicos de los grupos políticos dominantes a la hora de la separación de España.

ACTA DE INDEPENDENCIA DE COMAYAGUA

"En Comayagua el 28 de septiembre de 1821, siendo las 8 de la mañana de ese día, recibió el señor Gobernador Intendente, Comandante General, Jefe Político Superior de esta Provincia, el acta celebrada por el Ayuntamiento de Guatemala, que se agrega a este expediente y manifiesto del señor Capitán. General del Reino interino don Gabino Gaínza, mandó reunir a la Excelentísima Diputación Provincial, Ayuntamiento y a todas las Corporaciones, eclesiásticas, seculares y de hacienda en la sala Capitular del Ayuntamiento y habiéndose verificado se leyeron los indicados papeles y otros de igual naturaleza e igualmente el acta de oficios del Ayuntamiento de Ciudad Real; y discutida la materia de que tratan, reducida a independer se del Gobierno Español, haciendo sobre todo reflexiones oportunas sobre la necesidad de independizarse la América Setentrional; el señor Gobernador Político Superior manifestó: que no se oponía a la independencia, atendidas las circunstancias en que se halla; que externasen sus votos la Excelentísima Diputación Provisional, Noble Ayuntamiento, Corporaciones y pueblo que ocupaba la galería: que a él le estaba encargado por el Rey y por la Nación el Gobierno de esta Provincia y que había jurado mantener bajo aquel, con la fuerza de ella misma, pues no tienen otra, y que bajo estas circunstancias votasen; y después de una larga discusión se acordó por todos se jure la independencia de la provincia de Comayagua, con la precisa condición de que ha de quedar únicamente sujeta al Gobierno Supremo que se establezca en esta América Setentrional, en todos sus ramos, político—militar, de hacienda y eclesiástico. Que la religión que han de reconocer los habitantes de toda esta provincia sea la Católica, Apostólica, Romana, que profesamos, y por Rey en la capital de México, al señor don Fernando VII o en su defecto a uno de los excelentísimos Señores Infantes, con la precisa condición y recíproca fraternidad que debe haber entre españoles, americanos y europeos, o al Gobierno que acuerde el Soberano Congreso Americano. Que la reunión que indica el capítulo 2°. del Acta de Guatemala, se verifique librándose las convocaciones inmediatamente, efectuándose las elecciones con arreglo al último censo. Que en las autoridades no se haga novedad y que continúe el Gobierno Militar, político y de hacienda con arreglo a la Constitución, independiente del de Guatemala, y que todas las providencias sobre alarmas, expediciones y demás militares, las acuerde el Señor Comandante General con la Excelentísima Diputación Provincial, así como los demás en todos ramos, y guardando correspondencia con el señor Capitán General interino de Guatemala sobre lo concerniente a la realización de este plan a la defensa de todo el Reino, pues en este ramo han de hacer causa común. Que el señor Gobernador Comandante General, Jefe Político Superior continúe en el mando de la Provincia en los términos referidos, con toda la autoridad que le confieren las leyes como Superior Jefe Militar Político y de Hacienda. Que la Excelentísima Diputación Provincial sea con quien consulte para el Gobierno en los términos que dispone la Constitución, y en todos los casos que S.S. lo estime conveniente y las acordadas en los capítulos anteriores. Que la tranquilidad es de cargo del Ayuntamiento y el señor Jefe Político por el orden de constitución. Que se comunique esta acta a todos los Ayuntamientos y puertos de la provincia. Que el señor Jefe Político Superior preste el juramento de la independencia en los términos referidos en manos del Señor Alcalde 1°. y las demás Corporaciones en las S.S. disponiendo de acuerdo con el muy Ilustre Ayuntamiento la solemnidad correspondiente. Y lo firmamos por ante mí de que doy fe. José Tinoco, José Nicolás Irías, José Francisco Zelaya, Pedro Nolasco Arriaga, Francisco Gómez, Liberato Valdés, Juan Miguel Fiallos, José Joaquín Lino Avilez, Fray José Antonio Murga, Francisco Xavier Bulnes, Santos Bardales, Juan José Montes, Santiago Bueso, Juan Nepomuceno Cacho Gómez, Jacinto Rubí, Ciriaco Velásquez, Juan Garrigó, José de la Pascua, Esteban Travieso, José María Rodríguez, José Calixto Valenzuela, José Antonio Bueso, Raimundo Boquín, Nicolás Folofo, Cayetano Bosques, Joaquín Lindo, Secretario".

ACTA DE INDEPENDENCIA DE TEGUCIGALPA

Con un "Viva la Independencia" y en los siguientes términos, fue redactada el Acta de Independencia de Tegucigalpa: "Habiéndose reunido los señores que firman esta acta a efecto de leer pliegos que acaban de venir por extraordinario de Guatemala, se procedió a su apertura y se leyó un oficio del Excelentísimo Ayuntamiento de Guatemala que da noticia de haberse jurado la independencia. Enseguida se leyó un manifiesto del señor Jefe Político relativo a lo mismo y el acta celebrada el 15 de septiembre de mil ochocientos veintiuno, y en vista de todo, unánimemente se acordó que se publicase y circule inmediatamente, que se le dé el obedecimiento debido, se excite del modo posible a la libertad y al orden, y que, para acordar lo que convenga, se llame a esta Junta a los señores P.C. Vicario, a los RR. PP. Guardián de San Francisco y Comendador de la Merced, y a todas las autoridades, empleados y militares, y algunos vecinos de la Villa. Tomás Midence, Felipe Santiago Reyes, Mariano Urmeneta, Francisco Juárez, Manuel Ugarte, Eusebio Ruiz, Juan Estrada, Dionisio Herrera, Secretario".

"Acto continuo, a virtud de lo acordado en el acta anterior, se reunieron todos los señores que suscriben, y habiéndoles leído por el infrascrito Secretario el manifiesto del señor Jefe Político, el acta celebrada en Guatemala y oficio del Excmo. Ayuntamiento, relativo todo a haberse jurado la independencia, manifestaron todos unánimemente la mayor alegría y dijeron: que están prontos a jurar la independencia, a contribuir a ella por cuantos medios sean a su alcance hasta sacrificar sus vidas y haciendas, a conservar el orden público y unir sus votos con los del pueblo y autoridades de Guatemala, y porque así lo harán, firman esta acta a veintiocho días de septiembre de mil ochocientos veintiuno y primero de la libertad. José Francisco Pineda, cura; Fray Manuel Antonio González, M.D. Comr.; el Capitán Graduado don Juan Alcalá, Ambrosio de Echeverría y Plasaula, Manuel José Midence, Miguel Bustamante, Carlos Joaquín de Herrance, Fray Nicolás Hermosilla, Guardián de San Francisco; Manuel Antonio Vásquez, exRegidor; Francisco Xavier Aguirre, José María de Aguirre, Diego Vigil, Braulio, Rosa, Carlos Selva, Manuel de Aqueche, Antonio José Contreras, Vicente Caminos, Juan José Durón, Felipe Santiago Reyes, Francisco Juárez, Manuel Ugarte, Juan Antonio Gómez, Luis Brito, Tomás Midence, Mariano Urmeneta, Juan Estrada, Eusebio Ruiz, Dionisio de Herrera".

"En seguida se acordó por los señores del Ayuntamiento prestar el juramento correspondiente, y en su virtud el señor Alcalde 1º. lo prestó en manos del 2º., ofreciendo no reconocer el gobierno español y sí el que se establezca en este reino, jurando conservar la independencia de Guatemala, íntegra y hasta derramar la última gota de sangre, y al mismo tiempo, conservar el orden público por cuantos medios sea posible. El mismo juramento hicieron os demás señores y el infrascrito, en manos" del Alcalde 10. Tomás Midence, Felipe Santiago Reyes, Mariano Urmeneta, Francisco Juárez, Juan Estrada, Manuel Ugarte, Eusebio Ruiz, Dionisio de Herrera"...

MANIFESTACIÓN DE INDEPENDENCIA DE JUTICALPA, CABECERA DEL PARTIDO DE OLANCHO

Señor Gobernador Intendente: El Ayuntamiento del pueblo de Juticalpa, cabecera del partido de Olancho hace presente a V.S. los acontecimientos en este pueblo desde el domingo 18 del presente originados de las dos providencias de S.S., a saber: la de imposición de tributos y la de extraer todo el batallón, armamento, y pertrechos para esa ciudad, en un tiempo que nos creemos amenazados por fuerzas extrañas, como lo manifiestan los verdaderos espías que se nos han presentado de ingleses y moscos en el río Paún, término de nuestro partido. Una y otra resolución vio el pueblo con el mayor horror, y se exaltó con absoluta generalidad pidiendo a voces a esta Corporación que inmediatamente se jurase la independencia del Gobierno Español bajo los términos de unirse a los votos de la capital de Guatemala y obedecer al mismo tiempo a V.S., con tal que las órdenes no se impliquen a las del Superior Gobierno, ni a las leyes establecidas hasta que el Congreso Nacional de nuestros Representantes disponga de otra suerte con todo lo demás, como S.S. verá en el acta elaborada que se adjunta; y como el Ayuntamiento es un representante del pueblo fue necesario verificarlo de todo a su voluntad y arbitrio, a excepción de la reposición del exs ub delegado don Joaquín Tomé, porque éste suplicóse suspendiese la determinación hasta que venga la del Supremo Gobierno.

El pueblo forma sus conceptos y opiniones del modo que vamos a explicar. "Hemos cumplido y obedecido siempre las órdenes del Gobierno de Comayagua, sujeta ésta a la Capital de Guatemala; expiró el Gobierno Español: quedó como está a la fecha nuestro Reino sin soberanía y de consiguiente libres los pueblos para decidir interinamente sobre su suerte, y adherirse a la causa más justa que les parezca. Penetrada esta ciudad por superiores luces que este país, juró la independencia con la traba de no quedar sujeta a Guatemala a donde lo había estado siempre y, en este hecho, no hace más que usar de su libertad, y enseñarnos a obrar, y usar con igual derecho de la nuestra, y por lo tanto sin sustraernos por ahora del mando de V.S. queremos obedecerle siempre que V.S· reconozca superioridad en Guatemala, para ocurrir en los casos que nos sintamos agraviados de ese Gobierno, de cuyo todo tenemos dado parte individual por un extraordinario, al Excelentísimo Señor Capitán General Don Gabino Gaínza, y así es que parece que se han arreglado los procedimientos por el unánime consentimiento del pueblo, cuya voz es irresistible cuando hay libertad, justicia y falta de soberanía".

El pueblo resiste el pecho que esa Excelentísima Provincial le ha recargado: dice que lo pagará cuando sea uniforme en todo el Reino y aprobado por la Soberanía de nuestros Representantes; y no hay duda que esa Corporación buscando apoyo para persuadir al pueblo, cumpla las órdenes de V.S. sobre impuestos que halla por nuestras leyes antiguas, sólo que el Príncipe podía imponer pechos al pueblo, y por la Constitución ni el Rey sin aprobación de las Cortes; y las Juntas Provinciales únicamente pueden hacer inversión de los fondos en urgentes casos. Considere V.S. que este tributo con concepto a un cálculo prudente, excede al valor de los novillos, oro, quesos que produce el partido de que se deduce una completa esclavitud.

Instando el pueblo, y como parte de él, los militares de este batallón a que se asegurasen las armas, se pusiesen a disposición, como lo están de este Ayuntamiento, se reparasen y creasen las milicias nacionales, ha sido preciso verificarlo así, tanto para la seguridad del pueblo, como porque abiertamente la parte del batallón de los límites, de nuestra comprensión, no quiere ir a esa ciudad, porque sabe que no se le llama sino para invadir a la Villa de Tegucigalpa nuestra convecina, a más de lo que pudiera causarse en nuestra tropa, por todos conceptos resultaría en nuestro daño; siendo una prueba nada equívoca de nuestra obediencia y de que no queremos abocarnos una jurisdicción que no nos compete, es que al momento hemos puesto a disposición del Sr. Teniente

Coronel don Esteban Güell, las armas y pertrechos como único comandante de este batallón, puesto que el Sr. Coronel ha ascendido a las tropas vivas de esta ciudad.

Ya hemos insinuado al Excelentísimo Señor Capitán General de Guatemala las razones que tenemos para creernos sin legítimo diputado en esa Junta Provincial; mientras no se decida el punto por hombres sensatos, no nos constituimos obligados a obedecer, y pasar por las cargas que con tanta vigilancia nuestro supuesto diputado nos están negociando para mayor aumento y esplendor de su partido.

No intentamos sino es, la defensa de nuestra patria a que nos hemos constituido por un solemne juramento: siempre seremos obedientes a V.S. por un orden recto y razonable; ni intentaremos defender caprichos, ni menos opinar cual sea el lugar más propio en que debe fundamentarse nuestro Supremo Gobierno; ésta será la obra de nuestros Representantes, como será nuestra el obedecerla en cualquier pueblo que se constituya legítimamente: estamos ciertos que el Gobierno de V.S. y el de (la) Capitanía General del Reino, tiene al efecto sus correlaciones con el señor Iturbide y que la combinación que se adopte, nos pondrá en la más pacífica paz: deseamos entre tanto, si posible fuese, que nuestro antiguo Gobierno no tuviera variación alguna hasta que la soberanía dispusiese con deliberado arbitrio de los términos de nuestra obediencia.

Este pueblo está persuadido por el tiempo que le ha gobernado, que le ama; pero al mismo tiempo ve con dolor que tiene V.S. de tomar el consejo de hombres que meditan la ruina de esta Providencia; todo es aflicción y absoluta consternación de los pueblos. Sírvase V.S. tener consideración de la infeliz suerte que experimentamos, apartando la vista de cuatro hombres esclavos de nuestro suelo que tenemos datos quieren sorprender a S.S. haciéndole entender que muy pocos vecinos de este pueblo han sido seductores sin otras miras que ser viles aduladores, protestando a V.S. que el pueblo no ha necesitado consejos porque bastante se los ha suministrado las providencias de ese Gobierno, y las continuas noticias de todo el Reino que tiene por individualidad. Dios guarde a V.S. muchos años.

Juticalpa, Noviembre, 20 de 1821.

José Manuel Rodezno, Francisco Mendieta, Francisco Garay, Basilio Gómez. Baltazar Cubas, Damián Mendoza, José María Barahona, Pedro Barceló, Mariano González, Félix Martínez, José León Maz, Secretario.

DOCTOR JOSÉ MATÍAS DELGADO

El doctor José Matías Delgado es la personalidad revolucionaria más intensa de Centro América desde que se inicia la insurgencia continental de 1810 hasta que concluye la operación independizadora tanto de España como de México con la reunión de la Asamblea Nacional Constituyente de 1824. Para conducir el movimiento revolucionario de San Salvador de noviembre de 1811 que condujo él se necesitaba el valor temerario de un Miguel Hidalgo o de un José María Morelos; y para enfrentarse a una expedición imperial en 1822 como se enfrentó él se requería la decisión temeraria de un Simón Bolívar o de un José de San Martín. No tuvo la vistosidad de aquéllos porque le tocó actuar en la Provincia de San Salvador y los demás revolucionarios de Centro América no pudieron, o no quisieron o no comprendieron que debían sumar sus fuerzas en debida forma a las fuerzas del doctor Delgado, y así establecer la unidad revolucionaria centroamericana por la libertad social y la independencia nacional. Como entonces, en cada sector del continente, sin menospreciar los recursos propios, se pensaba en la realización de la Revolución Francesa, así la habrían realizado en Centro América, llevando por guía al notable insurgente de San Salvador.

Si alguna vez, los pueblos de Centro América llegan a abrir un concurso para saber quién es entre todos los próceres el verdadero guía libertador de esta zona continental, con toda seguridad la mayoría decidirá que es el doctor José Matías Delgado. Hoy se hace la conspiración del silencio en torno de su nombre por dos cosas: la primera, porque el doctor Delgado es en idea y en ejemplo el fuego vivo de la revolución contra todos los opresores y todos los conquistadores, que al final son vencidos, y la segunda, porque el doctor Delgado en su impulso libertador, hizo algo monstruoso para las greyes y las jerarquías católicas, como fue la del colocarse por sí mismo la mitra de los obispos, retando de ese modo el poder universal de los Pontífices Romanos. El doctor Delgado fue en tales condiciones un puño cerrado y amenazador contra el poder temporal y espiritual de los reyes y de los papas, y esto no se lo perdonan ni los descendientes de los viejos monarquistas ni la aristocracia eclesiástica.

Para nosotros, el doctor José Matías Delgado es la principal figura revolucionaria de Centro América en los combates que se sucedieron desde 1811 hasta 1824; Y este reconocimiento es laurel para su gloria inmortal. Los demás próceres fueron esporádicos, inconstantes en la escena, muchas veces contradictorios, hasta que llegó Morazán.

Para el general Vicente Filísola, Capitán General y Jefe Político Superior de Guatemala, el doctor Delgado era un peligroso anarquista, un trastornador del orden público y un enemigo contumaz del Imperio. No sólo se fijaba en el doctor Delgado sino en quienes le asistían en la Provincia de San Salvador y en Guatemala, para lo cual había formado una lista que detallaba de la siguiente manera:

"Doctor Delgado, Cura, electo Obispo cismáticamente y Diputado de San Salvador en la Asamblea.

Manuel José Arce, individuo del Poder Ejecutivo, pariente de Delgado.

P.D. Diego Arce, Cura y Diputado en la Asamblea por San Salvador, tío del anterior.

Pedro José Arce, hermano de D. Manuel José, Jefe Político y Militar de Sonsonate, casado con una Rascón de la misma ciudad, para afirmar la unión de Sonsonate a San Salvador.

Vicente Rascón, Capitán, casado ahora con el mismo objeto con Doña María Ana Escolán y Delgado, sobrina del Cura Delgado o llámese Obispo.

D. Manuel Durán y Aguilar, pariente de Delgado, Intendente de San Salvador.

D. Joaquín Durán, Oidor de la nueva Corte de Justicia de San Salvador y hermano del antecedente.

D. José Antonio Escolán, Sobrino de Delgado, Comandante de Armas y Sargento Mayor del Escuadrón Mayor de San Miguel.

D. Miguel Escolán, Administrador de Alcabalas y Tabacos de la misma ciudad y hermano del anterior.

D. Joaquín Escolán, ayudante de las milicias de San Miguel, con grado de Capitán.

D. Miguel Delgado, hermano del Cura Obispo, Tesorero de Hacienda.

D. Juan Manuel Rodríguez, testaferro e instrumento de los Arces y Delgados.

D. José Antonio Cañas, Ministro Plenipotenciario cerca de los Estados Unidos, íntimo y coligado de Arces y Delgados".

Según Filísola, también fueron testaferros del Obispo cismático de San Salvador, Doctor Delgado, los republicanos José Francisco Barrundia, Pedro Molina Flores, Antonio Rivera Cabezas, de Guatemala, así como los insurgentes de Chiquimula, Tegucigalpa, Omoa, Trujillo y Granada.

No perdonaba el carácter independiente del Obispo de San Salvador, que aceptaba condicionalmente el Imperio mexicano al nombrar Encargado de Negocios cerca de Su Majestad Imperial Agustín I, al señor Juan de Dios Mayorga, como lo informa el oficio que a la letra dice:

"San Salvador, julio 2 de 1822. Habiéndose recibido oficio del Sr. Brigadier D. Vicente Filísola, fecha 26 del próximo pasado, con que acompaña copia del que en la misma fecha dirigió al Sr. Presidente de esta Junta, y los de 20 y 21 de mayo, recibidos todos por un extraordinario, comunicando, entre otras cosas, la plausible noticia, que ya había anticipado el Sr. Gaínza, de la exaltación al trono imperial de México del Sr. D. Agustín I; haber relevado en el mando superior de la Provincia de Guatemala al mismo Sr. Gaínza, por disposición del Supremo Gobierno del Imperio, y no haber sido de su aprobación la conducta de dicho Sr. Gaínza, con respecto a sus empresas militares contra esta Provincia, asegurando sus vivos deseos del establecimiento de la tranquilidad, con cuyo objeto propone pasen Diputados de este Gobierno a dicha ciudad de Guatemala; celebrando los señores de la Junta, con la satisfacción y júbilo que corresponde, la general aclamación de S.M.I., con que desde luego se consolida el sistema y la defensa de los pueblos contra toda violencia y agresión de los enemigos de la libertad, para contestar debidamente a dicho Sr. Filísola se trajeron a la vista las actas y copias de oficios que cita y los que se han recibido del propio Sr. Filísola con fechas de 17 de marzo y 28 de abril últimos, dirigidos a este Gobierno y al Ayuntamiento de esta ciudad, como también se considere el presente estado de la Provincia, amenazada de segunda invasión por parte de las tropas de San Miguel, que no han cesado de hacer tentativas y fomentar la discordia en aquel partido, hasta poner a este Gobierno en la necesidad de enviar una División al mando del Sr. Coronel D. Antonio Cañas para evitar las fatales consecuencias de una tal conducta. Discutidas estas materias y lo demás contenido en dichos oficios con la detención debida, se acordó:

1°. Que habiéndose anunciado al pueblo la noticia de la exaltación el trono de S.M.I. con salvas de artillería, repiques de campanas, música y concurso de la oficialidad, vecinos principales y del pueblo, se encargue al Sr. D. Juan de Dios Mayorga, residente en México, pase inmediatamente a cumplimentar y expresar el respeto de esta Junta a S.M.I., manifestando que este acontecimiento se ha considerado como uno de los más plausibles de la presente época.

2°. Que no obstante los peligros que aún subsisten en la parte oriental de esta Provincia, por las incursiones de la tropa de San Miguel, se suspenda la expedición acordada, comunicándose orden al Sr. Comandante para que limite sus operaciones a observar al enemigo y defender el territorio, adoptando todos los medios que crea oportunos para el restablecimiento de la paz con aquella parte de la misma provincia.

3°. Que sin embargo de esperarse que el Señor Juan de Dios Mayorga desempeñará a satisfacción el encargo de cumplimentar a S.M.I., pase a Guatemala una Diputación con el objeto de felicitar a la misma augusta persona de S.M.I. en la del M.I. Sr. Capitán General D. Vicente Filísola; y que, supuesto S.S. desea y propone los medios del restablecimiento de la tranquilidad, se autorice a esta Diputación para que estipule las condiciones y artículos de una total suspensión de armas, ínterin por S.M.I. y el Supremo Congreso se dispone lo más conforme, en consecuencia de lo que informe y represente el expresado Sr. D. Juan de Dios Mayorga, Encargado de Negocios de esta Provincia cerca de S.M.I.

4°. Que en punto a los demás particulares que contiene el oficio del M.I. Sr. D. Vicente Filísola, dirigido al Sr. Presidente, que se ha citado, se comunique instrucción a la Diputación para que conteste de palabra, por no ser posible ejecutarlo todo, con la extensión correspondiente, en una carta.

5°. Por último se acordó que, para que tengan efecto, con la brevedad que se desea, la salida de la Diputación, se sirva el M.I. Sr. Capitán General enviar el documento que ofrece para la seguridad de aquella, tanto en los pueblos del tránsito como en la ciudad de Guatemala.

Con lo que se concluyó esta sesión, de que certifico. Delgado, Arce, Cañas, Rodríguez, Lara, Fagoaga, Jiménez, Ramón Meléndez, Srio.".

El 12 de febrero de 1823, el Capitán General de Guatemala, Brigadier Vicente Filísola, desde su Cuartel General de Mexicanos informaba al Ministro de la Guerra de México, los detalles y los resultados de la batalla de San Salvador, en el siguiente oficio:

"Excmo.Sr.:

Desde Mexicanos, con fecha 8 del corriente, participé a V.E. haber vencido las fortificaciones de esta ciudad y hallare dueño de ella y del resto de la Provincia, ofreciéndole el parte detallado de las dos acciones que sostuvieron el día anterior las tropas de mi mando. Antes de entrar en estos pormenores, quiero dar a V.E. una idea de toda mi conducta militar desde que dejé la Capital de Guatemala hasta el día de la acción, aunque en alguna manera tenga que repetir los conceptos manifestados en mis partes anteriores.

El 26 de noviembre, salí de Guatemala, y con anticipación había situado en Santa Ana Grande, desde el mes de octubre, al 2º. Batallón del Regimiento de Infantería número 2, que, no contando ya sino de un corto piquete, había reforzado su compañía de cazadores con cuarenta y cinco morenos de los caribes de Trujillo que encontré en Guatemala, con algunas compañías del Batallón Provincial de la misma Villa de Santa Ana y, después, con un piquete del de la misma clase de Guatemala, faltos de instrucción y disciplina, aunque muy buena clase de gente por su talla, honradez, decisión y ardor por nuestra causa. Destiné a la misma Villa el piquete que traje del Regimiento de Infantería número 4, reforzado desde Ciudad Real con la compañía de cazadores del Batallón Ligero que establecí en Chiapa y parte del Batallón Fijo de Guatemala, pues en la Capital quedó un destacamento de este cuerpo, y vino también el Escuadrón de Caballería, Regimiento número 5, de que es Comandante el Teniente Coronel D. José Luis Ojeda, y dos cañones de a tres y dos de a cuatro.

Yo me quedé en Guatemala con el piquete o Escuadrón de Dragones a cargo del Comandante D. Pedro María Anaya, y corresponde al Regimiento número 8, y con él me conduje hasta Santa Ana.

Mi salida de Guatemala se habría verificado en los primeros días de noviembre; pero la rebelión en el pueblo de Totonicapán, de los dragones del Regimiento número 7, y contra el Teniente Coronel D. Francisco Miranda, no sólo trastornó mis planes en el tiempo en que debieron verificarse, y porque contaba con esta fuerza, sino que debieron ponerme en cuidado por la tranquilidad del resto de las Provincias; por la opinión misma de mis tropas, que debía influir en la empresa de esta ciudad, y porque no era conveniente dejar viva esta rebelión a mi retaguardia.

Por esto no fue posible dejar la Capital sino hasta el 26 de noviembre; llegando a Santa Ana en la mañana del 30, destiné por la noche una División a los pueblos de Texistepeque y Metapán, que, habiendo prestado el juramento, quedaron reducidos a la obediencia.

En aquella villa pasé revista a mi pequeño Ejército, que, con varios piquetitos de diferentes cuerpos, agregados a otros, y todos de varia instrucción, llegaba apenas a mil hombres.

Desde allí expedí órdenes a Sonsonate para que se pusiese sobre las armas su Escuadrón Provincial; a Omoa, para que se me remitiesen dos morteretes de aquella plaza, y a Guatemala, para ser reforzado, según las instrucciones que dejé al Coronel D. Felipe Codallos respecto a Chiapa y Quezaltenango, y dispuse una fuerza en Chiquimula, porque los disidentes tienen relaciones en aquel partido, y a efecto de cortarlas y prevenir todo acontecimiento, había destinado con anticipación al mando militar y político de dicho partido al Teniente Coronel D. Francisco Javier Barrutia. Me dediqué desde Santa Ana a perfeccionar por mí mismo y uniformar la instrucción. Cada piquete o cuerpo se me presentaba, venía en el más triste estado de desnudez, y para vestirlos tuve que pedir efectos a Guatemala y Sonsonate, construyéndose vestuarios en ambos puntos y en el propio Santa Ana, y aun haciéndoles construir en Mapilapa en los cuerpos del Ejército; nombré mi Estado Mayor, y para mejor inteligencia y orden de los cuerpos del Ejército, les numeré provisionalmente, durante la campaña, del modo siguiente:

número 1, el 2. Batallón del Regimiento de Infantería número 2, y sus agregados; número 2, el piquete número 4 y sus agregados, y número 3, el Batallón Fijo de Guatemala. Establecí mi proveeduría y el hospital, guarnecí la villa con un cañón de a tres y parte de su Batallón Provincial para asegurarme la retaguardia y dejar expedita mi comunicación con la Capital de Guatemala, Chiquimula y partido de Gracias hasta San Miguel; y partí el día 7 de diciembre para Quezaltepeque, a donde llegué el 9, ocurriendo allí la pequeña acción de que instruye mi parte del día 13, fechado en Mapilapa.

Llegué a dicha hacienda el 11 de diciembre; reconocí su ventajosa posición entre los pueblos de Apopa y Nejapa y enfrente del Atajo, la principal de las fortificaciones enemigas.

Desde luego me propuse fortificarme en Mapilapa y permanecer allí hasta hallarme más satisfecho de la instrucción de los diversos piquetes de tropa que me había reunido, y también hasta reforzarme más; pero no conviniendo dejar traslucir estos objetos, difundí la voz de que iba a ponerle un sitio a esta ciudad, más ó menos perfeccionado, según la vasta extensión del área fortificada; y en efecto, entre mis planes de instrucción no dejó de entrar, como muy esencial, el de llevar la tropa bisoña, por piquetes acciones y escaramuzas, hasta un golpe decisivo, a que no podía resolverme sin haber tomado anticipadamente los puntos de salida por la parte del Lempa y otros por donde el enemigo podía dispersarse, ocupada que fuera la ciudad, que fue siempre temor.

Mi objeto también, al fortificarme en Mapilapa, era dejar allí una División al mando del Coronel D. Manuel Arzú y constituirme con otra en San Vicente, para dejar en medio esta ciudad, evitar una salida de los enemigos hacia San Miguel y quedarme con una comunicación fácil hacia todas las Provincias y direcciones del Reino, quedando esta ciudad en un perfecto aislamiento, pero mis fuerzas eran cortas para tantos objetos, y procuré reducirlos en lo posible.

El 12 de diciembre, hice en la cuesta del Atajo el reconocimiento de que di parte a V.E., y con noticia de que D.

Manuel José Arce había salido con una División a batir la de San Miguel, hice sobre Cojutepeque el movimiento de que también di parte, y que habría producido todo su efecto sino me hubiera sido preciso estar a las noticias que se me dieron en aquel pueblo, con respecto al regreso de Arce, y volver a Mapilapa, cuyo punto no estaba acabado de fortificar y podía ser atacado, con la noticia de haber sacado de él seiscientos hombres.

Desde el 16 de dicho mes en que volví fue seguido constantemente mi plan de instrucción reconocimientos frecuentes a todos los puntos inmediatos a esta ciudad, interceptaciones de víveres y otros auxilios al enemigo, y esperé que se me reunieran la División de San Miguel y el refuerzo pedido a León, Comayagua, Guatemala, Quezaltenango y Chiapa; del primer punto me llegaron, el 3 de enero, trescientos setenta y tres hombres; León, como tengo dicho, no me proporcionó un solo; de Comayagua me llegaron hasta el 1o. del corriente, al mando del Teniente Coronel D. Cayetano Bosque, ciento veintidós hombres, entre ellos un piquete de morenos caribes que yo tenía destinado a Tegucigalpa, y de los otros puntos me fueron llegando sucesivamente otros cortos piquetes, todos, como he dicho, desnudos y sin instrucción, especialmente el de San Miguel en total estado de desnudez, y a quien, a más de vestirlo todo, y para facilitar su instrucción y mejor servicio, distribuí por compañías en el 1º., 2º. y 3º., Batallones; destinando también los piquetes del número 7 y Batallón de Quezaltenango al dicho número 2; el del Batallón Provincial de Guatemala, al número 1, y el piquete de caballería número 7, a los escuadrones números 5 y 8, que continuaron con sus mismas denominaciones numéricas.

Mientras se verificaban estas medidas, y con un celo infatigable me dedicaba todo a la instrucción, al vestuario y a los demás artículos de que mi Ejército podía ser previsto, tanto de municiones de guerra como las de boca, medicinas, etc., se dejó sentir una epidemia de calenturas entre el mismo Ejército, tanto de la Villa de Santa Ana como en mi Cuartel General, pero en aquel punto con mayor fuerza; y me fue preciso comisionar a mi Ayudante de Campo D. Rafael Lorenzani para perfeccionar el hospital de Santa Ana, arreglarlo y procurar la mejor asistencia y curación, no solo de la tropa, sino del vecindario epidemiado, y a la eficacia y celo de ese oficial se debe en mucha parte el haberse contenido y los progresos de la peste con medidas precautorias y otras de policía y seguridad, y el haberse curado los enfermos con la mayor prontitud.

Habiéndoseme incorporado, como dije antes, la corta, División de Comayagua, el 1º. del corriente, contaba mi Ejército de cerca de dos mil hombres, no debiendo esperar otros auxilios prontos; estando ya provisto de víveres, municiones y efectos, al mismo tiempo que la acción del Guayabal y otras pequeñas escamaruzas me habían dado pruebas de la buena disposición de la tropa y de su impaciencia por batirse, resolví dar un golpe decisivo para el día 7.

Estaban ya reconocidos todos los puntos fortificados, incluso el del volcán, como expresa mi carta del 27 pasado; las fortificaciones de Milingo y Suyapango eran, en mi concepto, las que presentaban menos dificultades, o más fáciles de vencer; pero ganado cualesquiera de estos puntos, eran precisas otras tantas acciones cuantos eran los otros puntos fortificados que quedaban a una larga distancia, y me alejaban demasiado de que en cualquier evento debía ser mi retirada. Los inconvenientes del volcán se expresan en mi citada carta; el cerro de Tiustepeque o Ayustepeque era de los más inaccesibles y el más aproximado al Atajo, como que está a tiro de cañón uno de otro punto.

Entre la falda del volcán y la izquierda de dicho cerro de Tiustepeque, hay una cuchilla que une uno y otro monte, aunque más aproximada a Tiustepeque, con cortaduras, barrancos y escabrosidades que no hacían fácil el acceso por aquella parte, igualmente fortificada con sus trincheras y cañones, colocados en un punto preciso de pasar, y donde se unen los únicos caminos que por derecha e izquierda dan entrada desde el llano del Ángel y Apopa al pueblo de Ayustepeque.

Para llegar a estas trincheras (favorecidas también por los fuegos de cañón del cerro de este nombre), es preciso vencer como seis barrancos, de difícil tránsito, especialmente para la caballería, y tomar luego las dos estrechas veredas que, como dije, conducen por derecha e izquierda a las trincheras; de suerte que el punto era harto impracticable.

Esto no obstante, yo la adopté con preferencia a otros menos difíciles, porque, vencido aquel, me posesionaba por retaguardia de las fortificaciones de Ayustepeque y Atajo, y ocupaba luego por la misma retaguardia el pueblo de Mexicanos, donde el enemigo tenía su Cuartel General.

Resuelto por este punto, hice salir de Mapilapa a mi segundo Comandante General, el Coronel D. Francisco Cortázar, para el pueblo de Apopa, el día 6, llevando consigo una División compuesta del Primer Batallón y el Escuadrón número 8, con orden de acercarse por la noche hasta las trincheras de Milingo, para llamar la atención con ataque falso y reunirse conmigo en la hacienda del Ángel, antes de amanecer el día 7, para hallarnos todos sobre el camino de Ayustepeque, precisamente al descubrirse el día.

Al Teniente Coronel D. Cayetano Bosque le destiné con su División, un trozo del Escuadrón de Sonsonate y un obús, a la cima del volcán, que quedaba a la derecha del punto por donde yo iba a atacar, sin otro objeto que hacerse ver desde la altura y llamar la atención con dos o tres tiros de obús.

En la hacienda de Mapilapa dejé, al mando del Capitán, hoy Coronel graduado, D. José Francisco del Paso, las compañías de fusileros de los Batallones números 1 y 3, con dos cañones, uno de a tres y otro de a cuatro. Con el número 2, el Escuadrón de Dragones número 5, al mando del Teniente Coronel Ojeda, y el resto del de Sonsonate, dividido en dos partidas, al de los Tenientes Coroneles graduados D. José Ignacio del Valle y D. Juan Nepomuceno Pérez, un obús y dos cañones, uno de a cuatro y uno de a tres. Me dirigí a las dos de la mañana para dicho punto del Ángel; pero la obscuridad de la noche y fragosidad del camino hicieron lenta y difícil la marcha de la artillería; de suerte que no pude llegar a aquel punto, donde me esperaba el Coronel Cortázar, sino al amanecer; siendo preciso que desde esta hora observase el enemigo todos mis movimientos desde el Atajo y Ayustepeque. Resolví, pues, dejar en la hacienda del Ángel, con la artillería, una compañía de cazadores del Batallón número 3 y un trozo del Escuadrón de Sonso—nate, al Coronel D. Manuel de Arzú, pues quedaba inmediatamente para reforzarme en su caso y sostener mi retirada en un suceso adverso.

Quise todavía llamar la atención del enemigo hacia otro punto, y destiné al Coronel Cortázar, con la misma fuerza que había llevado a Milingo, para hacer un movimiento falso delante del Atajo y reunírseme luego en el punto de ataque por el camino de la izquierda, y por el de la derecha hice avanzar, con su Escuadrón, al Teniente Coronel D. José Luis González Ojeda, y a los de la misma clase, graduados, de infantería, D. Manuel Gil Pérez y D. Félix Aburto, con el Batallón número 2 las compañías de granaderos de los Batallones números 1 y 3 y otro trozo del Escuadrón de Sonsonate y el otro obús. Esta tropa pasó bajo los fuegos del cerro de Ayustepeque; llegó a un terreno por quebradas, que, a más de montuosas y estrechas, estaban dominadas por pequeñas alturas o desigualdades, en que coposos platanares y siembras de cañas presentaban el punto más proporcionado para la defensa. El enemigo reunió la mayor parte de sus fuerzas en este punto, por su inmediación a Mexicanos, Atajo y Ayustepeque, y rompió el fuego de fusilería y de cañón desde que pudo percibirnos. Los nuestros atacaron luego que estuvieron a tiro de fusil, con una bizarría que tocaba en encarnizamiento; por dos veces fueron rechazados; pero jamás arredrados, volvieron al ataque con redoblado esfuerzo, muriendo en uno de estos embates el Subteniente de Cazadores del Batallón Ligero de Chiapa, D. José Barreiro.

Como al romperse el fuego no había llegado con su División el Coronel Cortázar al punto designado, permanecí yo con mi Estado Mayor en el de reunión, con bastante cercanía a las trincheras, poniendo allí cien hombres al mando de mi Ayudante de Campo, el Capitán D. Rafael Lorenzani, para evitar que, descendiendo tropas del Atajo, nos tomasen por la espalda, que fue otro de mis objetos al situar al Coronel Arzú en el Ángel. Hice avanzar apresuradamente al Coronel Cortázar y tomar el camino de la izquierda con la compañía de cazadores, la tercera de fusileros del número 1 y todo el Escuadrón número 8, que atacaron con igual esfuerzo y valentía, no obstante los fuegos de las trincheras y los que nos hacía la artillería desde la cima del cerro. Este ataque por uno y otro punto, así como los acertados movimientos de una y otra División, nos hicieron dueños de las trincheras después de cerca de dos horas de un fuego vivísimo, retirándose el enemigo hacia Mexicanos, y, en su seguimiento, el Teniente Coronel D. Luis Ojeda y el Comandante D. Pedro María Anaya con sus escuadrones; la compañía de granaderos del Batallón número 1, al mando del Teniente de ella, hoy Capitán graduado, D. Francisco Estrada, y treinta cazadores del mismo cuerpo, al mando del Teniente graduado D. José María Vera, de que resultó la mayor parte de nuestra pérdida. Esta fuerza siguió en su retirada al enemigo por unos encallejonados los más peligrosos, por su estrechez, cercados de piña y maderos, y por las boscosidades que forman inmensas sementeras de plátano y caña de azúcar. Los trozos de infantería y treinta dragones del número 5, al mando del Alférez D. Manuel Sosa, formaron una guerrilla que llevó la vanguardia; un segundo trozo, también de dragones, al mando del Teniente D. Paulino Beleaga, y otro, cortísimo de cuatro caballos, al mando del Teniente del mismo cuerpo D. Domingo Buiza, persiguieron por otros puntos, porque fue precisa cierta especie de dispersión en toda la tropa, que ansiaba batirse.

Toda esta fuerza siguió al enemigo hasta Mexicanos, donde estaba el Cuartel General, atacó con denuedo, y sostuvo sus fuegos hasta obligarles a desalojar, posesionándose de la plaza y de una pieza de artillería, que inmediatamente se puso en uso y con que fue sostenido aquel punto hasta mi llegada, con bastante esfuerzo y valentía.

Entre tanto que, tomando el pueblo de Ayustepeque, reunía y formaban en él la tropa los Tenientes Coroneles D. Manuel Gil y D. Félix Aburto, subí yo con mi Estado Mayor y una corta escolta de caballería a la cima del cerro de su nombre, o sea Tiustepeque, que era el punto fortificado; y observado por los enemigos, posesionados aún del Atajo, me hicieron fuego con su artillería y especialmente con un cañón reforzado de ocho; me bajé al pueblo y previne a Gil y a Aburto fuesen a atacar por retaguardia el referido cantón, permaneciendo en él después de posesionados, y así lo verificaron con el mejor éxito, pues fue tomado aquel punto con toda su artillería y municiones, quedando así vencidos los principales cantones.

Con este motivo, me bajaba de Ayustepeque a Mexicanos, cuando los enemigos volvieron a atacar este pueblo como a las tres y media de la tarde, por sus diversas avenidas.

Su situación es de mala defensa, circulada la plaza por un barranco que forma medio círculo. Fueron ocupadas por diversas partidas las alturas exteriores. El mismo barranco es el camino real de la salida para esta ciudad, y en sus tortuosidades y sementeras de uno y otro lado, presentaba el enemigo, y no fueron mal aprovechados, parapetos para hacer sus fuegos. Antes de mi llegada, fueron éstos bizarramente sostenidos por aquella corta infantería y por los Escuadrones de Dragones número 5 y 7. Yo les encontré perfectamente colocados en todos los puntos de defensa, y llegué a tiempo en que el enemigo redoblaba sus esfuerzos y hacía fuegos casi por todas las direcciones de la plaza.

Reforzada ésta por la fuerza que traje, aún se hizo el fuego más vivo como por espacio de tres horas, a cuyo término avanzó un trozo de infantería enemiga por el mismo barranco, y sobre los fuegos de los cazadores y cañón, a tomar la plaza por el camino de la entrada; entonces dispuse que el Comandante D. Pedro Anaya, con su Escuadrón, interpolado de alguna infantería, bajase al degüello sobre ellos, y lo verificase por su izquierda, con su Escuadrón, el Teniente Coronel D. Luis Ojeda, aunque por un barranco más difícil y escabroso que el que tomó Anaya. Así lo practicaron, y este jefe obró con una intrepidez que llenó de satisfacción a cuantos observamos desde la altura y le vimos con su sable hacer esfuerzos, dignamente emulados por los oficiales y tropa de su mando, que arrollaron con el enemigo, obligándole a una retirada presurosa, en que dejaron el campo sembrado de cadáveres; y fue, puede decirse, el término de la jornada, porque, aunque por otros puntos continuaron los fuegos y tiroteos, aun después de entrada la noche, ya eran distantes y traían el carácter del desacierto. No permitió el terreno al Teniente Coronel Ojeda un campo en que extenderse; pero la misma irregularidad y desproporciones del que le tocó en suerte, hacen el elogio de su animosidad y la de su Escuadrón, que se distinguió en las dos acciones.

Pude en la misma noche ocupar esta ciudad; pero había sido larga y penosa la fatiga; la tropa estaba demasiadamente cansada con dos noches de vigilia y un día entero de no tomar alimento; me restaba un camino como de media legua por encallejonados; y no era prudencia exponer a mi tropa ni dejar abandonado a retaguardia un tren de veintisiete cañones de varios calibres, con un numeroso parque, tomados al enemigo en sus fortificaciones, encontrados al paso por no haberlos podido conducir en su retirada, o descubiertos en algunos lugares ocultos.

Determiné pasar la noche en Mexicanos; y entre tanto, el Dr. D. José Matías Delgado, con los principales autores y agentes más activos de la revolución, y D. Manuel José Arce, con sus jefes y oficiales de mayor confianza, marcharon hacia Olocuilta con un resto de fuerza, como de seiscientos hombres; la demás fue dispersada y abandonó del todo la ciudad, tomando los montes por direcciones diversas; yendo Arce enfermo de bastante gravedad.

A las dos y media de la mañana del día 8, recibí en Mexicanos a la Diputación de este Ayuntamiento, con el oficio de que habla mi parte de la misma fecha, y habiéndome enviado por rehenes a dos sargentos principales que tuvieron parte en el Gobierno Revolucionario, suplicándome ahorrase al vecindario el saqueo que temían, se los devolví, asegurándoles que no recibirían la menor vejación los vecinos pacíficos ni pueblo alguno que no se encontrase armado. Desde aquel momento se me presentaron sin interrupción casi todos los pueblos inmediatos y los vecinos imperiales de esta ciudad, con los de opinión contraria que no abandonaron su vecindario y que fueron a detestar sus errores y a protestarme una conducta toda de paz y de obediencia.

Permaneciendo en Mexicanos el día 8, tuve el tiempo de templar el ardor y fogosidad de la tropa, especialmente las de San Miguel y Santa Ana, que abrigaban antiguos resentimientos; y a este efecto les dirigí la proclama que acompaño; teniendo la satisfacción de hallarles tan dóciles a mi voz como fueron valientes y esforzados en el peligro.

El 9 por la mañana, verifiqué mi entrada en esta ciudad, sien.do recibido en ella por el Ayuntamiento y vecindario, con repique general de campanas, en reconocimiento y obediencia a la augusta persona del Emperador, tremolándose en la plaza, por primera vez las banderas del Imperio, por cuyo feliz suceso pase con el Ayuntamiento, mis jefes y oficiales, a la iglesia parroquial, donde se cantó un solemne Te Deum. De Allí pasé al Ayuntamiento y señalé el siguiente da para que el mismo cuerpo y el pueblo prestasen el juramento de unión al Imperio, reconocimiento, obediencia y fidelidad al Sr. D. Agustín Primero, a cuyo efecto hice publicar por la tarde el bando que acompaño en copia y he circulado a todos los Ayuntamientos de la Provincia con la ley que cita y recibí en Mexicanos, con la correspondencia de esa Corte, después de haber partido el extraordinario que llevó el parte de la jornada del 7.

En la mañana del 10, prestó en mis manos el Ayuntamiento, en consejo abierto, el expresado juramento, haciéndolo luego el pueblo por barrios, como expresa el acta que acompaño, y difiriéndose la solemne proclamación del Emperador para hacerla con el decoro correspondiente.

El bando está acomodado a la ley que cita y a las circunstancias. Era conveniente restablecer la confianza y no dejar en esqueleto estos pueblos por un sistema férreo.

La orden de 8 del pasado me previene castigue con la mayor severidad a los causadores de la guerra; éstos han emigrado como jefes principales del desorden; quedaron aquí los que han hecho sino seguir el torrente de la opinión, o han sido subalternos o testaferros, los débiles y los que no son temibles, porque no llevan la opinión.

Si el estado de cansancio de la tropa y el estropeo de la caballada no hubiesen exigido algún descanso para reponerse, desde el mismo día 8 habría destinado los cuerpos que deben seguir en su retirada a dispersos; más era preciso saber con más certidumbre la ruta que tomaron y la fuerza efectiva que llevaban. Quise también, por medio del bando, y cuando todos los pueblos se me están presentando para prestar su juramento y ponerse a la obediencia de S.M.I. disminuirles sus restos de fuerza y sus armas, porque la tropa y mucha parte de sus oficiales sólo han marchado por el temor del castigo, y mucha parte se desertó desde la salida de esta ciudad.

Hoy he tenido noticia de que, con los restos dispersos de ésta y la tropa de San Vicente, llegaron antes de anoche a dicha ciudad, habiendo reunido en los pueblos algún paisanaje, que continuaban reuniendo en el expresado San Vicente, con el objeto de dirigirse a revolucionar en San Miguel, Tegucigalpa o León, que fue lo que me temí desde el principio y una de las causas de mi detenimiento.

En esta misma madrugada ha marchado para la referida ciudad, con quinientos infantes, doscientos caballos y dos cañones violentos, el Comandante del Escuadrón D. Pedro María Anaya, para sorprenderles mañana en el mismo San Vicente, o seguirles, si han pasado de allí, hasta su total exterminio. Ayer marchó con su División el Teniente Coronel D. Cayetano Bosque, por

Chalatenango, a ocupar el punto de los Llanos de Gracias y cubrir las avenidas de Tegucigalpa, San Miguel y Chiquimula; y mañana marchará el Teniente Coronel D. José Luis de Ojeda, con otra gruesa División, para ocupar el punto de Cojutepeque, poniéndose en comunicación con Anaya y debiendo perseguir al enemigo por Zacatecoluca, si toma el camino de la costa. Los jefes de León y Comayagua están advertidos anticipadamente, y después de ocupada esta ciudad les he dado avisos de la dispersión, no obstante que no temo progrese el enemigo en su proyecto, pues a más de que no es fácil pueda sostener una retirada en dispersión, ya desprovisto de municiones, habiendo perdido en Tiustepeque, Atajo, Mexicanos y esta ciudad un parque abundantísimo, no teniéndole en San Vicente, ni menos armamento, porque casi todo se había reunido aquí, excediendo mil quinientos fusiles. Además de que la clase de tropa de que se compone la fuerza en retirada, es de residencia fija y con arraigos, no acostumbrada a marchas ni a largas ausencias de sus pueblos, es imposible que pueda resistir la fatiga de una retirada sin proveeduría, medicamentos, ni otros auxilios, por desiertos y cortas poblaciones, donde falta todo y no encuentra abrigo una tropa que sufrió un revés de tanta trascendencia, perdiendo en un día el concepto que se había adquirido por algunos favores de la casualidad. Fuera de sus pueblos, y no estando acostumbrada a alejarse de ellos sin la esperanza de volver a sus familias, es preciso que la deserción progrese de día en día y que a los dispersos falte el numerario, cuando un segundo golpe no acabe de una vez con sus vanos proyectos.

Puede ser que de un momento a otro marche yo en persona a perseguirles, con el objeto también de, a mi idea y regreso, arreglar todos los ramos de los pueblos del tránsito y especialmente la factoría de tabaco de San Vicente, pues todo está en el desorden, y en su arreglo trabajo desde el momento de mi arribo.

Sucesiva y separadamente daré a V.E. los partes del resultado que tenga la persecución de aquella tropa y del destino de sus jefes, así como del de los que funcionaron o llevaron la voz en el orden político; y continuaré ahora los detalles sobre las acciones de aquella jornada.

No es fácil averiguar la pérdida de los enemigos, pues aún están apareciendo cadáveres en las cementeras y barrancos, y la situación boscosa de esta ciudad y sus alrededores hace muy fácil su ocultación; lo inmediato que fueron a ella las acciones, les proporcionó fácil retiro para sus heridos y cadáveres, de que tengo noticia se enterraron muchos ocultamente, y se curan otros de la misma manera. Los que yo mandé sepultar en Ayustepeque y Mexicanos ascienden a sesenta, y de heridos apenas pudimos ver a algunos pocos que había entre los prisioneros, ascendiendo este número a diez y siete de las clases inferiores, pues huyeron jefes y oficiales.

La artillería que les tomamos y la que se vieron precisados a abandonar en diferentes puntos, es la que expresa el inventario adjunto.

Nuestra pérdida consistió, a más del Subteniente D. José Barreiro, que murió en las trincheras, bizarra y valientemente, en doce hombres de diversas graduaciones, de sargentos inclusive abajo, y 40 heridos, entre los cuales se encuentran siete oficiales subalternos, excluidos del estado adjunto, en que se demuestran por cuerpos y clases.

Al dar a V.E. estos pormenores, exige la justicia que recomiende a dos que se distinguieron en las dos acciones y lo habían hecho antes con largos y penosos servicios de toda clase, desde que salimos a Guatemala.

No hablaré de la impaciencia con que cada jefe y oficial solicitaba la vanguardia, o ser empleados en puntos peligrosos, en que pudieran darse a conocer. En esta parte nada me dejaron que desear: ninguno habría querido un punto seguro o conocido, y sólo el deber y la disciplina dejaron fuera de acción a los que apetecían entrar en ella.

Fue el destino quien dio a los unos la ocasión de distinguirse, que negó a los otros la necesidad de cubrir diversos puntos, no siendo esta la expresión ni los lugares comunes de partes estudiados, sino la verdad de unos hechos de que atestan los mismos enemigos.

Así, pues, agravaría a todos si distinguiese a algunos en su recomendación, siendo el relato mismo quien distingue a los que dio el destino un puesto en que manifestarse, tanto en jefes como oficiales y tropas.

Como por la naturaleza de la narración no he nominado particularmente al Teniente Coronel D. Francisco Miranda y al Alférez D. Felipe Aguilar, ambos del número 7 de caballería, debo manifestar a V. E. que, a pesar de no hallarse curados del todo de sus heridas, estuvieron en las dos acciones, y tanto aquel jefe como este oficial dieron nuevos testimonios de su valor y entusiasmo.

Haré también una mención particular de mi Estado Mayor, de que sólo he nombrado a mi segundo, el Coronel del Regimiento número 1, D. Francisco Cortázar; Comandante General de la Artillería, D. Manuel de Arzú, y Ayudante de Campo, Capitán D. Rafael Lorenzani; debiendo hacerlo con el Mayor General, Coronel del Batallón de Fijo, D. Lorenzo de Romana, y con mis otros Ayudantes de Campo, Sargentos Mayores D. Manuel Montúfar y D. José Asteguieta, ambos de dragones, y con el Subteniente de infantería D. Antonio de Aycinena.

El Sargento Mayor, también de dragones, D. Justo Milla, es Ayudante del segundo, Comandante General, como el Teniente D. Francisco Andrade; y del Mayor General, los Tenientes D. Pedro González y D. Miguel de Rivera, habiendo sido éste muy útil en los planos que ha levantado y croquis que ha hecho de esta ciudad, y acompaño para que V.E. se forme alguna idea de estas posiciones, bien que la premura con que se ha levantado no permite toda la exactitud que sería de desear, y va en borrador.

Tampoco hace mención este parte del Capitán graduado, Teniente de Cazadores, D. José María Olazábal, quien, en la noche del 6, entró con su compañía hasta el primer foso del cantón de Milingo, resistiendo sus fuegos y conduciéndose esta vez y en el siguiente día con mucha distinción.

De donde se deduce que, o todos son acreedores a la consideración de S.M.I., o no debe hacerse distinción con ninguno; recomendando sí a la familia del Subteniente Barreiro, que era uh joven de valor, honor, buenos principios, y que daba las mayores esperanzas.

Las villas de Santa Ana y Sonsonate, así como la ciudad de San Miguel y pueblo de Quezaltepeque, no sólo han padecido en esta guerra grandes pérdidas y trabajos, sino que han sido utilísimos al Ejército por los auxilios de tropa, caballos, víveres, efectos y monturas que han suministrado; bagajes y mil servicios de la mayor importancia; por lo que desearía que el Emperador se dignase distinguir a las dos primeras villas con el título de ciudades, ya sea con el timbre de fieles o leales, al pueblo de Quezaltepeque y Ciudad de San Miguel, con la distinción o gracia que fuere del augusto agrado de S.M.I., a quien recomiendo estos pueblos, dignos de toda su consideración y aprecio.

Dios guarde a V.E. muchos años. San Salvador, 12 de febrero de 1823.Vicente Filísola. Excmo. Sr. Secretario de Estado y del Despacho de Guerra.

Después que Filísola tomó la plaza de San Salvador se dedicó a perseguir a los derrotados, quienes en número de 500 hombres tomaron el camino de San Miguel, con el propósito de pasar a la Provincia de Tegucigalpa o la de León. Hizo salir en persecución de ellos al Comandante de Escuadrón Pedro María Anaya. Pero no satisfecho con esta medida, él mismo se movió con suficiente tropa, llegando a Cojutepeque y luego pasando a San Vicente donde supo que los dispersos estaban en Sensuntepeque en número de 900 hombres con disposición de seguir la marcha hacia los Llanos de Gracias.

El 17 de febrero, Filísola llegó a Sensuntepeque, donde se le presentó el Coronel Antonio José Cañas, segundo Comandante General de las tropas en derrota, con varios oficiales, para manifestarle que estaban dispuestos a dejar las armas y desistir de toda empresa, a cambio de las garantías que se daban a los vencidos que se entregaban. El Coronel Cañas informó a Filísola, que después de los desertores, la tropa seguía compuesta de ochocientos hombres, capitaneada por Fray Rafael Castillo, corista de San Agustín, y por el italiano Feliciano Viviani, hallándose en aquel momento en la hacienda de San Antonio y dispuesta a seguir la marcha a los Llanos de Santa Rosa, a Chiquimula o a Comayagua.

Los perseguidos pasaron el ro Lempa, durmieron en la aldea de Mapulaca, continuaron a Joconguera, y de allí a la aldea de Gualcince "punto inexpunable por su situación, sin presentar más que dos entradas por medios de unos desfiladeros muy angostos". Allí celebraron una junta de la cual resultó que Viviani llegó a ver a Filísola con proposiciones de paz. Como esta solicitud podía ser un engaño para ganar tiempo en la retirada, pues pedían que no se les siguiera y que ellos se disolverían, Filísola hizo que Viviani regresara con la afirmativa, pero acompañado de un honrado ciudadano del Ayuntamiento de Sensuntepeque para que observara cuanto fuera necesario en el caso. Después de correos que venían y viajaban a Gualcince, Filísola y Castillo llegaron al acuerdo de que los insurgentes recibirían cartas de garantía y pasaportes para que pudieran salir del país a cambio de entregar las armas sin reservas, lo que se hizo cumplidamente, con excepción del bandido Bambita, que por ser un salteador de caminos quedaba fuera de las estipulaciones. Textualmente dice Filísola: "el Dr. D. José Matías Delgado se me presentó por medio de una carta desde su hacienda, distante nueve leguas de aquí, expresándome hallarse enfermo y estar a mi disposición; de la existencia de Arce no se sabe con certeza, pero hay presunciones fundadas de que se halla en una de las haciendas de su familia o en el curato de Apastepeque, y todos convienen en que se halla muy enfermo de úlceras y calenturas. Estoy a la mira de descubrir su paradero, y oportunamente daré cuenta del destino de los presentados, que siempre será fuera de esta Provincia para que su perfecta tranquilidad actual no sea alterada en ningún tiempo". (En efecto, la aldea de Gualcince a que se refiere Filísola está dentro del territorio de Honduras).

Al regresar a San Salvador, el general Filísola lanzó un manifiesto a los habitantes de la Provincia de San Salvador en el que manifestaba que la región había alcanzado la paz, bajo la protección del Imperio, y les recomendaba volver a sus labores productivas diarias.

El primero de marzo dispuso regresar a la ciudad de Guatemala, y para hacerlo nombró al Coronel Manuel Arzú, Jefe Político, Intendente y Comandante Militar Provisional de la Provincia de San Salvador, al Teniente Coronel José Luis Ojeda, Jefe militar y político del Partido de Vicente al Sargento Mayor Manuel Martínez, Jefe del Partido de San Miguel, y a D. Nicolás Avos Padilla, Jefe de Santa Ana. Recomendó al Coronel Arzú conservar el orden juiciosamente, organizar la administración pública y proceder con respeto a los eclesiásticos de acuerdo con el Vicario Provincial: Salió de San Salvador el 2 de marzo y llegó a Guatemala el día 6.

En relación con el Obispado de San Salvador, el General Filísola publica los siguientes documentos que hacen luz sobre un asunto sumamente interesante, por cuanto se ve unida a la lucha de la separación del Imperio, la conveniencia de modificar la política eclesiástica en Centro América:

"San Salvador, 30 de marzo de 1822. Teniéndose en consideración que hace muchos años que esta Provincia solicita se erija en Obispado; que a este fin se hicieron diversos ocursos al Gobierno Supremo Español, que, propendiendo a ello, libró varias reales cédulas para la formación de expediente, que instruido éste últimamente en la Diputación Provincial de Guatemala, se dio cuenta poco antes de la independencia al mismo Gobierno, y que la necesidad cada vez se hace más urgente, por el aumento de la población y por el dilatado tiempo de diez y nueve años que hace no se visita la Provincia; y teniéndose, por otra parte, presente que las rentas de la misma Provincia son más que suficientes para que puedan subsistir y subsistan la silla episcopal y lo demás anexo a ella, se acordó: que desde luego quede erigida en Obispado y que sea el primero que ocupe esta silla, según la voluntad general de toda la Provincia, manifestada en el mismo expediente, el Sr. Dr. D. José Matías Delgado, Cura Vicario de esta Ciudad y Presidente de esta Junta Provisional Gubernativa, como ya se hubiera verificado por providencia del Gobierno Español, según el mérito que ofrecen los documentos justificativos de la materia, entendiéndose que la erección y nombramiento o presentación se hacen en el modo y forma que lo han acostumbrado hacer los reyes católicos de España, para lo cual se dirigirá por este Gobierno la suplicatoria correspondiente a S.S., luego que se presente ocasión oportuna, a efecto de que se digne confirmar este acuerdo y mandar expedir, en su consecuencia, las bulas de estilo; con lo que se concluyó esta sesión, de que certifico, Manuel José Arce. Antonio José Cañas. Juan Manuel Rodríguez. Domingo Antonio Lara. Juan de Dios Mayorga. Ramón Meléndez, Secretario. Es copia fiel. San Salvador, 28 de abril de 1824".

Sobre la misma materia, agrega el documento siguiente:

"La religión del Estado, que es la católica, apostólica, romana; que suple por muchos grados de civilización, y ha servido de correctivo a los tiranos en los tiempos de obscuridad y despotismo, es el objeto recomendable que trata el Gobierno de poner al abrigo de una buena administración, antes que sea oprimido de los males y abusos introducidos de muchos años y se han visto agravar en la época de la pasada revolución.

Como las providencias gubernativas que pudieran dictarse con este laudable designio, serían expuestas a siniestras interpretaciones de los enemigos del orden, o se dudaría por alguno la facultad del patronato en las aplicaciones de esta regalía, decretada por el Congreso, para remover tamaños inconvenientes, estimó necesaria la Junta Gubernativa del año de 1822 la erección del Obispado de esta Provincia y la elección y presentación del nuevo Obispo, sujetándose a la aprobación y confirmación de S. S., según lo acordó en acta de 30 de marzo del mismo año en sesión de 10 de noviembre.

Pero la obstinada guerra y atrocidades sanguinarias que fomentó en estos pueblos el tirano de México, Agustín Iturbide, retardaron el curso de tan benéficas providencias, haciendo sentir dolorosas privaciones a los pueblos; más habiéndose organizado de nuevo el Gobierno y convocado la presente Legislatura, se pesaron en ella las razones, se palpó la urgencia, y no se pudo vacilar sobre la resolución que debía recaer en negocio de tanta trascendencia, luego que fue manifestada por el Gobierno.

Corridos varios trámites y pasado el expediente a una comisión, apoyó ésta su dictamen en luminosas razones y convencimientos, que determinaron al Congreso para la confirmación de los anteriores decretos, dando, por consiguiente, una prueba de su justicia y rectitud, como de sus vivos deseos por el restablecimiento del orden y de las buenas costumbres.

La elección de Obispo, verificada en el C. Dr. José Matías Delgado, sujeto recomendable por su literatura, virtud y padecimientos y por ser de los más ilustres fundadores de la República, no sólo debe satisfacer los antiguos deseos de los pueblos, sino también, en la presente crisis, servir de apoyo y sostén de la justa causa de su independencia y libertad.

Este Gobierno se apresura, por lo mismo, a dar a los pueblos tan plausible noticia y a manifestarles que su bien temporal y espiritual es el objeto predilecto de sus miras y meditaciones. San Salvador, mayo de 1824. Juan Manuel Rodríguez".

El doctor José Matías Delgado desarrolló más o menos quince años de actividad revolucionaria en favor de la libertad nacional y social de Centro América. Así ofició en el templo del mundo, ante

Dios, que en su teología era revolucionario por justo y misericordioso.

SAN SALVADOR REPÚLICANO FRENTE AL IMPERIO MEXICANO

Para dar idea de la actitud de San Salvador en los días de la Independencia, nos valdremos de los abundantes documentos de Vicente Filísola, poco conocidos en Centro América, y que a pesar de que reflejan el punto de vista del Imperio de Agustín I, y de sus leales servidores, leyéndolos objetivamente, situándose en el polo opuesto, dan cuenta del republicanismo democrático, y si se quiere, de la "Revolución Francesa" de San Salvador. Entendidos de esto, pasemos a las inserciones.

A mediados de 1822, la Junta Provincial de San Salvador elevó por conducto de Filísola al Emperador de México, la notificación que la Provincia se constituía en entidad independiente, con Gobierno propio y que reuniría el Congreso del Acta de Independencia de 15 de septiembre para que éste decidiera la forma de gobierno que más convenía.

La respuesta fue recibida en octubre, en la que decía Filísola: "Estoy encargado de decir a esta Junta, de orden del Emperador, 1°. Que no reconoce representación en el Congreso convocado. 2°. Que nos ratifica el tratado de 10 de septiembre de 1822. 3°. Que esa Provincia debe reunirse toda al Imperio, bajo la base de una entera sumisión al plan general de su gobierno, sin condiciones que lo contraríen. 4°. Que de todas suertes, ese Gobierno debe rendir y entregar las armas que actualmente tiene, poniéndolas a mi disposición, bajo la garantía más solemne que ofrece su Majestad Imperial a favor de todos los que directa o indirectamente hayan influido en los disturbios de esa Provincia.

Si esa Junta no conviniese en estas condiciones, tengo órdenes, tan terminantes como perentorias para proceder, aunque sin arbitrio para ampliarlas; y en este caso, con arreglo al artículo 17, debe estimarse esta la primera intimación, estando resuelto a guardar los veinte días antes de romper las hostilidades".

A la vez, el general Filísola le enviaba estas instrucciones al comandante de Armas de San Miguel: "No debiendo, en su caso, romperse las hostilidades, sino veinte días después de recibida la primera intimación, tampoco debe embarazar esta ocurrencia la feria que se celebra en esta ciudad en los días 21 y 22. Por el contrario, debe usted empeñarse en restablecer la confianza, y aun rotas las hostilidades, deben garantizarse los intereses de los vecinos de San Salvador, aunque sean disidentes o de opinión contraria, porque esta Provincia es una parte del Imperio, y la riqueza de los particulares forma la riqueza del Estado. Las guerras de hermanos tienen caracteres que las distinguen de las guerras extranjeras, y es también preciso que los pueblos sientan la diversa conducta que observe el Imperio, de la que hasta ahora ha observado el Gobierno de San Salvador. Usted debe procurar difundir estos principios y divulgarlos religiosamente".

El 26 de octubre, el general Filísola le notificaba a la Junta Provisional de San Salvador.

"Por órdenes expresas de Su Majestad Imperial marcho sobre esa Provincia. La fuerza protectora de mi mando, destinada primero a romper las cadenas que ataban a todo un mundo nuevo a un pequeño punto del mundo antiguo, está destinada después a restituir el orden y la paz, que se alteran necesariamente en las transiciones políticas.

San Salvador ha sido víctima de estas precisas, pero tristes consecuencias de las revoluciones, en que son pocos los que ganan y muchos los que pierden su fortuna. En el calor del entusiasmo, en el vértice de las revoluciones, se hace a los pueblos, por los ambiciosos, equivocar el interés público con el interés privado; se hace que las pasiones ocupen el lugar de la razón, y que se desconozcan los verdaderos derechos. Los pueblos llegan a ponerse en el estado de la infancia y necesitan guías que les dirijan en la marcha política para enderezar su carrera y evitar los peligros que amenazan su existencia.

No hay Estado que no necesite protección, pero a ninguno es tan precisa como al que se halla en el desorden y en la anarquía por habérsele forzado a equivocar los principios de una libertad moderada y justa. —

La independencia de la América Septentrional fue resuelta por su libertador desde 24 de febrero de 1821 para todos los pueblos de su vasta extensión, desde Nuevo México hasta Panamá; de todos debía formarse el Imperio por la libre voluntad de los asociados en el Congreso General que convocó desde entonces el Plan de Iguala. Guatemala no hubiera sido independiente si México no fuera libre; ella se emancipó de España cuando México daba la última mano a la independencia general, sitiando ya la capital del Imperio, y cuando el Primer Jefe del Ejército Trigarante había destinado una gruesa división a la libertad de estas Provincias. Sin embargo, Guatemala proclamó la suya, convocando a sus hijos para otro Congreso en su antigua Capital. Provincias enteras, quizá las más pobladas, rehusaron enviar a sus representantes, declarándose desde luego unidas al Imperio de México, bajo el sistema que establecía el primer plan de independencia; siguieron otras que la habían adoptado por el de Guatemala, y hasta la última aldea quería ser de México. Este fue el origen de la guerra civil en unas Provincias a quienes era común el deseo de emancipación. Guatemala, con sus pueblos unidos, después de haber explorado su voluntad, fue la postrera en incorporarse a México; y cuando este pronunciamiento debía tener por resultado el restablecimiento de la paz, algunos pueblos de esta Provincia, con su Capital, diré mejor, unos pocos individuos de ella, insistieron en llevar a efecto el Congreso para que decidiese de su suerte futura. Desde entonces se hizo más peligrosa la divergencia de opiniones. San Salvador, que se creía con derecho para resistir la voluntad del mayor número y para separarse de su antigua Capital, creía tenerlo por las antiguas leyes de España, para forzar a los que se le separaron y aun para seducir y llevar tropas sobre los que nunca le correspondieron. El Gobierno de Guatemala creyó con justicia que estaba obligado a sostener el pronunciamiento libre de los que se habían unido al Imperio; creyó que esta división exponía y aun contrariaba la independencia, y creyó, en fin, que era tiempo de hacer cesar el desorden y la anarquía. Se hicieron armas por una y otra parte, y si los pueblos no sufrieron todos los estragos del cañón, llorarán por mucho tiempo la ruina de su agricultura y de su comercio; lamentarán los funestos efectos del desorden y de la anarquía; que, para el provecho de pocos, han reinado en esa Provincia por el largo espacio de nueve meses de calamidad.

Cuatro hace que, encargado de este mando, no me ocupo sino en los medios de transigir las escandalosas desavenencias que encontré ya muy animadas entre unos y otros hermanos. El raciocinio, dirigido por la intención más recta, agotó todos los recursos para conciliar los intereses, que no pueden llamarse divergentes si no se consulta al de un corto número que pugna con la voluntad general. Celebré un armisticio para dar tiempo a que el Gobierno supremo resolviese esta causa intrincada, sin que la decisión fuese obra del interés y de la parcialidad, S.M.I., en orden de primero del corriente, negó la ratificación del tratado, "porque no reconoce en la pequeña Provincia de San Salvador, suficiente representación para reunir un Congreso sin la concurrencia de los demás pueblos que formaban el antiguo Reino de Guatemala y que se unieron sin contradicción al imperio, y porque S.M. sabe que en el seno de la misma Provincia hay una mayoría decidida por la propia causa del Imperio, sofocada por el interés de los que se han levantado con el orden público".

El Emperador cree un deber suyo el salvar de la anarquía a los pueblos de San Salvador y contener los progresos de su revolución; compadece las desgracias a que han sido arrastrados por un concepto equivocado o malicioso; debe proteger a los que por su adhesión decidida al Imperio, que es el mayor número, han sufrido los males de la guerra, los calabozos, las confiscaciones y todos los efectos de una opinión contraria; quiere poner término a tamaño escándalo, y me manda marchar en su protección, sin que mis tropas pierdan la divisa que, salvando a la patria, las condujo a la inmortalidad: Religión, Independencia y Unión hicieron la libertad del continente. La defensa de las dos primeras no necesita en los pueblos de este Reino otro baluarte que los pechos de sus habitantes; pero la unión se ha perdido en unos pocos pueblos, y es preciso restablecerla.

La discordia civil se ha presentado en su lugar. Inútiles y pueriles cuestiones distraen a los ciudadanos de los verdaderos intereses, haciendo que el labrador y el artesano, abandonando el arado y el taller, se armen para devorar a sus hermanos, talar y destruir sus campos; los pueblos son invadidos; el terror se esparce; se proclama la libertad, y se sufre el despotismo, se proclama la libertad y existe un Gobierno despótico que acumula y ejerce todos los poderes; se proclaman los principios de seguridad, y el propietario es despojado de sus bienes, es gravado con contribuciones, es conducido a la prisión por simples sospechas contra su opinión política; se promueve la reunión de un Congreso, y los gastos de esta representación ilegítima, que no será reconocida en el continente, gravarán al labrador y al artesano. Este Congreso pronunciará la unión de los pueblos de San Salvador al Imperio de México, o la resistirá con las armas; en el primer caso, en vano se agitan y se hacen gastos; en el segundo, van por primera vez a aparecer en el afortunado Reino de Guatemala todos los horrores de una guerra, que espantará a los tiernos ánimos de sus habitadores, aún no endurecidos en ella, y que, después de terminada, dejará por pertenencia en muchos años al suelo que va a ser su teatro, la muerte, los gemidos, el hambre y la miseria, la viudez, la orfandad, los odios y los sentimientos inveterados. Qué cuadro, ciudadanos, para el que está en el deber de llevar este presente a unos pueblos de San Salvador, aman la paz y respetan la humanidad, son dóciles, y, por lo mismo, han podido caminar al mal, fascinados y seducidos por una perspectiva halagüeña, cuya realidad no existe ni existirá para ellos, sino por el interés particular de muy pocos; ¿y arrastraréis por éstos unos peligros ciertos y arruinaréis a la patria por unos cuantos de sus hijos?

La verdadera libertad no consiste en sistemas puramente especulativos: consiste en el inmenso interés que tienen los hombres en un gobierno que les asegure su existencia, derechos y propiedades: un gobierno en que, como el del Imperio, estén separados los poderes y en que los pueblos tengan la conveniente representación para darse leyes liberales y justas, para velar sobre sus derechos, para que con igualdad y proporción decrete las contribuciones; un gobierno que dé seguridad a las personas y a los frutos de su industria y trabajo, que premie el mérito y prevenga, el crimen; un gobierno que sepa mantenerlos en la independencia, defendiéndolos de enemigos extraños, cuyo poder no es dado a San Salvador; un gobierno, en fin, que respete y proteja la religión, dejando a la Iglesia el libre ejercicio de su actividad espiritual, sin interrumpir su disciplina y gobierno ni ocupar los productos destinados al culto.

Este último objeto no puede arreglarse en la división actual, si el pastor se halla bajo un sistema de gobierno, y parte de sus ovejas bajo otro muy diverso; porque el gobierno espiritual y el político tiene enlaces para el culto externo, y la división exclusivamente del poder político.

Ciudadanos: estos derechos del mayor número; esta necesidad de uniformar los intereses comunes en Provincias y pueblos que, por su localidad y por su pronunciamiento, pertenecen al Imperio; esta equivocación de principios políticos, que pretende para pocos pueblos lo que solo corresponde a muchos pueblos; estos errores que mantienen el desorden y afligen el ánimo del virtuoso padre de familia con un porvenir funesto; que arrancan al labrador hasta la esperanza de cultivar su campo; que le han privado de los que animaban y fomentaban su trabajo; que comparando su suerte actual con su suerte pasada, no ve ventajas, sino pérdidas, en la revolución; pérdidas sensibles y efectivas que le hacen suspirar por su antigua esclavitud; errores que han paralizado y descuidado las artes; que han sumergido en la miseria a familias enteras, que carecen hasta de lo muy preciso: tantas calamidades unidas y de tanta trascendencia, son los motivos que impulsan la marcha de mis tropas. No son falanges enemigas: son tropas hermanas que tienen disciplina, orden y sentimientos; que han respetado al extranjero después de vencerle, y estrechándose fraternalmente con el americano que hacía a su patria una guerra de muerte.

Lejos pues, de temer la proximidad de la División, debéis descansar tranquilos en los sentimientos de fraternidad de que está animada: los pueblos por donde ha transitado ya hasta Santa Ana, dan testimonios de su comportamiento fraternal. El Emperador quiere terminar los males, y no reagravarlos; concede una solemne garantía a los que, habiendo olvidado los verdaderos intereses de la patria, tomaron las armas contra sus hermanos o influyeron en los disturbios que han afligido a esa Provincia; pero exige que las depongan sin reserva ni condición y que se omita el Congreso convocado para el diez de noviembre.

No dudo de la ilustración de esos pueblos que prestarán los oídos a las insinuaciones paternales de S.M.; que, olvidando lo pasado, se reunirán otra vez a sus hermanos, evitándose así mismo los males de la guerra y a mí la dura suerte de llevárselos cuando sólo deseo presentarme con el olivo y la paz y con el lazo que una para siempre a San Salvador con el Imperio, para la común prosperidad y para que se eleven estas regiones protegidas del cielo a la perfección y a la prosperidad de que son susceptibles. Guatemala, 26 de octubre de 1822 y segundo de la Independencia. Vicente Filísola".

Es indudable que el general Filísola usa un lenguaje culto. Pero la cultura de su idioma, no esconde la sinrazón de sus argumentos imperialistas ni oculta el carácter arbitrario con que actúa en Centro América. Ni el imperio de Agustín I era legítimo, ni los pueblos centroamericanos libremente expresados se habían adherido a México, ni el propio Filísola ejercía ninguna autoridad legal en patria ajena. El movimiento histórico se encargó de demostrar estas afirmaciones.

El 10 de noviembre, el general Filísola, en su carácter de Capitán General, Jefe Superior Político Interino de Guatemala y General en Jefe de la Fuerza de Operaciones en la Provincia de San Salvador, lanzó el siguiente Manifiesto:

"La División de mi mando se halla sobre la Provincia de San Salvador en cumplimiento de las órdenes del Emperador, y antes de dejar esta capital para ponerme a su cabeza, debo hacer públicos los motivos que han obligado a S.M.I. a tomar una resolución tan contraria a sus sentimientos filantrópicos.

Bajo el Gobierno Español, no dependía del Virreinato de Nueva España el Reino de Guatemala; bajo el sistema de independencia, se pronunció cada Provincia de este Reino en muy diverso sentido. Chiapa Fue la primera en emanciparse del Gobierno peninsular, pronunciándose desde luego por su incorporación a México; correspondió a su invitación la Capital de Guatemala, haciéndose libre el 15 de septiembre de 1821 y excitando a las demás Provincias "para que sin demora sirviesen proceder a la elección de Diputados o representantes suyos a efecto de decidir el punto de independencia general y absoluta, y fijar, en caso de acordarla, la forma de gobierno y ley fundamental que debiesen regir". Nicaragua y Comayagua, al pronunciarse independientes de España, acuerdan su incorporación al Imperio; Quezaltenango entra primero en el pacto de 15 de septiembre, y después se decide por el mismo Imperio; practican otro tanto los partidos de Huehuetenango. Sololá y algunos pueblos de Mazatenango, y todos acusan de liberticida al Gobierno de Guatemala, porque intenta contrariar sus voluntades, reduciéndoles por la fuerza a un sistema democrático, que protestan odiar los mismos pueblos. Todos reclaman el auxilio y el poder del Imperio. "Somos amenazados y atacados, dicen, porque nos pronunciamos independientes por el sistema de Iguala, rehusando la invitación que nos hace Guatemala al favor de los prestigios de su antigua preponderancia, llamándonos a un Congreso para decidir lo que ya tenemos resuelto".

El Gobierno Supremo recibe estas quejas, y apresura la marcha de la División que fue primero destinada a romper las cadenas de todos los pueblos de Guatemala, y tuvo por objeto después protegerles contra la discordia civil que prendió entre Guatemala y Comayagua por la posesión y recobro de Tegucigalpa, Gracias, Omoa y Trujillo; entre aquella Capital y Nicaragua, por la de Granada y otros pueblos; entre la misma Capital y Quezaltenango, por todo este partido, el de Sololá y Huehuetenango.

Guatemala recibe la excitativa del Emperador el 19 de octubre de 1821; ve por todas partes la discordia y la disolución del cuerpo que constituía su Gobierno Provisional. Convencida ella misma de las ventajas de la unión a un Imperio poderoso, consulta a los pueblos en consejos abiertos sobre la incorporación a que le convida y exige ya el mayor número; reina la libertad, que no pudiera coartarse cuando, sin respetar pactos y sin temor al Gobierno reconocido, le han negado los mismos pueblos la obediencia, y la mayoría decide que la voluntad general está declarada porque Guatemala y México formen una sola familia.

Desde entonces se restableció la paz entre Guatemala y todos los pueblos que habían opinado de esta suerte y antes se amenazaban con la guerra; pero algunos partidos de la Provincia de San Salvador y su Capital se separaron de los intereses comunes para sostener el pacto de septiembre, librando la suerte de la Provincia a la decisión del Congreso de sus representantes; juzgan perjurio lo que fue obra de los mismos pueblos, y dan mayor legitimidad y eficacia al pronunciamiento de un apoderado, que al de su propio comitente, contrariando ellos mismos las bases democráticas que parecen desear.

Sin embargo, su Gobierno Provisional manifestó muchas veces al Emperador, y me expresó a mí, que deseaba uniformarse al continente y pertenecer al Imperio; pero que esta debía ser la expresión de la voluntad de los pueblos, manifestada de un modo digno y por órganos legítimos, como si fuera mejor hacer por segunda mano lo que puede verificarse por sí mismo.

El Gobierno de Guatemala respetó a San Salvador, después de haberse discutido y resuelto en la Junta Provisional que no había derecho para forzarle, a pesar que lo tenía por el de la mayoría de sufragios, si no invadía los pueblos del Imperio que formaban un todo con Guatemala. Llegó este caso, y fue aquella Provincia disidente el primer agresor.

No contenta con separarse de los intereses del continente, reclama pueblos que ya no le pertenecen; fundaba su derecho en la antigua demarcación de la Intendencia bajo el Gobierno Español; Santa Ana, San Miguel y otros pueblos no tienen, en su juicio, el mismo derecho que tuvo San Salvador para separarse de Guatemala. Se les seduce, y la seducción no surte efectos; se emplea esta arma sobre Sonsonate y otros puntos, y se les encuentra firmes en la resolución de pertenecer al Imperio; se lleva fuerza armada sobre Coatepeque, Santa Ana y Chalchuapa, porque eran imperiales, so pretexto de que allí reunía las suyas al Gobierno de Guatemala para atacar a San Salvador. Esto era igualmente falso; Santa Ana había pedido auxilios para defenderse de sus seductores; había reunido parte de su Batallón Provincial, y Sonsonate la había socorrido con cien hombres. Cuando aquel punto lo fuese de reunión para alguna fuerza que debiese operar contra la Provincia, o con otro destino, el Gobierno de Guatemala no invadía un territorio extraño, ni había declarado guerra a San Salvador, ni comenzada hostilidad alguna que diese derecho al ataque. A la proximidad de las tropas de San Salvador, tuvo por conveniente retirar las suyas el jefe que mandaba en Santa Ana, en ahorro de la sangre de sus hermanos. Se ocupó esta villa por aquéllas; se ocupó el pueblo de Ahuachapán, y se aproximaron a Sonsonate. Desde los arrabales de esta villa se repitieron las intimaciones, y se encontró firmeza para resistir uno y otro, y las tropas retrocedieron a Ahuachapán. Este pueblo, como todos los de la Provincia de Sonsonate, no fue dependiente en ninguna época ni concepto de la de San Salvador. A sus inmediaciones, en El Espinal o Las Estanzuelas, habían acampado, el 11 de marzo, ciento veinte hombres del Batallón de Santa Ana, que al mando de su Sargento Mayor pasaban al refuerzo de Sonsonate, y allí con atacados por triples fuerzas de los disidentes en medio de la noche; se resisten con valor; pero al fin se dispersan porque los agresores eran en mayor número, y la hacienda, después de saqueada, se reduce a pavesas por haber albergado a las tropas del Imperio. La humanidad y el derecho de gentes fueron igualmente hollados por San Salvador en esta jornada.

Sobre ella se fundó mi antecesor para reunir fueras y atacar a la fuerza emprendedora. Era ya el Gobierno de Guatemala un Gobierno subordinado, pero responsable a la Nación de la integridad de su territorio, y desde el abandono de Santa Ana y ocupación de esta villa por los disidentes, había dictado sus medidas para recobrarla. Los sucesos de Sonsonate y de El Espinal le daban derecho para atacar el mal en su origen.

Otras causas apoyaban este derecho; la Provincia de San Salvador delito de lesa nación y se castigaba con prisiones, destierros y confiscaciones, recayendo éstas siempre en los individuos más acomodados y de respeto, sin escaparse sacerdotes ni religiosos, que eran el sostén y apoyo de los mismos pueblos, a nombre de quien se vejaban. Innumerables agraciados llevaban sus quejas al alto gobierno, reclamaban auxilio de mi División y creían que el Gobierno de Guatemala obraba con lexitud y tolerancia.

Santa Ana quedó libre desde los primeros movimientos de las tropas de Guatemala, que produjeron nuevas quejas de los disidentes. "Se nos ataca, porque sostenemos nuestro juramento; porque deseamos que la incorporación se verifique por medios dignos de la Nación a que vamos a pertenecer, que harán honor a ella misma, sólido, legítimo y duradero nuestro pacto. La ambición y el orgullo quieren dominarnos para hacer de nosotros un presente rico que redunde en provecho de los injustos que nos arrebatan el mérito de formar por nosotros mismos una asociación tan ventajosa; no hacemos la guerra al Imperio; fuimos sus primeros adictos; padecimos por su causa en tiempos de la opresión; son enemigos de la independencia los que nos hacen una guerra fratricida"; en una palabra, decían falsamente todo lo que el Gobierno debía decir de ellos.

Debo confesar que este idioma me interesó por la causa de San Salvador, que le creí sincero, lo manifesté así a S.M. y aun di pasos para evitar el ataque que iba a dar la columna expedicionaria.

Llegué a Guatemala en el mes de junio; me encargué del mando de sus Provincias, me dirigí luego a los disidentes; cesaron las hostilidades; en el espacio de sesenta leguas no había desde el 3 mismo de junio un solo soldado. que les impusiese; les excité a la conciliación; me enviaron comisionados en agosto, y desde los primeros pasos conocí que los hechos diferían mucho de las protestas. Estaban libres para tomar sus resoluciones, y los plazos se prorrogaban; la conciliación se reducía a reclamar los pueblos que dieron lugar al rompimiento. El Congreso debía determinar sobre la suerte de la Provincia, y se deseaba que el Gobierno Supremo de México reconociese tácitamente este Congreso. Un Diputado electo para representar en el Imperio la Provincia de Chiquimula, se quería que fuese reconocido con el carácter de Agente Diplomático del Gobierno de San Salvador para arreglar sus negocios. Este representante hizo en agosto al cuerpo legislativo una exposición sobre el origen y progresos de la disidencia de San Salvador; allí, desfigurándose los hechos y uniéndose lo inconexo, se hace la apología de los disidentes; se manejan artificiosamente la narración y las citas de documentos justificativos, para que el Supremo

Gobierno aparezca como el autor de las disidencias, y se induce, en fin, a la desunión de estas Provincias; mientras tanto, eran mayores las vejaciones que sufrían los buenos vecinos de San Salvador, y, de consiguiente, los clamores y quejas de los arruinados, que, elevadas a S.M., las oía con dolor y procuraba aun reducir a los agraviantes por los medios de lenidad y razón.

Yo penetré este objeto desde mis primeras conferencias con los comisionados de San Salvador; firmé el armisticio de diez de septiembre último y el manifiesto con que lo publiqué el 8 del siguiente octubre, expresa los motivos que me obligaron a ello; pero al elevarlo a S.M.I., no excusé expresar mi concepto sobre las miras que pude penetrar y confirmaba toda la conducta del Gobierno disidente, que, a pesar de lo tratado en el armisticio, no dejaba aun su sistema vejatorio y contradictorio; me extendí sobre las consecuencias, y expuse que, los males estaban muy lejos de su término, si no se curaban radicalmente. Otros sujetos imparciales representaron lo mismo; los interesados repitieron sus quejas, y S.M. no ratificó el tratado, "ni lo hará con otro que no tenga por base una entera sumisión de San Salvador al plan general de gobierno que rige en el Imperio, debiendo ante todas las cosas, entregar las armas, bajo las garantías más solemnes, que ofrece a favor de los que directa o indirectamente hayan influido en los disturbios de aquella Provincia, agitada por el espíritu de discordia que anima a un corto número".S.M.I. no ambiciona el corto terreno de San Salvador; pero debe asegurar a los pueblos del Imperio en el goce de su independencia por el sistema que adoptaron; debe asegurar su territorio, evitar la seducción, enfrenar la discordia y poner expeditas las relaciones de todo el continente; debe protección a los que padecen por la causa del Imperio, y debe, por último poner término a las inquietudes y al desorden y asegurar estas Provincias de una invasión extraña, que predispone San Salvador con la disidencia, llamando así la atención que se debe a los puertos. En el caso de resistencia, me previene que haga a los disidentes una guerra regularizada, pero vigorosa y activa, observándose el artículo 17 del tratado, con respecto al rompimiento de hostilidades.

En virtud de este artículo, dirigí mi primera intimación en 26 de octubre, deseoso de que tuviese lugar la conciliación antes que el rompimiento; reiteré al efecto mis anteriores convencimientos, oficial y confidencialmente, y por oficio del 30 se me hace esperar que obtendré una respuesta resolutiva en el término de 20 días (que expiran el 19), con respecto a lo que se exige de aquella Provincia. "Va a explorarse por los medios más breves y sencillos la voluntad de los pueblos... Si es conforme a lo que exige el Emperador, son en el acto terminadas las desavenencias, y lo es su origen; si la decisión es contraria, se dispondrá esta Provincia a resistir la guerra con que se la amenaza".

Tal es su respuesta y tales mis deseos de una paz sólida y estable, que, a pesar de ella, he repetido mis instantes reflexiones por evitar una guerra que será funesta a los que la motivan y más funesta a los pueblos que la sostienen. Las tropas reunidas bastan por su calidad y por su número para destruir a la Provincia de San Salvador, incapaz de organizar una resistencia que la haga triunfar de la fuerza y moral que tiene a su disposición el Imperio. No se compone sólo de la División que vino a mis órdenes; las tropas de esta Capital, Chiapa, Quezaltenango y Santa Ana, por la parte de San Miguel; las de este partido, y las Provincias de Nicaragua y Comayagua concurren a esta empresa, porque es del interés de todas uniformar en el sistema y en el deber a un corto número de pueblos, que, colocado en su centro, contraria a la voluntad general, paraliza el comercio y amenaza con su contagio a los pueblos con quienes está en contacto.

Estas tropas que, animadas por la conveniencia común, marchan sobre pueblos hermanos, lamentan la dura suerte que les obliga a armarse, y celebrarán conmigo, más que la victoria, el momento feliz en que, obrando de concierto la filantropía y la razón, conozcan los disidentes sus verdaderos intereses y depongan las armas para estrecharse con sus hermanos por un lazo eterno que haga la felicidad del continente.

Puesto a la cabeza de tan valientes tropas, repetiré mis ruegos para un desenlace racional; y si no tuvieren mejor éxito que los anteriores, tendrá la satisfacción dulce de haber agotado los medios de conciliación y lenidad, antes de hacer uso de la fuerza, cuyo resultado no es dudoso para mí, aunque conmueve mi alma, que sólo desea alejar de los pueblos las duras consecuencias de la guerra. Palacio de Guatemala, 10 de noviembre de 1822. Vicente Filísola".

El 6 de diciembre de 1822, el general Filísola, situado en Santa Ana, puso en manos del Sargento Mayor Nicolás Avos Padilla el siguiente oficio:

"Marchando yo mañana la cabeza del Ejército de Operaciones, dejo a usted encargado el mando militar y político de esta villa y su partido.

A más de los 200 hombres del Batallón del cargo de usted, que marchan agregados al Batallón número 1, pondrá usted 100 hombres sobre las armas, de aquel cuerpo, para la guarnición de esta villa, a que sucesivamente se irán agregando los enfermos que vayan convaleciendo.

Continuará usted la construcción del fortín en la Plaza Mayor, construyéndose otro en el ángulo opuesto, según le he prevenido verbalmente. Queda en esta villa una pieza de artillería con su correspondiente dotación para cualesquiera ocurrencias.

Para el entretenimiento de la tropa que queda a sus órdenes, deberá usted contar con los ingresos de los ramos de alcabalas, aguardiente, tabacos y demás de la hacienda nacional que produzcan esta villa y los pueblos de Texistepeque, Metapán, Chalchuapa, Aguachapan y Atiquizaya.

Siendo este punto intermedio o la garganta de San Salvador, adonde yo me dirijo, de la Capital de Guatemala, Chiquimula y Sonsonate, mantendrá usted una correspondencia activa conmigo, con el señor Comandante General de Guatemala y Jefes de Chiquimula y Sonsonate.

Protegerá usted todas las partidas que conduzcan armas y municiones, víveres y efectos de la capital o de otro punto para el Ejército Expedicionario o para las subdivisiones y puntos fortificados.

Mensualmente formará usted y me dirigirá un estado de los ingresos y egresos de los ramos de la hacienda pública en todos los pueblos expresados.

Será celoso y exacto en la disciplina y en que el servicio se haga con la mayor rigurosidad, relevándose las guardias antes de amanecer y no permitiendo que individuo alguno falte a las listas ni a dormir a su cuartel.

Cuidará de la buena asistencia de los enfermos en el hospital, haciéndoles frecuentes visitas, en que examinará por sí mismo el desempeño del cirujano, la calidad de los alimentos y la clase de asistencia que se les da. Será mayor su cuidado con los señores oficiales enfermos y la esposa del capitán don Francisco Pasos, a quienes, si por las circunstancias de sus enfermedades no les alcancen sus sueldos, les mandará usted franquear lo que necesitasen más para su total restablecimiento, dándome aviso de las cantidades que se les ministren extraordinariamente. Y haciendo que cuando se hallen restablecidos, presten el servicio y concurran a la instrucción de la tropa; dándome aviso de los que se hallen sanos, para mis ulteriores resoluciones.

Hará usted que continúen las avanzadas y descubiertas en los puntos que se han hecho hasta ahora, y dispondrá que se compongan todas las armas inutilizadas y que se conserven con cuidado los depósitos de municiones, víveres y efectos.

Examinará con cuidado a los pasajeros, deteniendo a los que, procedentes de San Salvador, no trajeren pasaporte mío, o parecieren sospechosos, y, por último, auxiliará al Ejército Expedicionario con cuanto se le pida y fuere preciso para su subsistencia y mejor éxito; siendo responsable de la seguridad de esta villa y de la quietud y buen orden de todo su partido.

Del Escuadrón de Sonsonate he mandado poner 80 hombres sobre las armas al mando del Teniente Coronel Francisco Miranda, quien deberá recorrer todo el territorio intermedio entre aquella villa, ésta y la retaguardia del Ejército, lo que servirá a usted de gobierno, no sólo para protegerle, sino para cualesquiera casos que puedan ocurrir y usted necesite de su auxilio. Cuartel General de Santa Ana, 6 de diciembre de 1822. Vicente Filísola. Al Señor Sargento Mayor D. Nicolás Avos Padilla".

Al llegar a Quezaltepeque, el 10 de diciembre del año citado, el general Filísola le dirigió al doctor José Matías Delgado el siguiente oficio:

"Conforme con lo que dije a V.S. en oficio de 30 del pasado, ocupé ayer este pueblo, cuyos vecinos se hallaban casi todos, alrededor de mí, desde Santa Ana y Coatepec, buscando protección contra las partidas de tropa de esa ciudad que han venido a hostilizarles. Desde El Malpaís, un poco antes de Las Estanzuelas, se me presentaron familias enteras con las lágrimas en los ojos, diciéndome se hallaba aquí una partida recogiendo ganados y víveres y con orden de poner fuego al pueblo luego que se acercase mi División. Con este motivo, hice avanzar la guerrilla con dos trozos de caballería, que, encontrando en la plaza a la partida, cargó sobre ella y les hizo diez muertos, algunos heridos y siete prisioneros.

A mi entrada con el resto de la infantería, me encontré con este triste espectáculo, y aseguro a V.S. que han corrido más lágrimas de mis ojos, que sangre de las heridas de estos infelices engañados. Yo no contribuí a la independencia del continente para ver con ojos enjutos este cuadro, para hacer la guerra a los americanos, sino para ser su mejor amigo, para unirme a ellos más estrechamente. ¿Por qué fatalidad, pues estoy encargado de llevarla contra un pueblo ciego? ¿Por qué ese Gobierno expone a tantos americanos a un sacrificio cierto por sostener caprichos?

Reflexione V.S. por un momento que esta sangre derramada es la de sus feligreses, la de sus hermanos, la de sus propios paisanos, siempre cara, siempre inestimable, y el fruto de una resolución imprudente y temeraria. ¿Puede muy poco o nada el número contra la disciplina y la experiencia de tropas aguerridas; y se corresponde a la confianza de los pueblos exponiendo a la ignorante multitud a unos males tan ciertos como sensibles?

Se dice que el pueblo está obstinado; pero su Gobierno está en el deber de apartarle de unos males que están al descargarse sobre él. El Gobierno debe, no sólo rectificar la opinión, sino tomar otras medidas que provean a la seguridad de sus comitentes.

Y he de ocupar esta ciudad de todas suertes, y mi corazón se cubre de luto al considerar que entraré en ella por la fuerza, que la ciudad sufrirá la suerte de un país conquistado, y veré otra vez verterse la sangre de mis hermanos. Aún es tiempo de reflexión y de reparar tantos males. Yo me dirijo a V.S. por la última vez, y me dirijo al pueblo para hablarle de sus errores y de los males que tiene que temer. Pocos días pasarán para desengañarse de que las tropas del Imperio nada temen ni pueden temer de los que desordenadamente se han reunido en esa ciudad; es preciso que V.S. salga del error, en que se halla, de que tiene y puede contar con tropas. Por mi parte, puedo asegurar a V.S. que jamás se me ha encargado de una empresa más fácil y sencilla.

Devuelvo a V.S. los prisioneros que' se hicieron, a excepción del chileno, porque es desertor del cuerpo de artillería. Ojalá pudiese volver la vida a los muertos: A V.S. toca conservarla a los que están en riesgo de perderla. Esta es una obra digna de los que se llaman representantes del pueblo; digna de un ministro de Dios de Paz y de un hombre filantrópico y verdaderamente americano. Yo recuerdo a V.S. tan sagrados deberes, antes de continuar mi marcha, y deseoso de que V.S. aparte de ese pueblo las desgracias que le amenazan. Con este motivo, y usando del idioma en que tantas veces me ha hablado ese Gobierno, protesto a V.S. ante Dios, ante la Nación y ante el Emperador, de la sangre que se va a derramar. Dios guarde a V.S. muchos años. Cuartel General de Quezaltepec, 10 de diciembre de 1822. Vicente Filísola. Al Señor Doctor José Matías Delgado".

Habiendo avanzado Filísola, desde su Cuartel General de Mapilapa con fecha 23 de diciembre, dirigió un Manifiesto a los pueblos republicanos de Nejapa, Apopa, San Martín y Tonocatepeque en el que los invitaba a abandonar sus ideas, deponer su actitud rebelde y volver a sus hogares, en el entendido que si no lo hacían así serían sometidos a los rigores de la guerra, en la que saldrían perdiendo. Les decía: "Yo aspiro a vuestro propio bien; pero si no volvéis a vuestras casas, no respondo por lo que pueda suceder a ellas, y será preciso trataros como a enemigos del Imperio, en vez de que, volviendo seréis tratados como hermanos y amigos nuestros, con cuya paz os convido".

Desde el mismo Cuartel General de Mapilapa, Filísola se dirigió nuevamente al doctor José Matías Delgado, con fecha 26 de diciembre, esta vez en tono amistoso, como si hubieran sido viejos amigos, pidiéndole que no arrancara a los labradores de sus sementeras para llevarlos por la fuerza a fortalecer la defensa de San Salvador. Entre tantas, le dice: "Es glorioso que la filosofía presida en la conducta del guerrero y que no llevemos en vano el caro nombre de hermanos". Y al final manda memorias a los señores Cañas, Arce y Sosa.

Desde el citado Cuartel General de Mapilapa, Filísola publicó el 17 de diciembre un Manifiesto en que daba cuenta de "las últimas contestaciones y ocurrencias de San Salvador". Dijo que al fin se había reunido el Congreso que iba a decidir sobre la suerte de la Provincia y que había acordado sumarla al Imperio, hecho que lo había llenado de júbilo. Pero que, como él, Filísola, estaba sujeto a órdenes provenientes de México, como paso previo para asegurar la paz había pedido las armas que manejaban los insurgentes de San Salvador, y que éstos, sintiéndose ofendidos por la petición, habían recurrido a lo inesperado. "San Salvador creyó que este era un insulto, un paso deprimente, un sometimiento vergonzoso, y acordó incorporarse a los Estados Unidos del Norte de América, declarando que a nombre de esta Nación (tan distante de nuestros usos, costumbres, religión e idioma, como lo están nuestras respectivas posiciones geográficas), sostendría la Provincia la guerra de que era amenazada". Ante tales ocurrencias, Filísola anuncia que la guerra va a empezar, no contra los Estados

Unidos sino contra unos facciosos que han alarmado a pueblos inocentes.

El 14 de enero de 1823, Filísola exige el rendimiento de la plaza para evitar el derramamiento de sangre.

Acto seguido, publica íntegra la carta que le puso Manuel José Arce, Comandante General de las tropas de San Salvador, solicitándole una conferencia en un lugar intermedio de la Capital de la Provincia y el lugar de Mapilapa para tratar el asunto de la paz, sin descartar que San Salvador ya era parte de los Estados Unidos. Dice al respecto: "No es tiempo ya de discusiones sobre la legitimidad de la federación de esta Provincia a las del Norte de América, por medio de escritos; pero sí aseguro a V.S. que, al hacerla, se examine muy bien la Constitución de aquel país y que muy en breve veremos los resultados".

El 8 de febrero de 1823, el jefe expedicionario del Imperio, general Vicente Filísola, le dirigía al Primer Secretario de Estado y de Relaciones de México, el siguiente oficio:

"Excelentísimo Señor: El Dios de los Ejércitos, que protege siempre la causa de los buenos, concedió ayer a las armas del Imperio una completa victoria sobre las de los disidentes, que, a pesar de una resistencia vigorosa y obstinada, perdieron sus ventajosas posiciones, y en ellas fueron completamente batidos y derrotados, dejándome dueño de la ciudad de San Salvador y del resto de la Provincia.

Siendo desde ayer tarde mi Cuartel General en este pueblo, y con ánimo de ocupar hoy dicha ciudad, de que este punto no es sino un arrabal a la distancia de media legua, he recibido, a las dos y media de esta mañana, a una Diputación del Ayuntamiento de San Salvador con el siguiente oficio:

"La fuerza se ha retirado, y la ciudad está indefensa; puede V. S. en su virtud, ocuparla con su tropa, y el Ayuntamiento confía en la humanidad de V.S. para que el pueblo no sea saqueado ni molestados sus vecinos pacíficos. Dios guarde a V.S. muchos años. Sala Capitular de San Salvador, Febrero 7 de 1823. Miguel de

Mendoza, Tomás Carrillo, José Crisógono Pérez, José María Piche, Rafael Zepeda, Pablo José Bejar, Antonio Mariona, Simón Pino, Narciso Ortega, Juan Uriarte, Faustino Camacho, Señor Brigadier y Capitán General de Guatemala, D.Vicente Filísola".

En efecto, la corta fuerza que quedó a los disidentes, se dispersó desde anoche mismo con los principales demagogos, y he dado ya mis providencias para perseguirles. En esa virtud, y deseoso siempre de imitar la generosa y humana conducta del libertador del Septentrión no he tenido dificultad en acceder a la solicitud del Ayuntamiento, con la precisa condición de que presten el juramento de obediencia al Imperio y se me den las garantías necesarias para verificar mi entrada en los términos que se solicita.

Otra vez daré a V.E. el pormenor de las dos acciones que con tanta bizarría como entusiasmo sostuvieron ayer todas las tropas de mi mando en las trincheras de Tiustepeque y en este pueblo; por ahora apenas me permite el tiempo decir a V.E., para satisfacción de S.M.I., que han excedido a mis esperanzas, y vencidos puntos tan difíciles cual no es fácil describir, porque no hay una idea de esta clase de terrenos, ni se había formado tampoco del entusiasmo con que se defendían.

Sírvase V.E. poner esta noticia en el conocimiento de S.M.I. para su satisfacción. Dios guarde, etc. Cuartel General de Mexicanos, 8 de febrero de 1823. Vicente Filísola, Excmo. Sr. Primer Secretario de Estado y de Relaciones".

Contentísimo se hallaba el general Vicente Filísola el 8 de febrero de 1823 por haber vencido a los patriotas de San Salvador y hallarse en capacidad de poder entrar a la ciudad. Quien le hubiera dicho aquel día que su victoria era un simple humo de pajas condenado a perderse en el vacío, porque la revolución republicana encabezada por el general Antonio López de Santa Ana había empezado en Veracruz el primero de febrero del mismo año, inflamaba a los patriotas mexicanos, marchaban de triunfo en triunfo hacia la Capital y luego en marzo haría que abdicara Agustín I, se reuniera nuevamente el Congreso, declarara nulo y de ningún valor el Imperio, proclamara la República y días después aceptara la separación de Centro América. Pero como en aquellos tiempos no existían las comunicaciones de hoy, el general Filísola siguió muy contento dictando órdenes generales, publicando proclamas y despachando cartas que contenían informes de triunfos al fenecido Imperio agustiniano. No pongamos punto final aquí. Sigamos revisando los documentos del general Filísola.

El 9 de febrero, dirigió una proclama al Ejército que comandaba en la que, después de un preámbulo rimbombante, le dijo: "Compañeros: Vamos a entrar de paz en San Salvador; os repito que ya no hay allí enemigos y que vuestra victoria será más gloriosa, más digna de alabanza y más acepta a los ojos del Emperador, si los vecinos de la ciudad no reciben de vosotros una sola mirada de enojo; la precaución y la vigilancia se hermanan muy bien con la generosidad, y mi gratitud será eterna si sobre este punto procuráis excusarme nuevas observaciones. Cuartel General de Mexicanos, 9 de septiembre de 1823. Vicente Filísola".

Habiendo entrado Filísola a la ciudad de San Salvador, lanzó una nueva proclama al pueblo, en la que mandaba: 1°. al día siguiente (10 de febrero) debia reunirse la población a proclamar y jurar la unión al Imperio y el reconocimiento, obediencia y fidelidad al "Augusto Emperador Sr. Dn. Agustín Primero", reunión que debía realizarse en las horas de la tarde. 2°. las autoridades, jefes y demás funcionarios que se hubieran presentado ante Filísola seguirían en el desempeño de sus cargos, menos aquellos que no se presentaran en el término de ocho días. 3°., concedía una amnistía general para todos los que hubieran participado en la revolución y volvieran a sus actividades pacíficas, menos para aquellos que siguieran alzados en son de guerra. 4°. quienes estaban obligados a presentarse ante Filísola no debían abrigar temores de que les pasaría algo contra su vida, libertad y propiedad. 5°. este llamado valía para todos los miembros de la tropa revolucionaria, desde los jefes hasta los tambores; pero aquellos que no lo hicieran por seguir en rebelión al ser aprehendidos serían juzgados militarmente en un consejo de guerra ordinario. 6°. quedaban sujetos al mismo juicio los paisanos que ocultaran armas. 7°. serían declarados traidores al Estado y juzgados como tales los que habiendo seguido en retirada no depusieran su actitud sediciosa. 8°., debían cooperar con Filísola en la pacificación de la Provincia los comandantes de armas, jefes políticos subalternos y alcaldes constitucionales de los pueblos bajo los principios de respeto a la vida, a la libertad individual y a la propiedad".

Justamente, el 10 de febrero se reunió el pueblo de San Salvador en la plaza mayor a prestar el juramento de unión al Imperio mexicano y de reconocimiento y fidelidad al Emperador Agustín Primero. Se reunió: lleno de odio para los invasores, y más llamado por la curiosidad que por las amenazas. La fuerza de las armas mantuvo el orden, sin que dejara de haber gritos, vociferaciones y tumultos, y debe haber sido así, pues el general Filísola, en la réplica que hace al libelo suscrito por José Francisco Barrundia, al referirse a las mujeres de San Salvador, en las parrafadas de su encono, dice que parecían "perras furiosas".

Guatemala con sus manifestaciones populares, Totonicapán con un levantamiento, Tegucigalpa con su actitud viril, Granada con su combate fiero; y otros pueblos centroamericanos, cual más cual menos, formaban la cadena de resistencia patriótica ante el arbitrario Imperio mexicano y ante el Emperador Agustín I. Pero la Provincia de San Salvador representaba en aquel momento histórico la cumbre del patriotismo centroamericano. Aferrada a la bandera de la República democrática, respondiendo como ninguna a las pulsaciones de la Revolución americana, rimando con la música libertadora de Hidalgo y Morelos, de Bolívar y San Martín, y teniendo presente en todo instante la enseñanza de la Revolución Francesa, fue la provincia de San Salvador la que realmente determinó la independencia republicana.

La adhesión a los Estados Unidos de América fue una estratagema política y técnica para detener los ímpetus del conquistador imperialista, general Vicente Filísola. En su lucha los libertadores solían hacer esta clase de adhesiones. Otros lo hacían en favor de Inglaterra o Francia. En guerra es lícito hacerse de aliados, sea cuales fueren, que disminuyan o aniquilen el potencial del enemigo. Los propios adherentes de San Salvador a los Estados Unidos de América se rieron de su estratagema por imposible en sus efectos, pero estimaron que tal vez remotamente podía alterar la sicología del invasor. De su parte, también Filísola se rió de ella y atacó sin miramientos y consideraciones.

Que no vuelen las páginas de este libro sin un recordatorio al patriotismo de San Salvador y a la gloria de sus líderes en aquellos años de fuego y libertad.

CAÍDA DEL IMPERIO MEXICANO Y PROCLAMACIÓN DE LA REPÚBLICA DE CENTRO AMÉRICA

El Capitán General Vicente Filísola regresó a la ciudad de Guatemala el 6 de marzo, como dijimos, donde encontró las novedades de la caída del Imperio y de haberse proclamado la República mexicana. Personalmente, hombre honrado, diligente, magnánimo, pero a la vez oportunista; lo primero que hizo fue acomodarse a la nueva situación, lanzando un manifiesto en cuyo preámbulo se lavaba las manos como Poncio Pilatos, y después decretaba:

1.—Que con arreglo al acta de 15 de septiembre de 1821, se reúnan a la mayor brevedad en esta capital todos los Diputados de las Provincias que hasta el 5 de enero de 1822 se mantuvieron unidas y adictas, o reconocieron el Gobierno que se instaló el expresado día quince.

2.—Que las elecciones se verifiquen con arreglo a la Constitución Española y la tabla formada por el Gobierno Provisional de Guatemala, en que se fijó un Diputado por cada quince mil almas; verificándose nuevas elecciones en los pueblos, desde las parroquiales hasta las de provincia.

3.—Estas elecciones comenzarán a tener efecto el primer día festivo después de recibido este decreto en cada pueblo.

4.—Luego que se hallen reunidas en esta capital las dos terceras partes de los Diputados, se instalará en ella el Congreso, que, reunido, resolverá si conviene variar o no el punto de su residencia.

5.—El primer objeto de esta Asamblea será, además de lo que expresa el artículo segundo de dicha acta de septiembre, para que desde entonces fue convocado, examinar el pacto de 5 de enero de 1822, las actuales circunstancias de la Nación y el partido que en ellas convenga tomar a estas Provincias.

6.—Que por este Gobierno se invite a las Provincias de León de Nicaragua, Costa Rica, Comayagua, Chiapa y Quezaltenango para que, en el caso de ser acordes con los sentimientos de éstas, por ser comunes e idénticos sus intereses, envíen a sus representantes, y en caso de adherirse, no se resolverá asunto grave que interese: a todas sin la concurrencia de sus Diputados.

7.—Interin se reúnen las dos terceras partes de éstos, no se hará innovación alguna en este Gobierno, ni en los subalternos de las Provincias, que continuarán rigiéndose por la Constitución Española bajo el actual sistema y por las leyes y decretos existentes, sin hacerse otra novedad que la que sea urgente y precisa en el ramo de hacienda, para proveer a las necesidades perentorias y urgentes y especialmente para que continúe rigiendo el arancel de aduanas decretado por la junta Provisional de Guatemala el 13 de febrero de 1822, y no el del Imperio, sobre que se dará nuevo decreto con el carácter de provisorio.

8.—Los pueblos de las Provincias de Guatemala, hasta la reunión del Congreso, deben considerarse en paz y neutralidad con todos los pueblos del universo; en su virtud, no deben ser obstruidas sus relaciones de comercio con el puerto de La Habana ni demás puertos del Gobierno Español, si éste no diere mérito a alterar esta buena inteligencia y armonía, en obsequio de nuestra seguridad.

9.—Con mayor razón conservaremos siempre el carácter de hermanos de todas las naciones libres de ambas Américas y muy especialmente de las Provincias de México, y de las de Nicaragua, Costa Rica, Comayagua y Chiapa, aun en el caso de que se rehúsen a concurrir a nuestro Congreso.

10.—Las decisiones de éste serán sostenidas por el actual Gobierno de esta Capital y Provincias y por las tropas de su mando; hasta la reunión de aquella Asamblea, garantiza éste la seguridad y propiedades de todos sus habitantes, ofrece conservar el orden, sostener al mismo Congreso y no hacer innovación alguna en el Gobierno. Reunido el Gobierno, le pide el Ejército la garantía de los empleos, así civiles como militares y eclesiásticos, para el caso en que se verifique la sepa—ración de estas Provincias del Gobierno de México.

11.—Para este caso, que no podrá realizarse sin el pronunciamiento del Congreso, la autoridad a quien corresponda, constituida por el mismo, nombrará al jefe o jefes que deban subrogarme en los empleos que ejerzo, si así lo estimare conveniente.

12.—Como la División que vino a mi cargo no tuvo otro destino, ni lo verificó con otro objeto que el de evitar la guerra intestina que ya se había encendido en esas Provincias, protegiéndolas también contra una invasión extraña, permanecerá unida y sin desmembrarse su fuerza total hasta la reunión del Congreso, y si éste decretare la separación, estarán en libertad, tanto las tropas de México como las de Chiapa, de quedarse o regresar a las Provincias. En este último caso, serán socorridos sus individuos con los pagos y haberes de dos meses, facilitándoles todos los auxilios con los pagos para su regreso.

13.—Las tropas de dicha División que tuvieren la voluntad de quedarse al servicio de estas Provincias serán garantidas en sus ascensos, premios y hasta no haberse decretado dicha garantía, permanecerán sin disolverse.

14.—La misma garantía se debe a las tropas del país, y la misma es de justicia declarar a los que han obtenido empleos del Gobierno de México bajo el sistema de unión.

15—Si el Gobierno que debe instalarse, decidiese la separación de este Estado del de México, tendrá la consideración de que, en este caso y en el de que algunos cuerpos de mi División resuelvan quedarse voluntariamente, debe ser de legítimo reintegro el valor del armamento que han traído.

16.—La Excma. Audiencia Territorial consultará los medios de proveer provisionalmente a los últimos recursos que comete la ley al Supremo Tribunal de Justicia.

17.—La Excma. Diputación Provincial nombrará una comisión de su seno o fuera de él para preparar los trabajos en que debe ocuparse el Congreso, y separará los asuntos que solo corresponden a su conocimiento o que estaban pendientes de resolución del Congreso y Gobierno de México.

18.—Hasta la instalación de aquél, no se proveerán otros empleos en calidad de interinos, que los absolutamente necesarios, especialmente aquellos en que hay manejo y recaudación de caudales y necesidad de exigir fianzas al empleado.

19—En los asuntos graves de gobierno y en los de hacienda, procederé siempre con consulta de la Exma. Diputación: Provincial,

20.—Como la convocatoria del Congreso no es una separación del Gobierno de México, no se exigirá juramento ni a los pueblos ni a las autoridades, ni se variará el pabellón, banderas, armas ni demás insignias nacionales, hasta la resolución del mismo Congreso, a quien solo corresponde este punto.

21.—Los jefes políticos y los ayuntamientos son responsables respectivamente de que tengan inmediatamente efecto en las Provincias y pueblos las elecciones para Diputados del Congreso; lo son de que en dichos pueblos no se altere el orden, ni se anticipen a los pronunciamientos del Congreso, y, por último, de la seguridad de las vidas y propiedades de sus vecinos.

22—Mediante a que es una de las atribuciones del Congreso el designar las dietas y viáticos que corresponden a los Diputados, cuidarán los ayuntamientos, jefes políticos y subdelegados de hacienda de proveer a éstos de cualesquiera fondos, y con calidad de reintegro, por los que designare el mismo Congreso.

23.—De esta inédita se dará cuenta a S.M. el Emperador, a los Generales del Ejército Libertador y a las Excmas. Diputaciones Provinciales de Chiapa, Oaxaca y Puebla, en respuesta a las diversas excitaciones que se han recibido publicándose por bando en esta capital tarde, para principios del próximo, en que se verificará la instalación; en cuyo caso considero superflua mi permanencia en estas Provincias y la División de mi mando". (Oficio del 10. de junio de 1823).

Con fecha 20 de junio del año citado, el general Vicente Filísola comunicó al Gobierno de México que la Junta Preparatoria del Congreso le había pedido toda la correspondencia relacionada con la toma de San Salvador y pedía autorización para entregarla o abstenerse. Era, al parecer, el primer malentendido entre el Capitán General y la Asamblea en preparación.

Con fecha 2 de julio de 1823, Vicente Filísola comunicó al Secretario de Estado en el Despacho de Relaciones Interiores y Exteriores de México, que el 24 de junio anterior se "había instalado felizmente el Congreso General de estas Provincias, el que, en consonancia con la opinión de la gran Nación Mexicana, declaró, el 30 del mismo, su absoluta independencia, dando por ilegítima la agregación que sin las formalidades debidas hicieron a esa las provincias simultáneamente, como también por faltar las condiciones con que la verificaron"

Añadía: "La División Protectora que está a mi cargo dio una nueva prueba, en este día, de su ilustración y liberalidad, viendo dicho pronunciamiento con los sentimientos propios de hombres libres que jamás se ocupan en esclavizar a otros, detestando acciones que eran propias de la antigüedad más bárbara".

Agregaba: "El mencionado Congreso se ocupa en los preliminares que han de constituir a la Nación y en trabajar en la futura suerte, felicidad y libertad de ella, cuyos goces inestimables merece justamente siendo para mí de la mayor satisfacción y placer ver realizados los votos de la opinión general de ambas naciones, que yo no hice más que interpretar en mi decreto de 29 de marzo último, tanto en obsequio de esta como en honor de la generosa Nación Mexicana, a que pertenezco".

Y concluía: "Tan plausible y próspero acontecimiento, resultado preciso de la ilustración del siglo, ha llenado de gozo los corazones de todos los habitantes, por haber restaurado la libertad que habían perdido y de que no han disfrutado en más de tres centurias, habiéndose celebrado con toda quietud y tranquilidad y con la más recíproca unión y armonía fraternal.

La Asamblea Nacional Constituyente abrió sus sesiones bajo la Presidencia del Doctor José Matías Delgado, diputado de El Salvador y ocupando asientos los siguientes ciudadanos:

Representantes por Costa Rica: José Antonio Alvarado, Juan de los Santos Madriz, Luciano Alfaro y Pablo Alvarado.

Representantes por Nicaragua: Toribio Arguello, Francisco Quiñónez, Tomás Muñoz, Manuel Barberena, Benito Rosales, Manuel Mendo: a Juan Modesto Hernández y Filadelfo Benavente.

Representantes por Honduras: José Nicolás Irías, Juan Manuel Fiallos, Miguel Antonio Pineda, Juan Esteban Milla, José Jerónimo Zelaya, José Francisco Zelaya, Joaquín Lindo, Pío José Castellón, Francisco, Márquez, Próspero de Herrera y Francisco Aguirre.

Representantes de El Salvador: Doctor José Matías Delgado (ya citado), juan Francisco de Sosa, Juan Vicente Villacorta, Mariano de Beltranena, Ciriaco Villacorta, José Ignacio de Marticorena, José Francisco Córdova, Isidro Menéndez, Leoncio Domínguez, Marcelino Menéndez Pedro José Cuéllar y Mariano Navarrete.

Representantes por Guatemala: José Francisco Barrundia, Antonio Rivera Cabezas, Fernando Antonio Dávila, José Beteta, Mariano d Córdova, José Antonio Alcayagua, Cirilo Flores, José Azmitia, Francisco Flores, Juan Miguel de Beltranena, Julián de Castro, José Simeón Cañas, José María Agüero, Luis Barrutia, José María Herrera, Eusebio Arate, José Ignacio Grijalba, José Serapio Sánchez, Miguel Ordóñez, Mariano Gálvez, Francisco Xavier Valenzuela, Francisco Carrascal, Mariano Centeno, Antonio González, Basilio Chavarría, Juan Nepomuceno Fuentes y José Antonio de Larrave.

Funcionó la Asamblea Nacional Constituyente desde el 24 de junio de 182, hasta el 22 de noviembre de 1824, tiempo en que firmó la Constitución Federal de Centro América, mandándola ejecutar por medio de un Triunvirato compuesto por José Manuel de La Cerda, en función de Presidente, Tomás O´Horán y José Cecilio del Valle, como Vocales haciendo las veces de Secretario de Estado el ciudadano Manuel Juliánbarra. Como nota simpática hacemos ver que el Señor O`Horán era yuteco.

El 3 de Agosto de 1823, salió el general Vicente Filísola con la División Mexicia de la ciudad de Guatemala, en medio del regocijo del pueblo por aquel acontecimiento que ponía fin a la dominación militar del Gobierno de México sobre las Provincias de Centro América. Subjetivamente Filísola había sido bueno, al ser hombre de sana moral; pero objetivamente había impuesto un gobierno arbitrario para impedir la verdadera independencia de Centro América y la clase de gobierno que deseaba darse. Es claro que Filísola dejó amigos entre los imperialistas de Guatemala y de las demás Provincias, quienes le agradecían haber permanecido en el país en los días de transición del Imperio a la República, tanto ara garantía de sus vidas y haciendas como para maniobrar dentro de la nueva situación, a efecto de conquistar posiciones ventajosas.

Una última palabra. ¿Quién derribó al Imperio mexicano? Es claro que los rebeldes que dieron el grito de libertad republicana en Veracruz. ¿Pero quién, más allá en el fondo, alentó y ayudó a los rebeldes para que acometieran una empresa tan temeraria? Si lo han dicho los historiadores mexicanos, nosotros no lo sabemos. Nuestra hipótesis, tenemos derecho a formular alguna, es que Inglaterra, gran potencia industrial entonces, con planes de conquista y denominación en Mesoamérica fue la autora de la caída del Imperio Mexicano, apoyándose en el ferviente deseo democrático y republicano de los pueblos de México y de Centro América.

Además, cómo iba a permitir Inglaterra, que había derrotado a Napoleón en Europa. que proliferaran los Napoleoncitos en a América Española, donde había gastado tantas libras esterlinas para lograr la independencia de España, con el objeto de adueñarse de este imperio después. No, no era posible. Y esa fue la razón básica, en nuestro concepto del derrumbamiento del Imperio de Agustín I.

582

ACTA DE INDEPENDENCIA DE 1823

Los Representantes de las provincias unidas del Centro de América, congregados a virtud de la convocatoria dada en esta capital el 15 de septiembre de 1821 y renovada el 29 de marzo del corriente año, con el importante objeto de pronunciar sobre la independencia y libertad de los pueblos nuestros comitentes; sobre su recíproca unión: sobre su gobierno; y sobre todos los demás puntos contenidos en la memorable Acta del citado 15 de septiembre que adoptó entonces la mayoría de los pueblos de este vasto territorio, y que se han adherido posteriormente todos los demás que hoy se hallan representados en esta Asamblea General.

Después de examinar con todo el detenimiento y madurez que exige la naturaleza y entidad de los objetos con que somos congregados, así la Acta expresada de septiembre de 21 y la de 5 de enero de 1822, como también el decreto de Gobierno provisorio de esta provincia de 29 de marzo último, y todos los documentos concernientes al objeto mismo de nuestra reunión.

Después de traer a la vista todos los datos necesarios para conocer el estado de la población, riqueza, recursos, situación local, extensión y demás circunstancias de los pueblos que ocupan el territorio antes llamado el reino de Guatemala.

Habiendo discutido la materia, oído el informe de las diversas comisiones que han trabajado para acumular y presentar a esta Asamblea todas las luces posibles acerca de los puntos indicados, teniendo presente cuanto puede requerirse para el establecimiento de un nuevo Estado, y tomando en consideración.

PRIMERO

Que la Independencia del Gobierno español ha sido y es necesaria en las circunstancias de aquella nación y las de toda la América: que era y es justa en sí misma y esencialmente conforme a los derechos sagrados de la naturaleza; que la demandaban imperiosamente las luces del siglo, las necesidades del Nuevo Mundo y todos los más caros intereses de los pueblos que lo habitan.

Que la naturaleza misma resiste la dependencia de esta parte del globo separada por un océano inmenso de la que fue su metrópoli, y con la cual le es imposible mantener la inmediata y frecuente comunicación, indispensable entre los pueblos que forman un solo Estado.

Que la experiencia de más de trescientos años manifestó a la América que su felicidad era del todo incompatible con la nulidad a que le reducía la triste condición de colonia de una pequeña parte de la Europa.

Que la arbitrariedad con que fue gobernada por la nación española y la conducta que ésta observó constantemente, desde la conquista, excitaron a los pueblos al más ardiente deseo de recobrar sus derechos usurpados.

Que a impulsos de tan justos sentimientos, todas las provincias de América sacudieron el yugo que las oprimió por espacio de tres siglos, que las que pueblan el antiguo reino de Guatemala proclamaron gloriosamente su independencia en los últimos meses del año de 1821; y que la resolución de conservarla y sostenerla es el voto general y uniforme de todos sus habitantes.

Considerando por otra parte: que la incorporación de estas provincias al extinguido imperio mejicano, verificada solo de hecho en fines de 821 y principios de 822, fue una expresión violenta arrancada por medios viciosos e ilegales.

Que no fue acordada ni pronunciada por órgano ni por medios legítimos; que por estos principios la representación nacional del estado mejicano, jamás la aceptó expresamente, ni pudo con derecho aceptarlas y que las provincias que acerca de esta unión dictó y expidió D. Agustín de Iturbide fueron nulas.

Que la expresada agregación ha sido y es contraria a los intereses y a los derechos sagrados de los pueblos nuestros comitentes; que es opuesta a su voluntad y que en concurso de circunstancias tan poderosas e irresistibles exigen que las provincias del antiguo reino de Guatemala se constituyan por sí misma y con separación del Estado Mejicano.

Nosotros por tanto, los representantes de dichas provincias, en su nombre, con la autoridad y conformes en todo con sus votos, declaramos solemnemente.

1º. Que las expresadas provincias, representadas en esta Asamblea, son libres e independientes de la antigua España, de Méjico y de cualquiera otra potencia, así del antiguo como del nuevo mundo; y que no son ni deben ser el patrimonio de persona ni familia alguna.

2º. En consecuencia, son y forman nación SOBERANA, con derechos y en aptitud. de ejercer y celebrar cuantos actos, contratos y funciones ejercen y celebran los otros pueblos libres de la tierra.

3º. Que las provincias, sobredichas, representadas en esta Asamblea (y demás que espontáneamente se agreguen de las que componían el antiguo reino de Guatemala), se llamarán, por ahora sin perjuicio de lo que resuelva en la constitución que ha de firmarse:

PROVINCIAS UNIDAS DEL CENTRO DE AMERICA

Y mandamos que esta declaratoria y la acta de nuestra instalación se publiquen con la debida solemnidad en este pueblo de Guatemala y en todos y en cada uno de los que se hallan representados en esta Asamblea: que se impriman y circulen: que se comuniquen a las provincias de León, Granada, Costa Rica y Chiapas, y que en la forma y modo, que se acordará oportunamente, se comunique también a los gobiernos de España, de Méjico y de todos los demás Estados Independientes de ambas Américas. Dado en Guatemala, a Presidente. Fernando Antonio Dávila, Diputado por Sacatepéquez, Vicepresidente, Pedro Molina, Diputado por Guatemala. José Domingo Estrada, Diputado por Chimaltenango.

José Francisco Córdova, Diputado por Santa Ana. Antonio J. Cañas, Diputado por Cojutepeque, José Antonio Jiménez, Diputado por San Salvador. Mariano Beltranena, Diputado Suplente por San Miguel. Domingo Diéguez, Diputado Suplente por Sacatepéquez, Juan Miguel Beltranena, Diputado por Cobán. Isidro Menéndez, Diputado por Sonsonate. Marcelino Méndez, Diputado por Santa Ana, José María Herrarte, Diputado Suplente por Totonicapán, Simeón Cañas, Diputado por Chimaltenango. JoséFrancisco Barrundia, Diputado por Guatemala. Felipe Márquez, Diputado Suplente por Chimaltenango, Felipe Vega, Diputado por Sonsonate. Cirilo Flores, Diputado por Quezaltenango. Juan Vicente Villacorta, Diputado por S. Vicente. José Ma. Castillo, Diputado por Cobán. Luis Barrutia, Diputado por Chimaltenango. José Antonio Azmitia, Diputado Suplente por Guatemala. Julián Castro, Diputado por Sacatepéquez. José Antonio Alcayaga, Diputado por Sacatepéquez. Serapio Sánchez, Diputado por Totonicapán. Leoncio Domínguez, Diputado por San Miguel. J. Antonio Peña, Diputado por Quezaltenango. Francisco Aguirre, Diputado por Olancho. J. Beteta, Diputado por Salamá. José María Ponce, Diputado por Escuintla. Francisco Benavente, Diputado Suplente por Quezaltenango. Miguel Ordóñez, Diputado por San Agustín. Pedro José Cuéllar, Diputado Suplente por San Salvador. Francisco Javier Valenzuela, Diputado por Jalapa. José Antonio Larrave, Diputado Suplente por Esquipulas. Lázaro Herrarte, Diputado por Suchitepéquez. Juan Francisco Sosa, Diputado Suplente por San Salvador, Secretario. Mariano Gálvez, Diputado por Totonicapán, Secretario. Mariano Córdova, Diputado por Huehuetenango, Secretario. Simón Vasconcelos, Diputado Suplente por San Salvador, Secretario.

Comuníquese al Supremo Poder Ejecutivo para que lo haga imprimir, publicar y circular. Dado en Guatemala, a 10 de julio de 1823.

José Matías Delgado, Presidente. Juan Francisco Sosa, Diputado Secretario.-Mariano Gálvez, Diputado Secretario. AL SUPREMO PODER EJECUTIVO.

Por tanto mandamos se guarde, cumpla y ejecute en todas sus partes.

Lo tendrá entendido el Secretario del Despacho y hará se imprima, publique y circule. Palacio Nacional de Guatemala, julio 11de 1823. Pedro Molina, Presidente, Juan Vicente Villacorta. Antonio Rivera.

PALABRAS ÚLTIMAS

Aquí termina esta parte de la Historia de Honduras, a la que hemos dado el nombre de REVOLUCIÓN.

Esta parte se debe a que los historiadores la omiten o pasan como por sobre ascuas ante ella, y es conveniente decir que aquí, precisamente, está la clave para interpretar en su esencia a nuestra historia nacional.

Tal vez el proceso revolucionario no esté bien relatado, faltándole mayor información, más documentos, más detalles. Pero ha seguido en lo posible el hilo del desarrollo histórico.

Ha sido frecuente hacer partir a la revolución centroamericana y hondureña de fuentes que realmente tuvieron participación mínima en los sucesos. Aquí hemos destacado en lo posible la línea vertical, por ser la línea del movimiento, y luego nos hemos referido a las concomitancias horizontales. Podremos seguir hablando sobre este punto, si se le ha visto desarrollado en lo posible.

Hay repeticiones, tal vez informaciones incompletas. Pero precisamente serán los aspectos corregidos por los historiadores posteriores que emprendan la misma obra histórica con mayor gallardía.

Las incorporaciones notables que se dan en esta parte son las que particularizan la presente obra.

BIBLIOGRAFÍA

ARCHIVO DE GUATEMALA   (Documentos consultados por el Licenciado Mejía).

ARCHIVO DE SAN SALVADOR   (Documentos consultados, idem).

ARCHIVO DE TEGUCIGALPA

(Documentos consultados, idem).

CONSTITUCIOÓ DE BAYONA

(Digesto Constitucional).

CONSTITUCIÓN DE CÁDIZ

(Idem)

BATRES JAUREGUI, Antonio

Historia de Centro América.

DURÓN, Rómulo E.

Historia de Honduras, Bosquejo Histórico

GARCÍA (Genaro)

Vicente Filísola, Colección de Documentos.

MACHADO RIVAS (L.)

Historia de las Revoluciones de América.

MARURE (A.)

Historia. de las Revoluciones de

Centro América.

MARX(C.) española.	La guerra civil
ROSENTHAL (M.) Filosófico.	Diccionario
TORRES RAMOS (M.)	Aportación a la semblanza de Gabino Gaínza.
VALLE MATHEU (J.)	Obras de José Cecilio del Valle
VALLEJO, Antonio R.	Historia Social de Centro América.